한글공동체

이상규 지음

박문사

머리말

'한글공동체'라는 말은 인문학적 의미라기보다 다분히 사회과학적인 의미를 함의하고 있는 것처럼, '우리'가 아닌 '나'와 '너'라는 편을 가르는 타자적 시각에서 바라보는 경계(boundary)의 의미를 함의하고 있는 것같이 느껴진다. 그러나 이 책에서 시도하고자 하는 의도는 그것과 정반대이다. 차별적 공동체가 아닌 한글을 통한 통합적 공동체로서 한글과 한국어로 소통이 가능한 우리를, 다양성을 지닌 그 자체로 통합하자는 의미를 강조하고자 하는 것이다.

전 세계에서 한글로 소통할 수 있는 이들은 남한의 약 4천 8백만, 북한의 약 2천 8백만을 합쳐 약 7천 6백만과 해외 교민 7백만과 2백만 남짓한 국내 다문화 가족과 국내 거주하는 외국인 근로자와 해외 한국어 학습자를 포함하면 8천 5백만 정도 된다. 거대하고 다양한 공동체이다. 한글공동체는 『에스놀로지(Ethnology)』 2010년판의 통계를 보면 전 세계 10위권에 육박하고 있는 프랑스어와 어깨를 나누는 주요 언어(Majour language)이다. 그러나 안을 들여다보면 남북이 갈라져 표준어와 문화어라는 서로 다른 언어 규범의 통제권에 들어 있으며, 남한 내부적으로도 한글파와 한자파의 격렬한 대립과 갈등이 내재해 있다. 심지어는 영어 공용화의 주장도 심심찮게 제기되고 있으며, 한때 정부 각료들이 정책 회의를 영어로 해야 한다는 주장도 나온 적이 있다. 그뿐 아니라 SNS를 통해 흩어지는 피 묻은 날 선 언어의 파편들이 충돌되고 있으며, 당리당략에 휘둘린 일부 정치인들의 조락하는 천박한 말들, 초중고교 학생들이 뜻 모르고 사용하는 욕설이 통용어가 되어버린 이 사회, 너무나 살벌하고 경박하다.

이 책이 치유를 위한 언어 기획서라면 너무 거창한 것일까? 따뜻하고 긍정적인 언어로 소통될 수 있는, 서로가 서로를 존중하고 배려하는 공동체를 만드는 일이 과연 불가능한 일인가? 아니면 이러한 사회적 징후 그 자체를 무시해도 좋은 일인가? 한자면 한자, 영어면 영어, 어떤 언어로도 소통 가능한, 이 나라를 이끌고 있는 영향력 있는 국정 기획 담당자들이나 대부분의 지식인들은 소통 언어의 문제 따위는 그들의 관심 영역에서 멀어져 있는 것으로 필자는 읽고 있다.

창의의 도구이자 지혜의 문을 열 수 있는 유일한 열쇠가 바로 공동체 문화이다. 사람들 사이에 지식·정보의 격차가 벌어져 소통의 차등이 계층적으로 심화될 경우 서로를 존중하고 배려하는 사회와는 거리가 자연 멀어질 수밖에 없게 된다.

국제화 열풍과 함께 전국 곳곳에 영어마을을 만드느라 얼마나 많은 세금을 투입하였는가? 그 결과 어떤 변화와 성과가 있었는가? 국가 지도자급에 속하는 인사들은 한자 교육과 한자 공용화를 하지 않는다며, 1970년 1월 1일 이후 시행된 한글 전용화 정책을 기초로 하여 입안된 ‹국어기본법›의 위헌 여부를 따지고 있다. 일제 강점기 시대에 한글 보급을 위해 앞장섰던 『조선일보』가 법률에 위배되는 줄 번연히 알면서도 최근 한자와 영어를 신문지상에 공개적으로 사용하고 있다. 국민의 대표인 국회의원이라는 사람이 ‘귀태(鬼胎)’니 ‘홍어ㅈ’이라는 말을 거침없이 사용하고 있으며, SNS에서는 유명 연예인에게 입에 담지 못할 폭언과 근거 없는 비방의 글이 유통되고 그 충격으로 자살하고, 학교 언어폭력에 시달리던 초등학생이 아파트에서 뛰어내리고 있다.

유용한 고급 지식·정보를 교환할 수 있는 문명의 이기인 인터넷 세상이 도리어 사람들에게 무심히 상처를 주고 쉽게 상처받는 험악한 언어의 각축장이 되어 있다. 이 시대에 문이도(文以道)의 세상은 결코 오지 않을까? 품격이 갖추어지지 않은 말은 말이 아니요, 글은 글이 아니다. 이러한 상황에서 국가의 언어 관리는 표준어 이외에는 손을 놓고 있는 이유가 도대체 무엇 때문인가? 흙탕물로 넘실대는 저 거친 언어의 바다를 깨끗한 언어로 정화시키고, 개인 간의 언어 차등을 줄이면서 언어 다양성을 살리는 일을 온 국민이 함께 기획하고 실천해야 할 시점이다. 표준과 비표준의 차이를 초월하여 풍성한 한국어로 표현되는 유용한 고급 지식·정보를 모아 전 국민들에게 되돌려 주는 순환적 언어 지식·정보의 관리를 통해 국민 지성의 품격을 높이고 넓히는 일은 어느 개인의 힘으로는 불가능하다. 정부 여러 부처가 협업하여 이러한 문제를 진지하게 논의하고 그 해결 방안을 찾아야 할 것이다.

먼저 한자 공용화를 주장하는 이들은 온 국민에게 한자를 가르치지 않아서 우리말 소통에 어려움이 있다고 한다. 틀린 말이 아니다. 그렇다고 중국 고어가 된 한자를 전 국민이 다시 배워야 한다면 이 얼마나 비생산적인 방법인가? 인터넷을 통해 이 문제는 얼마든지 해소할 수 있다. 차라리 한문 번역가를 집중 양성하여 한문으로 된 우리의 전통고전을 한글로 번역하고 그 번역의 결과를 정보처리 기술력으로 가공하여 어려운 한자어를 바로바로 검색할 수 있는 환경을 만들어 주어야 한다. 과연 어떤 선택이 더 나을까? 한글의 미래에 대한 새로운 역사적 인식이 필요한 시점이다.

밀려드는 외국어 음차 표기어는 모두 우리 국어가 아니다. 특히 학술 전문용어의 외국어 음차 표기는 매우 심각한 문제이다. 한 가지 예로 감기약 설명문에 쓰인 외국말은 의사나 약사 이외에는 해독할 사람이 거의 없다. 60여 개 영역의 전문용어 관리를 국어전문가로 구성된 국립국어원이 단독으로 맡아서 감당할 수 있는 일이 아니다. ‹국어기본법›에 전문용어 관리를 위해 정부 부처별로 전문위원을 구성하여 전문용어를 정제한 뒤에 국어심의위원회의 심의 과정을 거쳐 정부 부처별로 고시하도록 분명히 법으로 규정하고 있으나 그러질 못하고 있다. 전문용어 역시 인터넷이나 앱을 통해 언제 어디서든지 검색할 수 있는 환경을 정부가 만들어 준다면 국민들이 더 지혜롭게 살 수 있지 않겠는가.

한편 표준어와 방언의 차이가 너무나 고착되어 있다. 표준어가 아닌 변두리 방언이 급속도로 죽어가고 있다. 성호 이익(1681~1763) 선생이 쓴 『성호사설』 자서에서 "아무리 천한 분양초개(糞壤草芥)라도 '똥(糞)'은 밭에 거름 하면 풍요로운 곡식을 거둘 수 있고, 겨자풀은 아궁이에 불로 때면 맛있는 반찬을 만들 수 있다"고 하였다. 바닷가에서 소금을 굽고 배를 타고 바다에 나가 고기를 잡으며 사는 이들이나 지게를 짊어지고 땔감을 구하고 절기에 맞추어 씨를 뿌려 농사를 짓는 이들이라도 그들의 언어에 담겨 있는 누적되어 온 체험적 언어 지식·정보가 얼마나 소중한지를 깨달아야 한다. 표준어의 영역 밖에 있는 지방민들이 사용하고 있는 방언뿐만 아니라 쏟아져 나오는 한문 전적의 번역어, 새로 다듬은 각종 전문용어의 낱말을 거두어 「한국어종합기반사전」으로 수렴할 필요가 있다.

또 하나, 남과 북의 언어가 표준어와 문화어라는 다른 규범의 틀 아래에서 서로 다른 길을 걸어온 지 한 세기 가까이 흘렀다. 남북 간의 언어 차이뿐만 문제가 아니라 서로 다른 용어로 기술된 초중고교의 교과서 내용을 들여다보면 진짜 이게 한글공동체인가.

청나라를 일으킨 이들은 만주족 가운데 건주여진 세력들이다. 중화인들은 주나라 시대 이후 여진 세력들을 동이(東夷, 동쪽 오랑캐)로 폄하해 왔다. 그러나 그들이 주인이 되자 중화의 중심지인 북경 자금성 궁루에 당당하게 한자와 만주 글자로 쓴 현판을 드리웠다. 그러나 그들은 중화 문명에 포획되어 자신이 사용하던 여진, 만주 문자를 잃어버리면서 그들의 공동체는 해체되었다. 그리고 그들의 나라인 청국은 멸망의 길을 걷게 되었다.

이 책을 통해 배타적 민족주의의 입장이 아니라 전 인류를 포용하며 세계 경영을 이끌어갈 한글공동체의 오늘과 내일을 이야기하려고 한다. 일제 강점기 동안 민족지도자들은 한글을 통해 민족 상상의 공동체로 결집하면서 한글을 지키는 일이 곧 나라를 되찾는 길이라 생각했다. 그러나 시대가 많이도 변했다. 이젠 한글을 지키는 시대가 아니라 한글을 나누는 시대라고 생각한다. 바르고 품격 높은 우리말과 글을 활용하여 우리 문화를 융성시키고, 또 여력이 있다면 문자가 없는 이웃 나라와 종족들의 구어 자산을 한글로 기록하여 인류의 문화 자산을 보호하는 일들을 돕는 한글 나눔의 시대를 만들자는 것이 바로 필자가 구상하는 한글공동체 기획이다. 이미 2007년 필자가 '세종학당'을 설립하면서 "언어와 역사 문화의 상호 존중과 이해"라는 국가 간의 교류 질서의 합목적인 미래 방향을 제시한 바가 있듯이.

한글공동체는 그러한 의미에서 국지적 경계가 아닌 한국의 새로운 문화 변경을 열어낼 수 있다. 언어의 차별과 차등을 줄이며, 피를 흘리며 상처받는 소통의 질서를 치유할 수 있는 방안도 제시할 수 있다.

이 책의 서명을 써준 우리나라 최고의 캘리그래퍼 강병인 님께 감사의 인사를 빠뜨릴 수 없을 것 같다. 어려운 상황에도 이 책을 출판해준 박문사 사장님과 편집부에도 감사를 드린다.

언어는 문화를 그려내고 문화는 창의적인 언어를 만들어낸다.

그 중심에는 사람이 있다.

한때 이 나라의 국어정책을 이끌었던 한 사람으로서 더 나은 한글공동체가 탄생하기를, 그리고 우리 민족을 포함한 전 인류가 소통할 수 있는 다양한 언어의 무늬로 수놓인 지식·정보의 새싹을 거두는 창조적 국가 경영의 시대를 맞이하면서 머리글을 거둔다.

한글날은 이제 국경 공휴일이다.

다시 찾은 이날.

2014년 9월

경북대학교 이상규

sglee@knu.ac.kr

차례

ᄀᆞᄅᆞ칠 씨오 民민은 百ᄇᆡᆨ姓셩이오 音음은 소리니 訓훈民민正졍音음은 百ᄇᆡᆨ姓셩 ᄀᆞᄅᆞ치시논 正졍ᄒᆞᆫ 소리라

國귁之징語ᅌᅥᆼ音음이 國귁ᄋᆞᆫ 나라히라 之징ᄂᆞᆫ 입겨지라 語ᅌᅥᆼᄂᆞᆫ 말ᄊᆞ미라

나랏 말ᄊᆞ미

異ᅌᅵᆼ乎ᅘᅩᆼ中듀ᇰ國귁ᄒᆞ야 異ᅌᅵᆼᄂᆞᆫ 다ᄅᆞᆯ 씨라 乎ᅘᅩᆼᄂᆞᆫ 아모 그ᅌᅦ ᄒᆞ논 겨체 ᄡᅳ는 字ᄍᆞᆼㅣ라 中듀ᇰ

제1부

한글의 겉과 속

한글공동체

한글공동체

1. 훈민정음 창제를 둘러싼 문제

::: 한글날의 유래

2013년 10월 9일, 한글날이 다시 국경 공휴일로 지정되어 온 국민의 품으로 다시 되돌아왔다. 1946년 10월 9일 한글날 500돌 기념일에 정인승 선생이 『경향신문』에 쓴 「한글날의 유래」라는 제하의 기사를 소개하면서 한글날이 어떤 곡절을 겪어 왔는지 되돌아보고자 한다.

"우리가 한글날을 사회적으로 기념해 오기는 지금으로부터 만 20년 전인 1926년부터의 일이다. 돌아보건대 갑오경장에 따라 왕성하게 일어난 한글 운동은 정치 배경을 잃은 뒤에도 지하 운동으로 그 열기가 사라지지 아니하여 민간의 한글 연구가들이 각자 개인적으로 연구에 전력하여 오던 중 1919년 3·1운동의 뒤를 이어 1921년에 한 뭉치가 되어 조선어학회를 조직하고 신문 잡지들을 통하여 한글의 통일 발전에 예의진력(銳意盡力)하는 한편 1926(병인)년은 훈민정음이 반포된 세종 28(1446)년 병인으로부터 꼭 여덟 번째 회갑 곧 480주년에 당하므로 조선어학회가 중심이 되고 신민사가 주최가 되어 사회 각 방면의 명사와 내외국 관민 400여 명이 음력 9월 29일(양력 11월 4일)에 경성식도원에서 이 여덟 번째 회갑 잔치를 성대히 거행하였으니, 이것이 한글 기념식(가갸날)을 공식으로 거행한 맨 처음 일이었다.

그런데 훈민정음이 반포된 날짜가 음력 9월 29일이라 함은 사록에 명확히 기재되지 아니하였으나 『세종실록』 세종 28(1446)년 병인 9월의 말일인 29일조 끝에 "이달에 훈민정음을 이루니(是月, 訓民正音成)"라고 기재되었을 뿐으로, 확실한 날짜를 알 길이 없은즉, 그달의 끝 날인 29일로 정하는 것이 옳다고 하여 이날을 기념일로 지키기로 결정하였던 것이다. 그날 『동아일보』, 『조선일보』 기타 언론 기관지에는 일제히 기념 사설 혹은 한자 폐지론 혹은 한글 가치를 선전하는 기사가 실렸다. 또 그날부터는 한글에 관한 학자들의 연구 논문과 참고 자료들도 계속 연재되어 일반의 각성을 촉진케 함이 적지 아니하였으며, 그 다음 날에는 중앙기독교청년회관에서 성대한 기념 강연회를 열었고 『조선일보』 지상에는 그 뒤 '한글날'을 두어 한글 연구가들의 신철자법에 의한 문장들을 발표하게 하여 일반 민중에 보급시키기 위해 노력하였다. 이 운동은 서울에서만 일어난 것이 아니라 각 지방에서도 기념식이며, 강연회가 곳곳에서 개최되었고 또는 때때로 전문 학자를 초청하여 강습회도 개최하여 민중 계몽에 큰 공헌이 있었다.

이와 같이 하여 6년 동안을 늘 음력 9월 29일로 한글 기념일을 지켜오다가 1932년부터는 우리의 문화 활이 모두 양력으로 표준하는 현대에 한글 기념일만을 음력으로 묵수(墨守)함은 불편한 일이므로 한글 기념일도 양력으로 지킴이 마땅하여 세종 28(1446)년 음 9월 29일은 양역 10월 29일에 해당한다는 수학 전문가들의 결론에 의하여 그날로 기념식(한글날)을 거행하고 그 다음 해도 그대로 하였다. 그러다가 그 다음 해인 1934년 갑술(甲戌)에 이르러는 양음역 환산법에 다소 이의가 생겨 조선어학회에서는 다시 수학가, 역사가, 천문학가, 관측소, 측후소 등 여러 전문가와, 전문기관에 위촉하여 정확한 의견을 종합하였다. 그 결과 세종 28(1446)년 음 9월 29일은 당시 서양에서 시행하던 율리우스 태양력으로는 10월 29일이 됨이 틀림없으나 조선에서 현용되는 양력은 1582년 이후로 개정된 그레고리력인 즉 조선에서는 현용하는 양력을 기준 삼음이 옳다 하여 이 그레고리력으로 계산한, 10월 28일이 된다 함이 일치된 결론이었다. 따라서 그 해부터는 10월 28일로 확정하여 기념식을 거행하여 왔다.

이상과 같이 처음 6년간은 음 9월 29일로, 그 다음 2년간은 양력 10월 29일로, 그 뒤 6년간은 양력 10월 28일로 한글날을 지켜온바, 이 전후 14년간 지켜온 날짜는 모두 『세종실록』 세종 28(1446)년 병인 9월 말조(世宗實錄丙寅九月末日條)의 "是月, 訓民正音成"이란 기록에만 의거한 것인데 1940년에 이르러서는 훈민정음이 반포된 날짜가 음력 9월의 초열흘이내였다는 사실이 판명되었다. 이는 1940년 여름에 경북 안동 지방에서 발견된 『훈민정음』 해례본 원본 정인지 서문에 '구월 상한(上澣)'이란 기록이 나타났기 때문이다. 조선어학회에서는 여러 가지로 살펴보고 학계의 중론을 종합하여 이 책이 원본임을 믿는 동시에 우리가 훈민정음의 반포일로 기념할 날짜는 종래 생각해 오던 음력 9월 29일보다 19일 동안이 앞선 초열흘날 즉 양력으로는 10월 28일보다 19일 동안 앞선 10월 9일로 정하여야 옳을 것이므로 그해(1940년)부터는 양력 10월 9일을 한글날로 정하여 지켜오는 바인데 험악한 시국(일제 치하)으로 인하여 자유로운 식전을 베풀어 보지 못하다가 해방의 해인 1945년 10월 9일에 비로소 역사상 초유의 성대한 기념식을 서울 경운동 천도교 대강당에서 전국 동포 만여 명의 회합으로 거행하여 민족 만대의 찬란한 전도가 빛나던 일은 오늘 다시 기억에 새로운 바이며, 더욱이 금년은 한글이 탄생한 지 만 500년이 되는 특별한 해인 동시에 금년부터는 이날이 우리의 영원한 국경일로 제정되었으니 이해, 이달, 이날은 실로 특별히 의의 깊은 기념일이 되는 것이다."
1946년 10월 9일

『세종실록』 세종 28(1446)년 음력 9월조를 보면 세종대왕과 집현전 학사들이 『훈민정음』 해례본을 완성하였다는 기록이 나온다. 이를 근거로 1926년 지금 한글학회의 전신인 조선어연구회와 신민사가 당시 음력 9월의 마지막 날인 음력 9월 29일(양력 11월 4일)에 훈민정음 반포 여덟 회갑(480주년)을 처음으로 기념하는 행사를 가졌는데 이날을 '가갸날'이라고 불렀다. 국어학자인 주시경 선생이 '한글'이라는 이름을 지은 뒤인 1928년부터는 '한글날'로 이름을 바꾸었다.

1931년 또는 1932년부터 양력인 그레고리력으로 당시 날짜를 환산한 10월 29일에 지내게 되었다. 한글연구단체인 조선어학회 회원이었던 이희승과 이극로 선생은 이를 1932년부터라고 기록하고 있지만, 1931년부터 양력으로 지내게 되었다는 신문 기사도 있다. 1934년부터는 전문가들의 의견대로 1582년 이전에 율리우스력을 썼던 것으로 가정하여 계산한 10월 28일에 지내게 되었다.[1]

1940년 경북 안동에서 『훈민정음』 해례본이 발견되었다. 그 해례본에 따르면, 훈민정음은 9월 상한(上澣)에 책으로 펴냈다고 되어 있는데, 1446년 9월 상한의 마지막 날인 음력 9월 10일을 율리우스력으로 환산하면 10월 9일이 된다. 따라서 1940년부터 조선어학회(한글학회) 주관으로 10월 9일에 한글날 기념식을 거행해 오다가 1945년 8.15 광복 이후, 대한민국 정부는 10월 9일 한글날을 기념일로 제정하고 공휴일로 만들었다.

1 이명칠, 「한글날의 양력 환산」, 『한글』(동인지) 제1권 5호, 1932.

1970년 6월 15일, 박정희 대통령은 대통령령으로 '관공서의 공휴일에 관한 규정'을 제정·공포하여 국경 공휴일로 정하여 20여 년을 지내 오다가, 1990년 11월 법정 공휴일에서 제외한 기념일로 바꾸었다. 이에 따라 국군의 날과 함께 1991년부터는 국경 공휴일에서 제외됐다. 2005년 10월 5일, 국회 문화관광위원회(신기남·이계진 의원 외)에서는 '한글날 국경일 지정 촉구 결의문'을 여·야 만장일치로 채택하였으며, 2012년 12월 24일 국무회의에서 한글날을 국경 공휴일로 지정하는 내용의 '관공서의 공휴일에 관한 규정 일부 개정령'안이 통과되어 2013년부터 한글날이 다시 국경 공휴일로 부활되었다. 북에서는 훈민정음의 창제일인 세종 25(1443)년 음력 12월을 양력으로 환산한 1월 15일을 '조선글날'로 제정했다.

한글날 기념식을 전후하여 당시 경성제국대학의 학생이었던 심악 이숭녕 선생의 눈길을 한번 더듬어 볼 필요가 있다. 후일 서울대학교 국어국문학과 교수로서 국어 연구의 선두주자였던 이숭녕 선생이 쓴 『혁신국어학사』(박영사, 1976)의 제1장은 "과장(誇張)·억측(臆測)·속단(速斷)의 산물(産物)들―훈민정음(訓民正音) 제정설(制定說)에 서린 문제점(問題點)"이고 제2장은 "세종(世宗)의 전지요양(轉地療養)과 그 안질(眼疾)"이다.

제1장에서는 훈민정음 제정과 관련하여 지나친 과장과 추측설이 난무하여 국민들에게 그릇된 인상을 심어 주고 있다는 우려와 함께 한글날 기념식장에 참석하여 바라본 인상을 이렇게 기술하고 있다. "내가 대학생 때의 이야기가 되는데, 명월관(明月館, 현 종로 3가 북쪽에 위치했던 한식요리점)에서 한글 제정의 기념식을 하니 회비 50전을 가지고 오라기에 친구와 그리 간 것이다. 4, 50명쯤 모였는데, 지금은 고인(故人)이 된 분도 많았다. 식이 시작된다고 최현배 씨가 일어나 "나랏 말씀이 중국에 달아……"로 훈민정음 서문을 읽게 되었다. 모두 상을 중간에 사이하고 일어서서 머리를 숙이고 황송한 모양으로 그 서문을 읽는 것을 들었다.

그때 주요한(朱耀翰) 씨가 일어나서 대뜸 쏘아댔다. "천황(天皇)의 교육칙어를 듣는 것인가. 머리를 숙이고 황공한 모습을 하니 이래 되는가? 그 서문의 내용이 그런 것을 요구한 것인가……?"로 해다 붙이니 모두들 대꾸할 말이 없었다. 나도 학생 때라서 주요한 씨의 말을 듣고 비로소 지나친 태도의 요구임을 알았다."는 대목이 있다. 1927년 10월 9일 명월관에서 개최된 481돌 한글날 기념식전에 훈민정음 세종 어제 서문을 낭독한 데 대해 매우 못마땅한 심기를 드러내는 대목이다. 여기에서 한걸음 더 나아가서 "그 서(序)라고 할까"라고 하면서 훈민정음 서문에 대해 폄하하는 듯이 "그 서(序)라고 할까, 그 첫머리에 나오는 글이 (중략) 중국의 언어 철학적인 설명으로 권위를 장식한 셈이다."라고 하여 백성을 지극히 사랑했던 세종의 한글 창제의 바탕을 중국을 본받은 권위적 내용일 뿐이라고 비판하고 있다.[2] 후일 한국의 최고의 국어학자로 존경 받은 이숭녕 선생의 눈길을 어떻게 이해하는 것이 옳을까?

『혁신국어학사』(박영사, 1976)의 제2장 "세종(世宗)의 전지요양(轉地療養)과 그 안질(眼疾)"과 후일 『세종대왕의 학문과 사상』(아세아문화사, 1981), 제1장 3에 「세종(世宗)의 전지치료(轉地治療)에 대하여」라는 글은 더욱 가관이다. 당시 세종이 안질(眼疾), 감기(感氣), 당뇨(糖料), 고혈압(高血壓), 풍병(風病), 성병(性病) 등 10여 가지의 노인성 질환으로 정무를 제대로 볼 수 없었을 뿐만 아니라 훈민정음을 직접 창제할 형편이 되지 않았다는 점을 『조선왕조실록』 기록을 정밀하게 분석하여 그 근거를 밝혀 두고 있다. 『조선왕조실록』에는 일반 백성이 아닌 임금의 일거수일투족과 특히 임금의 건강에 대해서는 더욱 자세하게 기록할 수밖에 없다. 그러니 실록 기록만으로 바라보면 이미 식물인간에 가까운 상태라고 할 수 있지

2 권재일, 「세종 학문의 국어학사적 이해」, 615돌 세종날 기념 전국국어학 학술대회(전북대학교), 한글학회, 한글재단 주최 학술대회 발표문, 66~67쪽.

만 최만리의 반대 상소문을 보면 세종 26(1444)년 2월부터 5월까지 청주 초정약수터에 행궁하면서도 일일이 정무를 챙겼으며, 특히 훈민정음과 관련된 업무에 노심초사했음을 알 수 있어 이숭녕 교수의 이러한 논의는 본인 스스로가 밝힌 억설과 과장된 추측의 한 단면이었다고 하지 않을 수 없다.

한국 최고의 권위를 가진 국어학자의 이러한 논의는 곧바로 앨버틴 가울(Albertine Gaur)(1995)이라는 외국학자들에게까지 영향을 미쳐 앨버틴 가울은 "세종은 새로운 문자를 손수 발명한 공로자로 종종 묘사되지만 이런 헌사는 대개 예우와 새로운 관습에 권위를 부여하기 위한 정치적인 술수가 섞인 것이다."라고 하여 한글의 세종 친제설에 대해 부정적인 입장을 보여주고 있다. 아무리 학문적인 비판이 필요하다지만 부실한 논거나 어떤 실증적 근거 없는 논의는 도리어 문제의 핵심을 벗어나게 할 수 있을 뿐만 아니라 한글공동체 스스로의 자존심을 짓밟는 일의 빌미가 될 수도 있다는 점을 잘 알아야 할 것이다.

∷ 훈민정음은 과연 반포되었던가?

훈민정음 반포에 대한 견해는 매우 다양하다. 놀랍게도 조선조 문헌 기록상 '반포(頒布)'라는 용어는 단 한 군데도 사용된 적이 없다. 최만리의 반대 상소문에 나타난 '광포(廣布)'라는 용어를 본떠서 김윤경(1954년) 교수나 방종현(1946년) 교수도 '발포(發布)'라는 용어를 사용하다가 '반포'라는 용어로 바꾸어 사용하게 되었으며, 오구라 신페이(1946년)는 '공포(公布)'라 하였고, 박승빈(1947년) 선생은 '영포(令布)'라고 하였다. 그후 조선어학회에서 한글 반포 기념식을 공식화하였기 때문에 어쩔 수 없이 '반포'라는 용어로 정착시킨 것으로 보인다. 북에서는 한글 반포설을 전면 부정하고 세종 25(1444)년 1월을 한글 창제일로 기념하고 있다. 이 문제는 한글날 기념일에 대한 논란으로 연결될 예민한 문제이다. 분명한 것은 새로운 문자를 창제한 세종 25(1443)년을 창제 시기로 보지 않고 『훈민정음』 해례본이라는 해설서가 완성된 시기(엄격하게 말하면 정인지가 『훈민정음』 해례본의 후서를 작성한 날짜)인 세종 28(1446)년 9월 상한(上澣)을 새 문자를 반포한 시기로 보는 종래의 관점은 여러 가지 문제점을 안고 있는 것은 분명하다. 이는 창제 당시에 발표된 것으로 추정되는 예의에 대한 관심과 연구가 소홀하게 된 결과를 낳게 되었다.

『훈민정음』 해례본 책의 완성 시기를 반포로 인식한 논의를 비판한 이숭녕 선생은 "다시 결론한다면, 실록의 세종 28년 9월 끝의 기사로 '訓民正音成'은 앞에서도 말한 것이지만 원고가 작성되어 임금께 올린 것이지, 책이 출판된 것은 아니다. (중략) 다시 강조한다면, '한글날'은 훈민정음의 원고를 써서 세종께 바친 날이지 출판기념일도 아니다."[3]라고 하여 세종 28(1446)년 9월 상한이 훈민정음 반포일이 아니라는 주장을 하였다. 이러한 결론은 틀린 말이 아니다. 방종현(1946) 선생께서는 '성(成)'을 『훈민정음』 해례본의 책이 완성된 시기로 보고 있는데 거의 같은 뜻이다. 다만 이 시기에 반포라는 절차를 거치지 않았다는 비판은 타당하다. 어떤 다른 기록에서도 '반포'라는 용어를 찾아볼 수 없는 점은 명백한 사실이다. 이와 유사한 견해로 "해례본은 훈민정음의 해설서에 불과하며, 또 반포로 볼 수도 없다."(정광(2006:24), 『훈민정음의 사람들』, 제이앤씨)는 주장과 함께 반포일은 훈민정음 예의편을 언해한 『훈민정음』 언해본이 『월인석보』 권두에 처음 나타나기 때문에 이를 반포일로 보아야 한다는

3 이숭녕, 『개혁국어학사』, 박영사, 1976, 15~16쪽.

좀 생경한 주장도 있다.[4]

세종 당시 한문으로 원활하게 소통할 수 있는 사람은 전 백성 가운데 0.5% 추산도 되지 않았는데 이들을 위한 한자음 통일을 위해 한글을 창제했다면 어떻게 세종 어제 서문에 어리석은 백성을 위해 한글을 만들었다고 말할 수 있었겠는가? 왕조실록의 기록은 물론 전면 신뢰할 수는 없겠지만 이를 전면 부정하는 논의 또한 한글공동체 스스로를 비하하는 자조적인 발상이라고 하지 않을 수 없다.

훈민정음이 언제 만들어졌으며, 과연 백성들에게 반포가 되었는지의 문제는 훈민정음의 창제를 둘러싼 논의 가운데 뜨거운 논점 거리 가운데 하나이다. 먼저 훈민정음이 창제된 시기에 대해서는 『세종실록』의 사료에 근거하여 세종 25(1443)년 12월이라는 점에 대해서는 큰 이견이 없다. 그러나 세종 25년에 훈민정음이 창제된 것이 아니라 세종 28(1446)년 9월에 "是月, 訓民正音成, 御製曰, 國之語音, 異乎中國"이라는 기록을 근거로 하여 『훈민정음』 해례본의 완성 시기를 반포일로 보는 견해가 지배적이다. 한글 28자의 창제는 세종 25(1443)년이지만 그 해설서인 『훈민정음』 해례본을 만든 시기는 세종 28(1446)년이다. 실록에 나오는 "是月, 訓民正音成"에서 '成(이루다, 짓다)'의 해석을 두고 『훈민정음』 해례본이 만들어진 시점을 한글의 완성 시기로 삼고 그 날을 반포 기념일로 정한 조선어학회에 대해 방종현 교수(1446)가 먼저 이 '成'자는 『훈민정음』 해례본이 완성된 시기이지 문자가 완성된 시기가 아니라고 지적하였다. 그 이후 이숭녕 교수(1976:12)는 "요새 말로 하면 원고가 탈고되었던 것이지 아직 책으로 출판되지 않았다", "한글날 반포 운운이라고 하는 것도 어불성설의 이야기가 아니랴"라고 비판하면서 한글날 기념일을

4 정광, 「새로운 자료와 시각으로 본 훈민정음의 창제와 반포」, 『언어정보』 제7호, 고려대 언어정보연구소, 2006, 5~38쪽.

행하지도 않은 반포일로 잡고 있는 것은 잘못되었다고 비판하였다. 곧 한글 28자를 창제한 세종 25(1443)년을 창제 기점으로 보지 않고 그 해설서인 『훈민정음』 해례본이 완성된 세종 28(1446)년을 완성 시기로 잡고 사료에 전혀 근거가 없는 제정 혹은 반포라고 하는 설명은 분명히 잘못되었다.

훈민정음이라는 새로운 민족 문자를 세종이 창제한 이후 여러 단계에 걸쳐 지속적으로 보완해나간 것이다. 곧 세종 25(1443)년 12월의 한글 28자의 창제에 이어 이를 이론적으로 졸가리를 세워 해설한 『훈민정음』 해례본의 완성 시기는 세종 28(1446)년이라는 점에 대해서는 어떤 이론도 있을 수 없다. 그 이후 예의를 언해하면서 입성 글자의 표기와 한자음 표기 방식이 해례본과 달리 『동국정운』식으로 바뀌는 일련의 변개 과정을 거친 것이다. 그러는 과정에서 과연 정식으로 전 백성에게 사용하기를 권면하는 반포라는 절차를 거쳤을까? 왕의 고유나 칙령을 승정원을 통해 백성들에게나 하교하는 법적 절차를 반포라고 할 수 있는데 훈민정음과 관련된 내용의 반포라는 기록은 어디에서고 찾아볼 수 없다. 다만 『세종실록』 세종 26(1446)년 갑자 2월 20일에 최만리가 올린 상소문에 "이제 넓게 여러 사람의 의논을 채택하지도 않고 갑자기 서리 무리 10여 인으로 하여금 가르쳐 익히게 하며, 또 가볍게 옛사람이 이미 이룩한 『운서(고금운회거요)』를 고치고 근거 없는 언문을 부회하여 공장 수십 인을 모아 각본하여서 급하게 널리 '광포(廣布)'하려 하시니, 천하 후세의 공의에 어떠하겠습니까."라는 기사에 나타난 '광포'의 의미를 확대하여 '반포(頒布)'로 해석함으로써 마치 법률적 선포식을 행한 것으로 오인하게 한 것이다.[5]

5 영조 12(1736)년 병진 중추(팔월)에 『여ᄉᆞ서언해』의 영조 서문에 "咨ᄌᆞ홉다 그 이 글을 刊간ᄒᆞ야도 오히려 刊간치 못 ᄒᆞᆫ 前젼과 ᄀᆞᆺᄐᆞ며 그 이 글을 닑그매도 오히려 닑지 아닌

『훈민정음』 해례본이 완성된 시기를 세종 28(1446)년 9월 상한(上澣)으로 보고 이를 양력으로 환산하여 10월 9일로 잡고 있는 것도 잘못이라는 비판의 목소리도 없지 않다. 다만 한글의 창제를 기념하는 날짜는 관점에 따라 얼마든지 차이를 보일 수 있다. 세종 25(1443)년 12월 창제한 날을 기준으로 하든지 세종 28(1446)년 9월 상한에 해례본이 완성된 날을 기준으로 하는 것은 옳고 그름의 문제는 아닌 것이다. 그러나 분명한 것은 한글의 창제 시기는 한글 28자를 처음으로 만든 시점으로 잡는다면 세종 25(1443)년 12월임이 분명하다. 만일 『훈민정음』 해례를 완성하여 반포를 했다면 반드시 "유지, 교서, 칙서, 고명"이라는 형식에 의거하여 승정원이나 의사청에 내린 하교문이 있어야 할 것이고, 만일 그렇게 했다면 반드시 실록에 그 근거 사료가 남아 있어야 한다. 그러나 어떤 사료에서도 그런 내용의 기록이 남아 있지 않기 때문에 이 반포라는 용어를 사용하는 것은 합당하지 않다. 반포라는 법적 절차를 거쳤다는 사실을 실증할 어떤 근거도 현재로써는 찾을 길이 없다.

한글 28자를 창제한 시점이 가장 중요하다. 세종 25(1443)년 12월 말경에 한글 28자를 창제한 기본 방향을 담고 있는 예의를 근거로 하여 집현전 학사들과 함께 『훈민정음』 해례본을 완성한 것은 세종 28(1446)년이고 그 과정에서 『동국정운』과 『홍무정운역훈』을 만들면서 일부 변개가 있었던 것이다. 그 변개의 핵심이 우리말 표기에서 한자음 표기로 확대된 것이다. 결국 『훈민정음』 해례본 책이 만들어진 것을 가지고 한글을 완성했다는 것은 잘못된 인식이다. 그러한 논리라면 1933년 ‹한글 맞춤법 통일안› 제정도 한글 표기의 현재적 완성이라는 이름을 붙여야 할

前젼과 ᄀᆞᆺᄒᆞ면 이 엇지 나의 眷권眷권ᄒᆞ야 廣광布포ᄒᆞᄂᆞᆫ ᄠᅳ지리오 그 各각各각 힘ᄡᅥ 죠곰도 忽홀치 말올 ᄡᅵ어다"라고 하여 『여ᄉᆞ서언해』를 인간하여 백성들에게 나누어 주라는 의미로 '광포(廣布)'라는 용어를 쓰고 있다. 곧 이 책의 서문에 임금이 밝힌 내용이다.

것 아닌가? 한글 창제는 한글 자모 28자를 창제하여 어제 서문과 간단한 기획안인 예의가 나온 시점으로 잡아야 한다.

2012년 11월 7일 국무회의를 거쳐 한글날을 다시 국경 공휴일로 지정하였다. 한글날 기념과 관련하여 왜 이런 굴절의 과정을 거쳤을까? 국가 발전에 백해무익한 한글파와 한자파의 끝없는 대립, 갈등과 정치적 세력과 언제 어떻게 손을 잡는가에 따라 한글날이 국경일에서 기념일로 다시 국경 공휴일로 뒤바뀌는 굴곡을 만나게 된 것이다. 2013년 10월 9일 한글날이 다시 국민들의 품으로 되돌아왔다. 한글공동체, 함께 살고 있는 우리들은 나라말과 글의 소중함을 생각하고 우리말과 글을 더욱 소중하게 보듬는 기회가 되기 바라는 마음 간절하다.

한글은 누가 만들었나?

훈민정음 창제자에 대한 학설은 매우 다양하다. 첫째, 훈민정음은 세종이 친히 창제하였다는 '세종 친제설'(방종현: 1947, 이기문: 1974), 둘째, '왕실 협력설'은 다시 세분하여 '대군 협력설'(임홍빈, 2006:1385), '정의공주 협력설'(이가원: 1994, 정광: 2006)이 있으며, 셋째, '집현전 학사 협찬설'(이숭녕: 1958, 김민수: 1964, 허웅: 1974, 김진우: 1988, Albertine Gaur: 1995)과 넷째, '세종 친제 협찬설'(강신항: 2003, 안병희: 2004), 다섯째, '세종 창제 명령설'(이기문: 1997) 등 매우 다양한 주장이 제기되어 있다.

세종 친제설을 입증할 만한 사료는 매우 많이 있다. 『세종실록』 세종 25(1443)년 계해 12월 30일 기사 "이달에 임금이 친히 언문(諺文) 28자(字)를 지었는데"를 비롯해서 『임하필기』 제38권 「해동악부」에 "세종대왕이 자모 28자를 창제하여 이름을 언문이라 하였는데", 『정음통석』 서문에

"우리 세종대왕께서 창제한 언서로 중국 반절음을 풀이하면 맞지 않는 것이 없으니", 『홍재전서』 제9권 「서인(序引)」에 "우리 세종대왕께서 창제하신 언서(諺書)로 중국의 반절음을 풀이하면 맞지 않는 것이 없으니"라는 등의 기록이 세종 친제설의 실증적 근거가 된다.

이 친제설에 대한 반론으로 정광(2006:8) 교수는 "훈민정음이란 신문자를 세종이 친히 지은 것을 강조하여 문자의 권위와 그로 인한 어떠한 부작용도 제왕의 그늘 속에 묻어버리려는 뜻이 있을 것이지만 그래도 세종이 신문자 28자를 직접 제작했다는 실록의 기사는 어느 정도 신빙성이 있는 기사다."라고 하면서도 정의공주 협찬설을 주장한다. 또 앨버틴 가울(Albertine Gaur)(1995)은 "세종은 새로운 문자를 손수 발명한 공로자로 종종 묘사되지만 이런 헌사는 대개 예우와 새로운 관습에 새로운 권위를 부여하기 위한 정치적인 술수가 섞인 것이다."라고 하여 친제설에 대해 전면 부정적인 입장을 보여주고 있다.

왕실 협력설 가운데 먼저 세종과 문종의 협력설이 있다. 『직해동자습』 서문의 "우리 세종과 문종대왕은 이에 탄식하는 마음을 가져 이미 만든 훈민정음이 천하의 모든 소리를 나타내지 못하는 것이 전혀 없어"라는 다소 신뢰성이 떨어지는 기록과 『운회』 번역 등의 각종 사업에 왕자나 세자에게 일을 감독하도록 명한 내용을 들어 대군 협력설을 주장하기도 한다. 한글의 글꼴과 음가를 규정하는 한자 대표글자(운서의 자모)의 배열을 가지고 대군협력설을 제안한 임홍빈(2016:1385) 교수는 '군규쾌업(君虯快業)' 곧 "임금과 왕자가 일을 좋아한다"를 "임금과 왕세자가 훈민정음을 만드는 일을 좋아한다"라는 의미로 확대 해석하여 훈민정음은 임금과 왕세자(문종)과의 협찬에 의해 만들어졌다는 깜찍한 발상을 하기도 했다.

다음은 정의공주와의 협찬설이다. 『몽유야담』의 「창조문자」에 "우리나라 언서는 세종 조에 연창공주가 지은 것이다."와 『죽산안씨대동보』

에서 "세종이 방언이 한자와 서로 통달하지 않음을 안타깝게 생각하여 비로소 훈민정음을 지었는데 변음과 토착음은 오히려 다 연구하지 못하여 여러 대군으로 하여금 풀게 하였으나 모두 하지 못하였다. 드디어 공주에게 내려보냈다. 공주는 곧 풀어 바쳤다."라는 전거를 들어 정의공주 협력설이 제기되었다. 야담 소설이나 족보의 근거가 국가 기록인 실록보다 실증적 우위를 차지하기는 쉽지 않다고 본다.

집현전 학사 협찬설과 명령설의 논거로는 『청장관전서』가 있다. 이 책의 권54 「앙엽기1」에 "장헌대왕이 일찍이 변소에서 막대기를 가지고 배열해 보다가 문득 깨닫고 성삼문 등에게 명하여 창제하였다."는 기록이다. 세종 창제 명령설에 해당하는 병와 이형상(1653~1733)이 지은 『악학편고』 권1 「성기원류」에 "정 하동 인지, 신 고령 숙주, 성 승지 삼문 등에게 명하여 언문 28자를 지었으니" 등의 논거도 있다.

이숭녕(1976:85) 교수는 세종이 훈민정음 창제 과정에 대해 전혀 다른 평가를 하고 있다. "훈민정음을 제정할 때의 세종의 건강 상태는 말이 아니었다. 특히 기억력의 쇠퇴와 안질로 정사 자체도 세자에게 맡길 정도여서, 세종은 훈민정음 제정에선 집현전 학사에게 오직 원칙을 제시하고 방향만을 설정했을 따름이고 문제점을 상의했을 정도요, 세목의 연구에는 관계하지 않았을 것이라고 본다. (중략) 국어학사의 연구에서 구체적인 실증 자료를 갖지 못하고, 함부로 조작설을 근거도 없이 내세운다는 것은 학문을 타락시키는 것이라고 본다. 그것의 심한 예가 '세종대왕이 한글을 지으시다가 과로의 결과로 안질(眼疾, 눈병)을 얻으셨다'는 허위와 조작의 산물임을 이상의 사실 규명으로 단정할 수 있다."는 견해는 한글 창제자가 결국 세종이 아니라는 논의로 연결될 수 있다. 임금 건강에 관한 기록은 실록에 대단히 상세하게 기록될 수밖에 없다. 그러한 세세한 기록을 다 모은 것을 실증주의적 근거로 한 주장이 오히려 전체적 맥락을 제대로 해독하는 데 도움이 되지 않는 사례가 될 수 있을 것이다. 이러한 논의는 급기야 강규선·황경수(2006:75)의 『훈민정음연구』에서 "세종의 건강은 전술한 것처럼 안질, 소갈증, 부종, 임질, 요배견통, 수전, 언어곤란, 각통 등으로 세종 29년부터 세자 섭정 문제가 세종 자신의 주장으로 되풀이된다. 또 온천 요양차 자주 도성을 떠나는 날이 많았다. 안질 같은 병은 사물을 분간하기 어려운 지경이었다. 왕의 대행을 스스로 주장하던 세종이 연구 생활을 했다는 것은 상상할 수 없는 일이다."라는 식으로 한글 창제 이후에 세종의 건강이 악화된 사실을 논거로 들어 한글 창제를 세종이 하지 않았다는 논의로 확대 재생산이 된다. 어떻게 이렇게 논증이 부실한 논문이 학술지에 실렸는지 자못 의아스럽다.

이상의 논의들은 나름대로 실증적 사료를 증거로 제시하고 있으나 훈민정음의 창제 경위에서 적어도 여러 단계에 걸친 보완 과정을 거쳤다는 점을 간과한 결과이다.

첫째 창제 단계에서 한글 자모 28자를 만드는 일은 여러 사람이 모여서 해결할 문제가 아니었을 것이다. 예를 들면 중국 성운학의 운도에서 성모와 운모에 해당하는 초성 23자에 배당된 한자 대표 글자를 선정하는 일만 해도 결코 쉬운 일이 아니었을 것이다. 주지하다시피 성모 23자모도 중국의 전통적인 성모 한자를 그대로 채택하지 않고 중성과 종성에 배치할 것을 미리 고려하여 초·중·종성에 두루 사용할 수 있도록 정한 것이다. 곧 '呑[·], 慈[·]/卽[ㅡ], 揖[ㅡ]/侵[ㅣ], 彌[ㅣ]/步[ㅗ], 洪[ㅗ]/覃[ㅏ], 那[ㅏ]/票[ㅛ], 欲[ㅛ]/穰[ㅑ], 邪[ㅑ]/君[ㅜ], 斗[ㅜ]/虛[ㅓ], 業[ㅓ]/虯[ㅠ], 戌[ㅠ]/彆[ㅕ], 閭[ㅕ]/快[ㅙ]'는 초성자에서 사용한 23자의 대표 한자음을 중성에 거듭 사용할 수 있도록 하기 위한 매우 치밀하게 고안한 결과였다. '快[쾡]' 한 자만 제외한 22자 가운데 중성 11자에 골고루 2자씩 배치한 것이다. 안병희(2007:54~55) 교수가 이미 밝힌 바와 같이 두 글자 가운데 종성이 있는 앞의 한자를 모음에 배치하였다. 이러한 일을 집현전 여러 학사가 모여 결정한 일이 아니라 운학에 통달한 세종이 직접 고안해낸 창의적인 안일 수밖에 없다.

예의에 초·중성 자모를 대표하는 한자를 해례본과 『동국정운』에서 그대로 승계하여 사용('邪' 자는 제외)하였으며, 이에 대한 해설 과정에서도 일일이 신숙주를 통해 세종의 제가를 받도록 한 것으로 본다면 한글 28자는 분명히 세종의 친제임이 분명하다. 그런데 이숭녕 교수(1976: 52)는 "훈민정음의 자모 체계는 우리 현실 국어의 표기를 위한 것이 아니고 『동국정운』을 이해시키기 위한 연습장 구실을 하게 한 것이라 볼 수 있다. 오늘날 한글을 제정한다고 가정할 때, 그 체계가 현실 국어음을 기준으로 한 것이 아니고, 장차 개혁할 한자음의 체계를 실었다고 하면, 큰 시비를 받을 것이다. 그와 같이 한 것이 바로 이 훈민정음의 체계다. 그러므로 훈민정음은 『동국정운』의 이해를 위한 연습장의 구실을 한 것이다. 그러고 보면 한자음의 개신을 둘러싸고 문제점이 많으며, 세종의 언어정책의 진의가 어디에 숨겨져 있는가가 의심될 것이다."라고 하여 한글 창제의 목적을 전혀 다른 시각으로 접근하고 있다.

이러한 관점은 한글 28자모의 기원설과 연계하여 이두기원설이 대두되기도 하였다. 정인지 서문에 나타나는 '象形而字倣古篆'과 대응을 이루는 세종 25년 세종실록에는 "上親制諺文二十八字, 其字倣古篆, 分爲初中終聲, 合之然後乃成字"로 되어 있다. 이 둘을 대조해 보면 상형한 '字'는 자모(낱글자)를 말하고 '字倣古篆'의 '字'는 한 음절(초+중+종 합자)로 된 글자를 뜻한다는 사실이 명백하다. 28자의 자모는 상형이요, 한 음절로 합자한 글자의 꼴은 중국 고대 한자의 방괘형을 본뜬 '字母象形而字倣古篆'라는 의미이다. 여기서 '而'는 연접으로 '그리고'라는 전후 대등절을 잇는 어조사로 해석되어야 할 것이다. 그럼에도 불구하고 훈민정음은 창제 이전에 우리말을 표기한 곧 한자음의 음과 훈을 빌려 적은 이른 바 차자표기일 수밖에 없다는 가정 아래 한글 자모의 기원을 고전체에서 찾으려는 김완진(1966:384~385) 교수는 'ㄴ[隱], ㅁ[音], ㅂ[邑], ㅇ[應], ㅅ[品], ㄷ[處], ·[字], ㅡ[應], ㅣ[伊], ㅏ[牙], ㅑ[耶], ㅓ[於], ㅕ[輿], ㅗ[五], ㅛ[要], ㅠ[由, 兪]' 등으로 추론하고 있다.

자모의 기원은 분명히 상형이요, 한 음절의 글꼴이 고전체의 방괘형이라는 기본적인 문제를 놓침으로 인해 전혀 불필요한 논의로 발전되어 한글 창제의 독창성을 희석시킨 결과가 아닐까? 한글 자모 창제의 독창성을 어떻게 하든 한자를 기반으로 하여 태어난 것으로 돌리려는 이유가 무엇일까? 한글 자모의 기원이 중국 고전에 있었다면 해례본 제자해에서 상형설과 가획의 원리나 그 예외에 대한 그렇게도 정밀하게 설명할 이유가 전혀 없었을 것이다. 예의 창제 당시 전탁글자(ㄲ, ㄸ, ㅃ, ㅆ, ㅉ, ㆅ) 6자를 제외한 28자를 제시한 사실을 중시해야 한다. 만일 한자음 표기를 위해 한글 28자를 만들었다면 왜 전탁 글자를 제외했는지를 설명할 수 있어야 한다.

두 번째 단계에서 예의에서 규정하지 않은 사실들이 대폭 확장된 해례본은 세종의 단독적인 노력으로는 불가능했을 것이다. 집현전 신예학사 8명과 함께 세종이 창제한 한글 28자를 우리 고유 한자음, 한어까지 표기할 수 있도록 확장시켰다. 이 세상 만물의 소리를 다 적을 수 있는 표음문자로 승화시킨 것이다. 이것을 가지고 중국 운서를 번역하는 과정 또한 세종과 집현전 학사들이 함께 감당해야 할 몫이었을 것이다. 다시 말하자면 한글 28자는 세종의 친제이고 연이은 한글 28자의 운용 방안과 실제 적용의 문제는 세종과 집현전 학사들과의 협찬에 의해 이루어진 것이다. 곧 예의는 친제요, 해례는 협찬 제정의 결과물이라고 할 수 있다. 그런데 훈민정음 창제자와 관련하여 두리뭉실하게 쓴 사료의 하나인 성삼문의 『직해동자습』에 "我世宗文宗慨然念於此 旣作訓民正音"의 예를 들어 세종과 문종의 협찬설을 주장하는 일이나 "세종은 혼자서, 아니면 은밀하게 새로운 문자를 준비하였고(이숭녕: 1985, 정광: 2006)"와 같은 추론에 근거하여 마치 훈민정음 창제를 궁중의 비밀 프로젝트인 것처럼 왜곡하거나 "세종이 가족을 동원하여"라는 등의 근거 없는 논의들을 확대 재생산하는 일은 지양되어야 하지 않을까 판단한다.

『국조보감』 제7권 「세종조 3」의 "계해년 겨울에 우리 전하께서 언문 28자를 창제하여 대략적으로 예의를 게재하여 제시하였다."라는 기술은 당시의 정황을 고려해 보더라도 상당한 신뢰성이 있다. 곧 세종 25(1445)년에 언문 28자를 만들어 어제 서문과 예의를 발표한 것은 분명하게 세종의 친제로 보지 않을 수 없는 근거가 된다. 다만 해례본은 세종 단독이 아닌 집현전 신예 학사들과 공동으로 이루어진 것이다. 이 과정에서도 집현전을 대표하는 정인지를 통해 수시로 모든 사안에 대해 왕의 재가를 받을 만큼 치밀하게 진행했을 것이다. 『해동역사』 제42권 「예문지」에서도 "성인께서 처음으로 글자를 창제한 공이 크다고 하겠다."라고 하여 세종에게 그 공을 크게 돌리고 있다.

1단계 곧 한글 28자의 창제는 바로 세종이 직접 구상하고 발표한 결과이며, 이것을 토대로 한 2단계 곧 해례편의 완성은 집현전 학사들과 협찬에 이루어진 것이다. 숙종 시대의 성운학자인 명곡 최석정(1646~1715)의 『경세훈민정음도설』에 "세종대왕이 지으신 언문의 이름을 정인지가 훈민정음이라 지었다(世宗大王, 撰諺文名曰, 訓民正音, 鄭麟趾作)."라고 하였다. 언문 28자는 세종이 친히 세종 25(1443)년에 지은 것이고 이를 훈민정음(정음)이라고 하여 해설한 해례본은 정인지를 비롯한 집현전 학사와의 협찬의 결과로 세종 28(1446)년 『훈민정음』 해례본책으로 펴낸 것이다.

∷ 한글 자모의 명칭과 배열순서의 변천

훈민정음 창제 당시에는 한글 자모의 명칭이 무엇이었는지에 대한 설명은 없다. 다만 “ㄱᄂᆞᆫ 牙앙音ᅙᅳᆷ·이·이 如ᅀᅧᆼ君군ㄷ字ᄍᆞᆼ初ᄎᆼ發벓聲셩ᄒᆞ·니·라”라고 하여 ‘ㄱ’ 다음에 격조사가 ‘ᄂᆞᆫ’인 것으로 보아 양성모음이나 중성모음으로 끝나는 것으로 보인다. 따라서 이 ‘ㄱ’의 음은 ‘기’ 혹은 ‘ᄀᆞ’였을 가능성이 있다. 오늘날의 한글 자모의 명칭은 처음으로 최세진의 『훈몽자회』 범례에 자모 배열과 함께 제시되었다. 「초종성통용팔자」에서 “ㄱ其役[기역], ㄴ尼隱[니은], ㄷ地末[디귿], ㄹ梨乙[리을], ㅁ眉音[미음], ㅂ非邑[비읍], ㅅ時衣[시옷], ㆁ異凝[이응]”, 「초성독용팔자」 “ㅋ箕[키], ㅌ治[티], ㅍ皮[피], ㅈ之[지], ㅊ齒[치], ㅿ而[ᅀᅵ], ㅇ伊[이], ㅎ屎[히]”와 「중성독용십일자」에서 “ㅏ阿[아], ㅑ也[야], ㅓ於[어], ㅕ余[여], ㅗ吾[오], ㅛ要[요], ㅜ牛[우], ㅠ由[유]”로 자모의 명칭을 밝혀두고 있다. 초성에서 “ㄱ其役[기역], ㄷ地末[디귿], ㅅ時衣[시옷]”은 먼저 ‘기윽’이 아니고 ‘기역’이 된 것은 ‘윽’으로 읽히는 한자가 없기 때문에 ‘역(役)’으로 표시했으며, 역시 ‘ㄷ地末’도 ‘귿’이라는 한자가 없기 때문에 ‘끝말(末)’의 자석으로 표시했으며, ‘ㅅ時衣’ 역시 ‘옷의(衣)’의 자석으로 표시하였다. 따라서 다른 초성은 모두 ‘니은’, ‘리을’, ‘미음’ 등으로 ‘으’로 끝나데 위의 석 자는 ‘기역’, ‘디귿’, ‘시옷’이 되어 마치 일관성이 없어 보인다. 「초성독용팔자」에서는 “ㅋ箕, ㅌ治, ㅍ皮, ㅈ之……”처럼 한자음의 핵모음이 모두 ‘ㅣ’로 끝난다. 이러한 점에서 「초성통용팔자」의 자모 명칭도 ‘기, 니, 디, 리……’였을 가능성이 매우 크다. 병와 이형상(1653~1733)의 『자학』 「언문반절설」에 따르면 이들 초성의 명칭 ‘ㄱ其役’에서 ‘기(其)’는 초성의 소리를 ‘ᅌᅧᆨ(役)’은 종성의 소리를 마치 반절하듯이 그 명칭을 정했다는 증언과도 일치한다.

이 한글 자모의 명칭이 『국문연구의정안』에서는 2음절인 "ㅇ이응, ㄱ기윽, ㄴ니은, ㄷ디귿, ㄹ리을, ㅁ미음, ㅂ비읍, ㅅ시읏, ㅈ지읒, ㅎ히읗, ㅋ키읔, ㅌ티읕, ㅍ피읖, ㅊ치읓"으로 결정되었는데 북한에서는 이 안에 의거하여 자모 명칭을 결정했으나 1934년 ‹한글 맞춤법 통일안›에서는 이를 받아들이지 않고 '기역', '디귿', '시옷'과 나머지는 '니은, 리을, 미음, 비읍……' 등으로 최세진의 『훈몽자회』 범례와 동일하게 정하였다.

한글의 자모 순서는 훈민정음 예의(1443년)의 초성 순서는 '아, 설, 순, 치, 후', 5음의 순에 따라,(해례에서는 예의의 순서와 달리 '후－아－설－치－순'으로 소리문(聲門)에서 입까지 공기 흐름의 순서에 따라 배열되어 있어 차이를 보인다.) 모음은 하늘(天, ·), 땅(地, ㅡ), 사람(人, ㅣ)의 순서에 따라 가획에 의한 초출자와 재출자로 배열하였다.[6]

> 초성: ㄱ, ㅋ, ㆁ, ㄷ, ㅌ, ㄴ, ㅂ, ㅍ, ㅁ, ㅈ, ㅊ, ㅅ, ㆆ, ㅎ, ㅇ, ㄹ, ㅿ(17자)
>
> 중성: ·, ㅡ, ㅣ, ㅗ, ㅏ, ㅜ, ㅓ, ㅛ, ㅑ, ㅠ, ㅕ(11자)

그 후 최세진의 『훈몽자회』(1527년) 범례에서는 자모의 배열순서가 크게 바뀌었다. 성운학과 성리학적 역학의 원리에 따라 배열된 훈민정음의 자모 순서를 깨트리고 일대 변화를 이룬 이유는 명확하지 않으나 팔종성법과 관련이 있는 것으로 추정된다. 먼저 초성과 종성에 두루 사용되는 「초종성통용팔자」 'ㄱ, ㄴ, ㄷ, ㄹ, ㅁ, ㅂ, ㅅ, ㆁ'를 먼저 배열하고 다음에 「초성독용팔자」 'ㆁ, ㅋ, ㅌ, ㅍ, ㅈ, ㅊ, ㅇ, ㅿ, ㆆ'을 아, 설, 순, 치, 후에 맞추어 배열한 결과이다. 중성은 하늘(天, ·), 땅(地, ㅡ), 사람(人,

6 반재원(2013)의 「훈민정음 창제 원리와 천문도와의 상관성」, 국학대학원박사학위논문. 훈민정음의 자모 배열의 원리를 천문도와 관련하여 기술한 최근의 연구 성과가 있다.

ㅣ)을 기준으로 하여 개구도가 큰 모음으로부터 개구도가 작은 모음의 순서로 배열하였다. 결국 실용적인 관점에서 한글 반절도를 만들면서 자모 순서도 달라진 것으로 보인다.

> 초성: ㄱ, ㄴ, ㄷ, ㄹ, ㅁ, ㅂ, ㅅ, ㆁ, ㅋ, ㅌ, ㅍ, ㅈ, ㅊ, ㅇ, ㅿ, ㅎ(17자)
> 중성: ㅏ, ㅑ, ㅓ, ㅕ, ㅗ, ㅛ, ㅜ, ㅠ, ㅡ, ㅣ, ㆍ(11자)

이후 최세진의 『훈몽자회』 범례의 자모 배열 순서는 숙종 이후 활발하게 전개되는 실학자들 연구에 많은 영향력을 끼치게 된다. 오늘날의 자모 순서와 가장 근접하는 홍계희의 『삼운성휘』(1751년)에서는

> 초성: ㄱ, ㄴ, ㄷ, ㄹ, ㅁ, ㅂ, ㅅ, ㅇ, ㅈ, ㅊ, ㅌ, ㅋ, ㅍ, ㅎ(14자)
> 중성: ㅏ, ㅑ, ㅓ, ㅕ, ㅗ, ㅛ, ㅜ, ㅠ, ㅡ, ㅣ, ㆍ(11자)

오늘날의 자모 순서와 'ㅋ'과 'ㅌ'의 순서만 차이를 보일 뿐이다. 『훈몽자회』 범례의 자모 배열 순서와 비교해 보면 「초성통용팔자」를 먼저 배치하고 「초성독용팔자」를 뒤로 미루어 배치한 것이다. 그리고 'ㅿ'과 'ㆁ'은 제외되었고 나머지 6자가 치음자 'ㅈ, ㅊ'이 앞에 나오고 그다음 설음자 'ㅌ', 아음자 'ㅋ', 순음자 'ㅍ', 후음자 'ㅎ'의 순서로 되어 있어 『훈몽자회』 범례의 자모 배열순서인 'ㅋ, ㅌ, ㅍ, ㅈ, ㅊ, ㅎ'와는 다르다.

『국문연구의정안』(1909년)에서는 청음자(무성음)를 앞에 배치하고 격음자(유기음)를 나중에 배치하였는데 유독 'ㆁ'을 맨 앞에 배치한 것은 강위의 『동문자모분해』(1869년)의 순서와 일치한다. 『국문연구의정안』에서의 자모 배열 순서는 다음과 같다.

초성: ㆁ, ㄱ, ㄴ, ㄷ, ㄹ, ㅁ, ㅂ, ㅅ, ㅈ, ㆆ, ㅋ, ㅌ, ㅍ, ㅊ(14자)
중성: ㆍ, ㅡ, ㅣ, ㅗ, ㅏ, ㅜ, ㅓ, ㅛ, ㅑ, ㅠ, ㅕ(11자)

『국문연구의정안』의 자모 배열 순서는 어윤적이 주장한 'ㆍ'를 폐지하자는 주장을 고려하면 그의 제안과 일치하고 있다. 중성은 'ᄋᆞ'를 제외한 『훈몽자회』 범례의 자모 배열 순서와 완전 일치한다.

반면 주시경 선생은 『국문연구』(1906년)에서 초성의 배열 순서를 "ㄱ, ㄴ, ㄷ, ㄹ, ㅁ, ㅂ, ㅅ, ㅇ, ㅎ, ㅋ, ㅌ, ㅍ, ㅊ"로 차이를 보여주고 있다. 또한 중성도 "ㅏ, ㅓ, ㅗ, ㅜ, ㅡ, ㅣ, ㅑ, ㅕ, ㅛ, ㅠ"로 그 배열 순서의 차이를 보이고 있다.

1933년 『한글맞춤법통일안』에서는 「훈몽자회」 범례의 자모 배열 순서에서 'ㅋ, ㅌ, ㅍ'와 'ㅈ, ㅊ'의 순서를 바꾸고 'ㆁ'을 없앤 대신 'ㅇ'을 그 자리에 놓고 'ㆍ'를 제외시켰다.

『한글맞춤법통일안』에서는 한글 자모의 수는 스물넉 자로 하고, 그 순서와 이름은 다음과 같이 정하였다.

초성: ㄱ[기역], ㄴ[니은], ㄷ[디귿], ㄹ[리을], ㅁ[미음], ㅂ[비읍], ㅅ[시옷], ㅇ[이응], ㅈ[지읒], ㅊ[치읓], ㅋ[키읔], ㅌ[티읕], ㅍ[피읖], ㅎ[히읗](14자)
중성: ㅏ[아], ㅑ[야], ㅓ[어], ㅕ[여], ㅗ[오], ㅛ[요], ㅜ[우], ㅠ[유], ㅡ[으], ㅣ[이](10자)

다만 북한에서는 국어사정위원회에서 결의한 『조선말규범집』(1987년)에서 자모의 순서와 명칭을 다음과 같이 정하였다.

초성: ㄱ[기윽, 그], ㄴ[니은, 느], ㄷ[디읃, 드], ㄹ[리을, 르], ㅁ[미음, 므], ㅂ[비읍, 브], ㅅ[시읏, 스], ㅇ[이응, 응], ㅈ[지읒, 즈], ㅊ[치읓, 츠], ㅋ[키읔, 크], ㅌ[티읕, 트], ㅍ[피읖, 프], ㅎ[히읗, 흐]

중성: ㅏ[아], ㅑ[야], ㅓ[어], ㅕ[여], ㅗ[오], ㅛ[요], ㅜ[우], ㅠ[유], ㅡ[으], ㅣ[이], ㅐ[애], ㅒ[얘], ㅔ[에], ㅖ[예], ㅚ[외], ㅟ[위], ㅢ[의], ㅘ[와], ㅝ[워], ㅙ[왜], ㅞ[웨]

남북 간의 자모 배열 순서의 차이는 얼핏 보면 차이가 없는 듯하지만 상당한 차이를 보여주고 있다. 사전 편찬의 올림말의 순서 차이로 이어져 민족 언어를 통일하는 데 걸림돌이 될 수 있다.

2007년 6월 강길부 의원이 국회 본회의 대정부 질문에서 현재 한글의 자모 배열 순서가 훈민정음 창제 원리와는 어긋나므로 그 개선 방안을 요구하였다. 필자가 30년 전 울산대학교에 교수로 근무할 때, 강길부 의원은 국토해양부에 근무하고 있었다. 일찍부터 울산지역 지명 조사를 하여 책을 발간하기도 한 학구파 정치인 가운데 한 분이어서 그때부터 잘 아는 터였다. 국어 정책에 남다른 관심을 가진 분이기 때문에 여간 고맙지 않았다. 그 해 10월 국립국어원과 강길부 의원실 공동으로 '훈민정음 창제 원리와 한글 자모 순서'라는 주제로 국회의원회관에서 학술회대회를 개최하였다. 그 후 반구대 암각화 보존 문제와 암각화를 콘텐츠로 활용하는 방안에 대한 논의를 하기도 하였다. 당시 '세종학당' 설립을 추진하고 있었던 필자의 의도를 잘 이해하고 한글 세계화에 대한 많은 지원을 해주기도 하였다. 얼마 전 강길부 의원이 쓴 『울산이 대한민국의 미래다』(해든디앤피, 2013)를 필자에게 보내 주었다. 그 책에는 '한글 세계화를 위한 제언'에 지난 이야기가 담겨 있었다.

::: 한글의 해설서 『훈민정음』 해례본

현재 간송미술관에 보관되어 있는 『훈민정음』 해례본은 1940년, 경북 안동군 와용면 주하동 이한걸(李漢杰)의 셋째 아들 용준(容準) 씨가 당시 김태준 교수를 통해 학계에 알려지게 되었다. 원본의 표지와 앞의 2장이 떨어져 나간 것이었기 때문에 『세종실록』본의 본문을 참고하여 보사를 하는 과정에서 실수하여 '편어일용이(便於日用耳)'를 '편어일용의(便於日用矣)'로 잘못을 범하였다. 보사한 상태로 간송 전형필에게 넘어가 현재 간송미술관에 보관되어 있으며, 1962년 12월 20일 국보 제70호로 지정되었고 유네스코 기록문화유산으로도 등재되었다. 그러나 이 『훈민정음』 해례본의 원 소장처에 대한 논란이 없지 않다.

『훈민정음』 해례본은 세종 25(1443)년에 세종이 친제한 언문 28자의 글꼴과 음가 및 문자 운용 방법을 해설한 내용을 담고 있다. 이 해례본은 두 부분으로 구성되어 있는데 앞부분인 본분에는 어제 서문과 한글 28자의 글꼴과 음가, 문자의 운용법을 설명한 예의로 이루어져 있고 뒷부분은 제자해, 초성해, 중성해, 종성해, 합자해, 용자례 곧 5해 1례와 함께 정인지 서문과 참여한 여덟 학사의 명단이 실려 있다.

『훈민정음』 해례본 책은 본문격인 예의편과 이를 해설한 해례편을 합하여 세종 28(1446)년 9월 상한에 목판 총 33엽으로 인출하였다. 이 『훈민정음』 해례본 책은 현재 두 가지 이본이 남아 있다. 1940년 안동 고가에서 찾아낸 원간본은 현재 간송미술관에 소장되어 있으며, 이와 동일한 이본이 2008년 경북 상주에서 공개한 잔엽 상주본이 있다. 다만 상주본 『훈민정음』 해례본은 전모가 공개되지 않은 불완전한 잔엽본이다. 두 가지 원간본은 모두 중대한 결함을 안고 있다. 전자는 1~2엽이 낙장본이고 후자는 중간 중간이 떨어져 나간 잔엽본에 지나지 않지만 원간본 『훈민정음』 해례본은 이제 두 종류가 있는 셈이다.[7]

『훈민정음』 해례본은 두 부분으로 구성되어 있는데 어제 서문과 예의편인 본문 4엽과 해설편인 5해 1례로 된 '훈민정음해례'와 정인지 서문 부분이 실린 29엽을 합해서 총 33엽이다. 간송미술관 소장본 『훈민정음』의 서지 문제에 몇 가지 문제점이 드러난다. 첫째, 이 책의 크기에 대해서 정확한 내용을 확인할 수 없다. 안병희(2007:28) 교수는 새로 보수하는 과정에서 책판의 크기가 달라졌을 개연성이 있다고 보고 세로 32.2cm, 가로 16.3cm 또는 세로 29cm, 가로 20cm로 추정하고 있다. 훈민정음 연구자 가운데 최고의 권위자인 안병희 교수조차도 이 책의 실물을 실측할 기회를 갖지 못했기 때문에 세로 3.2cm, 가로 3.6cm 정도의 오차 범위로 책의 크기를 확정 짓지 못하고 판정을 유보하고 있는 상태이다.

김주원(2007) 교수는 이 책의 크기를 문화재청에서 유네스코 기록 문화유산 등재 신청 과정에서 조사한 내용에 가장 근접하는 크기인 세로 29.3cm, 가로 20cm로 발표하였다. 그 외에 많은 연구자들은 직접 실측할 기회가 없었기 때문에 다른 연구자들의 기록을 그대로 옮겨 씀으로써 학자들마다 견해가 서로 다르다.

문화재청은 이 책의 크기를 세로 29.3cm, 가로 20.1cm로 공식적으로 발표하였는데 김주원 교수의 측정 결과와 가로의 크기가 0.1cm의 오차를 보이나 이것은 측정 과정에서 생겨날 수 있는 일이거나 각 엽마다 다소의 크기의 차이를 보일 수 있는 문제이다. 잔엽 상주본 『훈민정음』와 대비해 본 결과 결국 문화재청 조사 결과나 김주원 교수의 측정 결과

7 이상규, 「잔엽 상주본 『훈민정음』 해례본」, 『기록인』 Vol. 23, 국가기록원, 2013.

는 모두 보수와 보사를 한 이후 축소된 개장본을 대상으로 측정한 결과였다.

개장(책을 해체하였다가 다시 제책함)하기 이전의 간송미술관 소장 『훈민정음』의 본래 크기를 확인하기 위해 잔엽 상주본 『훈민정음』의 9엽 1장의 크기를 측정해 본 결과 이상백(1957:4) 교수가 밝힌 것과 비슷한 세로 32cm, 가로 16cm 정도의 크기였다. 물론 9엽도 약간 구겨진 상태이기 때문에 정밀한 측정 결과는 아니라고 하더라도 원간본 『훈민정음』 본래의 크기는 세로 32cm, 가로 16cm 내외였음을 확인할 수 있다. 그뿐만 아니라 외형상 잔엽 상주본 『훈민정음』은 간송미술관 소장본 『훈민정음』과 동일본임을 알 수 있다.

둘째, 간송미술관 소장본 『훈민정음』 해례본의 반곽은 쌍변으로 행간 계선이 있는데 이 반곽의 크기 또한 통일이 되어 있지 않다. 통문관의 이겸노 씨가 처음으로 반곽의 크기를 세로 23.3cm, 가로 16.7cm로 보고하였다. 그 후 이상백(1957:21) 교수와 안병희(2007:28) 교수는 세로 23.2cm, 가로 16.5cm로 발표하였고 강신항(2003 : 89)과 조규태(2008: 12) 교수는 세로 23.3cm, 가로 16.8cm로 각각 보고하였다. 최근 문화재청 조사 결과는 세로 22.6cm, 가로 16.1cm(본문 4장 앞면 기준)로 발표하였다. 반곽의 가로 크기는 문화재청 조사 결과와 비교하면 이상백(1957: 21)과 안병희(2007:28)는 1.4cm, 강신항(2003:89)과 조규태(2008:12)는 0.7mm의 차이를 보여주고 있다. 세로 크기는 문화재청 조사 결과와 이상백(1957:21)과 안병희(2007:28)를 비교해 보면 0.4mm, 강신항(2003:89)과 조규태(2008:12)는 0.7mm의 차이를 보이고 있다. 『훈민정음』 해례본의 반곽의 크기에 대해 학자들 사이에 최대 1.4cm의 오차를 보인다는 것은 좀처럼 이해할 수 없는 일이다. 이처럼 책판 크기의 차이를 보이는 이유는 두 가지 정도로 추정할 수 있다. 먼저 실측 환경에 따른 오차이거나, 반곽의 내선을 측정하지 않고 외선을 측정한 오류 등의 이유가 있을 것이다. 둘째로 해례본의 반곽이 장마다 약간의 차이를 보일 수 있는 가능성이 있다. 다시 말하면 먹의 농도 차이나 각 엽마다 원판의 차이로 생겨날 수 있는 문제이거나 반곽의 크기도 엽별로 차이가 있을 가능성이 있다.

『훈민정음』 해례본의 책판과 반곽의 크기는 9엽 한 장을 대상으로 조사한 결과 대체로 문화재청의 조사 결과와 동일한 세로 22.6cm, 가로 16.1cm(9엽 기준)이다.

『훈민정음』 해례본에서 본문 부분을 제외한 해례편은 세종과 함께 집현전 학사들이 함께 만든 것으로 당시 성리학 이론을 기반으로 음양오행의 원리를 운용한 융합학제적으로 기술하고 있다. 성운학, 역학, 예악, 수리, 방위, 시절, 천문학 등, 우주생성의 바탕을 천－지, 음－양에 두고 중국의 운도와 운서를 토대로 한글 28자의 생성과 구조 및 운용 방법을 체계적으로 기술하고 있다. 음성학 이론의 관점에서도 현대 음성학적 이론을 능가하는 과학성을 띠고 있다.

훈민정음 해례본의 서지적 정보가 이처럼 통일되지 않는 연유야 있겠지만 세계적인 인류 문화유산의 하나인『훈민정음』해례본에 대한 관리 부실의 한 단면을 보여주는 것이며, 우리나라 문화재 관리의 현주소이다. 안타깝게도 상주본『훈민정음』해례본은 종적을 감추었다. 몇 해 전 유명한 일본인 교수 한 분이 한국 유학생을 앞장세워 대구의 모 고서점에서 고가의 귀중 고서를 구매하여 유유히 사라지는 모습을 보고 아연실색하지 않을 수 없는 경험을 하였다. 우리 문화재가 공공연히 해외로 유출되고 있다. 국가적 문화재는 적어도 개인의 자산이 아닌 국가의 자산이자 인류의 자산이다. 이러한 문화재 관리의 허술함을 근본적으로 보완할 길이 없을지.

훈민정음 영어 번역본의 허와 실

필자가 2006년 국립국어원장으로 일할 때에 한글의 해설 원전인 『훈민정음』 해례본을 여러 국가어로 번역할 계획을 수립하였다. 많은 국어학자들이 한글은 세계적으로 우수한 문자라고 자랑하면서도 그동안 실제로 외국인에게 알리려는 적극적인 노력은 거의 하지 않았다. 『훈민정음』 해례본을 30여 개 국가어로 번역하여 보급할 계획으로 지금까지 외국어 번역본이 무엇이 있는지 알아보고, 한문으로 되어 있는 『훈민정음』 해례본을 가장 훌륭하게 번역한 한글 번역본을 가려내는 일을 진행하면서 적절한 번역자와 해설을 쓸 연구자를 물색하였다.

1차 한글본 번역은 신뢰할 만한 훈민정음 연구자인 강신항 교수와 해설을 쓸 이상억 교수와 김주원 교수를 선정하여 5개 국어, 곧 영어, 중국어, 베트남어, 몽고어, 러시아어판 번역자를 의뢰하고 번역 작업에 착수하였다. 그 1차 성과는 2008년 한글날 직전에 도서출판 생각의나무에서 영어, 중국어, 베트남어, 몽고어 4개 국어 번역판을 간행하였으며, 국립국어원장 퇴임 후인 2009년 러시아어판이 출간되었다.

그러나 최근 『훈민정음』 해례본을 연구하는 과정에서 외국어판을 꼼꼼히 검토해 본 결과 참으로 많은 문제가 있다는 사실을 뒤늦게 알게 되었다. 먼저 한문으로 된 원전 『훈민정음』 해례본의 한글판 번역에서 그동안 학자들 간에 이견이 있는 대목이나 해석상의 차이에 대한 문제가 곳곳에 있었을 뿐만 아니라 한자어로 된 용어 번역 방식에 상당한 차이가 있었다. "國之語音。異乎中國。與文字不相流通。"라는 세종 어제 서문 부분의 해석을 "(한자의) 국어음이 중국과 달라서 문자가 서로 통하지 않는다.(정광, 2006:34)"라고 하여 '國之語音'의 부분을 '중국한자음'

곧 '국어음(國語音)'을 한국 한자음(東音)으로 규정하여 "세종은 중국과 우리 한자음의 규범음을 정하기 위하여 발음 기호로서 훈민정음을 고안하였다.(정광, 2006:34)"는 주장과 함께 "훈민정음은 실제로 한자음의 정리나 중국어 표준 발음의 표기를 위하여 제정되었다가 고유어 표기에도 성공한 것이다. 전자를 위해서는 훈민정음, 또는 정음으로 불리었고 후자를 위해서는 언문이란 이름을 얻게 된 것이다.(정광, 2006:36)"라는 논의처럼 한글 창제의 기본 정신을 심하게 왜곡시킨 경우도 있었다. "國之語音, 異乎中國"에 대한 해석은 "국어음(우리말)이 중국과 달라서 문자(중국 한자)와 서로 통하지 않는다."로 해석해야 할 것인데 위에서 언급한 바와 같이 해석함으로써 마치 한글 창제가 한자음 교정 통일을 위해 만든 것이라는 의미로 해석될 가능성이 생겨난 것이다. 이와 같이 1차 번역인 한글판의 고정 문제가 무엇보다 신중하게 결정되어야 한다는 사실을 뒤늦게 알게 된 것이다.

영어판『훈민정음』해례본 번역에는 몇 종류가 있다. 그 가운데 1) 이정호 교수의『HANGEUL: The History and Special Features of Korean Indigenous Characters. 훈민정음—국문영문 해설 역주』(보진재, 1973)와 2) 김석연 교수의『The Korean Alphabet of 1446』(Humanity Books, 2001), 3) 국립국어원,『알기 쉽게 풀어 쓴 훈민정음』(생각의나무, 2008)의 영문판에서 나타난 몇 가지 문제를 살펴보자.[8]

『훈민정음』해례본의 서명 번역이 다음과 같이 차이를 보인다.

이정호(1973): Hun-Min-Jeong-Eum / Right Sounds to Educate the People

8 이외에도 Gari K. Ledyard, 「The Korean Language Reform of 1446: The Origin, Background and Early History of the Korean Alphabet」(Ph.D. Dissertation, University of California, Berkeley)이라는 논문도 있다.

김석연(2001): Hwunmin Cengum / The Orthophonic Alphabet for the Instruction of the People
국립국어원(2008): Hunmin jeongeum / the correct sounds for educating the people

물론 그동안 ‹로마자 표기법›의 개정으로 차이를 보여줄 수 있는 대목이다. 한글 번역 용어를 단순히 로마자 표기로 전환한다고 하더라도 외국 사람들은 전연 이해할 수 없다. 세 사람의 '훈민정음'을 영어로 번역한 결과는 또다시 차이를 보여주고 있다. 이정호(1973) 교수는 "Right Sounds to Educate the People"로, 김석연(2001) 교수는 "The Orthophonic Alphabet for the Instruction of the People"로, 국립국어원(2008)에서는 "the correct sounds for educating the people"로 번역함으로써 그 통일성을 잃고 있다.

세종 어제 서문에 나오는 "國之語音◦異乎中國。與文字不相流通。"라는 대목은 학자들 간에 의견이 노정되어 있는 대목이지만 영어 번역 차이는 매우 크다. 먼저 "國之語音"에 대한 번역은 아래와 같다.

이정호(1973): The speech sounds of this country
김석연(2001): The speech sounds of our country's language
국립국어원(2008): the phonological system of Korean

특히 국립국어원의 번역판은 "나라의 말(國之語音)"을 "한국어의 음운체계(the phonological system of Korean)"로 번역하였다.

이어서 "與文字不相流通"의 번역은 다음과 같다.

이정호(1973): there is no writing in which to communicate.

김석연(2001): are not communicable with the[sounds of] Chinese characters.

국립국어원(2008): the Chinese characters that describe both Chinese and Korean cannot be used in communication.

"國之語音"의 부분과 호응되기 매우 어렵다. 특히 국립국어원의 번역문에서는 한국의 음운 체계와 중국 문자와 비교한 꼴이 된다. "國之語音。異乎中國。與文字不相流通。"의 대목은 "國之語音。異乎中國[之語音。]與文字不相流通。"과 같이 '中國' 다음에 '之語音。'이 생략되었다고 보아야 한다. 다시 말하면 "우리나라의 말과 중국의 말이 달라 중국 문자인 한자로는 서로 통하지 않는다."로 해석되어야 할 것이다. 다만 우리나라에는 말은 있었지만 문자가 없었기 때문에 말과 문자를 다 갖추고 있는 중국과는 서로 소통되기 어렵다는 의미로 해석해야 함에도 불구하고 원문의 의미와 상당히 유리된 번역 결과가 나타나게 된 것이다.

다음으로 '親制'라는 용어에 대한 번역도 이정호(1973) 교수는 "I newly made", 김석연(2001) 교수는 "I have newly designed", 국립국어원(2008)에서는 "I have newly created"로 되어 있다. "내가 새로 만들었다."나 "내가 새로 디자인했다"거나 "내가 새로 창조했다"는 표현의 차이는 엄청나게 크다고 생각된다. 특히 창제자에 대한 협찬설이나 공동 제작설 때문에 '친親'이라는 부분이 영어판에 누락된 점은 핵심적인 문제가 아닐 수 없다.

우리가 자랑하는 '한글'의 외국어 번역 문제가 얼마나 심각한 문제를 가지고 있는지 개략적으로 살펴보았다. 전 세계 인류의 기록 자산인 『훈민정음』 해례본조차 변변한 번역본 하나 마련하지 못하는 우리나라 정부 부처의 문화 역량을 어떻게 이해해야 할까? 일회성 축제나 국제적인 체육대회 유치를 위해서는 천문학적인 예산을 투입하면서 유무형 문화재나 주요 전적의 관리는 이처럼 허점투성이다. 할 수 없고, 하지 못해서가 아니라 오로지 정부 관료들의 무관심 때문이라면 지나친 생각일까?

한글의 세계화라는 야릇하고 달콤한 말에 쉽게 취해 버리기 쉽다. 그러나 과연 우리가 한글의 세계화에 대한 제대로 된 인식을 하고 있느냐에 대한 심각한 고민을 지금부터라도 해야 할 것이다.

한글공동체

2. 잠적해 버린 상주본 『훈민정음』

상주본 훈민정음 해례본의 소유권 분쟁 과정에서 사법부에서는 이 상주본 훈민정음 해례본의 감정 가치를 2조 원으로 평가하였다. 그만큼 이 책의 가치를 높게 평가한 것은 우리나라의 중요한 지적 소유물인 동시에 인류 문화유산이라는 점이 고려된 것이라 할 수 있다.

세종 25(1443)년 12월에 세종이 창제한 '한글 28자'에 대한 어제 서문 및 예의편과 이를 해설한 해례편과 정인지 서문을 합간한 『훈민정음』 해례본은 세종 28(1446)년 9월에 목판본으로 간행한 것이다. 이 원본 해례본 『훈민정음』은 1940년 경북 안동에서 발견되어 1962년에 국보 제70호로 지정된 간송미술관 소장본으로, 1997년 10월에는 유네스코 세계기록유산으로 등록되었다.

간송미술관 소장 『훈민정음』 해례본이 발견될 당시에 표지와 1~2엽이 떨어져 나간 상태였기 때문에 그동안 여러 차례 원본 복원 문제가 논의되어 왔다. 따라서 원본 해례본의 이본이 새로 발견된다면 종래 제기되어 온 여러 가지 의문을 풀 수 있는 좋은 기회가 될 것이 틀림없다. 곧 책의 표지 명칭이나 권두 수제 명칭에 대한 논란을 불식시킬 수 있을 뿐만 아니라 책 모서리가 일부 훼손되어 글씨가 마모된 부분의 구두점이나 글자의 네 모서리에 들어가는 일부 첩운 글자의 권점과 성조와 한

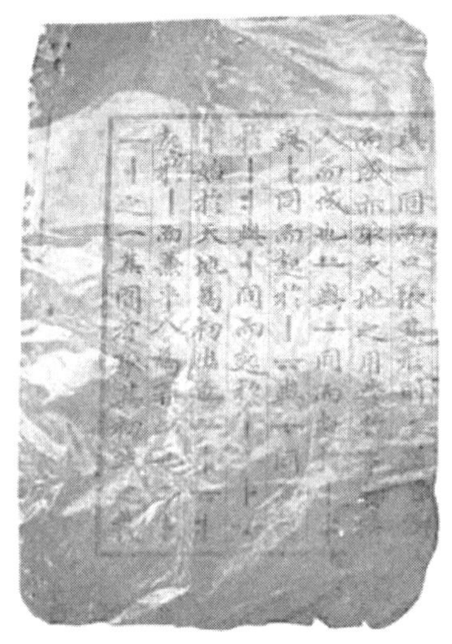

▲ 잔엽 상주본 『훈민정음』 9엽ㄴ(뒷장).

자음에 표기에 대해 그동안 제기되어 온 여러 가지 의문을 해소할 수 있다.

그런데 지난 2008년 7월 30일에 신문과 방송 보도를 통해서 간송미술관 소장본과 동일본으로 추정되는 『훈민정음』 해례본이 발견되었다는 반가운 소식이 전해졌다. 이미 잘 알려진 바와 같이 『훈민정음』 해례본은 유네스코의 세계기록물로 등록될 만큼 한글의 창제 관련 주요 기록으로서 세계 인류의 중요 기록 문화 자산이다. 『훈민정음』 해례본이 지금까지 유일본으로 표지와 앞 두 엽이 낙장된 것을 복원한 상태이기 때문에 제2의 해례본이 발견된 것은 매우 큰 의미를 지닌다고 할 수 있다.

언론 보도 당시에 한국국학진흥원의 소속 연구원이 실사하여 간송미술관 소장본과 동일한 판본임을 일차로 확인하였다. 책의 일부 또는 공개된 전부를 안동 MBC 뉴스 방송팀이 촬영하였다. 당시 국립국어원장으로 재직하고 있던 필자로서는 누구보다 관심이 많을 수밖에 없었다. 그 이튿날 경북 상주로 달려가 원본의 일부를 직접 실사하고 안동 MBC에서 촬영된 편집하기 이전의 화면 전 분량의 영상 자료를 입수하여 정밀하게 검토해 본 결과 세종 당시에 간행된 원본과 동일본임을 확인했다. 그 후 필자는 자료의 정밀한 검토와 함께 논문을 통해 이 책의 명칭을 잠정적으로 "잔엽 상주본 『훈민정음』"이라 명명하고 서지적인 면에서 간송미술관 소장본과 동일한 세종 당시에 간행된 원본임을 밝힌 바가 있다.[1]

현재 이 판본은 제5엽부터 있는 것으로 보인다. 제9엽(사진 참조)의 하단 3분의 1이 기름 때로 얼룩져 있는 것으로 볼 때, 첫 장으로 노출되어 있었기 때문으로 생각할 수 있다. 현재 화면으로 확인할 수 있는 자료는 판심제가 '正音解例'인 부분 5, 6, 7, 8, 9, 10, 11, 12, 13, 14, 26, 27, 28. 도합 13엽만 공개되었다. 이에 따르면 세종의 서문과 예의(판심제 '正音' 1~4)부분이 없으며, 해례 부분도 제1엽에서 제4엽까지가 없다. 제15엽에서 25엽까지 그리고 정인지 서문의 마지막 장(즉 '正音解例' 29엽)도 없어 매우 불완전한 잔본임이 분명하다.

이 책은 경북 상주에 있는 골동품 가게(주인 조용훈)에서 유출된 것인데 조용훈 씨의 말에 의하면 안동에서 구입해 온 것이라고 전한다. 그러던 중 상주에 거주하는 배익기 씨가 다른 책을 구입하는 과정에서 이 책을 훔쳐갔다는 주장과 함께 불행히도 소유주 송사에 휘말려 세상에 잠깐 모습을 드러내었다가 현재는 이 책을 다시 볼 수 없게 되었다. 민사소송 결과 원소유주가 조용훈 씨라는 판결을 받고, 2012년 5월 3일 자로 실물이 없는 상황에서 문화재청에서 기증식을 가졌다. 그 후 형사소송 결과 배익기 씨가 훔친 물건이라는 물증이 입증되지 않는 이유로 배 씨가 승소함으로써 문제는 더욱 복잡하게 되었다. 다만 안동 MBC에서 촬영한 편집 이전의 화면 전 분량을 검토해 보면 이 책의 발견 경위를 묻는 안동 MBC의 기자 질문에 배익기 씨가 현재 본인이 거주(상주)하는 집 천장을 수리하다가 발견되었다는 엉성한 진술을 한 영상기록물이 있어 발견 경위에 석연찮은 점이 없지 않다.

이 유물은 법원 감정가 2조 원짜리의 무한의 가치를 지닌 인류의 문화 자산이다. 이 책은 개인의 소유물이 아니라 인류 문화의 자산이라는

1 이상규, 「잔엽 상주본 훈민정음 분석」, 『한글』 제298집, 한글학회, 2012.

면에서도 현 소지자는 법적인 문제를 떠나서 하루빨리 국가 문화재로 기증하는 것이 사람이 할 수 있는 올바른 도리가 아닐까? 그뿐만 아니라 관련 학자들이 실물을 보면서 자유롭게 연구할 수 있도록 공개되어야 할 것이다. 이 책은 현재 배익기 씨가 은닉하고 있어서 보관 상태에 대해서는 전혀 알 길이 없다. 다만 필자가 언론 공개 당시에 배익기 씨 집을 방문하여 실사한 내용과 안동 MBC에서 촬영한 전체 화상 자료를 검토해 본 결과 총 33엽 가운데 약 1/3 정도에 지나지 않는 총 13엽만 언론에 공개한 것임을 알 수 있다. 당시 배익기 씨는 4엽만 없고 나머지 29엽이 남아 있다고 주장을 했지만 낙장이 매우 많은 불완전한 파본 상태이기 때문에 "잔엽 상주본『훈민정음』"이라고 잠정적으로 호칭하였다.

이 판본은 현재「오성제자고(五聲制字攷)」[2]라는 제명이 달린 개장한 표지와 해례편 잔엽 13엽 이외에는 더 확인할 방법이 없다. 현 소지자의 진술에 의하면 원간 표지를 비롯하여 어제 서문 부분 2엽과 마지막 33엽을 비롯한 해례편 중간 부분의 1·2엽만이 떨어져 나간 것이라고 한다. 유일본으로 알려져 온 간송미술관 소장『훈민정음』해례본도 세종의 서문 부분 2엽이 떨어져 나간 낙장본의 상태로, 완본은 아니다. 더군다나 이번에 새로 공개된 잔엽 상주본『훈민정음』도 불과 13엽만 확인할 수 있을 뿐이다. 특히 어제 서문과 예의편 부분은 단 1엽도 공개되지 않았으며, 해례의 나머지 부분의 존재 여부도 불확실한 상황이다. 현재 공개된 자료 가운데 제일 앞부분인 9엽 전면이 1/3 이상 부식된 것을 보면 그 앞의 해례본의 본문도 거의 남아 있지 않거나 남아 있더라도 부식 정도가 매우 심할 것으로 추정된다.

2 김주원 교수가 필자의 논문에 '攷'자를 '考'로 착오한 점을 지적해 준 것을 감사하게 생각한다.

그동안 간송미술관 소장 『훈민정음』이 유일본이었기 때문에 여러 가지 억측이 제기되었고 또 이것을 영인한 여러 종의 영인본과 복각본에도 오류가 많이 발견되었지만, 이에 대한 정오를 비교하여 판단할 수 있는 준거가 없었다. 잔엽 상주본 『훈민정음』에 남아 있는 13엽 부분만이라도 간송미술관 소장 『훈민정음』과의 상호 대교를 통해 의문시되었던 부분을 확정 지을 수 있는 단서를 제공해 줄 수 있다는 면에서 그나마 다행한 일이 아닐 수 없다. 이 판본이 비록 잔엽본이기는 하지만 원간본과 동일본으로 확정할 수 있는 근거를 찾아내는 일이 우선되어야 한다고 판단하고 이 자료에 대한 몇 가지 내용을 정밀하게 검토해 본 결과 원간본임을 입증하였다.

현재 공개된 이 판본의 표지는 개장된 것으로 추정되는데, 능화판의 문양은 연꽃과 보상화문(寶相華紋)이 어우러진 16~17세기까지의 유형이며, 5침안의 장정 흔적이 있다. 현재 이 판본은 제본을 했던 실이 일부 남아 있는 파판본의 상태이며 각장의 내부에 남은 당시의 침안을 볼 때 4침안, 5침안의 흔적이 있다. 현존 표지의 침안은 5침안이므로 초간될 당시의 제본 형태는 4침안으로 추정된다.

개장 표지에는 묵서로 왼편 상단에 '五聲制字攷'가 적혀 있다. 이 판본의 소유주가 다시 제본한 후에 서명을 추정하여 적은 것으로 보인다. 이로 볼 때 서명을 쓴 시기는 앞부분이 낙장되어 원제목을 알 수 없는 상황에서 쓴 것으로 추정할 수가 있다. 이 판본이 유일본으로 알려진 원본 『훈민정음』 해례본과 동일본 유무를 확인하기 위해 13엽을 가지고 구두 권점 및 첩운 권점과 성조 표기를 확인해 본 결과 구두 권점과 첩운 권점, 성조의 표기가 완전히 일치하였다. 따라서 간송미술관 소장본과 동일한 원본임이 분명하게 드러났다. 이 판본이 전면 공개되는 날이 오면 간송미술관 소장본 『훈민정음』이 유일본이었을 때 제기될 수

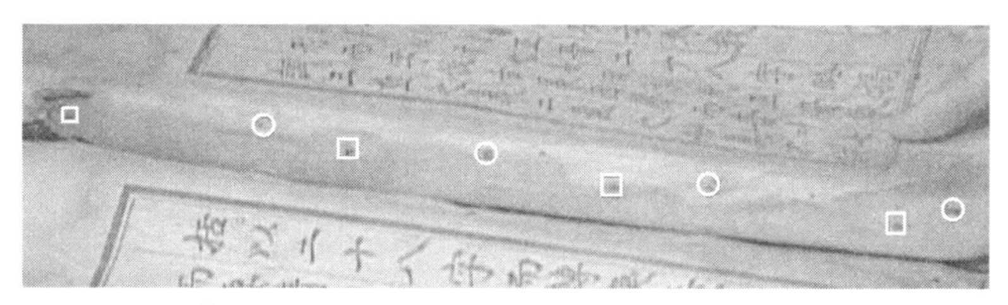

▲ 잔엽 상주본『훈민정음』해례본의 제판본 침눈

있었던 여러 가지 문제들을 이 판본과의 대교를 통해 확증할 수 있을 것이다.

또 반곽이나 계선의 파손 유무를 확인해 보아도 두 판본 모두 일치하고 있다는 사실로 보아서 두 판본은 동일한 목판에서 쇄출한 것이 확실하다고 말할 수 있다. 현재 간송미술관 소장본은 개장과 함께 원본의 아래와 윗부분의 일부를 잘라낸 것임이 확인되었다. 그러나 잔엽 상주본은 위아래가 잘리지 않은 원래의 판본 크기를 유지하고 있어서 현존 간송본보다 훨씬 크다는 사실을 확인할 수 있다. 안병희(2007:28) 교수는 원본의 크기가 새로 보수하는 과정에서 판본판의 크기가 달라졌을 개연성이 있다고 보고 32.2cm×16.3cm 혹은 29cm×20cm로 추정하고 있다. 문화재청의 조사 결과에서도 이 판본의 크기를 세로 29.3cm, 가로 20.1cm로 공식적으로 발표하였는데 이는 모두 보수와 보사를 한 이후 축소된 개장본을 대상으로 측정한 결과였다. 이번 이 판본의 9엽 1장의 크기를 측정해 본 결과 이상백(1957:21) 교수가 밝힌 것과 비슷한 세로 32cm, 가로 16cm 정도의 크기였다. 물론 9엽도 약간 쭈그러진 상태이기 때문에 정밀한 측정 결과는 아니라고 하더라도 원본『훈민정음』본래의 크기는 안병희 교수가 지적한 세로 32.2cm, 가로 16.3cm 내외였음을 확인할 수 있다. 이 판본의 반곽의 크기는 9엽 한 장을 대상으로 조사한 결과 대체로 문화재청의 조사 결과와 동일한 세로 22.6cm, 가로 16.1cm(9엽 기준)

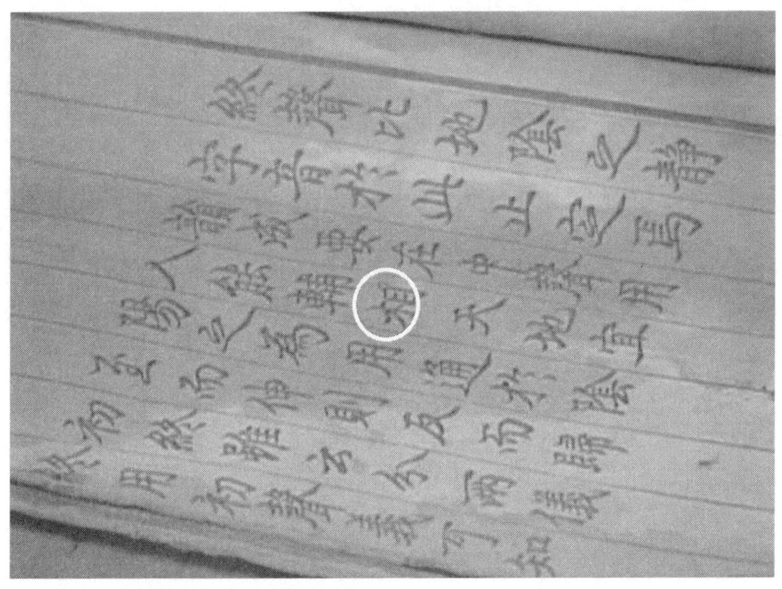

▲ 잔엽 상주본 『훈민정음』 18엽 앞면 4행, '相' 자의 첩운 권점

이다. 따라서 잔엽 상주본 『훈민정음』은 원간본과 동일본으로 그 일부 잔본임이 분명하다.

비록 늦었지만 문화재청에서는 『훈민정음』에 대한 서지적 조사를 보다 정밀하게 다시 해야 할 것이다. 세계적 기록 유산에 대한 서지적 정보가 이처럼 불완전해서는 안 된다는 말이다. 각 엽별 반곽의 크기나 행간의 크기 등 형태서지적인 정밀한 재조사가 이루어지기를 희망한다.

지난날 이 판본의 원소장자로 추정되는 분이 행간 아래위에 필사 묵서를 남겼다. 이 묵서 기록은 당시 성운학자로서 대단한 식견을 가진 이의 기록으로 추정되며, 이 내용을 정밀하게 조사하면 원래 소장자가 어떤 가문의 학자였는지 가늠할 잣대가 될 수도 있을 것이다. 또한 이 묵서 기록은 『훈민정음』 해례본에서 나타나는 오음 곧, 조음 위치(아, 설, 순, 치, 후)와 오성(궁, 상, 각, 치, 우)과의 배치가 『고금운회거요』를 토대로

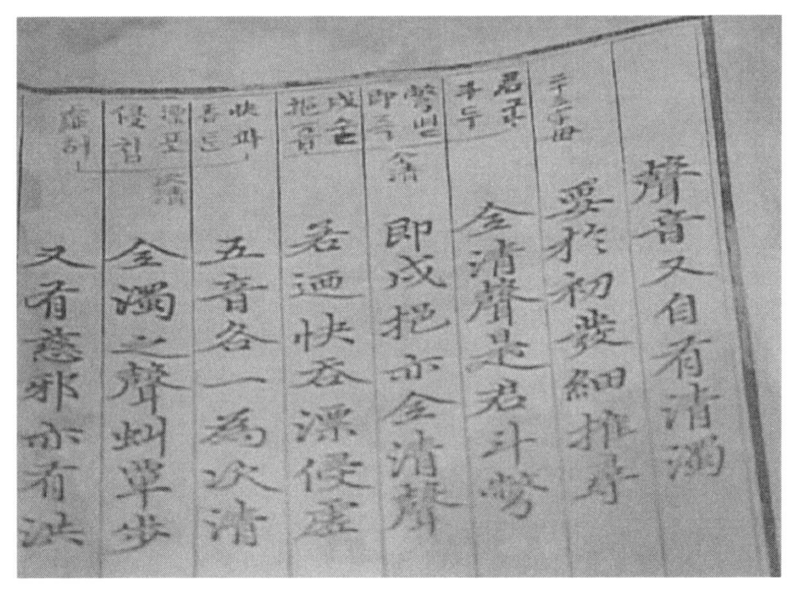
聲音又自有清濁
要於初發細推尋
全淸聲是君斗彆
即戌挹亦全淸聲
若迺快呑漂侵虛
五音各一爲次淸
全濁之聲虯覃步
又有慈邪亦有洪

▲ 자모 배열에 대한 필사 기록

이루어졌는데, 『홍무정운역훈』 이후 오음과 오성의 배치가 달라진 상황을 정확하게 지적하고 있다.

묵서로 된 필사 기록은 10ㄴ, 11ㄱ, 11ㄴ, 12ㄱ, 12ㄴ의 행간 아래위 여백에 남아 있다. 제자해의 결 부분인 14엽 뒷면과 15~16엽 상·하단 행간 공간에 『훈민정음』 제자해 부분의 내용을 요약하면서 자신의 견해와 다른 운도의 오음계 배치를 기록한 내용이다. 이 필사 내용은 한글 자모 순서의 변화를 반영하고 있을 뿐만 아니라 오성의 배치 차이에 대한 내용을 고증한 매우 중요한 기록이다. 『훈민정음』 해례본의 오음계 배치와 한자음의 표준음 이해를 위해 만든 『홍무정운역훈』의 오음계와는 차이가 있다. 곧 『고금운회거요』 계열의 운도를 기준으로 만든 『훈민정음』 해례본에는 '입술소리(脣)—궁(宮)', '목구멍소리(喉)—우(羽)'의 오음계 배치로 되었지만 『홍무정운』 계열의 중국의 운서에는 '입술소리(脣)

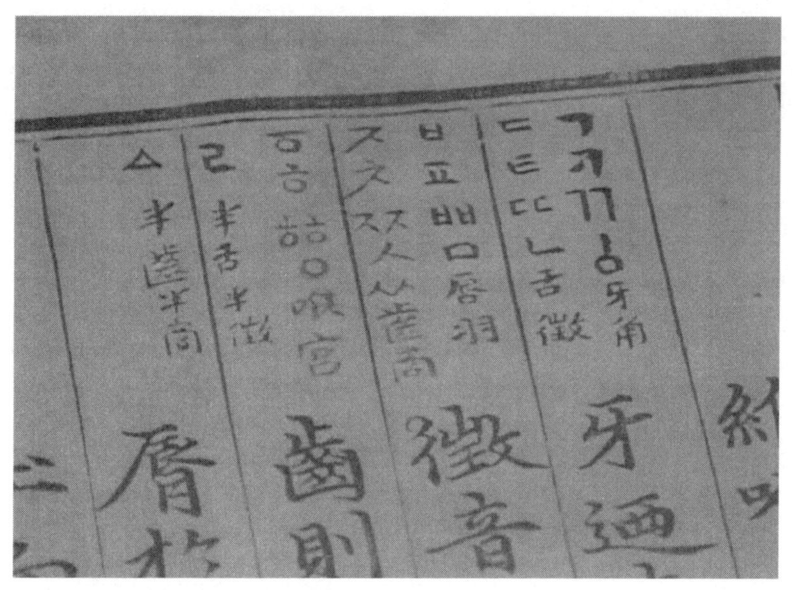

▲ 오음-오성 배치에 대한 필사 내용

—우(羽)', '목구멍소리(喉)—궁(宮)'으로 되어 있다.

이러한 사실은 이미 『훈민정음』 창제 당시에도 운학자들 간에 논란이 없지 않았을 것이다. 따라서 정인지의 서문에서도 이러한 논란을 막기 위해 "그러나 풍토가 구별되고 성기 또한 따라서 다른즉"이라 하였으며, 『동국정운』 서문에서도 "대저 음에 같고 다름이 있는 것 아니요, 사람이 같고 다름이 있는 것이며, 사람에 따라 다름이 있는 것 아니요, 지방이 같고 다름이 있는 것이니, 대개 지세가 다르면 풍기가 틀리고 풍기가 다르면 호흡이 다르니"라고 대응했던 것이다. 그러나 조선 후기에 들어서면서 이 행간 필사 내용과 같은 반론이 나타나기 시작하였다. 병와 이형상은 『악학편고』에서 종률(鍾律)의 오음에 대한 논의를 제기하였으며, 박성원의 『화음정음통석고』의 서에는,

> "우리나라에 이르러서는 처음부터 아, 설, 순, 치, 후 등 성모의 음계와 합벽 등의 운모의 발음의 묘에 밝지 못해서 오음의 음계가 뒤섞였다. 그래서 궁음이 혹 우음이 되고 상음이 혹 치음이 되어 아직도 일정한 음운이 없으니 이것은 실로 우리나라에서 언문이 둘로 갈라지고(일치하지 않음) 또 뜻에만 중점을 두고 음을 소홀히 한 결과이다.(至於我東, 則初不明其牙舌脣齒脣喉闔闢出聲之妙。故五音相混, 宮或爲羽, 商或爲齒, 尙無一定之音韻, 此實我東諺文爲二, 務於義而忽於音之致也。)" 『화음정음통석고』 서문

라고 하여 『훈민정음』 해례의 오음계 배치가 『홍무정운역훈』, 『사성통해』와는 차이가 난다는 점을 구체적으로 지적하고 있다. 곧 동아시아의 음양오행의 사상 체계에 기반을 둔 훈민정음 제자의 원리를 밝힌 제자해에서 제시한 '脣-宮'의 배합과 '喉-羽'의 배합이 문제가 있음을 지적한 것이다. 곧 "元和韻譜及神珙 喉音爲宮土"라고 하여 '喉-宮'의 배합이 옳으며, 이어서 "韻譜及沈約神珙 皆以脣爲羽音"이라고 하여 '脣-羽'의 배합이 옳다고 규정한 기록 내용이다.

오음, 오성, 오계, 오시 등뿐만 아니라 특히 율려와 성음의 이치를 성운학과 통합한, 곧 전체를 하나의 원리로 관통하고 하나를 곧 전체로 일관하는 통합적 구조주의의 원리에서 오성과 오음(또는 칠성과 칠음)의 배합 원리가 심약의 『원화운보』 「오음지도(五音之圖)」의 "宮 舌居中(喉音), 角 舌縮却(牙音), 徵 舌拄齒(舌頭, 舌上), 商 口開張(齒頭, 正齒), 羽 口撮聚(脣重, 脣輕)"로 기술한 내용과 다른 점을 지적한 것이다. 이것은 『훈민정음』 창제 당시 세종께서 원나라 북방음이 반영된 『고금운회거요』를 기준으로 오음과 오성을 결정했던 결과이다. 그 이후 명나라에서는 심약의 『원화운보』를 기준으로 한 『홍무정운』의 운도에서 이들 배치가 달라졌다. 이 필사 기록은 조선조 후기 성운학자들의 의견이 반영된 것으로 필사 시기와 이 『훈민정음』의 원 소장 가문을 밝히는 데 매우 중요한 단서

가 될 것이지만, 현재로서는 필사자를 추적할 만한 뚜렷한 근거를 추적해 보지 않았기 때문에 문제 제기만 해 둔다.

지금까지 잔본 상주본 『훈민정음』 해례본에 대한 공개 경위와 이 판본의 가치에 대해 가볍게 훑어보았다. 『훈민정음』 해례본은 분명히 전 인류의 위대한 기록 자산의 하나이다. 차제에 우리나라의 기록 문화의 온전한 보존을 위해 문화재 관련 법안을 강화하고 특히 해외 유출 방지를 위한 특단의 대책을 수립해야 할 것이다.

한문본으로 인출되었던 『훈민정음』 해례본을 15세기 당대의 모습으로 언해하는 것은 한글의 미래 발전에 필요한 일이다. 한글의 해설서가 한문으로 되어 있다는 것은 말이 되지 않는다. 특히 방괘형 한글 자체가 한자와 변별력이 떨어져 한글을 한자의 일부로 인식하고 있는 외국 사람들도 매우 많이 있다. 따라서 당시의 한자음에 대한 정교한 연구와 구결토를 확정하여 예의의 언해본처럼 해례본의 언해 작업이 추진되기를 기원한다. 세종 당대에 이러한 일이 추진되지 못했지만, 지금이라도 한글의 세계화 사업의 일환으로 『훈민정음』 해례본의 언해와 번역본을 만들어 보급할 필요가 있다.

현재 『훈민정음』 해례본의 외국어 번역본에도 앞에서 지적한 것처럼 많은 문제점들이 발견되고 있다. 따라서 정확하고 신뢰성 있는 해독본의 출판과 더불어 다국적 언어로 번역하여 전 세계 학자들에게 보급함으로써 한글 연구의 세계화에도 눈을 돌릴 기회이다.

한글은 이제 지식과 정보를 보존하는 가치 있는 인류의 문자 가운데 하나이다. 한글을 통한 지식 생산과 관리를 위해 눈을 떠야 할 시기이다. 안으로는 많은 한문으로 된 전적의 국역 사업과 함께 흩어져 있는 한글 고문서와 시문 등의 자료를 국가 기록물로서 관리하는 노력을 기울여야 할 것이다. 바깥으로는 무문자 국가의 음성 기록 자료의 전사 도구로 활용함으로써 인류의 지식·정보를 기록 보존하는 탁월한 도구로 활용하는 일이야말로 인류의 미래를 위해 헌신하는 일이 아닐까?

끝으로 상주에서 공개된 『훈민정음』 해례본의 모습을 온 국민과 함께 가까이 다가설 수 있는 시간이 하루빨리 오기를 염원한다.

3. 『세종실록』 분석을 통한 한글 창제

훈민정음 연구를 되돌아보며

한글 창제와 관련된 일차 사료는 세종 25(1443)년 계해 기사와 세종 28(1446)년 병인 실록 기사이다. 지금까지 학계에서는 더 이상의 유의미한 논거를 찾아낼 가능성이 없을 정도로 세종실록에 대해 다양한 각도에서 정밀하게 분석 검토했다. 그러나 사료의 해석 방법의 시각 차이는 여전히 남아 있을 뿐만 아니라 고증을 위한 2차적 실증 사료의 취사선택 방법에 따라 시각 차이는 아직 뚜렷하다. 곧 훈민정음 창제 목적, 창제자와 반포 문제, 한글 자형 기원 등의 논란뿐만 아니라 일부 왜곡되거나 과장된 논의도 없지 않았다. 학문적 논쟁은 학문 발전을 위해 필요한 것이지만 근본적으로 한글 창제 정신을 훼손시킬 정도의 시각 차이가 있다는 것은 문제가 되지 않을 수 없다. 특히 훈민정음 연구 결과는 많은 학습자들에게 미치는 영향이 워낙 크기 때문에 『세종실록』의 정밀한 분석을 통해 한글 창제 과정과 관련된 몇 가지 학계의 이론들에 대한 새로운 검증이 필요하다고 판단된다.

이미 알려진 바와 같이 한글 창제와 관련된 직접적인 당대의 사료로는 실록 자료 외에는 거의 남아 있지 않은 관계로 진위 여부를 가리지 않고 후대의 2차 사료를 채택함으로써 다양한 추론과 억측들이 제기되기도 하였다. 예를 들면 한글 창제의 목적이 한자음 표기를 위한 것이었다, 창제 과정은 왕실을 둘러싸고 비밀리에 진행되었다, 당시 세종의 건강상태가 나빠 한글 창제에 관여하지 못했다, 세종 28년에 한글을 반포하였다, 한글의 글꼴이 고전체나 파스파문자를 모방하였다는 등, 실증주의적 방법의 한계와 함께 사료 부족에 의한 추론과 억측이 지속적으로 확대 재생산된 면이 없지 않다. 이러한 주제는 이미 상식적인 수준의 문제인 것 같지만 실제로 개별 연구자들의 성과들을 세밀히 검토해 보면 한글 창제 정신을 심하게 훼손시킨 수준에 있는 논의들이 매우 많이 있음을 알 수 있다.

세종이 창제한 한글의 기본 바탕인 예의를 토대로 하여 집현전 학사와 함께 종성 규정과 한자음 표기 등을 보완하여 해례본을 완성하였다고 하지만, 실제로는 그 이후 『동국정운』과 『홍무정운역훈』의 완성과 함께 치성 규정을 보충하여 언해본을 만드는 일련의 계기적 관련성을 가지고 있었다. 이광호(2008) 교수와 같이 회귀적 방식에서 해례본 완성 이후에 예의가 만들어졌다는 접근 방식도 가능하겠지만, 본고에서는 순차적 방식으로의 창제 과정을 둘러싼 문제를 재검토하고자 한다. 정인지 서문에서 밝힌 "계해년 겨울에 우리 전하께서 정음 28자를 처음으로 만들어 예의를 간략하게 들어 보이고 이름을 훈민정음이라 하였다.(癸亥冬, 我殿下創制正音二十八字, 略揭例義以示之, 名曰訓民正音。)"라는 내용을 고려하면 세종 25(144 3)년에 이미 언문 28자는 완성되었으며, 이때 세종이 집현전 학사들에게 제시했던 것이 예의라고 할 수 있기 때문에 순차적 관점에서 그 변개를 조망하는 것이 더 타당할 것으로 보인다.

지금까지 훈민정음 연구에서 해례본과 언해본 연구에만 집중되어 있는 동안 예의에 대한 독자적인 연구가 소홀했던 감이 없지 않다. 예의를 단순히 해례본 본문에 붙어 있는 일부로 간과함으로써 예의에 실린 언문 28자에 대한 글자꼴과 음가를 언해본의 표기 방식으로 하거나, 실록에 실린 예의 이본들을 단순히 글자 오류나 누락의 차이가 있는 이본 정도로만 인식해 온 것이다. 곧 예의라면 당연히 해례본의 본문에 실린 것쯤으로 생각해 온 결과이다. 세종 28(1446)년 세종이 세종실록을 통해 발표한 예의는 한글 창제의 기본 원리를 대내외에 최초로 알린 기록이지만 이것은 이미 세종 25년경에 초안이 완성되었을 것으로 볼 수 있다. 이 초안 실록본이 해례본 본문보다 더 이른 시기에 발표가 되었고 또 원본에 가까웠을 것이라는 순차적 접근 방식의 가정을 전제하고 있다.

세종 25(1443)년 한글 창제 이후 3년 동안 세종은 집현전 학사 8인과 함께 어제 예의를 토대로 하여 이론적 근거를 확대 해설하여 세종 28(1446)년에 해례본을 책으로 완성하였다. 한글의 완성 과정은 예의에서 해례본으로 그 이후 언해본에 이르기까지 그리고 『동국정운』과 『홍무정운역훈』을 지으면서 완결되지 않았던 종성 표기 규정이나 한자음 표기 등 세부적인 내용을 보강하는 일련의 계기적인 연구 활동으로 볼 수 있다. 따라서 한글 창제의 출발점이 되었던 예의에 대해서는 독립적으로 정밀한 연구가 필요하다는 사실은 너무나 당연하다. 한글 창제 과정을 규명하기 위해서, 『세종실록』에 실린 창제 경과에 대한 기사는 비록 간략하지만 가장 신뢰하지 않을 수 없는 중요한 1차 사료이다. 따라서 이 자료를 근거로 하여 후대의 개인 문집 등에 실린 2차 사료와의 비교를 통해 훈민정음 창제 경과 과정을 재구성하는 작업이 필요하다.

지금까지 훈민정음 연구 성과에서 나타난 가장 큰 맹점은 한자를 존중하는 시각이냐 그렇지 않느냐에 따라 엄청난 시각 차이를 노출하고 있다는 사실이다. 그 결과 한글은 『동국정운』을 만들기 위한 연습장 구실을 했다는 관점 아래 한글이 한자음 표준화를 위해 만들어졌다는 논의들이 아직도 당당한 권위를 잃지 않고 있다. 또한 '其字倣古篆'의 해독 문제와 더불어 특히 한글의 자형 기원설이 혼란스러울 정도로 제기되었다. 심지어 예의는 해례본 완성 이후에 만들어졌다는 논의로 발전되면서 세종이 백성을 위해 한글을 창제한 기본 정신이 희석되기도 한 것이다. 그동안 한글 창제와 관련된 사료의 절대 부족으로 실증적 기술의 한계는 있을 수 있지만 사료를 넘어서서 한글 창제 경위에 대한 논리적 구조를 획득할 수 있는 합리적 방향으로 기술되어야 한다는 시각에서 본고를 기술하고자 한다. 그러기 위해서 본고의 연구 대상 자료는 세종 25(1443)년 계해 12월의 기사와 세종 28(1446)년 병인 9월 상한(上澣)에 쓴 『세종실록』 자료와 세종 28(1446)년 병인 9월 상한(上澣)의 기사 내용은 "이달에 『훈민정음(訓民正音)』이 이루어졌다 어제(御製)에"라는 아주 짤막한 도입부와 함께 예의로 알려진 본문에 한정하여 새로운 재해석과 평가를 시도하고자 한다.

::: 『세종실록』 편찬 과정과 이본

실증주의적 관점에서 먼저 『세종실록』 자료를 1차적 사료로서 활용할 수 있는지에 대한 타당성의 문제를 검토하기 위해서 실록의 편찬 과정을 살펴볼 필요가 있다. 『세종실록』 편찬은 경태 3년 곧 문종 2(1452)년 3월부터 동 5(1455)년에 걸쳐 3년 동안 춘추관의 감관사 정인지를 중심으로 하여 58명의 사관이 참여하여 완성하였다. 당시 춘추관에서 『세종실록』 편찬을 위한 찬수관의 구성과 참여자는 다음 <표 1>과 같다.[1]

1 『조선왕조실록』 「세종실록」 부록에 실린 '편수관 명단'을 참조. 국사편찬위원회, 온라인 『조선왕조실록』 참조.

감관사	1인	정인지
지관사	3인	김조, 이계전, 정창손
동지관사	2인	신석조, 최항
편수관	4인	박팽년, 어효첨, 하위지, 성삼문
기주관	23인	신숙주, 조어, 김맹현, 이석형, 김예몽, 신전, 양성지, 원효연, 김득례, 윤사윤, 이보흠, 이예, 김인민, 유성원, 김지경, 김한계, 권효량, 이극감, 조근, 최사로, 이함장, 최한경
기사관	25인	김명중, 서강, 성희, 김필, 이익, 이효장, 홍약치, 강미수, 유자문, 이계전, 이문경, 이유의, 전효우, 이윤인, 김용, 한서봉, 박찬조, 윤사영, 이제림, 권윤, 민정, 권이경, 김경광, 이문환, 최한보

‹표 1› 『세종실록』 편찬 찬수관 구성과 참여 인사.

『세종실록』 찬수를 총괄한 이는 정인지이며, 동지관사 최항과 편수관으로 성삼문, 『동국정운』과 『홍무정운역훈』 편찬을 주관하였던 신숙주가 기주관으로 역할을 했음을 알 수 있다.[2] 『훈민정음』 해례본 제작을 비롯하여 후속적인 운서 사업에 직접 참여한 상당수의 인사들이 포진되어 있는 것으로 미루어 보아 세종실록에 실린 훈민정음 관련 기사는 신뢰도가 매우 높을 것으로 추정된다. 이후 1446년 양성지의 상소로 을해자 활자본으로 제작하여 1472년에 춘추관과 3사고(충주, 전주, 성주)에 각각 분산하여 보관하였다.

그러나 임진왜란 때 전주 사고본 이외는 전부 소실되었다. 따라서 선

2 편찬 완료 후인 단종 2(1454)년 3월 30일에 편자에 참여한 인사들에게 포상한 내용이 실려 있다. "신사(辛巳)에 춘추관에서 세종대왕실록 163질을 만들어 올리니 감관사 정인지, 지관사 김조, 이계전, 정창손, 동지관사 최항 전 동지관사 신석조 등에게 각각 옷감 표리 1건과 마구와 말 한 필을 하사하시고 편수관 신숙주, 박팽년, 어효첨, 하위지, 전 편수관 김신민 등에게도 각각 옷감 표리 1건과 말 한 필을 하사하시고 기주관 기사관에게는 품계를 한 계단 올려서 올린 품계대로 전날 벼슬에 병용하도록 허락하였고 석조, 신민 등은 그 당시 상을 만났으나 일찍이 실록 편록에 참여했으므로 아울러 하사한 것이다.(○辛巳/春秋館撰進『世宗大王實錄』一百六十三帙。賜監館事鄭麟趾, 知館事金銚·李季甸·鄭昌孫, 同知館事崔恒, 前同知館事辛碩祖, 各表裏一件, 鞍具馬一匹, 編修官申叔舟·朴彭年·魚孝瞻·河緯地, 前編修官金新民, 各表裏一件, 馬一匹, 記注官, 記事官, 各加一資, 仍許竝用加資前仕日。碩祖, 新民, 時遭喪, 以曾與編錄, 幷賜之。)", 『단종실록』, 단종 2(1454)년 3월 30일.

조 대 1603년부터 1606년 사이 2년 10개월간에 걸쳐 전주 사고본을 이용하여 다시 목활자로 인간하였는데, 그 신인본의 원본이 되었던 전주본(576권, 구인본)은 마니산 사고에 이관하여 보관하고, 새로 인간한 목판본(259권, 신인본)은 춘추관을 비롯하여 태백산, 묘향산 사고에 분치하고, 초고본 1질은 강릉의 오대산 사고에 보관하였다. 그러나 다시 병자호란(1636년)이 발발하자 구인본이 보관되어 있던 강화도 마니산 사고본이 다량 훼손 분실되었으며, 연이은 1653년 산불로 인해 실록 2책이 소실되었다.[3]

∷ 『세종실록』 두 이본

『조선왕조실록』은 국보 151호이자 유네스코에 등록된 세계문화유산이다. 특히 『세종실록』은 훈민정음 창제와 관련된 기록이 남아 있기 때문에 더욱 중요한 의미를 가진다. 이미 잘 알려진 바와 같이 『세종실록』은 「태백산사고본」과 「정족산사고본」 2종이 현재 남아 있다. 「태백산사

3 조선왕조실록, 『명종실록』 부록에 실린 『세종실록』 '신인본(新件) 선대 실록 편수관 명단'을 참조. 국사편찬위원회, 온라인 「조선왕조실록」 참조. "만력(萬曆) 임진의 변란에 춘추관과 성주·충주에 분장(分藏)했던 선대조(先代朝)의 실록은 모두 병화로 불타 버렸고, 전주에 소장했던 실록만이 병화를 면하였으므로 처음에는 해주(海州)로, 다음에는 영변(寧邊)으로 옮겼다가 다시 강화(江華)로 옮겨 봉안하였다. 상이 춘추관에 명하여 이 본에 의거하여 3질을 인출하고, 구인본(舊件)은 강화의 마니산에 보관하고 신인본(新件)은 춘추관과 안동의 태백산, 영변의 묘향산에 분장케 하였으며, 초본(草本) 1질은 강릉의 오대산에 보관하게 하였다. 구인본은 5백 76권이고 신인본은 각기 2백 59권인데 이는 책의 장정에 크고 작음이 있기 때문이다. 이 역사(役事)는 계묘 7월에 시작하여 병오 4월에 완성하였다. (萬曆壬辰之變, 春秋館及星州, 忠州分藏先朝實錄, 盡爲兵火所焚。獨全州所藏獲免, 移安于海州, 又移安于寧邊, 又移安于江華。上命春秋館, 依此本印出三件, 舊件則藏于江華之摩尼山, 新件則分藏於春秋館及安東之太白山, 寧邊之妙香山, 草本一件則藏于江陵五臺山。舊件凡五百七十六卷, 新件各二百五十九卷, 粧結有大小故也。是役起於癸卯七月, 終於丙午四月。)", 『명종실록』 부록.

고본」은 활자본이고 「정족산사고본」은 필사본이다. 신인본 간행 이후 구인본이 마니산 사고에 이관된 것인데 병자호란과 임란을 겪으며 「태백산사고본」에 보관된 것으로 추정되나 보다 더 정확한 실록의 이전 관련 문제는 과제로 남겨 둔다.[4]

예의라는 용어는 정인지의 『훈민정음』 해례본 서문에 "간략하게 예(例, 보기)와 뜻(義)을 들어 보인다(略揭例義以示之)"에서 가져온 용어이다. 흔히 세종 28(1446)년 실록본에 있는 세종 어제 서문과 한글 28자 자모꼴과 그 음가를 비롯한 병서, 연서, 부서, 종성, 성음, 사성에 대한 규정을 요약한 글을 예의라고 한다.[5] 해례본을 만들기 전에 세종께서 친히 창제한 언문 28자의 낱글자의 글꼴과 음가를 비롯한 글자 운용의 방식을 집약한 이 예의를 손으로 써서 게시를 했을 것으로 보인다. '예의'는 2종의 실록본과 『훈민정음』 해례본 본문으로 실린 내용과 약간의 차이를 보여주고 있다. 『훈민정음』 해례본이라는 해설서로 발전시키기 위한 기초자료가 바로 이 예의라고 할 수 있을 것이다.

추정하건대 세종의 예의 수고본 기록은 『조선왕조실록』의 편찬을 위

4 "만력(萬曆) 임진(선조 25(1592)년)의 변란에 춘추관과 성주, 충주에 분장했던 선대 조의 실록은 모두 병화로 불타 버렸고, 전주에 소장했던 실록만이 병화를 면하였으므로 처음에는 해주(海州)로, 다음에는 영변(寧邊)으로 옮겼다가 다시 강화로 옮겨 봉안하였다. 상이 춘추관에 명하여 이 본(전주 사고본)에 의거하여 3질을 인출하고, 구인본(舊件, 전주 사고본)은 강화의 마니산(摩尼山)에 보관하고 신인본(新件)은 춘추관과 안동의 태백산(太白山), 영변의 묘향산(妙香山)에 분장케 하였으며, 초본 1질은 강릉의 오대산에 보관하게 하였다. 구인본은 5백 76권이고 신인본은 각기 2백 59권인데 이는 책의 장정에 크고 작음이 있기 때문이다. 이 역사(役事)는 계묘(1603 선조 36년) 7월에 시작하여 병오(1606 선조 39년) 4월에 완성하였다."(萬曆壬辰之變, 春秋館及星州,忠州分藏先朝實錄, 盡爲兵火所焚。獨全州所藏獲免, 移安于海州, 又移安于寧邊, 又移安于江華。上命春秋館, 依此本印出三件, 舊件則藏于江華之摩尼山, 新件則分藏於春秋館及安東之太白山, 寧邊之妙香山, 草本一件則藏于江陵五臺山。舊件凡五百七十六卷, 新件各二百五十九卷, 粧結有大小故也。是役起於癸卯七月, 終於丙午四月。) 『명종실록』 부록.

5 '예의(例義)'의 의미를 정광(2009:243) 교수는 "ㄱ, 牙音, 君字初發聲"과 같이 그 자형의 보기를 '예(例)'라고 하고 그 음가를 나타내는 'ㄱ+ㅜ(君)'의 한자음을 음가 곧 '의(義)'로 규정하고 있다.

한 1차 자료로 활용되었을 것으로 추정되며, 그뿐만 아니라 집현전 학사들의 해례본 편찬의 지남이 되었을 것이다. 실록본과 『훈민정음』 해례본의 본문을 비교해 보면 '欲使人易習－欲使人人易習'이나 '唇音－脣音', '唇輕音－脣輕音' 등의 차이가 있음은 잘 알려져 있는 사실이다. 이 문제는 실록본이 후대에 나타나는 각종 예의 이본에까지 지속적으로 영향을 미친 것으로 보아 단순한 오류라기보다는 해례본의 본문으로 실린 것보다 원본에 더 가까웠을 가능성을 암시하고 있다. 결코 실록본이 선조 대에 부실하게 만들었던 결과로 글자의 누락이나 오자가 생겨난 것이 아니라 이 원본에 가까운 내용이 해례본을 제작하는 과정에 더 다듬어진 결과물로 해례본에 실린 것으로 볼 수 있다.

예의 이본 연구를 위해서 해례본의 본문 자료만 중시해 온 종래의 관점에서 벗어나 개별 사료로서 실록본 예의가 매우 중요하다는 점을 강조하고자 하는 필자의 묵시적인 의미도 함의하고 있다. 앞의 전제를 입증하기 위해서는 실록본이 단순한 오류가 아님을 증명해야 할 필요가 있을 것이다. 실록본으로는 「태백산본」과 「정족산본」이 있는데 이 두 가지 이본 대조는 이미 정연찬(1972)과 박종국(1984), 정우영(2000)[6]의 선행 연구가 있다. 이러한 논의와 함께 세종기념사업회에서 간행한 『훈민정음』 자료집[7]에 실린 「태백산본」과 「정족산본」의 자료를 정밀 대조하는 동시에 고전국역원에서 제공하는 원본 이미지 영상 자료를 재검토하였다. 해례본과 실록본 「태백산본」과 「정족산본」의 자료를 상호 대비해 보면 「태백산본」에서 글자의 누락이나 오자가 훨씬 더 많이 나타난다. 이처럼 해례본 본문과 다른 점이 더 많다는 사실은 초고에 더욱 가까울

6 정연찬, 「해제 『월인석보』(제1, 2)」, 『월인석보영인본』, 서강대인문과학연구소, 1972. 박종국, 『세종대왕과 훈민정음』, 세종대왕기념사업회, 1984, 182쪽. 정우영, 「『훈민정음』언해본 이본과 원본 재구에 대한 재론」, 『불교어문논집』 제5집, 2000.

7 『훈민정음』, 세종대왕기념사업회, 2003 참조.

수 있을 것이라는 가능성이 크다. 회귀적 관점에서 일부 변개를 통해 해례본에 정착되었다는 근거가 될 수 있다.

「태백산본」이나 「정족산본」 모두 '御製曰'로 시작되는 어제 서문에 '欲使人易習'으로 되고. 예의에 '여규자초발성(如叫字初發聲)'이 '여두자초발성(如料字初發聲)'으로 또 순음(脣音) '순(脣)'을 '진(唇)'으로 되어 있으며, 태백산본에는 '여술자초발성(如戌字初發聲)'이 '여수자초발성(如戍字初發聲)'으로 '여술자중성(如戌字中聲)'을 '여수자중성(如戍字中聲)'으로 되어 있다. 또 두 판본 모두 'ㅣ, ㅏ, ㅓ, ㅑ, ㅕ'를 'ㅣ, ㅓ, ㅏ, ㅑ, ㅕ'로 표기한 배열 차례에 오류가 있다. 또 정인지 서문에 '오동방예악문장 모의화하(吾東方禮樂文章, 侔擬華夏)'를 '오동방예악문물 모의화하(吾東方禮樂文物, 侔擬華夏)'로 '고지자불종조이회(故智者不終朝而會)'를 '고지자불숭조이회(故智者不崇朝而會)'로 '자운즉청탁지능변(字韻則淸濁之能辨)'을 '자운즉청탁지능변(字韻則淸濁之能卞)'으로 표기하여 그 차이를 보여주고 있다. 두 판본 모두 신 최항 이하 신 이선로까지 '臣'이 생략되었거나 '돈령부주부(敦寧府注簿)'가 '돈령주부(敦寧注簿)'로 되어 있으며 서문을 지은 날인 정통 11년 9월 상한이라는 기록이 모두 누락되어 있다. 예의본의 한자의 누락, 대용자 사용뿐만 아니라 배열의 순서의 차이 등 여러 가지 차이가 있음을 알 수 있다.

그런데 해례본의 '欲使人人易習'와 실록본의 '欲使人易習'이 단순한 오류로만 단정하기 어렵다. 후대에 나타나는 이본에서 '欲使人易習'이 그대로 전습되어 온 것을 보면 해례본과 실록본은 두 갈래의 이본으로 후대에 전습되었다는 증거이다. 이후 예의본의 이본에까지 이어져 온 것을 본다면 해례본보다 실록본이 더 많은 영향력이 있었음을 알 수 있다. '欲使人易習'이라고 하더라도 의미상의 차이는 있을지라도 이것을 문장상의 오류라고 판단한다면 후대의 여러 이본에까지 전습되어 온 것을 온전히 설명할 길이 없다. 또 순음(脣音)의 '순(脣)'자가 '진(唇)'자로 나타나는 것은 『열성어제본』이나 『배자예부운략본』의 예의뿐만 아니라 『경세훈민정음도설본』과 『해동역사본』에서와 『오주연문장전산고』의 전사본으로 이어져 오고 있다. 정우영(2000:31) 교수도 '脣:唇'을 현대적 관점에서 단순한 오류라고 판단할 문제가 아니라 속자와 정자의 차이로 이해하고 있다. 그 근거로 『능엄경언해』 권8~14에서 "唇(食倫切 口也)"라고 반절을 근거로 하여 '쑨'이며 그 뜻은 '口唇'으로 '입술'이라는 예를 들고 있다. 운학과 자학을 심도 있게 연구한 명곡 최석정이나 병와 이형상의 글에서도 '순(脣)'자와 '진(唇)'자는 많이 혼용하고 있다. 해례본의 정인지 서문에 이은 집현전 관련 학사들의 직함과 명단에서 '臣'이 소자로 첨기되어 있는데 실록본에서는 나타나지 않는 것은 너무나 당연하다. 해례본은 상주의 목적이 있지만 실록에서는 객관적 진술을 한 것이기 때문에 '臣'이 생략되어도 무방한 것인데 이를 오류니 잘못으로 지적하는 것은 옳지 않다. 이상의 논의를 요약하면 ‹표 2›와 같다.

이러한 차이는 글자가 누락된 것, 글자가 바뀐 것, 글자의 순서가 바뀐 것, 이체자로 쓴 것, 대용자로 쓴 것 등으로 구분할 수 있다. 예를 들면 '類'자에서 '犬'의 점을 가감하거나 '鬼'에서도 마찬가지로 한 점 삭제하였다. 곧 불길한 의미를 지닌 한자의 경우 이처럼 감획을 하거나 '中', '快'의 경우 점을 가획하고 있다. '爲'의 경우에도 동일한 문장이나 연이어지는 문장에서 반복하여 사용하는 경우 '爲'와 '爲'를 번갈아 다른 서체로 바꾸어 씀으로써 도형의 단조로움을 피하고자 하였다. 그리고 '殿下'나 '명(命)' 글자 다음은 행간을 낮추거나 혹은 공격으로 하였으며, 신하의 이름을 나타내는 '臣申叔舟'처럼 '臣'자나 이름 '叔舟'는 적은 글씨로 기록하고 있다. 『훈민정음』 해례본은 일종의 상주문이기 때문에 사서의 기록과 달리 편방점획(偏旁點畫)이 나타난다. 이형상의 『자학』에서 "자획이 많고 적음은 모두 『설문해자』를 기준으로 삼았는데 편방점

	해례본	실록 태백산본	실록 정족산본
도입	없음	御製曰	御製曰
서문	欲使人人易習	欲使人易習	欲使人易習
예의	如虯字初發聲	如斛字初發聲	如斛字初發聲
	如呑字初發聲	□呑字初發聲	□呑字初發聲
	脣音	唇音	唇音
	如戌字初發聲	如戌字初發聲	如戌字初發聲
	如戌字中聲	如戌字中聲	如戌字中聲
	卽爲脣輕音	卽爲唇輕音	卽爲唇輕音
	ㅣ ㅏ ㅓ ㅑ ㅕ	ㅣ ㅓ ㅏ ㅑ ㅕ	ㅣ ㅓ ㅏ ㅑ ㅕ
정인지 서문	吾東方禮樂文章侔擬華夏	吾東方禮樂文物侔擬華夏	吾東方禮樂文物侔擬華夏
	故智者不終朝而會	故智者不崇朝而會	故智者不崇朝而會
	字韻則淸濁之能辯	字韻則淸濁之能卞	字韻則淸濁之能卞
	臣崔恒	□崔恒	□崔恒
	敦寧府注簿	敦寧注簿	敦寧注簿
간기	正統十一年九月上澣	생략	생략

‹표 2› 「태백산본」과 「정족산본」의 대조

획에 착오가 있는 것은 (중략) 당시에 법으로 매우 엄격하여 이를 범한 사람은 반드시 벌을 받았는데 그 후로는 점점 법의 적용이 느슨하게 되어 편방점획은 단지 임금에게 올리는 상주장(上奏章)에서만 쓰게 되었고"[8]라는 기술과 같이 『훈민정음』 해례본은 어서(御書)로서 매우 엄격한 편방점획이나 서체와 문장 양식의 제약이 많았던 것이다. 해례본의 한자 자체를 정밀하게 분석해 보면 편방점획이나 옛 속자가 실록본과 상당한 차이가 날 수밖에 없었던 결과이다.[9]

이상 실록본의 검토를 통해 1차 사료로서 신뢰할 수 있는 자료인 동시에 실록본 예의가 해례본으로 발전하면서 일부의 변개가 있었다는 점을 추론할 수 있으며, 또한 실록본 예의가 조선 후기에 성운학자들에게

8 김언종, 『이형상의 「자학(字學)」 역주』, 푸른역사, 2008.
9 이상규, 「『훈민정음』영인 이본의 권점 분석」, 『어문학』 100호, 한국어문학회, 2009 참조.

훨씬 더 큰 영향력을 미쳤던 것으로 볼 수 있다.

∷ 예의를 간략하게 드러내어 보이시며(略揭例義以示之)

세종 28(1446)년 병인 9월 상한(上澣) 『세종실록』에 정인지 서문에 "계해 겨울에 우리 임금께서는 정음 28자를 처음으로 창제하시어 예의를 간략하게 드러내어 보이시며, 그 이름을 훈민정음이라 하시었다.(癸亥冬, 我殿下創制正音二十八字, 略揭例義以示之, 名曰訓民正音。)"는 내용은 세종 25(1443)년 계해 12월 『세종실록』의 "이달에 임금이 친히 언문(諺文) 28자(字)를 지었는데"라는 내용과 긴밀한 관계를 맺고 있다. 세종 25(1443)년에 이미 창제한 언문 28자의 요강인 예의를 토대로 하여 세종 28(1446)년 병인 9월 상한(上澣) 『훈민정음』 해례본이 완성되었다. 그 "예의를 간략하게 드러내어 보이시며(略揭例義以示之)" 내용이 무엇일까? 언문 28자의 예와 그 뜻을 담은 '예의(例義)'로 상정할 수 있다.[10]

『세종실록』 세종 25(1443)년 계해 12월에 아무런 근거도 없이 언문 28자를 '훈민정음'이라는 명칭까지 규정하고 언문 28자의 글꼴과 음가 및 그 운용법을 제시할 수 없었을 것이다. 그뿐만 아니라 이달에 언문 28자를 창제하였다는 실록의 기록을 남길 수 없었을 것이다. 또한 세종 26(1447)년 2월 14일 『운회』의 언해 사업의 하명, 세종 26(1447)년 2월 20일에 최만리 반대상소문, 세종 26(1447)년 3월 『용비어천가』 편찬을 하

10 이 '예의'라는 용어는 정인지의 『훈민정음』 해례본 서문에 곧 "간략하게 예(例, 보기)와 뜻(義)을 들어 보인다(略揭例義以示之)"에서 가져온 용어이다. 흔히 실록본에 있는 세종어제 서문과 28자 글꼴과 그 음가를 비롯한 병서, 연서, 부서, 종성, 성음, 사성에 대한 규정을 요약한 글을 예의라고 한다. '예의(例義)'의 의미를 정광(2009:243)은 "ㄱ, 牙音, 君字初發聲"과 같이 그 자형의 보기를 '예(例)'라고 하고 그 음가를 나타내는 'ㄱ+ㅜㄴ(君)'의 한자음을 음가 곧 '의(義)'로 규정하고 있다.

명,[11] 세종 28(1448)년 3월 『석보상절』 언역을 명하는 등이 없었으면 일련의 한글 실용화 사업이 결코 진전될 수 없었을 것이다.

따라서 훈민정음이 창제된 세종 25(1443)년 이후 세종이 집현전 학사들에게 예시한 문서가 바로 예의 수고(手稿)라고 추정할 수 있다. 그 수고는 집현전 학사들이 해례본을 만드는 지남이 되었을 것이지만 후에 일부 내용을 다소 변개한 후에 실록과 해례본의 본문으로 실게 된 것이다. 그러나 현재로서는 해례본의 본문으로 전제가 된 실록본 예의를 원본으로 판단할 수밖에 없다. 그 후 해례본의 발포(發布) 범위는 매우 제한되었던 것으로 보이기 때문에 실록본 예의의 영향력이 훨씬 더 클 수밖에 없었다. 『열성어제본』을 비롯한 개인적 저술에도 실록본 예의가 조선 후기까지 그대로 전습되어 온 사실에서 그 근거를 확인할 수 있다. 실록본 예의가 사료로서는 그만큼 중요한 의미를 지닌 것이다.[12]

『세종실록』의 내용 분석

한글 창제를 밝힌 최초의 사서 기록은 세종 25(1443)년 계해 12월 30일(경술) 『세종실록 102권』의 기사이다. 한글 창제 과정에 대한 당시 기록

11 최종민(2013:492)은 『용비어천가』가 세종 24년 3월 이전부터 준비하였으며, 세종 27년 4월에는 한역이 완성되었고 세종 27년에서 29년 사이에 정간보로 완성된 것으로 보고 있다.
12 홍기문(1946:5)은 "이 예의는 『훈민정음』 문헌으로서 가장 먼저 발표된 것이다. 또 더구나 세종의 어제(御製)이다. 어떤 의미로는 해례나 언해와 비교하지 못할 만큼 중요한 하나의 성전이다. 그럼에도 불구하고 이전에는 언해에 파묻혀 그 독자적인 존재가 불명료했지만 이제는 해례의 발견으로 그 존귀한 가치가 절하될 염려가 있다. 언해는 물론 예의에 대한 언해요, 해례도 또한 예의를 토대로 삼은 해례이므로 일단 예의로부터 출발하여 다시 두 문헌에 미치는 것이 사리의 당연한 순서일 것이다."라고 기술하면서 예의 연구의 중요성을 강조하였다. 숙종 조 이후 다시 훈민정음의 중간인 『열성어제본』 예의나 최석정의 『경세훈민정음본』 예의의 이본들을 비교해 보면 해례본 배포의 한계 때문인지는 몰라도 조선 후기 실학자들은 예의를 더 많이 활용함으로써 실록본 예의가 성운학 연구의 주요 텍스트가 되었음을 확인할 수 있다.

이 거의 남아 있지 않지만 이 실록의 기록은 육하원칙에 입각하여 간략하지만 매우 분명하고 조리 있게 쓴 글이다.

> "이달에 임금이 친히 언문(諺文) 28자(字)를 지었는데, 그 글자가 옛 전자(篆字)를 모방하고, 초성(初聲)·중성(中聲)·종성(終聲)으로 나누어 합한 연후에야 글자를 이루었다. 무릇 문자(文字)에 관한 것과 이어(俚語)에 관한 것을 모두 쓸 수 있고, 글자는 비록 간단하고 요약하지마는 전환(轉換)하는 것이 무궁하니, 이것을 훈민정음(訓民正音)이라고 일렀다."[13]
>
> 「태백산사고본」 33책 102권 42장

세종 25(1443)년 계해 12월 30일 실록 기록은 세종이 한글을 창제한 사실을 기록한 최초의 기록으로서 매우 간략하지만 한글 창제와 관련된 핵심적인 내용이 담겨 있다. 이 실록의 글을 분석해 보면 아래와 같은 단락 내용으로 구분된다.

① 언제: 이달에(是月).
② 누가-어디서: "임금께서 (궁중에서) 친히 제작하였다(上親制)"에서 한글의 창제자가 세종임을.
③ 무엇을: "언문 28자(諺文二十八字)"에서 한글 명칭이 '언문'이고 낱글자가 28자임을.
④ 어떻게: "그 글자는 고전을 모방하였으며(其字倣古篆)"에서 초·중·종을 합자한 글꼴은 고전자(古篆字)임을 그리고 글자를 분해하면 초, 중, 종성으로 나누어지고 합한 연후에 글자가 이루어진다(其字倣古篆, 分爲初中終聲, 合之然後乃成字)". 곧 한 글자가 초·중·종을 합쳐 음

13 "○ 是月, 上親制諺文二十八字, 其字倣古篆, 分爲初中終聲, 合之然後乃成字, 凡干文字及本國俚語, 皆可得而書, 字雖簡要, 轉換無窮, 是謂『訓民正音』。", 「세종장헌대왕실록」 권102.

절 단위를 구성할 수 있으며, 한 음절 단위의 글자의 모양은 고전(古篆, 예 한자 글꼴)을 모방한 방괘형(네모형)임을.

⑤ 왜: "무릇 중국 한자나 조선의 말뿐만 아니라 주변 나라나 심지어 조선 내의 이어(변두리말)도 다 글로 쓸 수 있다(凡干文字及本國俚語, 皆可得而書)"는 음성 표기 문자임을. 그리고 "글꼴은 비록 간략하지만 전화하는 것이 무궁하고(字雖簡要, 轉換無窮)"라고 하여 28자 음소문자뿐만 아니라 합자를 통해 동아시아의 여러 문자를 표기할 수 있는 표음문자 곧 음성문자임을.

⑥ 결: "이것을 훈민정음이라 한다(是謂訓民正音)."

이상은 따라 한글의 창제 과정을 압축하여 설명한 글이다. 세종 25(1443)년 계해 12월에 세종이 언문 28자를 창제하였고, 그 글자(음절구성)는 고전을 모방하였으며 초, 중, 종성으로 나누어지나 합한 연후에 한 글자가 이루어지도록 만들었다. 한글로는 무릇 한자뿐만 아니라 우리말을 포함한 중국 주변의 여러 나라의 소리를 모두 글자로 쓸 수 있다.

'언문' 28자는 우리말을 표기하는 제한적 음소문자이며 표음문자로서도 확장하여 활용할 수 있도록 세종이 직접 창제하였음을 밝히고 있다. '글자는 비록 간요하나(字雖簡要)'는 제한적 음소문자 언문을, '전환하는 것이 무궁하니(轉換無窮)'은 한음을 비롯한 외래 문자를 정음(正音)으로 표기할 수 있는 표음문자인 '훈민정음'이라는 의미를 함의하고 있다.

이 실록 기록은 언문 28자는 세종이 창제하였음을 그리고 그 글자의 이름으로 '언문'과 '훈민정음'이라고 분명하게 밝히고 있다. 또 "其字倣古篆, 分爲初中終聲"를 뒷 구절의 '分爲'의 전제가 '其字'이기 때문에 낱글자인 'ㄱ, ㄴ, ㄷ' 등이 고전자에 기원한 것이 아니라 초, 중, 종을 모아쓴 글꼴이 방괘형인 고전자를 모방하였다는 사실을 분명하게 밝힌 글이다. 한글 창제 경위에 대한 더 이상의 군더더기의 글이 필요 없을 만큼 명확하게 그 핵심을 밝힌 글이라고 할 수 있다.

『훈민정음』 해설서가 완성된 경위에 대한 실록의 도입부의 기사는 아주 간단하다. 곧 "이달에 『훈민정음(訓民正音)』이 이루어졌다. 어제(御製)에(○是月, 訓民正音成。御製曰)"라는 도입부 아래에 세종어제 서문과 예의와 정인지 서문이 실려 있다.

세종 28(1446)년 세종실록에는 "○是月, 訓民正音成。御製曰"이라는 도입사에 분명하게 "訓民正音成"이라고 밝혔는데 방종현 교수(1446:50)는 이 '成'자는 『훈민정음』 해례본 책이 완성된 시기로 파악하고 문자가 완성된 시기가 아니라고 지적하였다. 그 이후 이숭녕 교수(1976:12)는 "요새 말로 하면 원고가 탈고되었던 것이지 아직 책으로 출판되지 않았다"고 하여 『훈민정음』 해례본 책의 탈고 시기로 잡고 있는데 거의 대등한 의미로 판단된다. 그다음 어제왈(御製曰) 아래에 ① 어제 서문, ② 초성 글꼴과 음가, ③ 중성 글꼴과 음가, ④ 종성규정, ⑤ 연서규정, ⑥ 병서규정, ⑦ 부서규정, ⑧ 성음규정, ⑨ 사성법과 ⑩ 정인지 서문이 실려 있다. 이 내용은 『훈민정음』 해례본의 본문으로 실려 있는데 이를 토대로 한 해설서인 해례본과는 여러 가지 변개가 있었음을 알 수 있다. 세종이 구상했던 언문 28자의 창제와 이를 해설서로 발전시키는 과정에서 자모의 체계와 종성의 음가 및 한자음의 표준화 작업이 진행되면서 변개가 불가피했던 것으로 보인다. 그 과정에서도 일일이 세종이 직접 관여했던 증거로 『동국정운』 서문에

> "신들은 재주와 학식이 얕고 짧으며 학문이 고루하여 상감의 분부를 옳게 이루지 못하고 늘 가르침을 받기 위해 괴롭혔습니다. 이에 옛사람의 운목을 정하고 자모를 정한 것을 바탕으로 하여 합칠 것은 합치고 나눌 것은 나누어 하나를 합하고 하나를 나누거나 하나의 성모를 세우고 하나

의 운모를 정함에 있어서 모두 상감의 제가를 얻었으며 또 각각 상고한 근거가 있다. 이에 사성으로 조정하고 91운과 23자모로 기준을 삼은 다음에 어제 훈민정음을 가지고 그 음을 정하였으며, 또 '질(質)운'과 '물(勿)운' 같은 운미는 '영모(ㆆ)'로 '래모(ㄹ)'를 보충하여 속습을 바탕으로 해서 바로잡았으니 옛 습관의 잘못됨이 여기에 이르러 모두 고쳤다. 책이 이루어지자 동국정운이라는 이름을 내리셨다."[14]

라고 하여 정인지가 성모와 운모를 정하는 데 상감의 제가를 얻었다는 사실에서도 훈민정음의 운용에 대한 과정을 확인할 수 있다.

세종 26(1444)년 2월 최만리의 상소문에도 "만일 언문을 부득이하야 짓지 않을 수 없어서 지었다고 하면(儻曰諺文不得已而爲之)"이라고 하여 한글 창제가 예의를 통해 이미 완료되었다는 사실을 확인할 수 있다. 최만리 등의 반대 상소문을 올린 이유가 한글 창제에 대한 반대가 아니라 이를 이용하여 각종 운서를 새로 짓는 일이 한자음의 혼란을 야기시킬 수 있으며, 그리고 사대적 관점에서 한자가 있음에도 불구하고 언문이라는 새로운 문자 사용의 부당성을 논박한 것임을 알 수 있다.

반대 상소문에 대한 세종이 내린 하교문에서 "너희들이 시종하는 신하로써 뻔히 나의 의사를 알면서(汝等以侍從之臣, 灼知予意)"에서도 세종의 한글 창제가 비밀리에 진행된 것이 아니라 공개적으로 진행되었던 것이었음을 알 수 있다. 물론 세종 25(1443)년 이전의 한글 창제 경위에 대한 기록이 남아 있지 않은 점을 들어 문제를 제기할 수 있지만 당시 워낙 획기적인 발상이었기 때문에 훈신들도 무관심 속에서 진행되었을 가능

14 "臣等才識淺短, 學問孤陋, 奉承未達, 每煩指顧。乃因古人編韻定母, 可並者並之, 可分者分之, 一並一分, 一聲一韻, 皆禀, 宸斷, 而亦各有考據, 於是調以四聲, 定位九十一韻二十三母, 以御製訓民正音定其韻, 又於質勿諸韻, 以影補來, 因俗歸正, 舊習誤繆, 至是而悉革矣。書成. 賜名曰東國正韻。", 『동국정운』 서문.

성은 없지 않다. 그러나 세종 25(1443)년의 실록 기록은 한글 창제 경위를 포괄적으로 기술한 매우 정밀한 내용으로 볼 수밖에 없다.

그럼에도 불구하고 한글 창제 과정을 마치 비밀리에 추진된 것으로 추론하는 경우도 있으나 그 추론을 뒷받침할 어떠한 근거도 현재로서는 없다. 이러한 논의를 뒷받침할 수 있는 또 다른 근거로 세종의 하교문에서 "이제 와서 불가하다고 하는가(今反以爲不可)"라는 내용은 김문(金汶)이 언문 제작에 대해 동의하다가 최만리와 함께 이제 와서 반대 상소를 올린 데 대해 고심한 세종의 심정을 노출하고 있다. 이 대목을 통해서도 최만리 등 집현전의 주요 학사들도 이미 세종이 직접 한글 창제를 주도하고 있었음을 모두 인지하고 있었다는 증거이다. 이러한 사실을 고려해 보면 세종 25(1443)년 12월 이전부터 한글 창제에 대한 공론화가 진행되었음을 확인할 수 있으며, 한글 창제를 왕실 중심으로 기밀하게 추진하였다는 허황된 논의들은 전면 재고되어야 할 것이다.

::: 세종 25(1443)년 계해 12월 『세종실록』에서 제기된 문제

훈민정음의 창제 과정을 분명하게 밝힌 세종실록의 실증적 근거를 존중하지 않고 개인 문집 등에 실린 부정확한 2차 사료를 근거하여 여러 가지 문제들이 제기되어 왔다. 1) 훈민정음 창제 일자와 창제자 문제, 2) '언문'과 '훈민정음' 그 명칭, 3) 『훈민정음』 해례본의 반포설, 4) 상형이자방고전(象形而字倣古篆)와 한글 창제 기원설, 5) "國之語音, 異乎中國, 與文字不相流通"의 해독 문제를 중심으로 살펴보겠다.

훈민정음 창제 일자와 창제자 문제

"이달에(是月), 임금께서 친히 언문 28자를 제작하셨다"라는 명백한 사료의 근거가 있음에도 불구하고 여러 가지 문제가 제기되었다. 먼저 창제 일자에 관한 문제인데, 실록에는 창제 일자는 밝혀 놓지 않았다. 이것을 근거로 하여 한글 창제가 마치 궁중의 비밀리에 추진된 것이라는 논의와 함께 "훈민정음의 창제가 『동국정운』보다 선행되었다고 단언할 수 없다(정경일, 2002:65)", "『동국정운』은 훈민정음 창제의 이론적 바탕을 만든 것이다(이동림, 1968)", "훈민정음은 『동국정운』을 이해시키기 위한 연습장적 구실을 했다(이숭녕 교수(1976:52), 남성우(1979), 강규선·황경수(2006:74))"에 "『동국정운』을 만드는 것도 한자음 개신책으로 한글을 만든 것으로 예단할 수 있다."라는 논의로 번져갔다. 무릇 이보다 더 사소한 문제도 통상 실록 기록에 정확한 날짜가 명기되는 터인데 날짜의 기록이 없었던 것은 예의에서 해례로의 전이 과정을 염두에 둔 것이었을 가능성이 높아 보이며, 예의에서 해례로 이어진 계기적인 사업이었기 때문일 것이다.

한글 창제시기에 대해서는 세종실록의 사료에 근거하여 세종 25(1443)년 12월이라는 점에 대해서는 큰 이견이 없다. 그러나 세종 25년에 한글이 완성된 것이 아니라 세종 28(1446)년 9월에 "是月 訓民正音成 御製曰國之語音 異乎中國"이라는 사료를 근거로 하여 『훈민정음』 해례본의 간행 시기를 한글의 완성 시기로 보는 종래의 관점은 재고될 필요가 있다.

다음 훈민정음 창제자에 대한 문제이다. 훈민정음 창제자에 대한 지금까지 제기된 학설은 매우 다양하다.[15]

① 친제설: 훈민정음은 세종이 친히 창제하였다는 '세종 친제설(방종현:

15 방종현 저, 이상규 주해, 『훈민정음통사』, 올재, 2013, 416~420쪽 참조.

1947, 이기문: 1974)'

② 왕실 협력설: 왕실 협력설은 다시 세분하여 '대군 협력설(임홍빈, 2006: 1385)', '정의공주 협력설(이가원: 1994, 정광: 2006)'이 있으며,

③ 집현전 학사 협찬설: 집현전 학사 협찬설(이숭녕: 1958, 김민수: 1964, 허웅: 1974, 김진우: 1988, Albertine Gaur: 1995)

④ 세종 친제 협찬설: 세종 친제와 함께 해례본은 집현전 신하와 협찬설(강신항: 2003, 안병희: 2004)

⑤ 세종 창제 명령설: 세종의 명찬에 의해 이루어졌다는 세종 창제 명령설(이기문: 1997)

등 매우 다양한 학설이 제기되어 있다. 이 가운데 세종 친제설에 대한 비판적인 시각에 대해 먼저 살펴보자. 이숭녕(1976:85) 교수는 "훈민정음을 제정할 때의 세종의 건강 상태는 말이 아니었다. 특히 기억력의 쇠퇴와 안질로 정사 자체도 세자에게 맡길 정도이어서, 세종은 훈민정음 제정에선 집현전 학사에게 오직 원칙을 제시하고 방향만을 설정했을 따름이고 문제점을 상이했을 정도요, 세목의 연구에는 관계하지 않았을 것이라고 본다. (중략) 국어학사의 연구에서 구체적인 실증 자료를 갖지 못하고, 함부로 조작설을 근거도 없이 내세운다는 것은 학문을 타락시키는 것이라고 본다. 그것의 심한 예가 세종대왕이 한글을 지으시다가 과로의 결과로 안질을 얻었다는 설은 허위와 조작의 산물임을 이상의 사실 규명으로 단정할 수 있다."는 견해는 한글 창제자가 결국 세종의 친제가 아니라는 논의로 연결될 수 있다.

임금 건강에 관한 기록은 실록에 매우 상세하게 기록될 수밖에 없는 당연한 처사이다. 그러한 세세한 기록을 다 모은 것을 실증주의적 근거로 삼은 주장이 오히려 전체적 맥락을 제대로 해독하지 못한 전형적인 사례가 될 수 있을 것이다. 이러한 논의는 급기야 강규선·황경수(2006:75)

는 "세종의 건강은 전술한 것처럼 안질, 소갈증, 부종, 임질, 요배견통, 수전, 언어곤란, 각통 등으로 세종 29년부터 세자 섭정 문제가 세종 자신의 주장으로 되풀이된다. 또 온천 요양 차 자주 도성을 떠나는 날이 많았다. 안질 같은 병은 사물을 분간하기 어려운 지경이었다. 왕의 대행을 스스로 주장하던 세종이 연구생활을 했다는 것은 상상할 수 없는 일이다"라는 식으로 확대 재생산이 된다.

최근 친제설에 대한 반론으로 정광(2006:8) 교수는 "훈민정음이란 신문자를 세종이 친히 지은 것을 강조하여 문자의 권위와 그로 인한 어떠한 부작용도 제왕의 그늘 속에 묻어버리려는 뜻이 있을 것이지만 그래도 세종이 신문자 28자를 직접 제작했다는 실록의 기사는 어느 정도 신빙성이 있는 기사다."라고 하면서도 정의공주 협찬설을 주장한다. 영향력 있는 학자가 한 이러한 논의가 앨버틴 가울(Albertine Gaur)(1995)이라는 외국 학자에게까지 영향력을 미쳐 세종 친제설에 대해 부정적인 입장을 보여주고 있다. 물론 이러한 비판적 태도도 필요하지만 어떤 실증적 근거 없는 논의는 도리어 문제의 핵심을 벗어나게 할 수 있다는 점을 잘 알아야 할 것이다.

왕실 협력설 가운데 먼저 세종과 문종 협력설의 논거가 되어온 기록이 있다. 『직해동자습』 서문에 "우리 세종과 문종대왕은 이에 탄식하는 마음을 가져 이미 만든 훈민정음이 천하의 모든 소리를 나타내지 못하는 것이 전혀 없어"라는 2차 사료에 근거하거나 『운회』 번역 등의 각종 사업에 왕자나 세자에게 일을 감독하도록 명한 내용을 들어 대군 협력설을 주장하기도 한다. 그리고 『몽유야담』 「창조문자」에 "우리나라 언서는 세종 조에 연창공주가 지은 것이다."와 『죽산안씨대동보』에서 "세종이 방언이 한자와 서로 통달하지 않음을 안타깝게 생각하여 비로소 훈민정음을 지었는데 변음과 토착은 오히려 다 연구하지 못하여 여러 대군으로 하여금 풀게 하였으나 모두 하지 못하였다. 드디어 공주에게 내려보냈다. 공주는 곧 풀어 바쳤다."라고 하는 전거를 들어 정의공주 협력설이 제기되었다. 야담 소설이나 족보에 실린 2차 사료가 국가 기록물인 실록보다 실증적 우위를 차지하기는 쉽지 않다고 본다.

집현전 학사 협찬설의 논거로는 『청장관전서』 권54 「앙엽기 1」에 "장헌대왕이 일찍이 변소에서 막대기를 가지고 배열해 보다가 문득 깨닫고 성삼문 등에게 명하여 창제하였다."는 기록이나 병와 이형상이 지은 『악학편고』 권1 「성기원류」에 "정 하동 인지 신 고령 숙주 성 승지 삼문 등에게 명하여 언문 28자를 지었으니" 등 다수의 부정확한 조선 후기의 개인 기록인 2차 사료들이 있다.

세종 친제설을 입증할 수 있는 신뢰할 만한 사료는 매우 많이 있다. 『세종실록』 세종 25(1443)년 계해 12월 30일 기사에는 "이달에 임금이 친히 언문(諺文) 28자를 지었는데"를 비롯해서 『임하필기』 제38권 「해동악부」에 "세종대왕이 자모 28자를 창제하여 이름을 언문이라 하였는데", 『정음통석』 서문에 "우리 세종대왕께서 창제한 언서로 중국 반절음을 풀이하면 맞지 않는 것이 없으니", 『홍재전서』 제9권 「서인(序引)」에 "우리 세종대왕께서 창제하신 언서(諺書)로 중국의 반절음을 풀이하면 맞지 않는 것이 없으니"라고 하여 세종 친제설의 근거가 된다.

훈민정음의 창제 경위는 적어도 3단계에 걸친 과정을 전제해야 할 것이다. 곧 첫 단계는 세종 25(1443)년 『세종실록』에서 표방한 언문 28자를 창제한 시기, 둘째 단계는 집현전을 중심으로 세종 친제 언문 28자에 대한 이론적 골간을 세운 과정으로 세종이 직접 진행 과정을 확인하면서 이론의 틀을 고정시키는 시기, 셋째 단계는 세종과 집현전의 8명의 신예 학사들과 공동으로 세종이 창제한 언문 28자를 운학에 기반을 두고 중국 운서의 번역과 중국 한자음의 통일을 보완과정으로 추진된 것이다. 곧 한글 창제는 "창제→이론화→보완" 과정을 거쳐 실용화한 계기적인 연구 활동이 전개된 것이다.

첫 단계에는 정인지의 서문에서와 『국조보감』 제7권 「세종조 3」에는 "계해년 겨울에 우리 전하께서 음소문자인 정음 28자를 창제하여 대략적으로 예의를 게재하여 제시하였다."라는 기술은 당시의 정황을 고려해 보더라도 상당한 신뢰성이 있다. 곧 세종 25(1443)년에 언문 28를 만들어 어제 서문과 예의를 발표한 것은 분명하게 세종의 친제로 보지 않을 수 없는 근거가 된다.

둘째 단계는 예의에서 규정하지 않은 사실들이 대폭 확장하여 해설서인 해례본을 만든 시기이다. 이 과정은 세종 단독으로는 불가능했을 것이다. 집현전 신예 학사 8명을 데리고 세종이 창제한 언문 28자를 한자음, 한어 표기뿐만 아니라 한자로 표기할 수 없는 우리 고유어까지 표기할 수 있어 이 세상의 만물의 소리를 다 적을 수 있는 표음문자로 승화시킨 단계이다. 이 과정에서 최만리 등의 반대상소를 올리는 등의 파란을 겪게 된다.

셋째 단계는 한자음과 외래어 표기 및 중국어 원음 표기를 위해 중국운서를 번역하는 일과 실용 단계의 언서를 간행하는 단계이다. 둘째 단계에서 아직 고정되지 않은 종성 표기 방식을 확정하거나 한자음 표기에서 정치와 치두음 표기 등의 정밀화와 보완이 추진된 과정이다. 이 또한 세종과 집현전 학사들이 담당해야 할 몫이었을 것이다. 다시 말하자면 언문 28자는 세종의 친제이고 연이은 언문의 운용 방안과 실제 적용의 문제는 집현전 학사들과 협찬에 의해 완성한 성과라고 할 수 있다.

곧 예의는 친제요, 해례는 협찬 제정의 결과물이라고 할 수 있다. 그러나 해례본을 만든 3년 동안은 세종 단독이 아닌 집현전 신예 학사들과 공동으로 이루어진 것으로 볼 수 있다. 이 과정에서도 집현전을 대표하는 정인지를 통해 수시로 제가를 받을 만큼 치밀하게 진행했던 것이다. 『해동역사』 제42권 「예문지」에서도 "성인께서 처음으로 글자를 창제한 공이 크다고 하겠다."라고 하여 세종임을 확인할 수 있다.

1단계 곧 언문 28자의 창제는 바로 세종이 직접 구상 창제한 결과이며, 이것을 토대로 한 2단계와 3단계 곧 해례편의 완성과 한자음 표기를 위한 운서 제정은 집현전 학사들과 협찬에 이루어진 것이다. 숙종 시대의 운학자인 명곡 최석정의 『경세훈민정음도설』 47에 "세종대왕이 지으신 언문의 이름을 정인지가 훈민정음이라 지었다."라고 하여 필자가 논의해 온 것과 같은 언문 28자는 세종이 친히 지은 것이고 이를 해설한 것은 정인지를 비롯한 집현전 학사와의 협찬의 결과였음을 알 수 있다.

'언문'과 '훈민정음' 그 명칭

세종 25(1443)년 계해 12월 『세종실록』에서 밝힌 "언문 28자(諺文二十八字)"에서 제시된 '언문'의 명칭과 "이를 훈민정음이라 한다(是謂 訓民正音)"는 기록에서 '언문'과 '훈민정음'이 동시에 나타난다. 세종 26(1444)년 갑자 2월 세종실록에 최만리 반대 상소문과 세종이 내린 하교문에 '언문'이라는 명칭은 26('비언', '언자' 포함)회 정도 나온다. "곧 지금의 이 언문도(則今之諺文)"라는 대목에서도 세종이 직접 '언문'이라는 용어를 사용하고 있다.[16] 곧 세종의 하교문에서 "지금의 이 언문(則今之諺文)"이라는 기사를 통해 곧 한글을 창제한 세종께서도 '훈민정음'이라는 말을 사용하지 않고 '언문'이라는 명칭을 사용하고 있다. 또 세종이 정창손에게 친국을 한 뒤 하교문 가운데 "내가 만일 언문으로서 번역한(予若以諺文譯)"이라는 기

16 최만리의 반대 상소문과 임금의 하교문에 '언문'과 관련된 명칭이 26회 나타난다. 그 가운데 '언문'은 세종이 3회, 최만리가 19회, 김문이 2회 사용하고 있으며, '비언'과 '언자'는 최만리가 각각 1회씩 사용하고 있다.

사에서 세종 스스로가 '언문'이라는 명칭을 사용하고 있다.

이 내용은 한글의 명칭을 규정하는 매우 중요한 논거이다. 최만리의 반대 상소문에 '언문'이라는 명칭이 모두 최만리가 가리킨 말이 아니라 세종의 말도 포함되어 있는 것을 잘 헤아리지 못한 논의도 있다. 이 내용은 한글 창제가 이미 완료되었음을 분명히 밝힌 대목이면서 그 명칭을 세종도 '언문'이라고 했다는 결정적인 근거 자료이다.

이상의 논거를 통해보면 세종이 직접 한글을 '언문(諺文)'으로 지칭하고 있음을 알 수 있다. 따라서 '언문'이라는 용어는 '훈민정음(정음)'과 함께 사용상의 목적에 따라 달리 불린 이름으로 보이며, 세종실록의 세종 25(1443)년 12월에 '언문'이라는 이름이 처음 나타나는 것으로 보아 '훈민정음', '정음'보다 먼저 사용되었을 것으로 추정할 수 있으며, 후속 한자음 표기 문제의 대두와 함께 정성, 정음 사상을 존중하는 성리학적 용어로서 '정음'이라는 용어가 기능적인 면에서 '언문'과 구분하여 붙여진 것으로 추정된다.

그러나 '언문'이라는 명칭을 『표준국어대사전』에 "상말을 적는 문자라는 뜻으로, '한글'을 속되게 이르던 말."이라는 뜻풀이도 있고 또 "특히 훈민정음 제정에 반대하는 사람들은 언문이라는 말을 즐겨 사용하였다(유창균, 1993:125)"라고 하여 세종 당시 '언문'이라는 명칭이 마치 자기 비하적인 것으로 해석하고 있으나 그러한 가정을 입증할만한 근거가 전혀 없다.[17] 이러한 논의는 한글의 우수성을 스스로 비하하는 불필요한 논쟁의 불씨가 될 수 있다.

'언문'은 28자의 제한적 음소문자를 지칭하고 '정음(훈민정음)'은 우리말을 물론 한자음 표기를 위시하여 몽고, 여진, 일본 등의 말을 표음하는

17 홍윤표, 「한글이야기」 1, 18~20쪽 참조. 태학사. 홍윤표 교수는 '언문'은 보통 명사로, '훈민정음'은 고유명사로 이해하고 있다.

정음(正音) 곧 표음문자(음성문자)라는 뜻으로 사용된 것이다. 따라서 '언문'은 우리말을 표기하는 수단에 해당하는 이름, 곧 초성과 중성의 낱글자의 명칭이라면 '훈민정음(정음)'은 한자음 표기를 비롯한 외래어 표기를 위한 바른 음(正音), 바른 소리(正聲)라는 명칭으로 구분되었다가 그 후 뒤섞어 사용한 것이다. 또한 예의에서 해례로 변개되는 과정에서 한글 28자의 명칭이 '언문→정음'으로 확대되었을 가능성이 매우 크다. 곧 28자로 규정된 제한적 음소문자에서 한자음 표기를 위한 표음문자로 그 성격으로 확대되고 있음을, 곧 우리말 표기에서 한자음을 비롯한 외래어 표기 문자로서의 기능이 확대되고 있음을 확인할 수 있다.

숙종 조에 병와 이형상(1653~1733)은 『악학편고』에서 "세종대왕이 언문청을 설치하고 (중략) 정 하동 인지와 신 고령 숙주와 성 승지 삼문 등에게 언문을 지어 이르되 초종성 8자(世宗大王設諺文廳 (중략) 命鄭河東麟趾, 申高寧叔舟, 成承旨三問等, 製諺文曰, 初終聲八字。)"라고 하여 '언문'이라는 용어가 조선 후기에 이르기까지 줄곧 사용되었다. 이형상이 지은 『자학제강』「운학시종」에서도 "우리나라 세종대왕이 지으신 훈민정음은 바로 언문을 말한다(我世宗大王御製 訓民正音, 卽所謂諺文也)."라고 하여 숙종 무렵에는 '언문'이라는 이름으로만 사용되었던 것임을 확인할 수 있다. 물론 조선조 후기에 가서 언문이 한문에 대응되는 변방의 문자라는 비하적 의미로 사용된 것도 틀림없는 사실이다.

창제 당시 이러한 두 가지 명칭이 함께 사용한 것은 문자라는 대상을 지칭한 동의어라기보다는 그 기능적인 측면에서 달리 불렸던 것으로 이해된다. 곧 언문은 한자에 대응되는 문자 이름인 동시에 언서(諺書)와 같은 한글로 쓴 글이나 책의 명칭으로, 훈민정음은 바른 소리를 적는 기능적인 문자의 명칭이라고 할 수 있다. 한문 번역서나 언해서에 '정음'이라는 이름이 달린 책이 없는 것은 바로 이러한 사실을 말해주는 것이다.

특히 반대 상소문에 대한 하교문에서 세종이 스스로 '언문'이라는 명칭을 사용하고 있다는 점에서 한문이나 한자에 대응된 이름으로 언문이라는 용어가 먼저 사용되었음을 의미한다.

『훈민정음』 해례본의 반포설

훈민정음의 창제와 둘러싼 논의 가운데 뜨거운 논점 거리가 또 하나가 있다.

'훈민정음이 과연 백성들에게 반포가 되었는가'라는 문제이다. 분명한 것은 새로운 문자를 창제한 세종 25(1443)년을 창제 시기로 보지 않고 『훈민정음』 해례본이 완성된 시기(엄격하게 말하면 정인지가 『훈민정음』 해례본의 서문을 작성한 날짜)인 세종 28(1446)년 9월 상한(上澣)을 새 문자를 반포한 시기로 보는 종래의 관점은 여러 가지 문제점을 안고 있는 것은 분명하다.

훈민정음 반포에 대한 견해는 매우 다양하며, 놀랍게도 조선조 문헌 기록상 '반포(頒布)'라는 용어는 단 한 군데도 사용된 적이 없다. 최만리의 반대 상소문에 나타난 '광포(廣布)'라는 용어를 본떠서 김윤경(1954) 교수이나 방종현(1946) 교수도 '발포(發布)'라는 용어를 사용하다가 '반포'라는 용어로 바꾸어 사용하게 되었으며, 오구라 신페이(1946)는 '공포(公布)'라 하였고, 박승빈(1947)은 '영포(令布)'라고 하였다. 이는 조선어학회에서 한글 반포 기념식을 공식화하였기 때문에 어쩔 수 없이 '반포'라는 용어로 통일한 것으로 보인다.

『훈민정음』 해례본 책의 완성 시기를 반포로 인식한 종래의 논의를 비판한 이숭녕 교수는 "다시 결론한다면, 실록의 세종 28년 9월 끝의 기사로 '訓民正音成'은 앞에서도 말한 것이지만 원고가 작성되어 임금께 올린 것이지, 책이 출판된 것은 아니다. (중략) 다시 강조한다면, '한글날'은 훈민정음의 원고를 써서 세종께 바친 날이지 출판기념일도 아니다."[18]라고 하여 세종 28(1446)년 9월 상한이 훈민정음 반포일이 아니라는 주장을 하였다. 이러한 결론은 틀린 말이 아니다. 방종현(1946) 선생께서는 '성(成)'을 『훈민정음』 해례본의 책이 완성된 시기로 보고 있는데 거의 대동소이한 말이다. 다만 이 시기에 반포라는 절차를 거치지 않았다는 비판은 타당하다. 어떤 다른 기록에서도 '반포'라는 용어를 찾아볼 수 없는 점은 명백한 사실이다. 이와 유사한 견해로 "해례본은 훈민정음의 해설서에 불과하며, 또 반포로 볼 수도 없다."[19]는 주장과 함께 반포일은 훈민정음 예의를 언해한 『훈민정음』 언해본이 『월인석보』 권두에 처음 나타나기 때문에 이를 반포일로 보아야 한다는 좀 생경한 주장도 있다.[20]

과연 정식으로 전 백성에게 사용하기를 권면하는 반포라는 절차를 거쳤을까? 왕의 고유나 칙령을 승정원을 통해 백성들에게나 하교하는 법적 절차를 반포라고 할 수 있는데 『훈민정음』 해례본 인간과 관련된 반포라는 기록은 어디에서도 찾아볼 수 없다. 다만 세종 26(1446)년 갑자 2월 20일에 최만리가 올린 상소문에 "이제 넓게 여러 사람의 의논을 채택하지도 않고 갑자기 서리 무리 10여 인으로 하여금 가르쳐 익히게 하며, 또 가볍게 옛사람이 이미 이룩한 『운서(고금운회거요)』를 고치고 근거 없는 언문을 부회하여 공장 수십 인을 모아 각본 하여서 급하게 널리 '광포(廣布)'하려 하시니, 천하 후세의 공의에 어떠하겠습니까."라는 기사에 나타난 '광포'의 의미를 확대하여 '반포(頒布)'로 해석함으로써 마치 법률적 선포식을 행한 것으로 오인하게 한 것이다.[21]

18 이숭녕, 『개혁국어학사』, 박영사, 1976, 15~16쪽.
19 정광, 『훈민정음의 사람들』, 제이앤씨, 2006, 24쪽.
20 정광, 「새로운 자료와 시각으로 본 훈민정음의 창제와 반포」, 『언어정보』 제7호, 고려대 언어정보연구소, 2006, 5~38쪽.

결론적으로 어떤 사료에서도 반포에 관한 기록이 남아 있지 않기 때문에 이 반포라는 용어를 사용하는 것은 합당하지 않다. 반포라는 법적 절차를 거쳤다는 사실을 실증할 어떤 근거도 현재로서는 찾을 길이 없다.

▌상형이자방고전(象形而字倣古篆)과 한글 창제 기원설

언문 28자의 자모에 관한 실록과 해례본의 기록은 세종 25(1443)년 계해 12월 『세종실록』에서 "諺文二十八字, 其字倣古篆, 分爲初中終聲, 合之然後乃成字"에서 그 개요를 밝히고 있다. 이와 관련되는 당대의 몇 가지 사료를 제시하면 다음과 같다.

① 세종 25(1443)년 계해 12월 『세종실록』: "其字倣古篆, 分爲初中終聲, 合之然後乃成字"

② 세종 27(1444)년 2월 『세종실록』 집현전 부제학 최만리 반대 상소문: "則字形雖倣古之篆文"

③ 세종 28(1446)년 9월 상한 『세종실록』 「정인지 서문」: "象形而字倣古篆"

④ 세종 28(1446)년 9월 상한 『훈민정음』 해례본 제자해: 正音二十八字。各象其形而制之。

첫째, 세종 25(1443)년 계해 12월 조의 세종실록의 기록에서 "이달에 임금이 친히 언문 28자를 지었는데, 그 글자는 옛 전자를 모방하고, 초성, 중성, 종성으로 나누어 합한 연후에야 글자를 이루었다.(是月, 上親制諺

21 영조 12(1736)년 병진 중추(팔월)에 『여ᄉᆞ서언해』의 영조 서문에 "咨ᄌᆞ홉다 그 이 글을 刊간ᄒᆞ야도 오히려 刊간치 못 ᄒᆞᆫ 前젼과 ᄀᆞᆺᄒᆞ며 그 이 글을 닑그매도 오히려 닑지 아닌 前젼과 ᄀᆞᆺᄒᆞ면 이 엇지 나의 眷권眷권ᄒᆞ야 廣광布포ᄒᆞᄂᆞᆫ 쓰지리오 그 各각各각 힘뻐 죠곰도 忽홀치 말올 씨어다"라고 하여 『여ᄉᆞ서언해』를 인간하여 백성들에게 나누어 주라는 의미로 '광포(廣布)'라는 용어를 쓰고 있다. 곧 이 책의 서문에 임금이 밝힌 내용이다.

文二十八字, 其字倣古篆, 分爲初中終聲, 合之然後乃成字)"는 내용을 면밀하게 분석해 보면 '其字'의 개념이 초, 종, 종성으로 합친 곧 C+V+C로 구성된 음절글자를 말한다. 곧 "그 글자(其字)는 초중종성으로 나뉘고(分爲初中終聲), 초중종 낱글자를 합한 연후에 글자가 이루어진다(合之然後乃成字)"라는 의미이다. 따라서 초, 중, 종성을 합한 한 음절글자 모양은 방괘형으로 옛 전자(古篆)의 꼴임을 의미하는 것이다.

따라서 언문 28자의 낱글자가 옛 전자(古篆)를 모방했다는 견해는 타당성이 없음이 분명해진다. 음절글자의 모양을 옛 전자(古篆)와 같은 방괘형 서체로 구성하게 된 이유는 한글 창제 당시 한자와 혼용하도록 되어 있었기 때문에 한자의 음과 한글 글꼴이 1:1의 대응을 이루도록 고려한 결과일 것이다.[22] 또한 세종 당시 여진과 몽고와의 교린 관계가 활발했던 관계로 몽고의 파스파 문자, 거란 대소자, 여진 대소자의 모아쓰기의 방식의 영향도 없지는 않았을 것이다. 곧 한글의 낱글자인 자모는 발음기관과 발음하는 모양을 상형한 것이고 낱글자를 모아쓴 음절글자는 고전체를 모방했다는 의미이다.

둘째, 최만리의 반대 상소문에 "곧 자형이 비록 옛날의 고전(古篆) 글에 의방(依倣, 모방)하였을지 모르오나(則字形雖倣古之篆文)"라는 기사에[23] 나오는 '자형(字形)'은 초성, 중성, 종성의 낱개 글자꼴을 뜻하는 것이 아니

22 "한자와 언어(諺語)를 잡용(雜用, 섞어 씀)하게 되면 한자음에 따라서 중성에 종성으로써 보족(補足, 보퉁, 補以中終法)하는 것이 있으니 공자ㅣ魯ㅅ:싸·ᄅᆞᆷ의 류와 같으니라.(文與諺雜用則有因字音而補以中終聲者。如孔子ㅣ魯ㅅ:사ᄅᆞᆷ之類。)", 『훈민정음』 합자해.

23 "오로지 중화 제도를 따라왔는데 이제 중국과 문물제도가 같아지려고 하는 때를 맞이하여 언문을 창제하시면 이를 보고 듣는 사람들이 이상하게 여길 것입니다. 이럴 때 혹시 대답으로 말씀하시기를 언문은 모두 옛 글자를 바탕으로 한 것이지 새 글자가 아니라고 하신다면 곧 자형(C+V+C로 구성된 음절글자)은 비록 옛날의 고전 글자와 비슷합니다만 소리로써 글자를 합하는 것(合字, C+V+C 결합 방식)은 모두 옛것에 어긋나는 일이며 실로 근거가 없는 것입니다.(一遵華制, 今當同文同軌之時, 創作諺文, 有駭觀聽。儻曰諺文皆本古字, 非新字也, 則字形雖, 倣古之篆文, 用音合字, 盡反於古, 實無所據。)", 『세종실록』 세종 27(1444)년 2월 집현전 부제학 최만리 반대 상소문.

라 음절구성으로 이루어진 글자꼴(C+V+C)을 뜻한다. 곧 고전(古篆)체와 같은 방괘형(네모꼴)을 의미한다고 볼 수 있다.

셋째, 정인지 서문에서 밝힌 "(그 낱글자는) 상형하였으나 (음절글자는) 옛 전자를 모방하고(象形而字倣古篆)"라는 기록은[24] 세종 25(1443)년 실록의 기록보다 더 구체적으로 낱글자의 글꼴과 단 음절문자의 글꼴을 분리하여 그 상형의 바탕을 기술함으로써 언문 자모 28자와 음절문자 서체 형태의 기본을 밝힌 것이다.

넷째, 세종 28(1446)년 9월 상한 『훈민정음』 해례본 제자해에서 다시 "각 낱글자는 그 형상을 모상하여 만든 것이다(各象其形而制之)"라고 하여 낱글자 언문 28자의 글꼴의 제자 원리를 분명히 밝힌 구절이다. 곧 낱글자는 발음기관을 '상형(象形)'을 제자 원리로 삼아 조음기관 또는 자음을 조음할 때의 조음기관의 모양을 본떠서 만들었고, 제자 순서는 먼저 아, 설, 순, 치, 후 음별로 기본 글자 ㄱㄴㅁㅅㅇ를 만든 다음 이를 바탕으로 해서 '인성가획(因聲加劃)'의 원리에 따라 발음이 센(厲)음의 순서대로 획을 더하여 다른 자음 글꼴을 만들었다. 모음 역시 하늘(天－圓), 땅(地－平), 사람(人－立)의 삼재를 상형한 · ㅡ ㅣ를 기본으로 하고 합성의 원리에 따라 글꼴을 만들었다.

그런데도 불구하고 지금까지 혼란스러울 만큼 다양한 한글의 글꼴의 기원설이 제기되어 왔다. 그 대강을 간추려 보면 다음과 같다.[25]

① 고전상형설(古篆象形說): 정인지의 『훈민정음』 서문, 이덕무의 『앙엽기』, 최만리의 「반대상소문」, J. S. Gale(1912), 김완진(1966:384~385),

24 "계해년 겨울에 우리 전하께서 정음 28자를 처음으로 만들어 예의를 간략하게 들어 보이고 이름을 훈민정음이라 하였다. (그 낱글자는) 상형하였으나 (음절글자는) 옛 전자를 모방하고(癸亥冬, 我殿下創制正音二十八字, 略揭例義以示之, 名曰訓民正音。象形而字倣古篆)"

25 방종현 저·이상규 주해, 『훈민정음통사』, 올제, 2013, 106~118쪽 참조.

홍윤표(2005).

② 몽고 범자기원설(梵字起源說): 성현의 『용재총화』, 이수광의 『지봉유설』, 황윤석의 『이수신편』, 이형상의 『자학』, 1784년 간 『진언집』, 황윤석의 『이재유고』, 김윤경(1932:202), 이상백(1957:3~4), 유창균(1970:70), M. Kia proth(1832), P. Andreas Eckardt(1928).

③ 몽고 파스파문자기원설(八思巴文字起源說): 이익 『성호사설』, 유희 『언문지』, 이능화 『조선불교통전』(614~616), 유창균(1970), 정광(2012), Ledyard(1998), 주나쓰투(照那斯圖, 2008).

④ 서장문자기원설(西藏文字起源說): L. Rosny(1864), I. Taylor(1883), H. B. Hulbert(1892).

⑤ 오행상형설(象形說): 정인지 『훈민정음』서문, 최석정의 『경세정음도설』, 신경준의 『저정서(훈민정음운해)』, 홍양호의 『이계집』, 강위의 『의정국문자모분해』

⑥ 오행설(五行說): 신경준의 『훈민정음운해』, 방종현(1946).

외에 음악기원설(병와 이형상의 『악학편고』, 최종민(2013)), 28수기원설(최석정의 『경세정음도설』, 홍양호의 『이계집』, 이익습(1893)),[26] 기일성문도(起一成文圖) 기원설(강신항:2003), 측주설(이규경의 『오주연문장산고』), 석고자기원설(이형상의 『자학』)을 비롯하여 덧문창살설, 팔괘설 등 다양한 기원설이 제기되었다.

이러한 제설 가운데 최근 제기된 고전설에 나타난 견해에 대해 재음미해볼 필요가 있다. 최근 이 고전설을 김완진(1966:384~385) 교수가 다시 제기하였다. 정인지 서문에 나타나는 '象形而字倣古篆'과 대응을 이루는 세종 25년 『세종실록』에는 "上親制諺文二十八字, 其字倣古篆, 分爲初中終聲, 合之然後乃成字"로 되어 있다. 이 두 가지 사료를 대조해 보면 상형한 '諺文二十八'의 '字'는 자모(낱글자)를 말하고 '字倣古篆'의 '字'

26 Yi Ik Seup, 「The Alphabet(Panchul)」, 『Korean Repository』, Vol.1, October, 1892.

는 한 음절(초+중+종 합자)로 된 글자를 뜻한다는 사실이 명백하다. 28자 자모는 상형이요, 한 음절로 합자한 글자의 꼴은 중국 고대 한자의 방괘형을 본뜬 "字母象形而字倣古篆"라는 의미이다. 여기서 '而'는 연접으로 '그리고'라는 전후 대등절을 잇는 어조사로 해석되어야 할 것이다.[27] 그럼에도 불구하고 한글 창제 이전에 우리말을 표기한 곧 한자음의 음과 훈을 빌려 적은 이른바 차자표기에서 기원했다는 가정 아래 한글 자모의 기원을 고전체에서 찾으려는 노력으로 'ㄴ[隱], ㅁ[音], ㅂ[邑], ㅇ[應], ㅅ[品], ㄷ[處], ・[字], ㅡ[應], ㅣ[伊], ㅏ[牙], ㅑ[耶], ㅓ[於], ㅕ[與], ㅗ[五], ㅛ[要], ㅠ[由, 兪]' 등으로 추론하고 있다. 홍윤표(2005:54~56) 교수는 '상형'은 기본 글자를, '자방고전'은 기본 글자 외의 글자를 만드는 원리로 보고 있으나 '象形而字倣古篆'의 전후 문맥을 파악해보면 자모의 기원은 분명히 상형이요, 한 음절의 글꼴은 고전체의 방괘형이다.

이 기본적인 단락의 문맥해석의 오류로 인해 한글 자모 기원설이 전혀 불필요한 논의로 발전되어 도리어 한글 창제의 독창성을 희석시킨 결과가 아닐까? 한글 자모 창제의 독창성을 어떻게 하든 한자를 기반으로 하여 태생된 것으로 돌리려는 이유가 무엇일까? 한글 자모의 기원이 중국 고전자에 있었다면 해례본 제자해에서 상형설과 가획의 원리나 그 예외에 대해 그렇게 정밀하게 설명할 이유가 전혀 없었을 것이다.

이처럼 실록 기록에서 매우 분명하게 언문 28자의 낱글자는 상형의 방식으로 또 초, 중, 종을 합한 곧 음절구성 문자는 방괘형인 고전(古篆)체라는 것을 말하고 있다. 당시 동아시아의 여러 나라의 문자가 방괘형으로 만들어졌던 것처럼 한글 역시 단자 표의문자인 한자의 음에 1:1로 대응될 수 있는 글꼴을 만들기 위해서 초, 중, 종을 합한 방괘형 문자로

27 김원중, 『한문해석사전』, 글항아리, 2013, 1048쪽.

만든 것이다. 조선 중기 이후 많은 성운학자들에서부터 '其字倣古篆' 만을 가지고 한글 글꼴의 기원을 찾으려고 하다 보니까 온갖 억측이 생겨난 것이다. 그다음의 "초성·중성·종성으로 나누어 합한 연후에야 글자를 이루었다(分爲初中終聲, 合之然後乃成字)"는 뒷문맥을 정확하게 해독하면 지금까지 제기된 한글 글꼴 기원에 대한 논의들은 전면 재고되어야 할 것이다.

'國之語音, 異乎中國, 與文字不相流通"의 해독 문제

세종 28(1446)년 실록의 기록과 함께 『훈민정음』 해례본 본문으로 실려 있는 어제 서문에 나오는 "國之語音◦異乎中國。與文字不相流通。(나·랏: 말ᄊᆞ·미 中듕國·귁·에 달·아 文문字·ᄍᆞᆼ·와·으 서르 ᄉᆞᄆᆞᆺ·디 아·니ᄒᆞᆯ·ᄊᆡ)"라는 부분의 해석을 "(한자의) 국어음이 중국과 달라서 문자가 서로 통하지 않는다.(정광, 2006:34)"라고 하여 "國之語音"의 부분을 "중국한자음" 곧 '국어음(國語音)'을 한자의 동음(東音)으로 규정하여 "세종은 중국과 우리 한자음의 규범음을 정하기 위하여 발음 기호로서 훈민정음을 고안하였다.(정광, 2006:34)"는 것이다. 그리고 "훈민정음은 실제로 한자음의 정리나 중국어 표준발음의 표기를 위하여 제정되었다가 고유어 표기에도 성공한 것이다. 전자를 위해서는 훈민정음, 또는 정음으로 불리었고 후자를 위해서는 언문이란 이름을 얻게 된 것이다.(정광, 2006:36)"라는 논의는 이숭녕 교수(1976:52)는 "훈민정음은 『동국정운』의 이해를 위한 연습장의 구실을 한 것이다. 그러고 보면 한자음의 개신을 둘러싸고 문제점이 많으며, 세종의 언어정책의 진의가 어디에 숨겨져 있는가가 의심될 것이다."라는 논의에 토대를 두고 있다. 한글 창제의 기본 정신을 전혀 다른 관점에서 접근한 견해라고 할 수 있다. 한글을 한자음 표기를 위해 만들었다는 시각과 밀접한 관계가 있다. 물론 우리 한자음의 표기도 우리말 표기와 함께 중요한 해결 과제였지만 그 과제의 선후문제를 판단하는 잣대는 예의에서는 전탁 표기 글자를 제외한 제한적 음소문자 언문 28자에 있다고 본다.

따라서 "國之語音 異乎中國"에 대한 해석은 "국어음(우리말)이 중국과 달라서 (중국) 문자로서는 서로 통하지 않는다."의 의미로 해석되어야 할 것인데 위에서 언급한 바와 같이 해석함으로써 마치 한글 창제가 한자음 교정 통일을 위해 만든 것이라는 의미로 해석될 가능성이 생겨난 것이다. 만일 한자음 표기를 위해 한글을 창제했다고 가정하더라도 언문 28자에 한자음 표기를 위해 만든 전탁자 6자를 제외한 이유가 설명되지 않는다면 그러한 가능성은 없어 보인다. 문제는 이러한 논의가 『훈민정음』 영역본이나 논문에 그대로 노출됨으로써 한글 창제의 기본 정신이 한자음 표기법인 것으로 오해를 불러일으킬 소지가 남게 된다.[28]

실록본과 『훈민정음』 해례본의 변개

세종 25(1443)년 계해 12월 30일 『세종실록』과 제기된 문제 가운데 먼저 이숭녕(1976:52) 교수의 "훈민정음의 자모 체계는 우리 현실 국어의 표기를 위한 것이 아니고 『동국정운』을 이해하기 위한 연습장 구실을 하게 한 것이라 볼 수 있다"와 같은 논의처럼 언문 28자가 한자음 표기를 위해 만들었다는 논의가 있다. 이러한 논거 위에서 이광호(2006:1397~1399) 교수는 심지어 해례본을 만든 이후에 예의를 만들었다는 추론[29]도 제기

28 방종현 저. 이상규 주해, 『훈민정음통사』, 올제, 2013, 423쪽.
29 이광호, 「훈민정음 해례본에서의 '본문(예의)'과 '해례'의 내용관계 검토」, 이병근선생퇴임기념논문집 『국어학논총』, 태학사, 2006.

하고 있으나 『세종실록』의 논거를 신뢰해야 할 것이다.

앞에서 살펴보았듯이 『훈민정음』 해례본이나 『용비어천가』 제작과 『동국정운』과 『홍무정운역훈』 등의 운서 사업에 관여했던 유신들이 대거로 세종실록 편수책임자로 참여하여 실록을 완성하였다. 특히 문종대에 주요한 훈신이었던 신숙주가 기주관으로써 훈민정음과 관련된 기사 작성에 실질적인 영향력을 끼쳤던 것으로 볼 수 있다. 문제는 회고적인 방식으로 작성된 실록 기록에서 세종 25년 한글이 창제된 시점의 기사와 세종 28년의 기사가 순차적으로 기록했는지 그렇지 않으면 동시에 정리되었는지는 확인할 사료가 없으나 세종 25년에서 세종 28년 사이에 실록의 기록과 『훈민정음』 해례본의 완성 과정에서 포착될 수 있는 변개 과정이 있었던 것은 분명하다. 세종 25년과 세종 28년의 실록 기록이 회고적 방식에서 동시에 기술되었다고 보더라도 그 틈 사이에 나타나는 순차적인 창제 경과 과정을 해독해낼 필요가 있다.

실록에 나타나는 『운서』 번역의 행방

세종이 한글을 창제한 불과 몇 달 뒤인 세종 26(1444)년 2월에 신숙주, 성삼문 등에게 『고금운회거요』의 번역을 명하였는데, 이 사업은 완성되지 못했다. 다만 이를 토대로 하여 세종 29(1447)년에 『동국정운』을 편찬하였다. 곧 『동국정운』의 운목 배열은 『고금운회거요』의 영향을 받은 것이지만 운도의 배열 방식은 차이를 보여주고 있다. 세종 26(1444)년 2월 병신 조 실록에 보면 세종이 새로 창제한 정음을 가지고 『운회』를 번역시키도록 하명한 사실이 보인다.

> "집현전 교리 최항, 부교리 박팽년, 부수찬 신숙주, 이선로, 이개, 돈녕부 주부 강희안 등에게 명하여 의사청에 나아가 언문으로 『운회』를 번역

하게 하고, 동궁과 진양 대군 이유, 안평 대군 이용으로 하여금 그 일을 관장하게 하였는데, 모두가 성품이 예단하므로 상을 거듭 내려 주고 공억하는 것을 넉넉하고 후하게 하였다."[30]

이와 같이 세종께서 『고금운회』를 번역하도록 하명한 것으로 보아서 언문 28자의 창제는 계해 겨울에 완료되었음은 의심 없는 사실이며, 이와 동시에 한자어 표기는 당시 핵심적인 당면 과제였을 것이다. 이 『운회』의 번역 과정은 최만리 등의 반대 상소문 중에도 들어 있다.

"이제 넓게 여러 사람의 의논을 채택하지도 않고 갑자기 이배(吏輩) 10여 인으로 하여금 가르쳐 익히게 하며, 또 가볍게 옛사람이 이미 이룩한 운서를 고치고 근거 없는 언문을 부회(附會)하여 공장(판각 장인) 수십 인을 모아 각본 하여서 급하게 널리 반포하려 하시니, 천하 후세의 공의에 어떠하겠습니까?"[31]

세종이 『운회』 번역을 명한 직후 최만리가 반대 상소를 올린 직접적인 계기는 이 운서 번역 사업이었다. 그런데 실록에 보이는 『운회』란 어떤 운서를 말하는 것인가? 박병채(1983:12) 교수는 세종이 번역하도록 명한 『운회』가 『고금운회거요』가 아닌 이유를 그 결과물이 나오지 않았다는 점을 들어서 『홍무정운』이라고 주장한다.[32] 그러나 훈민정음해례의 운도 7성과 악률 오성과의 대응(순음(脣音)－궁(宮), 후음(喉音)－우(羽))

30 "命集賢殿校理崔恒, 副校理朴彭年, 副修撰申叔舟, 李善老, 李塏, 敦寧府主簿姜希顔等, 詣議事廳, 以諺文譯韻會, 東宮與晋陽大君瑈, 安平大君瑢, 掌其事, 皆稟審斷。", 『세종실록』 세종 26(1444)년 2월 16일.

31 "今不傳採群議, 驟令吏輩十餘人, 講習, 又輕改古人已成之韻書, 附會無稽之産諺文, 聚工匠數, 十八刻之, 劇欲廣布其於天下, 後世公議如何。", 『세종실록』 세종 26(1444)년 2월 20일.

32 박병채, 『홍무정운역훈의 신연구』, 고려대학교민족문화연구소, 1983.

이 『고금운회거요』와 일치한다는 점에서 당시 세종이 번역하도록 명한 『운회』는 『고금운회거요』임이 분명하다. 그러면 왜 이 사업이 중단된 것일까?

『훈민정음』 해례본과 『홍무정운』의 오음계의 배치는 차이가 있다. 곧 『고금운회거요』 계열의 운도를 기준으로 만든 『훈민정음』 해례본에는 '입술소리(脣)－궁(宮)', '목구멍소리(喉)－우(羽)'의 오음계 배치로 되었지만 『홍무정운』 계열의 운서에는 '입술소리(脣)－우(羽)', '목구멍소리(喉)－궁(宮)'으로 되어 있다.[33] 이러한 사실은 이미 『훈민정음』 창제 당시에도 운도의 통일 문제가 쟁점이 되었다는 것을 암시해 준다. 따라서 정인지의 서문에서도 이러한 논란을 막기 위해 "그러나 풍토가 구별되고 성기 또한 따라서 다른즉"이라 하였으며, 『동국정운』 세문에서도 "대저 음에 같고 다름이 있는 것 아니요, 사람이 같고 다름이 있는 것이며, 사람에 따라 다름이 있는 것 아니요, 지방이 같고 다름이 있는 것이니, 대개 지세가 다르면 풍기가 틀리고 풍기가 다르면 호흡이 다르니"라고 대응했던 것이다. 물론 중국의 운서 간에도 오음계의 배치는 차이가 있다는 점을 내포하고 있다.

최근 잔엽 상주본 『훈민정음』 해례의 행간 필사 자료에서도 운도 배치 문제를 제기하였듯이 조선 후기에 들어서면서 반론이 나타나기 시작하였다. 박성원의 『화음정음통석고』의 서문에는

> "우리나라에 이르러서는 처음부터 아, 설, 순, 치, 후 등 성모의 음계와 합벽 등의 운모의 발음의 묘에 밝지 못해서 오음의 음계가 뒤섞였다. 그래서 궁음이 혹 우음이 되고 상음이 혹 치음이 되어 아직도 일정한 음운이 없으니 이것은 실로 우리나라에서 언문이 둘로 갈라지고(일치하지 않음)

33 이상규, 「잔엽 상주본 『훈민정음』」, 『한글』 제298집, 한글학회, 2012.

또 뜻에만 중점을 두고 음을 소홀히 한 결과이다.(至於我東, 則初不明其牙舌脣齒脣喉闔闢出聲之妙。故五音相混, 宮或爲羽, 商或爲齒, 尙無一定之音韻, 此實我東諺文爲二, 務於義而忽於音之致也。)

『화음정음통석고』 서문

라고 하여 『훈민정음』해례의 오음계 배치가 『훈민정음』 해례본은 『홍무정운역훈』, 『사성통해』와 차이가 난다는 점을 구체적으로 지적하게 되었다. 곧 음양오행의 동아시아 사상 체계로 만든 훈민정음의 제자의 원리를 밝힌 제자해에서 제시한 '순(脣)－궁(宮)'의 배합과 '후(喉)－우(羽)'의 배합이 문제가 있음을 유희도 『언문지』에서 이 문제를 지적한 바가 있다.[34] 잔엽 상주본 『훈민정음』 행간 필사 기록에도 『훈민정음』 해례의 오음계 배치의 문제를 지적하였다. 곧 "원화운보와 신공은 후음을 궁토에 맞추었다(元和韻譜及神珙, 喉音爲宮土)"라고 하여 '후(喉)－궁(宮)'의 배합이 옳으며, 이어서 "운보와 심약과 신공은 순음을 우음에 맞추었다(韻譜及沈約神珙, 皆以脣爲羽音)"라고 하여 '순(脣)－우(羽)'의 배합이 옳다고 규정한 내용이다.[35] 곧 오음, 오성, 오계, 오시뿐만 아니라 특히 율려와 성음의 이치를 성운학과 통합한, 곧 전체를 하나의 원리로 일관하는 통합적 구조주의의 원리에서 오성과 오음(또는 칠성과 칠음)의 배합 원리는 매우 중요한 문제이다.

『훈민정음』 창제 당시 세종께서는 원나라 북방음이 반영된 『고금운회거요』를 기준으로 오음과 오성을 결정했던 결과이다. 실록 기록에 따

34 유희의 『언문지』(1824)년에서도 "또한 후(喉)음을 우(羽)라하고, 순(脣)음을 궁(宮)이라 하였으니, 모두 이치에 맞지 않는다.(又以喉爲羽, 以脣爲宮, 皆不通於理)"라고 하여 『고금운회』의 오음계 배치를 비판하고 있다.

35 '순(脣)－궁(宮)', '후(喉)－우(羽)'로 배합한 저술로는 『절운지장도』의 「오음오성변자모차제예」, 『고금운회거요』, 『훈민정음』 제자해가 있으며, '후(喉)－궁(宮)', '순(脣)－우(羽)'로 배합한 저술로는 『절운지장도』의 「변오음예」, 『홍무정운』, 『사성통해』, 『훈민정음운해』 등이 있다.

르면 태종에서 세종에 이르기까지 궁중에서 『고금운회거요』를 많이 활용하였음을 알 수 있는바, 세종에게는 매우 친숙한 운서였음에 틀림이 없다. 그 이후 명나라에서는 심약의 『원화운보』를 기준으로 한 『홍무정운』의 운도에서 이들 배치가 달라졌기 때문에 집현전 학사들 사이에 이 운도의 차이에 대한 문제 제기가 있었을 것으로 보인다.[36] 따라서 이러한 문제 때문에 『운회』 번역 사업이 중단되고 이를 토대로 하여 『동국정운』 사업과 함께 명나라 흠정 운서인 『홍무정운』 번역 사업으로 한자음 표준화 방향이 전환된 것으로 이해할 수 있다.

실록의 예의 이후의 변개

훈민정음의 창제 이후 중국 성운학을 토대로 하여 운도를 중심으로 하여 횡으로 오음(오성)을 종으로 청탁을 근거로 하여 언문 28자를 제정하였다. 우리말 표기뿐만 아니라 조선 한자음과 중국 한자음의 표기를 위해 제자해에서 초성 제자와 소리체계와 전탁과 병서 규정과 합자해를 설치함으로써 우리말 표기에서 우리말 한자음 및 한어음 표기로 확장되었음을 알 수 있다.

예의에서 『훈민정음』 해례본으로 확장되는 과정에서 다음과 같은 분명한 변개가 있었다.

첫째, 운도의 종도에서 청탁의 배열이 예의에서와 해례본에서 다음과 같은 배열상의 차이를 보여주고 있다.[37] 예의에 청탁(清濁) 구분에 따른 글자의 배열이 '전청(ㄱ)－전탁(ㄲ)－차청(ㅋ)－불청불탁(ㆁ)'의 순서인데

36 심약의 『원화운보』 「오음지도(五音之圖)」의 "宮 舌居中(喉音), 角 舌縮却(牙音), 徵 舌拄齒(舌頭, 舌上), 商 口開張(齒頭, 正齒), 羽 口撮聚(脣重, 脣輕)"로 기술한 내용과 다른 점을 집현전의 신진학자들도 알고 있었을 것이다.

37 "又以聲音淸濁而言之。ㄱㄷㅂㅈㅅㆆ◦爲全淸。ㅋㅌㅍㅊㅎ◦ 爲次淸。ㄲㄸㅃㅉㅆㆅ◦爲全濁。ㆁㄴㅁㅇㄹㅿ◦爲不淸不濁。ㄴㅁㅇ◦其聲最不厲◦", 『훈민정음』 해례본 제자해.

해례본 제자해에서는 '전청(ㄱ)－차청(ㅋ)－전탁(ㄲ)－불청불탁(ㆁ)'의 순서로 바뀌게 된다.[38] 변개된 부분의 일부인데 이 문제는 단순한 변개가 아니라 예의에서 한자음 표기 부분을 보완하는 과정을 반영한 것이라고 할 수 있다.[39]

둘째, 초성 제자 원리를 요약하여 표로 나타내면 다음과 같다. 초성의 배열순서가 예의와 달라졌다. 예의에서는 '아→설→순→치→후'의 순서였는데 해례본 제자해에서는 '후→아→설→치→순'의 순서로 배열한 것은 성문(出聲之門)인 목구멍에서 입(聲之出口)까지 조음위치(point of articulation)에 따라 순차적으로 배열하였다. 이 점은 당시 집현전 학사들이 현대 음성학적 조음의 원리를 충분하게 인식하고 있었음을 말한다. 또한 세종이 창제한 초성 17자의 배열 구도가 해례에 와서 약간의 변개가 이루어졌음을 알 수 있다.

셋째, 예의에서 해례본으로 발전되는 과정에서 여러 가지 변개와 첨삭이 이루어진다. 우리말 표기와 한자음 표기를 엄격하게 구분하여 예의에서 미진했던 부분을 보완해 나간 것이라고 평가할 수 있다. '君, 虯, 快, 業'에 해당하는 음가 표기는 언해본에서는 '군, 끃, ·쾡, ·업'이지만 『동국정운』 한자음 표기가 확정되기 이전의 해례본에서는 '군, 뀨, ·쾌, ·업'이었을 가능성이 크다. 해례본보다 3년 앞에 나온 예의의 한자음 표기는 언해본과는 분명하게 달랐다는 증거이다. 그럼에도 불구하고 예의를 현대어로 해석할 때 아무런 의심도 갖지 않고 언해본의 음가 표기인 '군, 끃, ·쾡, ·업'으로 한 것은 분명한 잘못이다.

넷째, 예의에서 밝힌 언문 28자를 기본으로 하여 합자 방식에 따라서

38 임홍빈, 「한글은 누가 만들었나」, 이병근선생퇴임기념논문집 『국어학논총』, 태학사, 2006, 1378쪽.

39 '전청-차청-전탁-불청불탁'으로 배열하던 순서를 버리고, 소강절의 「초성경세수도」에서 배열한 순서인 '전청(ㄱ)-차청(ㅋ)-전탁(ㄲ)-불청불탁(ㆁ)'의 순서로 바뀌었다.

해례본에 이르면 초성 기본자 17자를 포함하여 39자, 중성은 11자를 포함하여 25자가 보인다. 그러나 해례본에서 초성글자와 중성글자는 아래와 같이 64자의 글자가 보이는데 이것은 한자음 표기를 위한 문자 운용의 방식의 방편이었다.

① 초성 글자

단일 초성 글자		ㄱ, ㅋ, ㆁ/ㄷ, ㅌ, ㄴ/ㅂ, ㅍ, ㅁ/ㅅ, ㅈ, ㅊ,/ㆆ, ㅎ, ㅇ/ㄹ, ㅿ
복합 초성 글자	각자병서	ㄲ, ㄸ, ㅃ, ㅉ, ㅆ, ㆅ, (ㆀ, ㅥ)
	합용병서	ㅲ, ㅄ, ㅶ, ㅷ/ㅺ, ㅼ, ㅽ/ㅳ, ㅴ
	연서	ㅸ, (ㆄ, ㅹ, ㅱ)

② 중성 글자

소리체계			글자체계
단모음	ㆍ, ㅡ, ㅣ, ㅗ, ㅏ, ㅜ, ㅓ		단일 중성 글자
이중모음	ㅛ, ㅑ, ㅠ, ㅕ	ㅣ계 상향모음	2자 중성
	ㅘ, ㅝ	ㅜ계 상향모음	
	ㆎ, ㅢ, ㅚ, ㅐ, ㅟ, ㅔ	ㅣ계 하향모음	
삼중모음	ㆉ, ㅒ, ㆌ, ㅖ	ㅣ계 상향→ㅣ계 하향	3자 중성
	ㅙ, ㅞ	ㅜ계 상향→ㅣ계 하향	

『용비어천가』에서 여진어 표기를 위해 '쳐'와 같은 문자도 보인다. 해례본의 용자해에서도 고유어의 용례 94개를 들고 있다.[40] 그러므로 예

40 용자례에서는 단음절 54개와 이음절어 40개 총 94개의 고유 어휘를 표기하는 실재적 용례를 들어 보이고 있다. 초성 용례는 34개, 중성 용례 44개, 종성 용례 16개로 당시 표기법의 시행안이라고 할 수 있다. 먼저 초성 용례는 예의의 자모 순서에 따라 '아－설－순－치－후'의 방식으로 배열하였고 우리말 표기에서 제외될 전탁자 6자와 후음 'ㆆ'가 제외되고 'ㅸ'이 순음 위치에 추가되었다. 중성 용자의 예는 상형자(ㆍ ㅡ ㅣ)와 초출자(ㅗ ㅏ ㅜ ㅓ), 재출자(ㅛ ㅑ ㅠ ㅕ) 순으로 고유어 각 4개씩 중성 11자에 각각 4개의 어휘를 중성 제자 순서에 따라 제시하였다. 다만 중모음이었던 이자합용 14자 가운데 동출합용(ㅘ, ㆇ, ㅝ, ㆊ) 4자와 이자상합합용자 10자(ㆎ, ㅢ, ㅚ, ㅐ, ㅟ, ㅔ, ㆉ, ㅒ, ㆌ, ㅖ)와 삼자 상합합용 4자(ㅙ, ㅞ, ㆈ, ㆋ)의 용례는 제시하지 않았다. 종성 용례는 16개 어휘의 예를 밝혔는데 예의의 '終聲復用初聲' 규정과 달리 해례의 '八終聲可足用也' 규정에 따른 'ㄱ, ㆁ, ㄷ, ㄴ, ㅂ, ㅁ, ㅅ, ㄹ' 순으로 각 2개의 용례를 밝혔다. 결국 고유어의 사용 예만 94개를 들고 있다. 이 용자의 예를 보면 한글의 창제 목적이 단순히 한자음의 표기나 외래어 표기보다

의에서 밝힌 언문 28자는 우리말을 표기하기 위한 최소한의 제한적 음소였음이 분명하다. 이것은 한글 창제의 목적이 창제 당시에는 우리말 표기를 위한 것임을 말해주고 있다. 그러다가 한글은 표음문자로서 외국어를 표기하기 위한 방식으로 발전되었음을 말해주고 있다.

다섯째, 훈민정음 창제 이후 한자음의 표기는 『동국정운』이 제정되기 이전과 그 이후 기간 동안 차이를 보인다. 특히 -p, -t, -k 입성운미의 표기가 『훈민정음』 해례본에서는 '-t'운미인 '彆'을 '볃'으로 표기하였고 '-w' 운미 글자인 '虯'도 '뀨'로 '-j' 운미인 '快'도 '쾌'로 표기하여 'ㅇ'을 표기하지 않았다. 그러나 『훈민정음』 언해본에서는 해례본과 달리 지섭(止攝), 우섭(遇攝), 과섭(果攝), 가섭(假攝)과 해섭(蟹攝)의 '-j' 운미에 'ㅇ'을 표기하고 진섭(臻攝)과 산섭(山攝)의 '-t'운미인 경우 '-ㄹㆆ'을 표기하여 입성운미를 3성 체계에 따라 표기하였다. 바로 『동국정운』식 표기라고 할 수 있는 이러한 표기 방식은 예의에서 확장된 연구 결과였음이 분명하다.

결국 언문 28자 창제 이후 한 음절글자는 초성, 중성, 종성을 갖추어야 한다는 음절 표기 의식에 대한 상당한 변개가 있었음을 확인할 수 있으며, 정성과 정음의 의식으로 우리말을 포함한 한자음 표기 방식으로 정착되면서 훈민정음(정음)이라는 의식으로 굳어진 것이다.

한글 창제와 관련된 일차 사료는 세종 25(1443)년 계해 기사와 세종 28(1446)년 병인 실록 기사 이외에는 거의 남아 있지 않다. 지금까지 학계에서는 세종실록에 대한 분석은 더 이상의 유의미한 논거를 찾아낼 가능성이 없을 정도로 다양한 각도에서 검토된 바가 있다. 그러나 신뢰할 수 있는 유일한 사료가 실록 기록이기 때문에 이 실록 기록의 문면에

는 고유어의 표기에 중점을 둔 것으로 볼 수 있다. 체언류에서 고유어의 어휘만 제시한 것은 한글의 창제 목적이 단순히 한자음 통일을 위한 표기를 목표로 하지 않았다는 명백한 증거가 된다.

대한 정밀한 재검토가 필요하다.

먼저 실로 기록이 과연 신뢰성이 있는지를 검토하기 위해 세종실록 찬수 과정을 살펴본 결과 이를 총괄한 이는 정인지이며, 동지관사 최항과 편수관으로 성삼문, 『동국정운』과 『홍무정운역훈』 편찬을 주관하였던 신숙주가 기주관으로 역할했음을 알 수 있다. 『훈민정음』 해례본 제작을 비롯하여 후속적인 운서 사업에 직접 참여한 상당수의 인사들이 포진되어 있는 것으로 미루어 보아 세종실록에 실린 관련 기사는 신뢰도가 매우 높을 것으로 판단된다.

실록 소재 예의의 이본간의 변개는 글자가 누락된 것, 글자가 바뀐 것, 글자의 순서가 바뀐 것, 이체자로 쓴 것, 대용자로 쓴 것 등으로 구분할 수 있는데 훈민정음 해례본은 상주문인 관계로 매우 정교하지만 실록의 기록은 제안자인 세종의 초고를 바탕으로 했기 때문에 거리 엄격한 격식을 갖추지 않은 것은 너무나 당연한 결과다.

따라서 예의에 나타나는 글자의 이동의 문제는 단순한 오류가 아니라 편방점획 등의 제약이 덜 가해진 기록 문서로 접근할 필요가 있다. 그러한 관점에서 본다면 오히려 세종이 제시한 예의의 원본에 더 접근한 사료라고 할 수 있다. 따라서 실록본은 1차 사료로서 신뢰할 수 있는 자료인 동시에 실록본 예의가 해례본으로 발전하면서 일부의 변개가 있었다는 점을 추론할 수 있는데 그 근거로는 실록본 예의가 조선 후기에 성운학자들에게 훨씬 더 큰 영향력을 미쳤던 것을 확인할 수 있음에 있다.

사료 검토의 방식으로 순차적인 접근을 할 때 세종 28(1446)년 병인 9월 상한(上澣)의 기록인 "예의를 간략하게 드러내어 보이시며(略揭例義以示之)"를 근거로 하면 세종 25(1443)년 계해 12월에 아무런 근거도 없이 언문 28자를 '훈민정음'이라는 명칭까지 규정하고 언문 28자의 글꼴과 음가 및 그 운용법을 제시할 수는 없었을 것이다. 그뿐만 아니라 이달에 언문 28자를 창제하였다는 실록의 기록을 남길 수 없었을 것이다.

따라서 훈민정음이 창제된 세종 25(1443)년 이후 세종이 집현전 학사들에게 예시한 문서가 바로 예의 수고(手稿)라고 추정할 수 있다. 그 수고는 집현전 학사들이 해례본을 만드는 지남이 되었을 것이지만 후에 일부 내용을 다소 변개된 후에 실록과 해례본의 본문으로 실게 된 것이다. 그러나 현재로서는 해례본의 본문으로 전제가 된 실록본 예의를 원본으로 판단할 수밖에 없다.

『세종실록』의 실증적 근거를 존중하여 그동안 제기되어 온 문제 가운데 1) 훈민정음 창제 일자와 창제자 문제, 2) '언문'과 '훈민정음' 그 명칭, 3) 『훈민정음』 해례본의 반포설, 4) 상형이자방고전(象形而字倣古篆)과 한글 창제 기원설, 5) "國之語音, 異乎中國, 與文字不相流通"의 해독 문제를 중심으로 살펴보았다.

첫째, 세종 25년 겨울에 세종이 언문 28자를 창제하였으며, 이를 해설한 『훈민정음』 해례본은 집현전 학사들과 함께 완성하였다.

둘째, '언문'은 '언서'와 함께 우리말 표기를 위한 제한적 음소문자 언문 28자와 이를 이용하여 쓴 서책이나 글을, 한자음 표기를 위한 정음문자로서의 기능적인 명칭으로 '정음'이 사용되었다.

셋째, 조선조 문헌 기록상 『훈민정음』과 관련한 '반포(頒布)'라는 용어는 단 한 군데도 사용된 적이 없다. 이는 조선어학회에서 한글 반포 기념식을 공식화하였기 때문에 어쩔 수 없이 '반포'라는 용어로 정착시킨 것으로 보인다.

넷째, 세종 25(1443)년 계해 12월 조의 실록의 기록을 검토해 본 결과 '기자방고전(其字倣古篆)'의 '其字'는 초, 종, 종성으로 합친 곧 C+V+C로 구성된 음절글자를 말한다. 따라서 초, 중, 종성을 합한 한 음절의 글자 모양은 방괘형으로 옛 전자(古篆)의 꼴임을 의미하는 것이다. 따라서 한글의 그동안 난립된 어문 28자 기원설은 전면 재고되어야 할 것이다.

다섯째, "國之語音, 異乎中國, 與文字不相流通"의 해독 문제는 한글 창제 정신과 관련되는 문제이며, 한글 창제 정신을 훼손시킬 정도의 시각 차이가 있다는 것은 문제가 되지 않을 수 없다. 특히 훈민정음 연구 결과는 많은 학습자들에게 미치는 영향이 워낙 크기 때문에 한자 음표기 방식으로 한글이 창제되었다는 근거 없는 자기 비하적인 견해는 하루빨리 불식되어야 할 것이다.

본고에서는 순차적 방식으로 사료를 검토하여 한글 창제 과정을 둘러싼 여러 가지 문제를 검토한 결과 예의에서 해례본과 언해본으로의 이행과정에서 청탁의 배열이나 오음의 음계 배열 차이와 종성 표기나 한자음 표기를 위한 상당한 변개 과정을 거친 계기적인 과정으로 이해할 수 있음을 확인하였다.

4. 한글, 과연 과학적인 문자인가?

한글의 자모 조직의 과학성

한글을 세계 최고의 문자라고 자랑하고 있지만 구체적으로 한글의 어떤 점이 우수한가를 물으면 제대로 답을 하는 사람이 그렇게 많지 않다. 인류의 문자 발달사적인 측면에서 한글이 얼마나 과학적이고 창의적인 문자인지를 살펴보자.

먼저 발생적 측면에서 한글은 창제자와 창제한 시기가 분명한 세계 유일의 문자이다. 대체적으로 문자 발전은 오랜 시간을 경유하여 사용자들의 언어적 특정에 맞추어 변형되는 데 비해 한글은 마치 혜성이 나타나듯 세종 25(1443)년 12월에 세종이 직접 창제한 언문 28자의 글꼴과 그 음가와 간략한 문자(글꼴, 자모)의 운용법을 밝힘으로써 탄생한 것이다. 이것을 토대로 하여 한자음을 비롯한 외래어를 표기하기 위해(세종 26(1444)년 언문청을 신설하여 「용비시」 언해 작업이 시작된 것으로 보아 우리말 표기는 이미 예의 발표 당시 완성되었음) 집현전 학사들과 3년이라는 연구를 거쳐 한글의 해설서인 『훈민정음』 해례본을 완성함으로써 탄생한 것이다. 다시 말하자면 한글은 다른 문자를 변형하거나 개조하여 만든 문자가 아니라 '상형(象形)' 원리에 근거하여 완전 독창적으로 창작한 발명문자이다.

세종은 초성 17자와 중성 11자를 포함한 총 28자의 글꼴과 그 음가를 밝히는 동시에 자모의 결합 방식을 연서, 병서, 부서의 방법과 음절결합과 성음 방식을 비롯한 종성 규정과 초분절음소인 사성 규정을 예의로 제시하면서 완벽한 새로운 문자를 발표하였다.

예의에서 밝힌 초성 곧 자음은 조음위치에 따른 아, 설, 순, 치, 후, 반치, 반설과 조음방식인 '전청－전탁－차청－불청불탁'을 기준으로 발음기관과 발음하는 모양을 형상한 기본자와 이를 가획한 글자와 이체자의 원리로 만들다. 중성 곧 모음은 하늘(天 , ·), 땅(地, ㅡ), 사람(人 , ㅣ) 삼재를 형상한 기본자 3자에서 부서의 조합 방식으로 11자를 만들었다. 자음과 모음 모두 다른 글자를 모방한 것이 아니라 상형의 방식을 기본으로 하여 만들었기 때문에 세계 문자사에서 유일의 독창적인 문자라고 할 수 있다.

문자 분류적인 측면에서 한글 28자는 제한적 음소문자인 동시에 다양한 외국어를 표기할 수 있는 음성문자(phonetic writing)적 성격을 동시에 지닌 자모문자(alphabetic writing)이다. 예의에서 밝힌 28자 가운데 전탁글자(ㄲ, ㄸ, ㅃ, ㅆ, ㅉ, ㆅ) 6자는 그 당시 우리말의 음소를 표기하기 위한 것이 아니었으며, 연서 규정에 의해 만들 수 있는 ㅸ, ㅱ, ㆄ, ㅹ와 같은 글자 역시 당시 외국어인 한어를 표기하기 위한 음성 부호인 잉여적인 문자였다. 한편, 우리말의 이음표기를 위해 'ㅸ, ㅿ, ㆁ, ㆅ, ㅭ'과 같은 표음문자와 당시 중국어나 몽고, 여진어를 기록할 수 있도록 합자 방식을 마련하고 있었기 때문에 표음문자로서의 성격도 함께 가지고 있었다. 『훈민정음』 해례본의 정인지 서문에서도 "비록 바람 소리, 학 울음, 개의 짖음과 같은 것일지라도 다 가히 쓸 수가 있는지라(雖風聲鶴唳。鷄鳴狗吠。皆可得而書矣。)" 또 "무릇 한자와 본국의 방언을 포함한 모든 것을 쓸 수 있다(凡干文字及本國俚語, 皆可得而書)"라고 하여 보편적 음성문자(universal phonetic letters)로서의 우수성을 창제 당시의 사람들도 다 알고 있었던 것이다. 또한 한글 28자의 자모의 결합은 반드시 'C(초성)+V(중성)+C(종성)'의 음절 구성을 전제로 성음이 이루어질 수 있다는 모음 중심의 음절문자(syllabic writing)의 성격을 지니고 있었다.

마지막으로 문자 구성상의 특징을 들 수 있다. 영어 알파벳에서 'A－B－C'의 글꼴은 형태상 아무런 관련성을 찾아볼 수 없다. 다만 'B－D－R', 'E－F' 정도 형태적 유사성이 있으나 한글이 가지고 있는 자형 간의 계열적 통합적 체계적인 관련성과는 거리가 멀다. 한글은 앞에서도 언급했듯이 CVC 단위로 구성되는 음절문자로서 V(모음)을 중심으로 좌－우, 상－하의 자모 조합에 의해 한 음절의 글자가 만들어지는 방괘형(네모형) 문자이다. 이 점은 한자나 거란문자, 여진문자의 모아쓰기 방식과 매우 유사한 동아시아 문자사적 특징 가운데 하나이다.[1]

한글의 자모인 자음과 모음은 글꼴 그 자체가 음소적 시차성을 함축시켜 놓은 놀라운 조직 체계를 갖추고 있다. 'ㄴ－ㄷ－ㅌ', 'ㅁ－ㅂ－ㅍ', 'ㅅ－ㅈ－ㅊ'의 관계가 횡적으로 자모의 통합 관계(syntagmatic relation)의 가획이라는 방식에 따라 조음 위치를 변별해 주고, 'ㄴ－ㅁ－ㅅ', 'ㄷ－ㅂ－ㅈ', 'ㅌ－ㅍ－ㅊ'의 관계가 종적으로 조음 방법에 따른 계열 관계(paradigmatic relation)가 고려된 2원적이라는 면에서 매우 뛰어난 과학적 조직체계를 갖춘 문자이다. 모음 역시 원형인 하늘(·)을 땅(ㅡ)과 결합하여 누운 글자 'ㅗ－ㅜ－ㅛ－ㅠ'를 만들고 하늘(·)을 사람(ㅣ)과 결합하여 세운 글자 'ㅏ－ㅓ－ㅑ－ㅕ'를 만드는 이 역시 통합적 관계와 계열적 관계가 2원적으로 조직된 세계 유일의 과학적 문자이다. 이러한 조직 원리를 갖춘 한글의 우수성에 대해 샘슨(Sampson, 2000) 교수는 한글을 자질문

1 이상규, 「'명왕신덕 사이함빈'의 대역 여진어 분석」, 『언어과학』 63집, 언어과학회, 2012.

자(Feature writing)라고 규정하며 한글의 과학성을 예찬하고 있다.[2]

한글은 이렇게 문자 구성 자체가 과학적이기 때문에 누구나 손쉽게 배워서 익힐 수 있다. 『훈민정음』 해례본의 정인지 서문에서도 "이 28자는 전환 무궁하여 매우 간략하되 지극히 요긴하고 또 정하고도 통하도다. 고로 지자(智者, 슬기로운 사람)이면 하루아침이 다 못하여 이것을 깨달을 수 있고 우자(愚者, 어리석은 사람)라 해도 열흘이 다 못되어 능히 다 배울 수 있는 것이니(以二十八字而轉換無窮。簡而要。精而通。故智者。不終朝而會。愚者可浹旬而學。)"라고 하였다.

∷ 동아시아의 융합적 자연철학을 바탕으로

세종은 조선을 개국한 태조로부터 태종에 이어 조선의 왕도 기반을 닦은 뛰어난 왕이었다. 일찍 동아시아의 자연철학인 성리학을 기반으로 음양오행 사상의 구조적인 학문 체계를 견실하게 익힌 성군이었다. 우주의 삼라만상의 생성 원리를 융합된 사상으로 해석하는 자연철학과 성운학을 기조로 하여 훈민정음을 창제하였다. 중국 고대 복희와 문왕의 팔괘와 하도와 낙서에 연원을 둔 송나라의 성리학은 물론 역학과 성수학, 율려, 천문학, 성운학 등 전체를 하나로 꿰뚫어 기술하는 동아시아의 성리학 이론의 기반을 경연과 토론을 통해 견실하게 닦은 세종은 집현전의 탁월한 학자들의 지원으로 충분히 익히고 있었다고 할 수 있으며, 그러한 근거를 사료에서 충분히 확인할 수 있다.[3] 그러나 이숭녕(1957:50~51) 교수는 한글 창제의 이론적 바탕을 이루고 있는 성리학이나

2 제프리 샘슨 저, 신상순 역, 『세계의 문자 체계』, 한국문화사, 2000, 195쪽.
3 이정호, 『훈민정음의 구조 원리』, 아세아문화사, 1975.

중국 운학의 영향에 대해 "세종 때에 명나라의 대표적인 사상전집이라 할 『성리대전』, 또는 그 속에 있는 『황극경세서』란 책의 사상이 그대로 옮겨졌기 때문이다. (중략) 이것은 중국의 언어철학적인 설명으로 권위를 장식한 셈이다."라고 하여 세종이 이러한 중국 철학을 기조로 하여 운영한 독창성에 대해서도 전면 부정하는 비판적 견해를 보이고 있다.

그 결과 조선의 왕도 정치 기반은 천도사상과 예악과 음악을 존중하는 법치적 국가의 기반을 마련함으로써 안정된 모습을 보여 주었다. 성운학의 정비와 훈민정음 창제, 고제의 연구, 법령정비, 지지 작성, 율려 정비, 전제(田制) 정비, 측우기를 비롯한 정전 관리를 위한 천체 천문학 연구 등 실로 자주적 조선의 학문적 기반을 견실하게 닦으면서 실천했던 것이다.

특히 세종의 외교적 전략은 매우 뛰어났다. 조선의 북관을 침탈했던 여진 세력을 물리친 것은 당시 명나라가 요동도사를 세우고 만주 지역의 경략을 시도한 것과 맞물려 있다. 육진 종성 지역에 산거하던 여진 세력을 명나라 요동 도사로 송출함으로써 명나라 황제는 조선의 세종을 천자의 지위로 인정하게 된다. 세종 26(1444)년 3월 명나라로부터 천자를 상징하는 오조용복 3습을 특별히 하사받은 후에 오종용복의 왕실 제도를 도입하게 되었다. 그 내용은 『세종실록』 125권, 세종 31(1449)년의 기록이 남아 있다.

> "예전에 사조용의(四爪龍衣)를 입었었는데, 뒤에 듣자니 중국에서는 친왕이 오조용(五爪龍)을 입는다기에 나도 또한 입고 천사(天使)를 대접했는데, 그 뒤에 황제가 오조용복(五爪龍服)을 하사하셨다. 지금 세자로 하여금 사조용(四爪龍)을 입게 하면 내게도 혐의로울 것이 없고 중국의 법제에도 잘못됨이 없겠다." 하매, 모두 말하기를, "진실로 마땅하나이다." 하니, 그

대로 따랐다.("又曰 昔予服四爪龍衣, 後聞中朝親王服五爪龍, 予亦服之, 以待天使, 其後, 帝賜五爪龍服。今令世子服四爪龍, 則於我無嫌, 於朝廷法制, 亦無妨焉。僉曰 允當。從之。")

『세종실록』 125권, 세종 31(1449)년

세조 2(1456)년의 『세종실록』의 기록에서도 세종 26(1443)년까지는 사조용의(四爪龍衣)를 입다가 세종 26(1443)년 3월 26일 명나라로부터 오조용복(五爪龍服)을 하사받아 오조용의(五爪龍衣)로 바뀌었다는 기록이 있다. 세종의 뛰어난 국제 경략의 한 단면을 보여주고 있다.

이러한 시대적 배경 속에서 세종 25(1443)년 동아시아 자연철학인 성리학과 성운학, 역학, 악학, 성수론 등의 이론적 토대 위에서 주체적 자국의 문자를 만드는 여건은 충분하게 조성되어 있었던 것이다. 특히 원나라의 지배에서 벗어나 신흥국인 명나라의 국가 어문 정책의 변화에 발맞추어 주변 국가들의 자국 문자 제정의 전통을 지향하면서 새로운 조선의 글자를 만들어 계층을 뛰어넘어 모든 백성들의 소통의 어려움을 해소하려는 세종의 숙성된 국가 경략을 구현한 결과였다.

세종이 한글을 창제한 배경을 살펴보자.

첫째, 조선은 입말은 있지만 글말이 없어 오랫동안 한자를 이용한 불완전한 글말 소통의 부자연스러움을 극복하려는 뚜렷한 의지가 훈민정음 세종의 서문에 분명히 드러나 있다. 고유문자인 훈민정음 제정은 조선의 입말을 표기할 수 있는 수단일 뿐만 아니라 당시 동아시아의 주요 학문적 언어인 한문을 언해를 통하여 습득할 수 있게 함으로써 그 지식 기반을 확대하고 굳건하게 하는 요체임을 깨닫고 있었다고 할 수 있다. 특히 이두나 구결을 통한 차자 표기의 불완전함을 분명하게 인식하고 있었다.

둘째, 국내 한자음의 혼란을 정리하고 표준화하는 일은 무엇보다 더 현실적인 당면 과제였다고 보인다. 훈민정음 창제 그 이듬해인 세종 26(1443)년에 이미 『운서』의 번역에 착수한 것이 이를 말해주고 있다. 곧 정음(正音), 정성(正聲)을 세우는 일이 치국의 요결임을 깨닫고 있었다. 이숭녕(1976:52) 교수는 "훈민정음의 자모체계는 우리 현실 국어의 표기를 위한 것이 아니고 『동국정운』을 이해하기 위한 연습장적 구실을 하게 한 것이라고 볼 수 있다."라고 하여 한글 창제는 전적으로 중국 한자음을 표기하기 위한 일개 수단에 지나지 않았다는 판단을 하고 있는데, 당시 한문 글쓰기가 가능했던 사대부층 0.5%(추산)을 위해 한자음을 표준화하기 위해 한글을 창제해놓고 예의 서문에 세종 스스로가 어리석은 백성을 위해 만들었다는 과대광고를 한 것처럼 이해하려는 것은 너무 심한 자조적인 결론이 아니었을까?

셋째, 국제 교린을 위한 중국어에 대한 이해와 학습을 위해 중국의 표준음을 정음으로 활용하여 표기하려는 노력의 결과로 『홍무정운역훈』을 간행하게 된다. 원래 세종은 당시 원나라 북방음 계열인 『고금운회거요』에 기반을 두고 훈민정음을 창제하였다. 집현전 신진 학자들은 명나라 관찬 운서인 『홍무정운』을 역해하였다. 한자음 정비 사업은 비록 짧은 기간이었지만 한자음의 근거가 되는 운서 번역 사업의 향방이 실록의 기록과 예의와 해례의 비교를 통해 『고금운회거요』에서 시류에 맞는 『홍무정훈』으로 바뀌었음을 추정할 수 있다.

넷째, 당시 중국뿐만 아니라 조선과 가장 인접해 있었던 여진 세력의 경략과 교류를 위해 다양한 외국어의 음차 표기의 필요성에 따라 "비록 바람 소리, 학의 울음, 개의 짖음과 같은 것일지라도 다 가히 쓸 수가 있는지라(雖風聲鶴唳。鷄鳴狗吠。皆可得而書矣。)" 또 "무릇 한자와 본국의 방언을 포함한 모든 것을 쓸 수 있다(凡干文字及本國俚語, 皆可得而書)"라고 한 것처럼 보편적 음성문자인 훈민정음을 창제한 것이다. 그 결과 구체적으로 『용비어천가』에서 '紉出闊失[닌쉮·시]'처럼 우리말 음소에 없는 'ㅭ'까지 표기할 수 있도록 만들었다. 한자로는 도저히 원음에 가까운 표기가 불가능했으며 또한 읽어낼 수 없었음을 세종을 비롯한 집현전 한사들은 충분히 깨닫고 있었던 것이다.

다섯째, 새로 창제한 훈민정음을 국내로는 백성들이 익혀서 두루 활용할 수 있도록 『용비어천가』, 『석보상절』, 『월인청강지곡』, 『월인석보』 등의 문헌을 보급하는 동시에 국제 교린을 위한 사학(한어, 몽어, 여진, 왜학)의 교재 개발과 학습을 장려하고 정비하였던 것이다.

그러면 과연 훈민정음 창제는 어떤 결과를 낳았을까?

첫째, 훈민정음은 국한 혼용표기를 위해 제정한 것이니 오늘날과 같이 한글 전용을 위한 것은 아니었다. 곧 『훈민정음』 해례본 합자해에서도 "한자와 언어(諺語)를 잡용하게 되면 한자음에 따라서 중, 종성으로써 보족(補足, 補以中終法)하는 것이 있으니 공자ㅣ魯ㅅ:싸·름의 류와 같으니라.(文與諺雜用則有因字音而補以中終聲者。如孔子ㅣ魯ㅅ:사름之類。)"라고 하여 국한 혼용표기를 전제로 하여 훈민정음을 창제한 것이었음을 알 수 있다.

둘째, 조선의 한자음의 표준화를 위해 한글을 활용하였다. 반절식으로 나타내던 한자음을 등운도를 활용하고 한글을 활용하여 중국의 『고금운회거요』와 『홍무정운』의 한자음 개신음을 적절히 수용하여 조선 한자음을 표준화한 『동국정운』을 만들었으며 이어 『홍무정운역훈』을 통해 중국 내부의 정음과 속음을 모두 이해할 수 있도록 한글을 활용한 것이다.

셋째, 외국어음의 표기를 위해 한글을 유효 적절히 활용하였다. 뜻글자인 한자의 표음적 취약성을 뛰어넘을 수 있는 한글로 『용비어천가』에 조선의 북관 지역의 여진 지명, 여진 인명과 몽고 인명을 자유롭게 표기할 수 있었다. '托溫[타·온], 泰紳[탸·신], 禿魯[·투루], 豆漫[투·먼], 禿魯

兀[툴·우], 童巾[퉁·킨], 婆猪江[포쥬], 哈蘭[하·란], 哈蘭北[하·란·뒤]'와 같이 여진 지명과 인명을 정음으로 표기함으로써 한자로 쓰던 표음의 불완전성을 극복하려고 한 것이다.

넷째, 한자 차용으로 불완전한 조선의 고유어에 대한 표기도 한글을 활용함으로써 조선의 고유어를 정확하게 표음할 수 있었기 때문에 세종의 한글 창제는 중세 시대의 우리 고유어를 유지하는 데 크게 기여하였다. 한문 원전의 해독에서 한자어 대신 우리 고유어로 언해하려는 의지를 곳곳에서 볼 수 있었지만 조선 후기로 내려오면서 차츰 한자 낱말로 대량으로 대치되는 변화가 생겨났다.

동아시아의 음양오행을 기반으로 하는 순환적 융합적 사유 방식을 조선식으로 재해석하고 응용한 정수가 바로 세종의 훈민정음 창제이다. 역학과 성음의 관계, 예악 사상을 기반으로 한 정음, 정성의 체계화를 꾀한 역작이 훈민정음이다. 『성리대전』을 통해 성인지학을 세우고 백성을 교화하고 한자 차자에서 오는 소통의 불편함을 줄이는 동시에 주변 국가와 교린을 강화하려는 의도에서 전 세계적으로 가장 뛰어난 표음문자인 한글을 창제한 것이다. 이 훈민정음 창제의 원리를 해설서로 담아낸 『훈민정음』 해례본에는 현대 언어학적인 원리를 능가하는 변별적 대립과 계열적·통합적 언어학 원리가 고스란히 담겨 있다.[4]

4 한글 창제 원리에 대한 다학제적인 연구 성과로 평가할 수 있는 논문이 최근 발표되었다. 반재원, 「훈민정음 창제 원리와 천문도와의 상관성」, 국제뇌교육종합대학원대학교, 박사학위논문, 2013.

한글, 바람 소리 학의 울음소리까지

한글은 우수한 음성 문자로서 세계 모든 언어를 표기할 수 있다. 전 세계 6천여 종의 언어 가운데 문자를 가진 언어는 불과 350여 종 정도밖에 안 된다. 나머지 언어는 표기 수단이 없든지 다른 문자를 빌려서 쓸 수밖에 없다. 필자는 한글을 활용하여 문자가 없는 인류의 구어 자료를 기록하는 일을 해야 한다는 주장을 일찍부터 해왔다.[5]

그럼 과연 한글이 얼마나 세계적으로 우수한 표음 문자인지 살펴보자. 우리말에서 바람이 '쏴아', '씨잉', '살랑살랑', '설렁설렁', '우수수, 솔솔 분다'처럼 바람 소리를 이렇게 다양하게 표기할 수 있는 문자가 전 세계에서 과연 한글 이외에 어디에 있는가? 이처럼 세종은 한글 창제 당시부터 한글은 자연의 소리를 담아낼 수 있는 훌륭한 그릇이라는 사실을 알고 있었던 것이다.

용재 성현(1439~1504)은 『용재총화』에서 "우리나라는 물론이고 여러 나라의 말소리를 한글로 표기하지 못하는 것이 없어 막힘이 없고 통하지 않음이 없다(本國及諸國語音文字所不能記者, 悉通無礙)"라고 하여 한글의 표음적 기능의 탁월함을 설파하였다. 또 병와 이형상(1653~1733)도 『병와집』에서 "본국 및 주변 여러 나라 언어도 언문으로 막힘 없이 기록하지 못할 것이 없다"고 하였으며, 이규경(1788~1856)은 『오주연문장전산고』라는 책에서 한글을 "한글로 천하의 글을 다 쓸 수 있다(引而伸之, 足以盡天下之文)"라고 하여 이미 조선조에서도 한글의 표음 기능의 우수성을 알고 있었다.

세종은 보편적 음성문자(표음문자)로서 탁월한 훈민정음을 창제한 이후

5 이상규, 『둥지 밖의 언어』, 생각의나무, 2008.

『용비어천가』를 통해 과연 한글을 가지고 여진어, 만주어, 몽골어, 한어 등을 표음할 수 있는지를 입증하였다. 한글로 『용비어천가』에 나타나는 외래어를 표기한 사례가 있다. 잘 알려져 있듯이 『용비어천가』는 세종 27(1445)년 4월에 한문으로 쓴 원고를 편찬하여 세종 29(1447)년 5월에 목판본 10권 5책으로 간행하였다. 『용비어천가』는 조선 왕조의 창업을 송영한 노래책으로 모두 125장에 달하는 서사시로서, 한글로 엮은 책으로는 한국 최초의 것이다. 왕명에 따라 당시 새로이 제정된 훈민정음을 처음으로 사용하여 정인지, 안지, 권제 등이 짓고, 성삼문, 박팽년, 이개 등이 주석하였으며, 정인지가 서문을 쓰고 최항이 발문을 썼다. 『용비어천가』의 용비시 125장을 한글로 언해하기 위해 세종 27(1445)년 4월 '언문청'을 설립하도록 하교하였으니 이때가 『훈민정음』 해례본이 만들어지기 1년 전의 일이다.

『용비어천가』는 조선 건국 유래 유구함과 조상들의 성덕을 찬송하고, 태조의 창업이 천명에 따른 것임을 밝힌 다음 후세의 왕들에게 경계하여 왕업이 번영하기를 비는 내용으로 이루어져 있다. 매장 2행에 매행 4구로 되어 있으나, 1장이 3구이고 125장이 9구로 된 것만은 예외이다. 3장에서 109장까지는 대개 첫 절에 중국 역대 제왕의 위업을 칭송하였고, 다음 절에 목조, 익조, 도조, 환조, 태조, 태종 등 6대 임금의 사적을 읊고 있다. 110장에서 124장까지는 「물망장(勿忘章)」이라 하여 후왕들에 대한 경계의 내용으로 이루어져 있다.

『용비어천가』의 형식은 『월인천강지곡』과 함께 운문 형식으로서 쌍벽을 이루는 것으로, 원문 다음에 한역시와 언해를 달았다. 또 이 노래의 1, 2, 3, 4, 125장 등 5장에는 곡을 지어서 「치화평」, 「취풍형」, 「봉래의」, 「여민락」 등의 악보(『세종실록』 권14 「악보」)를 만들고 조정의 연례악(宴禮樂)으로 사용하였다. 광해군 4(1612)년, 효종 10(1659)년, 영조

41(1765)년의 중간본이 있으나, 초간본은 권 1~2가 서울대 규장각 가람문고본이 남아 있고 그 전질이 전해지지 않는다. 현재의 전 10권 중 계명대학교 소장본 권 8~10의 3권은 보물 제1463-1호로, 서울역사박물관 소장본 권3~4의 2권은 보물 제1463-2호로, 서울대 규장각 한국학연구원 소장본 권1~2권은 보물 제1463-3호로, 고려대 중앙도서관 소장본 권 1~2, 7~8권은 보물 제1463-4호로 각각 지정되어있다. 한국어학 자료로 매우 소중한 운문자료일 뿐만 아니라 한글로 표기된 당시 여진 지역과 북관 지역의 지명, 인명 자료로는 유일한 것이다.

용비어천가는 우리나라에서 외국어를 한글로 기록한 가장 오래된 문헌으로서 15세기의 언어와 문학, 역사 연구에 중요한 사료가 되고 있다. 그뿐만 아니라 주석 중의 여진, 왜 등에 관한 기록은 역사 연구에도 귀중한 자료를 제공하고 있다.

甲州[가쥬], 古州[고쥬], 紉出闊失[닌쒀·시], 韃洞[다대골], 實眼春[샨·츈], 先春[샨·츈], 常家下[샹가·하], 薛列罕[설현], 隨州[수쥬], 速平[수·핑], 實隣[시·린], 阿木河[아모·라], 阿沙[아·샤], 阿的郎貴[아치랑·귀], 也頓村[야·툰], 眼春[안·춘],) 阿都哥[어두·워], 阿剌孫[어러·순], 斡朶里[오도·리], 斡東[오·동], 阿木河[옴·회], 兀剌[·우·라], 兀兒忽里[울후·리], 斡合[워·허], 托溫[타·온], 泰紳[타·신], 禿魯[·투루], 豆漫[투·먼], 土門[투·문], 禿魯兀[툴·우], 童巾[퉁·건], 婆猪江[포쥬], 哈蘭[하·란], 哈蘭北[하·란·뒤], 海洋[해·연], 海通[해·퉁], 火兒阿[홀아], 回叱家[횟·가], 歸州[후쥐], 忽面[훌·면], 洪肯[홍·컨], 海西[히·ᄉᆡ], 奚關城[:훤·잣] 등은 한글로 여진이나 몽고 지명을 표기한 사례이다.

다음으로 여진 및 몽고 사람 이름을 표기한 것으로 高卜兒어[:갛불·어], 夾溫猛哥帖木兒[갸·온멍거터·물], 夾溫不花[갸·온부·허], 夾溫的兀里[갸·온치우·리], 古論豆蘭帖木兒[고·론두란터물], 古論孛里[고·론보·

리], 古論阿哈出[고·론어허·츄], 高時帖木兒[고시더·물], 括兒牙八兒速[골·야발·소], 括兒牙兀難[골·야오·난], 括兒牙火失帖木兒[골·야횟터·믈], 括兒牙乞木那[골·야키무·나], 括兒牙禿成改[골야투칭·개], 南突阿剌哈伯顏[남·돌아라·카바얀], 완禿古魯[넌·투구·루], 答比那[디비·나], 阿只拔都[아기바톨], 奧屯完者[앟툰원져], 兀魯帖木兒[·우로터·물], 雲剛括[·운강·고], 朱胡貴洞[쥬·후·귀·툰], 朱胡完者[쥬·후원·져], 朱胡引答忽[쥬·후인다·호], 可兒答哥[컬더·거], 甫赤莫兀兒住[퓽ㅣ·모월·쥬], 奚灘古玉奴[히·탄구유·누], 奚灘孛牙[히·탄보야], 奚灘薛列[히·탄서·레], 奚灘塔斯[히·탄타·스], 奚灘訶郞哈[히·탄하랑·캐] 등이 있다. 또한 여진 및 몽고식 종족, 부족 이름을 한글로 쓴 예로는 南突[남·돌], 兀郞哈[오랑·캐], 兀狄哈[우디·거], 闊兒看[콜·칸], 嫌眞[혐·진]이 있으며, 여진 및 몽고식 관직 명칭을 표기한 예로는 猛安[밍·간], 移闌豆漫[이·란투먼], 吹螺赤[츄라·치], 唐括[탕·고] 등이 있다.[6]

이뿐만 아니라 동아시아의 외국어 학습을 위한 교재를 한글을 이용하여 만든 한어학, 청학, 몽학 학습서가 사역원을 통해 여러 차례 간행되기도 하였다. 이처럼 한글 창제와 함께 동아시아 여러 나라의 인명, 지명 등을 원음에 가깝게 표기할 수 있는 탁월한 보편적 음성문자라는 사실이 충분히 입증되었다.

최근 인도네시아의 찌아찌아 부족들의 말을 한글로 음사하여 그들의 교과서를 만들어 보급한 일들도 같은 맥락 속에서 읽을 수 있다. 한글

6 최근 국내외 사서에 남아 있는 만주·여진, 몽고의 인명, 지명, 관명 등 한자 표기를 원음에 가깝게 복원하여 한글로 표기한 노력들이 있다. 구범진, 『청나라, 키메라의 제국』, 민음사, 2012; 유소맹 지음, 이훈·이선애·김선민 옮김, 『여진 부락에서 만주 국가로』, 푸른역사, 2012; 패멀라 카일 크로슬리 지음, 양휘웅 옮김, 『만주족의 역사』, 돌베개, 2013; 김주원, 『조선왕조실록에 나타난 여진』, 서울대학교출판부, 2012; 야마지 히로아키 지음. 이상규 외 옮김, 『사라진 여진 문자』, 경진, 2014, 진광핑·진치총 지음. 이상규·왕민 옮김, 『여진어문자연구』, 경진, 2014.

나눔의 첫걸음이 시작됐다는 반가운 소식에 온 국민이 기뻐한 것이 엊그제 같다. 2009년 8월, 인도네시아의 찌아찌아 부족이 그들의 말을 한글로 기록하기로 한 것은 한글 세계화의 모범이 될 것이라는 기대를 한 몸에 받았다. 하지만 3년이 지난 지금, 사정은 완전히 달라졌다. 훈민정음학회의 한글 교육과 그 뒤를 이은 세종학당의 한국어 교육이 모두 중단된 상태다. 도대체 무슨 일이 일어난 것일까?

한글 수출 1호란 떠들썩함이 무색하게 2010년 찌아찌아족에 대한 한글 교육이 슬그머니 중단된 것은 재정난 때문이었다. 한 재단이 약속한 지원금을 내지 못하면서 사업이 난항을 겪기 시작한 것이다. 이 사업을 이어받은 것은 우리 정부였다. 문화체육관광부는 외국에 한국어를 교육·보급하는 세종학당을 올 1월 현지에 세우고 한글과 한국어를 함께 교육하기로 했다. 그러나 세종학당의 위탁 운영을 맡았던 한 국립대는 자체 재정 1년에 3,600만 원 지원이 어렵다는 이유 등으로 철수했다.

무엇이 문제였을까. 출발부터 목표와 방향이 명확하지 못했고, 국제 봉사와 협력 정신이 전제되지 않았기 때문이다. 우선 지적할 것은 한글 보급이 한글과 한국어 교육으로 전환하는 과정에서 언어 교육에 대한 기본 인식이 부족했다는 점이다. 문자가 없는 소수 부족의 토착 말을 보존하기 위해 한글을 활용하도록 지원하는 일과 한국어·한국 문화를 보급하는 일은 구분돼야 하는데도 그렇게 하지 못하고 글과 말을 혼동했다.

문화 상호 존중이 부족했다는 점도 들지 않을 수 없다. 인터넷의 발달과 자본의 이해관계로 인류의 소수 토착 언어들은 엄청나게 빠른 속도로 무너지고 있다. 소수 언어의 절멸(絶滅)은 고유한 토착 지식과 문화·생태의 절멸로 이어진다. 과거 제국주의 지배 경영을 주도했던 몇몇 국가가 문화 경계를 확장하는 수단으로 피지배국이나 소수 부족의 언어를 없애버린 상처를 경험했다. 이 때문에 국가 간에 국지적 경계를 넘나들며 말을 가르치는 일은 문화 상호 존중이라는 철학적 목표가 뚜렷하지 않으면 오히려 외교적인 갈등의 씨앗이 될 수 있다.

이러한 요소들을 충분히 고려한다면 문자가 없는 국가나 부족에 소통 수단으로 한글을 활용할 수 있도록 지원하는 일은 인류 문화 복지를 증진하는 훌륭한 사례가 될 수 있다. 전 세계의 언어는 6,000여 종이지만 그 언어를 표기할 수 있는 문자는 350여 종뿐이다. 문자 없는 언어의 토착 지식과 정보 유산을 한글을 이용하여 기록으로 남긴다면 인류 문화의 다원성을 지키는 핵심적인 일이 될 것이다.

애초 세종학당은 언어 침탈 방식이 아니라 언어·문화·역사의 상호 이해 존중을 목표로 했다. 자본의 우월이나 지배와 피지배 관계가 아니라 문화 경계를 넘나드는 평화주의와 인류 공존을 목표로 한 교육프로그램인 것이다. 이제 세종학당재단이 출범해 이 사업이 세계에 뿌리내릴 수 있는 조건도 마련됐다. 한글과 한국어의 해외 보급이 성공하려면 치밀한 교육과정과 좋은 교재를 개발하고 우수한 교원을 양성하는 것도 필요하지만 상호 이해 존중과 봉사라는 기본 정신을 항상 염두에 둬야 한다.

한국 IT산업과 한류(韓流)가 세계를 달구면서 한국어 교육 수요는 계속 늘고 있으나, 1970~80년대 일본어 학습자 증가세가 2000년대 들어서 뚝 떨어진 것을 보면 한국어 학습 수요 역시 언제까지 지속될지 예측하기 어렵다. 인도네시아에서 실패한 것을 한글 보급의 좀 더 성숙한 새 지평을 여는 교훈으로 삼아야 한다.[7]

7 Lee Sang Gyu, 「Hangeul, The Greatest Letters」, 『Koreana』 Vol. 21 No. 3, 2007.

::: 외국 학자들의 눈에 비친 한글

한글이 세계인의 눈에 들어가기 시작한 것은 갑오개혁(1894~1896년)을 선언하기 이전 서구의 선교사들이 조선에 첫발을 디딘 1820년 무렵부터이다. 창제자 및 창제 시기에 대한 억측이 난무하여 심지어 한글이 374년 백제 왕조에서 만들었다는 논의도 있었으나 Scott(1893) 박사는 한글 창제자는 세종이며 그 공포 시기를 1447년으로 추정하였다. Aston(1895)과 Courant(1894~1896)도 한글은 1443년 세종이 만든 것임을 처음으로 분명히 밝혔다. 한글의 자모 수 및 순서에 대해서도 Gützlaff(1833), Scott(1891), Scott(1893) 등의 논의가 있었으며, Klaproth(1832), Siebold(1850), Gützlaff(1833) 등에 의해 자모의 음가 추정에 대한 논의도 있었다. 특히 Medhurst(1835)는 'ㆁ'과 'ㅇ'을 어두와 어말의 환경에서 어두에서는 묵음으로 어말에서는 'gna' 음가를 갖는 것으로 파악하기도 하였다. Underwood(1980) 박사는 성서번역을 하면서 'ㅆ'까지 포함하여 'ㄲㅃㅆㄸㅉ'이 각각 'ㅺㅽㅆㅼㅾ'을 대신하여 쓰일 수 있음을 지적한 것은 ‹한글 맞춤법 통일안› 제정에 직접적인 영향을 미치게 되었다.

서양인의 눈에 신비하게 비친 한글 자모 'ㄱ, ㄴ, ㄷ, ㄹ…'의 글꼴 유래에 대한 관심도 늘어났다. Klaproth(1832)의 한자 기원설, Abel-Rémusat(1820)의 거란·여진 문자 기원설, Hulbert(1892)의 창호기원설과 고대 중국 문자(古篆)와 산스크리트 문자 기원설 등의 논의들이 있었다. 외국인들의 눈에 비친 한글은 호기심의 대상이었다. 위의 논의들은 실증적 논거가 약한 에세이 형식 수준에 지나지 않는 글들이 많았음을 알 수 있다.

그러나 일제 강점기 시대를 거치면서 점차 외국과의 교류가 늘어나는 과정에서 과학적인 방식으로 한글이 연구되기 시작하였다. Jensen(1935/1969) 교수는 한글은 이전 여러 문자들의 특징을 알고 있었던 한 솜씨 있는 탁월한 사람에 의해 의식적으로 발명한 문자라고 결론지으며, 동아시아를 통틀어 가장 쉬우면서 가장 완벽한 문자라고 극찬하였다. 한글은 원래 음절 단위로 필획이 오른쪽에서 왼쪽으로 쓰기 때문에 세로쓰기보다 가로쓰기가 유리하다는 사실을 지적하였다. 국내에서는 주시경과 최현배 선생은 한글의 과학화를 부르짖으며 가로쓰기와 풀어쓰기를 주장하기도 하였다.

G. J. Ramstedt(1939) 박사는 한글 자모의 이름과 전사 방식뿐만 아니라 한국어의 계통, 음운, 문법, 어원 전반에 걸친 탁월한 연구 성과를 세계에 소개하였다. Diringer(1948)의 『알파벳: 인류 역사에의 열쇠』라는 문자개론서 수정판 제8장에서 '인도 갈래' 속에 '한국 문자'라는 이름으로 한글과 그 계통을 소개하였다. 다만 한글의 자모와 그 기원을 소개하면서 한글 자모의 불완전성을 언급하였다. 곧 한글 자모의 기원 역시 독창적이지 않다는 비판적인 견해를 보이고 있다. Moorhouse(1953)는 한글의 창제자, 창제 시기, 기원에 대해 간략한 언급을 하고, 한글을 극동아시아의 유일한 고유 알파벳이라고 소개하고 있다.

1950년대 후반부터 한글은 세계 유수 언어학자들의 관심의 대상이 되면서 한글의 우수성에 대한 평가가 여기저기에서 쏟아져 나온다. Reischauer&Fairbank(1958)는 하버드 대학의 교과서로 출간된 책에 한글을 음소적이고 음절적인 장점을 지녔으며, 세계 어느 나라의 문자보다 가장 과학적인 체계의 문자라고 평가하였다. Vos(1964)는 "그들은 세계에서 가장 좋은 알파벳을 발명하였다!"라고 언급하면서 훈민정음 창제의 상형설은 인정하되, 음성적 분류(음소 배열의 순서)는 외국(중국 성운학)의 예에서 영감을 얻었을 가능성을 제시하고 있다. 매우 정확한 비판과 실증적 근거를 가진 평가라고 할 수 있다. McCawley(1966) 교수 역시 『Language』(42권 1호)에 한글에 대한 포스(Vos)의 말에 전적인 동감을 표한다는 서평을 쓰면서 국제학회에 공인을 받게 된다. Pihl(1983)의 논문 「동아시아의 알파벳」은 『훈민정음』에 대한 서지와 내용을 연구한 성과였다. Ledyard(1966/1998) 교수는 캘리포니아 대학(버클리) 박사학위 논문으로 「1446년의 한국의 언어 개혁」을 발표하여 『훈민정음』을 본격적으로 박사학위 논문으로 연구하였으며, 그 논문은 국립국어원에서 영문판으로 출판하여 국내에 소개하기도 하였다. 이 논문에서는 정인지 서문에 나오는 '字倣古篆'의 '고전(古篆)'을 파스파 문자로 간주하였으나 여러 가지를 검토해 본 결과 파스파 문자는 한글 창제에 어떤 부분도 기여한 바가 없다는 결론을 내렸다. 언어학 개론서에도 한글을 소개하는 글들이 나타나는데, Bolinger(1968/1975)는 약 500년 전에 한국인들이 이룩한 한글을 서양의 알파벳을 능가하는 과학성을 지닌 문자로 높이 평가하였다. Trager(1972), Chao(1968) 등의 논의도 있다. 특히 한글 자모가 '자질체계'로 만들어졌다는 Chao(1968)의 논의는 Sampson(1985)의 자질문자설을 주장하는 디딤돌 역할을 하였다. 또한 한글을 디자인 측면에서 논급함으로써 국내 캘리그래피의 연구를 촉발시키는 역할도 하였다. French (1976) 교수도 음소문자인 알파벳과의 비교를 통해 "서구의 알파벳이 한국의 '한글'보다 열등한 것으로 간주해야 한다."라고 평가하고 있다.

최근 한글은 자질 문자로서 세계 최고 우수한 문자라는 말을 많이 듣는다. 과연 자질 문자란 무엇인가? Sampson(1985) 교수는 한글은 한국어의 30개 분절 음소의 수보다 적은 15개의 변별 요소로 구성되어 있음을 지적하면서 한글이 세계에서 가장 우수한 문자인 자질 문자라는 점을 강조하였다. 다시 말하자면 한글의 자모인 자음과 모음은 글꼴 그 자체가 음소적 변별자질을 함축시켜 놓은 놀라운 조직체계를 가지고 있다. 'ㄴ－ㄷ－-ㅌ', 'ㅁ－ㅂ－ㅍ', 'ㅅ－ㅈ－ㅊ'의 관계가 횡적으로 자모의 통합 관계에 가획이라는 방식에 따라 조음 방식을 변별해 주고, 'ㄴ－ㅁ－

ㅅ', 'ㄷ－ㅂ－ㅈ', 'ㅌ－ㅍ－ㅊ'의 관계가 종적으로 조음 위치에 따른 계열 관계가 고려된 2원적 조직 체계라는 면에서 매우 뛰어난 과학적 조직체계를 갖춘 문자로 평가하고 있다. 모음 역시 원형인 하늘(·)을 땅(ㅡ)과 결합하여 누운 글자 'ㅗ－ㅜ－ㅛ－ㅠ'를 만들고 하늘(·)을 사람(ㅣ)과 결합하여 세운 글자 'ㅏ－ㅓ－ㅑ－ㅕ'를 만들어 이 역시 통합적 관계와 계열적 관계가 2원적으로 조직된 세계 유일의 과학적 문자이다.

DeFrancis(1989) 교수는 한글 창제에 인도와 중동으로부터 온 알파벳의 원리와 중국으로부터 온 음절의 원리의 두 가지 원리를 채택하였으나 자질의 수가 너무 적다는 사실과 한국 사람들은 자기들 문자를 자질 문자로 이해해서 배우지 않는다는 점을 예로 들어서 자질 문자설에 반기를 들고 있다. 이러한 주장에 대해 김진우(1997) 교수가 비판하면서 한국어에는 자음과 관련된 8개의 자질과 모음과 관련된 5개의 자질이 있다는 주장을 펼치기도 하였다. 미국과 캐나다에서 활발하게 한글과 한국어 보급을 위해 노력하고 있는 King(1996) 교수는 한글이 어느 정도 자질적인 문자로서의 성격을 지녔지만 궁극적으로는 표음 문자인 알파벳과 같은 부류라는 주장을 펼치기도 하였다.

끝으로 Hannas(1997) 교수의 주장은 매우 교훈적이라 하지 않을 수 없다. "한글이 우수한 문자인 것도 사실이고 칭찬받을 만한 것도 분명하지만, 그것을 백 번이나 천 번 들으면 지겨워진다."라는 말은 무엇을 의미하는 것일까? 이 세상에 결코 완성형의 문자는 존재하지 않는다는 말이다. 우수하다는 자랑만 일삼을 일이 아니라, 문자의 과학적 발전을 위해서는 지속적으로 갈고 닦아야 한다. 과학적인 발전을 위해 문자와 음성과의 연계 문제를 비롯한 한글의 공학적 발전, 글자체의 시각적 연구, 글자체의 예술성, 스토리텔링 등 다방면에 걸친 지속적인 연구가 필요하다는 충고라 하지 않을 수 없다.

다만 한글의 표음적 우수성을 과신한 나머지 예컨대 영어의 효과적 학습을 시키기 위해 'ㅸ[V]'와 같은 새로운 문자를 만들자는 주장을 하는 이들이 많은데 이는 전혀 잘못된 생각이다. 현재 국어의 글자는 가장 적절한 음소문자로 정제되어 있다. 외국어 표기를 위해 우리나라 문자에 새로운 음성 문자를 늘리면 엄청난 혼란을 초래한다는 점을 잘 이해할 필요가 있다. 세종이 합자의 조합 원리로 무수한 문자를 만들 수 있었지만 제한적 음소로서 28자모만 정한 슬기로움을 올바로 이해해야 할 필요가 있다.

문자, 그 자체는 사물의 본질적 속성과 아무 관계 없는 무의미한 기호일 뿐이다. 한글이 보다 더 발전된 문자로서 자리를 잡기 위해서 건너야 할 징검다리는 아직 무한히 많다. 음성과 문자의 긴밀한 관계를 풀어내야 하는 동시에 글자 공학적인 연구 과제는 산적해 있다. 디지털 자료를 일일이 입력하지 않고 길을 걸으면서 말을 하면 자동으로 전산으로 입력되는 방식으로 발전될 날이 머지않았다. 문자 기호는 음소와 음소 사이를 형태소 분절 표시(tacking)을 하여 자유자재로 검색할 수 있지만 음성 태킹(sound tacking)과 의미(semantic mining) 역시 그러한 수준에 도달하지 못하고 있다. 불연속적 음성 파형을 기호문자 수준으로 소리마디를 분할하여 태킹할 수 있는 기술력이 없으면 불가능한 일이다. 우리말과 문자를 연결하고 전 세계 다양한 문자와 언어를 상호 연결하는 글자 공학적 연구는 향후 무한한 경쟁력을 가진 한글 산업 연구 분야라고 할 수 있다. NASA에서 우주 촬영을 위해 개발한 영상 기술이 소프트웨어 분야로 진화하면서 비디오테이프로 전환하여 각종 디스플레이 기기 개발과 함께 엄청난 부가가치를 만들어 내지 않았는가? 전산 기기가 스스로 문자를 인식하고 추론이 가능한 로봇 언어 시대가 곧 도래할 것이다. 문자 공학적 연구의 기반이 바로 현재 우리가 사용하고 있는 각종 사전을 좀 더 확장하고 기계언어로 전화하는 준비를 해야 할 것이다.

위대한 한글의 보다 더 나은 발전을 위해 현재 우리는 무엇을 해야 할 것인가?

한글공동체

5. 익선관 내부『훈민정음』제자해

::: 세종 익선관 추정 유물

어느 날 대구에서 명망이 높은 장윤기 변호사로부터 한번 만났으면 좋겠다는 전화가 왔다. 아주 귀중한 유물로 보이는 모자 내부에 훈민정음의 글씨가 있다는 전화 내용이었다. 장 변호사를 만나고 또 그 유물의 소장자를 만났다. 일본으로부터 구입해온 유물인데 아마도 세종대왕이 쓴 익선관으로 추정하며, 그 모자 내부에는『훈민정음』글자가 들어 있다는 이야기였다.

우선 유물에 대한 호기심과 함께『훈민정음』해례본은 현재 간송미술관 소장본과 상주에서 일부 공개된 잔엽 상주본『훈민정음』해례 이외에는 전혀 학계에 보고된 자료가 없기 때문에 필자로서는 관심이 쏠리지 않을 수 없었다. 며칠 후 소장자가 유물을 가지고 내 연구실을 방문하였다. 필자가 해결할 수 없는 조선 복제사 부분과 정확한 연대 추정을 위한 지질 및 섬유에 대한 탄소연대 측정 등의 연구 협력을 위해 동료 교수들과 함께 연구팀을 구성한 다음 이 유물에 대한 내용을 검증하겠노라는 약속과 함께 검증 후에는 반드시 국가에 기증할 것을 소장자로부터 약속을 받았다. 상주본 훈민정음의 공개된 이후 이 유물을 국가

기관에 유치하기 위해 두 차례 배 모 씨를 만난 적이 있다. 그런데 나도 모르는 사이에 재판 진행 과정에서 변호사를 통해 있지도 않은 이야기들이 변론 기록에 실리고 이를 다시 자신의 블로그에 퍼 올려 참 곤혹한 경험을 한 적이 있다. 그래서 이 유물도 검증 전에 반드시 국가 기관에 헌정하는 조건을 요구하지 않을 수 없었다.

박상진 경북대 임산공학과 명예 교수를 만나고 몇몇 역사학 전공 교수들과 만나 공동연구팀을 구성하고 본 유물에 대한 검토를 시작했지만, 필자가 가진 관심은 외형이 아니라 내부에 들어 있는 『훈민정음』 해례본의 제자해의 일부 자료였다.

먼저 본 유물에 대한 연대기 측정을 먼저 할 것인지 문제가 되었다. 그러나 일차적으로 연구팀의 외형에 대한 검토 과정을 거친 결과 이 유물은 세종대왕이 쓴 익선관이라는 잠정적인 결론에 도달하였다. 현황에 대한 1차 보고를 학계와 언론계에 한 다음 유물에 대한 연대기 측정과 유물 내부의 정밀 조사 결과는 2차로 발표할 것으로 일정을 마련하였다.

2013년 2월 27일(수) 1:30~2:30에 경북대학교 글로벌관 202호에서 "임진왜란 때 약탈당한 궁중 유물 세종대왕의 익선모 조사 1차 결과 발표"를 하였다.

당시 이 유물은 외형적으로 사조용 무늬가 새겨진 시점을 기준으로 하여 세종 26(1444)년 이전 유물로 추정하였다. 그렇다면 『훈민정음』 해례본이 세종 28(1446)년에 인간되었기 때문에 해례본 완성 시기보다 2년이 앞서는 기록 자료라는 추론이 가능했다. 필자는 이것은 분명히 최종 판본을 쇄출하기 이전의 교정쇄의 일부일 가능성이 있다고 본다면 훈민정음 창제 과정을 이해하는 데 매우 소중한 자료라고 판단하였다. 그리고 이 유물은 일본 교토에 거주하는 소장자의 조상이 임란 때 조선에

출정한 무사 가문이라는 점에서 이 유물의 유출 경위 또한 매우 주요한 관심사가 될 수밖에 없었다.

임진왜란 시에 왜적에 의해 탈취된 왕실 유물 가운데 하나로 추정하고 세종대왕이 세종 26(1443)년 이전에 착용했던 사조용의(四爪龍衣)에 맞춘 사조익선관(四爪翼蟬冠, 翼善冠)이라는 잠정적 결론을 내렸다. 임금이 정무를 볼 때 쓰던 모자를 익선관이라고 하는데, 매미처럼 오랜 세월을 공부와 덕을 쌓아서 왕위에 올라 백성을 위해 선공후사(先公後私)의 봉사 정신으로 정사를 베풀라는 뜻이 담긴 것이다.

먼저 이 유물의 유출 경위에 대한 추정을 입증할 증거 자료로 임진란 당시 고대(孤臺) 정경운(1556~?) 선생은 경남 함양 출생으로 1592년 임진왜란 때 노사상 등과 함께 함양에서 1천여 의병을 일으켰다. 김성일(金誠一), 김면(金沔)의 휘하에서 활약하면서 군량 보급과 군기 조달에 주력하여 경상도 지역의 왜적을 격퇴하는 데 큰 공을 세운 인물인데, 임진왜란 때의 당시 상황을 일기체로 기록한 『고대일록(孤臺日錄)』에 다음과 같은 기사를 제시하였다.

> "1592년 임인 6월 9일 새벽 6시경(묘시)에 적선이 현풍 쌍산강을 따라 내려오고 있었다. 의병 군관 만호 황응남(黃應南)은 정예병 30여 명을 거느리고 요로에 매복해 있었다. (중략) 다음날도 강을 따라서 전투가 벌어져 3명을 참수하고 포목과 비단 50여 바리를 빼앗았으니, (중략) 어휘잠(御諱簪)과 후(后) 빈(嬪)의 화관(花冠), 의금(衣衾) 및 서울의 판적(版籍), 사가의 보장(寶裝)이 얼마나 많은지 그 수를 다 헤아릴 수 없을 지경이었다."
>
> 정경운의 『고대일록』 「6월 9일」

> "1593년 10월 15일 왕은 도성으로 돌아오셨고 동궁은 해주에 남아 계신다. 왕이 바닷가를 지나 산곡을 옮겨 다니다가, 이제 한 해가 지나서야

마침내 돌아왔다. 옛 궁궐에 기장만 무성한 것을 보니 감회가 과연 어떠하시겠는가? 2백 년 종묘사직과 궁실이 단지 타다 남은 잿더미만 있을 뿐."

정경운의 『고대일록』「10월 15일」

이 두 가지 사료를 통해 현재 대구광역시 달성군 현풍 논공공단 부근의 낙동강(쌍산강)에서 벌어진 전투 상황과 왜군들의 궁중 유물의 탈취 경황과 임란이 끝날 무렵 의주로 피신을 갔던 선조가 도성으로 돌아와 보니 폐허가 된 궁궐의 전경을 사실적으로 읽어낼 수 있다.

그리고 이 유물의 외형을 검토한 결과, 우선 본 유물의 외부는 세종 26(1444)년 이전에 착용했던 사조용의(四爪龍衣)에 맞춘 사조익선관(四爪翼蟬冠)으로 추정하였다.

모체의 외양은 오방색의 하나인 황금색(土, 宮)으로 짠 바탕에 징금법 금사로 뜸자수로 목단넝쿨(강우방 교수는 연화 문양으로 추정) 자수가 놓여 있다. 세종의 사조익선관의 구성은 이마전과 하단부와 굴곡진 상단부로 구성되어 있으며, 절상각(折相角)은 없었다. 다만 상단부 좌우에 잠(簪)을 꽂을 수 있도록 두 개의 구멍이 있었다. 이 부분에 대한 보다 더 면밀한 고증이 부족했기 때문에 복제 연구가들은 이 유물이 익선관이 아니라는 지적을 하였다.

머리 둘레는 28.5cm이고 하단부는 23.5cm×2, 절상각 대신 5cm 크기의 본체에 이어진 부분에는 13개의 삼각 장식이 달려 있어 전체 전고(顚高)는 27cm였다.

이 유물의 바탕 문양은 세 부분으로 구분되는데, 하단의 이마 전 부분에는 '卍'(장수를 상징, 뒤집은 글자)의 획의 끝 부분을 사방으로 획을 연장하여 횃불이 새겨져 있다. 이는 왕의 장수를 기원하는 것으로 추정된다. '卍'를 중심으로 서로 마주 보는 사조용(四爪龍) 문양의 자수가 새겨져 있는데 오방색을 활용한 웃는 모습으로 그 수염에는 여의주를 상징하는 약병의 자수가 새겨져 있으며 용미에는 비천운문(飛天雲紋)이 전, 후면으로 이어지게 새겨져 있다. 전대의 상하에는 삼재(三才) 사상을 상징하는 뜸과 금사로 매우 정교한 문양이 새겨져 있다. 익선관의 하단부와 상단부의 경계는 반달형으로 되어 있으며, 그 경계에는 흑색 삼각형 모양의 장식 13개가 달려 있는데 그 삼각형 내부에 역시 3재 사상을 상징하는 세 개의 점이 새겨져 있다. 이 유물의 하단과 상단의 기본 문양은 모란(牧丹)꽃과 그 넝쿨무늬가 금사와 함께 5방색 자수가 새겨져 있으며 중심부에는 '王'와 좌우에는 '卍'와 '壽'자가 새겨져 있다. 이것은 모두 왕의 장수 무병을 기원하는 상징물로 추정하였다.

이 유물의 내부는 해체를 하지 않고는 내용을 전면 조사가 불가능하였기 때문에 내시경을 활용하여 부분적인 조사만 가능하였다. 그 결과 세종의 익선관 내부는 적색 수사(手絲)로 짠 천에 '卍', '壽'자와 더불어 외부의 분양과 동일한 모란 넝쿨 문양으로 직조되어 있는데 이는 외부의 문양에 맞추어 특별히 제작된 것으로 보인다. 이 적색 도류사 내부에는 앞쪽에는『훈민정음』 제자해(9ㄱ면) 뒤쪽에는『훈민정음』 제자해(7ㄴ면)이 들어 있는데 여러 겹으로 쌓여 있는 것으로 추정하였다.

세종 26(1444)년 이후에 오조용의(五爪龍衣)에 맞춘 오조익선관(五爪翼蟬冠)을 착용했던 것을 기점으로 한다면 내부에 있는『훈민정음』 해례본의 제자해의 일부 자료는 분명 세종 28(1446)년에 완성된『훈민정음』 해례본보다 더 이전의 목판본일 가능성이 매우 크다는 결론에 도달할 수밖에 없었다.

원본으로 알려진 간송미술관 소장『훈민정음』 해례본 이전의 관련 자료가 전무한 상황에서 이 기록 자료가 만일 해례본 이전의 자료로 입증될 경우『훈민정음』 해례본이 완성되는 과정과 상황을 파악하는 데 매우 중요한 자료가 될 수밖에 없다. 다만 앞부분은 착탈의 관계로 내부의 『훈민정음』 해례본 자료의 부식이 아주 심했다.

조선조 익선관과 곤룡포는 왕이 편전에서 신료들과 함께 국정의 의논할 때 입던 의관과 복식이다. 곤룡포(곤룡암화골타운포)의 흉배에 사조용보(四爪龍補)를 사용하다가 세종 26(1444)년 3월 이후부터는 명나라로부터 오조용복(五爪龍服)을 3습을 특별히 하사받은 이후부터 왕은 상복오조용복(五爪龍服)을 왕세자는 사조용복(四爪龍服)을 착용하는 제도가 도입되어 실시되었다.

> "예전에 사조용의(四爪龍衣)를 입었었는데, 뒤에 듣자니 중국에서는 친왕이 오조용(五爪龍)을 입는다기에 나도 또한 입고 천사(天使)를 대접했는데, 그 뒤에 황제가 오조용복(五爪龍服)을 하사하셨다. 지금 세자로 하여금 사조용(四爪龍)을 입게 하면 내게도 혐의로울 것이 없고 중국의 법제에도 잘못됨이 없겠다." 하매, 모두 말하기를, "진실로 마땅하나이다." 하니, 그대로 따랐다.(又曰: 昔予服四爪龍衣, 後聞中朝親王服五爪龍, 予亦服之, 以待天使, 其後, 帝賜五爪龍服。今令世子服四爪龍, 則於我無嫌, 於朝廷法制, 亦無妨焉。僉曰: 允當。從之。)
>
> 『세종실록』 125권, 31(1449)년

세조 2(1456)년의 『세종실록』의 기록에도 세종 26(1443)년까지는 사조용의(四爪龍衣)를 착용하다가 세종 26(1443)년 3월 26일 명나라로부터 오조용복(五爪龍服)을 하사받은 이후부터는 오조용의(五爪龍衣)로 바뀌었다는 기록이 있다. 따라서 이번에 공개한 사조용(四爪龍)이 새겨진 익선관은 세종 26(1444)년 3월 26일 오조용의(五爪龍衣)로 바뀐 이전의 익선관임을 확인할 수 있다.

또한 내부에 붉은 수사 천 아래에 『훈민정음』 제자해와 관련된 기록이 과연 세종 28(1446)년에 간행된 원본 『훈민정음』 제자해와 동일한 것인지 유무 판단은 현재로서는 유보할 수밖에. 그러나 이 익선관을 쓴 세종의 한글 창제에 대한 관심과 열정을 읽을 수 있어 훈민정음 창제설을 재조명하는 데 매우 주요한 사료가 될 것으로 일단 추정하였다.

::: 빗나간 예측, 세종 익선관

그 이후 이 유물이 그 외부 형태를 기준으로 하더라도 익선관이 아니라는 많은 비판이 쏟아졌다. 따라서 복제사 전문가와 수사를 전문으로 하는 관계 학자들의 자문을 회의를 추진하면서 이 유물에 대한 정확한 연대 추정과 내부 구조 관찰을 추진하였다.

2013년 4월 5일(금), 2:00 경북대학교 글로벌프라자 202호에서 2차 전문가 모둠회의가 개최되었다. 문화재청 문화재위원인 고부자 박사와 남후선(대경대) 교수, 박상진(경북대 명예교수)와 민보라(국립대구박물관) 학예사와 고서체 전문가인 김양동(계명대 명예교수) 박사와 함께 유물의 실물을 정밀하게 외형 조사를 하는 한편 전문가들의 소견을 발표하였다.

복식사 전문가인 고부자 박사는 유물 자료에 대한 검증 의견과 향후 해체 및 복원에 다른 의견을 제시하였는데 먼저 이 유물은 '익선관(翼善冠)이 아니다'는 것을 전제로 하여 풀어내어야 한다고 주장하면서 2013년 2월 27일 1차 보고서에서 세종 26(1444)년 3월 26일 오조용의(五爪龍衣)로 바꾸기 이전 익선관임을 확인하는 데는 고증이 부족한 면이 많다는 의견을 제시하였다. 결론은 이 유물이 언제, 누구의 것인지는 확인할 수 있는 결정적인 단서를 얻으려면 오직 내부에 들어 있는 『훈민정음』의 자료를 포함한 외부 직물의 탄소 연대 측정을 선행할 필요가 있다는 결론이었다. 그 이후 모자의 모양, 옷감, 직조, 수, 바느질, 무늬, 색 등의 분석이 뒤따라야 할 것을 제안하였다.

아울러 일본의 소장자, 소장처에 대한 보다 정확한 정보와 현재 소장자의 소장 경위와 언제, 누구에게서, 어떻게 이 유물이 유출되었으며 어떤 경로로 다시 우리나라에 들어왔는지에 대한 조사도 필요하다는 의견을 개진하였다.

복식 전문가인 남후선(대경대) 교수 역시 이 유물이 익선관이 아니라는 증거를 다음과 같이 들고 있다.

첫째, 형태적인 면에서 익선관과 차이가 너무 크다는 점을 지적하였다.

"명대의 익선관은 전옥(前屋)과 후산(後山) 및 날개 모양의 절각(折角) 세 부분으로 이뤄져 있고 태를 유지하기 위해 속에 대(竹)나 나무, 또는 종이를 댄다. 그런데 이번 공개된 관모는 익선관의 핵심 성분인 절각(翼)이 없는 것은 물론 기존 익선관의 형태와는 달라도 너무나 다르다는 점이다."

둘째는 익선관은 검은색인 데 비해 장식과 색상이 너무 화려하다.

"익선관은 오사(烏紗)라고 하는 검은 천으로 만들기 때문에 속칭 '오사관(烏紗冠)'으로도 불린다. 관의 색깔은 당연히 검은 색이다. 수로 놓은 장식이 있거나 무늬가 있는 것도 아니다. 그러나 이번에 공개한 관은 바탕이 채색이 된 천으로 되어 있으며 천에는 꽃무늬 등 다양한 장식으로 수를 놓았다. 검은색을 하고 있는 기존 익선관과 비교하면 색상이나 문양이 달라도 너무 다르고 외관이 너무나 화려하다."

셋째는 관의 정면 부분에 위치한 '卐'(만)자에 대한 의문이다.

"'卐'은 관의 전면에 상징처럼 크게 수놓여 있다. 卍자는 卐과 같은 '만' 자로 본래 불교에서 비롯되었다. '卐'자는 길상과 화복을 뜻하는 것이라고는 하나 불교의 상징으로 이해되고 있다. 불교와 연관이 있는 것은 아닐까?"

▲ 본 유물의 내부 전면에 들어 있는 『훈민정음』 제자해 7ㄴ면의 일부

▲ 본 유물의 내부에 후면에 들어 있는 『훈민정음』 제자해 9ㄱ면의 일부

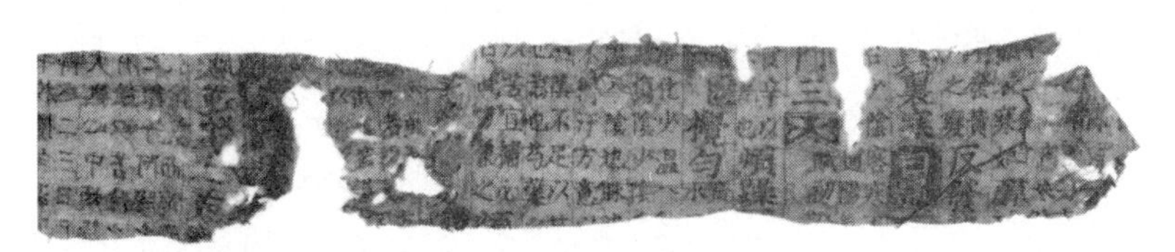

▲ 본 유물의 내부에 모자 전 부분에 들어 있는 자료

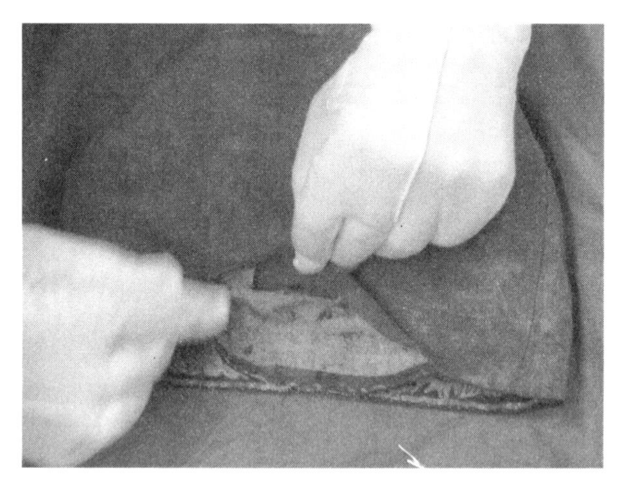

▲ 본 유물의 내부 해체 과정

박상진(경북대) 명예교수는 익선관 탄소연대분석 계획을 발표하였다. 이어 민보라(국립대구박물관) 학예사와 고서체 전문가인 김양동(계명대 명예교수) 박사의 의견은 모두 먼저 탄소연대분석을 통한 유물의 시대 측정을 선행할 필요가 있다는 의견을 제시하였다.

2차 전문가 모둠토론의 결론은 먼저 이 유물에 대한 탄소연대분석을 의뢰하는 동시에 시료를 채취하고 또 내부 구조에 대한 정밀한 분석을 하자는 데 의견이 모였다.

2단계 분석을 위해 먼저 내부 구조를 파악한 뒤에 탄소연대 측정 시료를 채취하기 위해 민속자수 연구가인 이경숙 자수박물관장과 함께 시료 채취 및 내부 해체를 하기로 결정하고 2013년 6월 28일 대구에 있는 자수박물관에서 내부 해체 작업에 들어갔다.

그 결과 보고서에 따르면 이경숙 관장은 일단 이 유물의 명칭을 "보상화 연화문 수(繡) 비단모"라 규정하고 문양의 특징으로 만(卍) 자의 무늬를 번개무늬인 뇌문(逆卍字)이라 불렀다. "번개무늬를 중심으로 용의 형상이 대칭된 것은 용이 신비의 상징이고 왕족의 위엄과 권위를 나타내고 있다 하겠다."라고 하여 이 유물이 왕실 유물로 추정하였다. 모자 전체에 갈려 있는 무늬를 보상화문과 연화문으로 간주하고 "풍성하고 위엄 있게" 시문되었음을 강조하였다. 특히 윗단에 있는 13개의 삼각형 모양을 벽사의 의미를 담은 톱니문으로 뫼 산(山) 자 형상으로 13개를 배치한 것[1]으로 보고 그 내부에는 3재에 해당하는 뜸을 감아 뜨기 혹은 씨앗뜨기를 하였다.

결론적으로 자수적 측면에서 이 유물에 대한 최종 평가는 "전체적인 수법의 정교함과 형식으로 보아서 조심스럽게는 첫째, 왕실에서 임금이 겨울에 직접 쓴 모자일 가능성이 있다. 둘째, 문양의 의미로 목숨 수 자와 여의주 등으로 추정하면 임금의 병환 중에 치료용으로 사용했을 가능성도 있다. 셋째, 도교 제사에 사용한 것으로도 추정할 수 있는데 톱니문과 임금 왕 자, 목숨 수 자, 번개무늬 등, 별에 제사를 지내 수명장수와 관계된 삼청성신초제에서 제관이 임금의 명을 받아 임금의 대리역할을 할 때 제관이 쓴 모자로 사용했을 수도 있다."라고 보고 있으나, 정확한 연대 추정이 17세기 후반으로 평가됨에 따라 17세기 후반 누가, 어디서 착용했던 "보상화 연화문 수(繡) 비단모"인가라는 문제는 미궁에 빠진 상태이다.

3종의 시료를 먼저 채취하고 다섯 가지의 자료를 인출하였다. 안감으로 사용된 주사 내부의 앞뒤에 있는 『훈민정음』 제자해의 일부 자료(7ㄴ면, 9ㄱ면)가 모자 모양과 같이 오려 붙인 자료 2점과 모자 전에 둘러싼 의서 관련 일부 자료 1점, 그리고 붉은 동그라미 모양의 양모 7점을 채취하였다. 그리고 『훈민정음』 제자해의 일부 자료(7ㄴ면, 9ㄱ면)의 뒤쪽에는 향민과 지방 교관으로 추정되는 인명이 기록된 종이를 덧대었다.

1 천주 13성을 상징하는 북쪽오랑캐 별자리를 가리켰을 수도 있다고 보고 있다.

『훈민정음』 제자해의 일부 자료(7ㄴ면, 9ㄱ면)는 모자 형태에 따라 오려서 앞과 뒤에 정교하게 천에 부착하여 바느질로 고정시켜 두었다. 그런데 판심 부분이 나타나지 않았고 원문의 일부는 잘라서 엇나가게 붙인 것으로 보아 대단히 정교하지 않은 자료임을 확인할 수 있었다. 『훈민정음』 제자해의 일부 자료의 배면에는 향민과 지방 군관의 이름으로 추정되는 鄕 金守下, 鄕 盧宗甲, 校 李命守, 鄕 盧宗鶴, 校 金龍ㅁ, 軍 玄泰奧 등의 인명이 적힌 한지를 덧대었다.

『훈민정음』 제자해 부분은 붉은 수사천의 물감이 땀에 섞여 종이에 짙게 베어 붉은색으로 변했으며, 지질 또한 양질의 한지가 아니었다. 다시 말하자면 지금까지 알려진 원본 『훈민정음』의 판본(간송미술관본)과는 반곽 행간의 규격이 차이가 있을 뿐만 아니라 석판본으로, 지질 자체도 조선 후기의 것으로 추정된다. 그리고 모자 진 부분에 덧댄 자료는 향약과 관련된 자료로 추정되는데, 음각 사엽화문(四葉花紋)인 바, 빨라도 16세기 이후의 자료로 판명되었다.

이와 아울러 본 유물 내부에서 채취한 시료 3건에 대한 탄소연대측정을 의뢰하였다. 본 유물에서 채취한 시료로 (1) 훈민정음의 한지 일부, (2) 내부 고정대로 사용된 삼베 조각, (3) 양모로 추정되는 둥근형 원문을 채취하여 충북대학교 목재연륜소재은행에 박원규 교수에게 본 유물에 대한 탄소연대 측정을 의뢰하였다. 본 연구소에서 일본 ㈜팔레오라보(Paleo Labo Co., Ltd)에 의뢰하여 가속기질량분석기(AMS)로 분석한 결과는 다음과 같다.

익선관 내부 시료 3점(한지, 삼베, 원문)에 대한 방사선 탄소연대 측정 결과 95.4% 신뢰구간이 모두 1660년대 이후로 확률적으로 1660년 이후가 95.4%이고 1660년 이전의 확률은 4.6%라는 결과였다.[2]

결론적으로 1차 보고에서 밝힌 세종이 착용했을 것으로 추정한 세종

익선관이라는 예측은 전혀 빗나간 결과였을 뿐만 아니라 고부자 박사가 제기한 임금이 착용한 익선모가 아니라는 점이 더욱 분명해졌다. 탄소연대측정 분석 결과와 내부 구조물과 『훈민정음』 해례본 제자해의 일부 자료를 분석해 본 결과 이 자료는 17세기 이후 유물로 판명되었다.

본 유물은 17~18세기 자료임이 명확한데 누가 어떤 용도로 사용한 모자인지에 대한 문제와 『훈민정음』 해례본이 1940년 이전에는 발굴된 적이 없었던바, 여기에 들어 있는 『훈민정음』 해례본의 제자해의 일부 자료는 어떤 연유로 여기에 들어간 것인지? 현재로서는 미궁의 상황이다. 1차 자료 발굴 보고 때의 제기한 가설은 시료의 탄소연대측정 결과 여지없이 무너진 셈이 되었다. 그러나 아직 풀리지 않은 의문이 한두 가지가 아니다.

1차 언론 공개 때 이 유물을 세종의 익선관으로 추정한 것은 잘못된 것임을 분명히 밝히지 않을 수 없다. 이 유물의 언론 공개를 통해 관심과 성원을 보내주신 많은 분들, 특히 『조선일보』와 KBS, YTN의 언론관계자에게 심심한 유감을 전하며, 2차 공개 발표에 대한 약속은 이 글로써 대신하고자 한다.

이 유물은 조선 왕실의 복식발달사 연구 자료로서 그리고 『훈민정음』 해례본의 이본 연구를 위해서도 매우 가치 있는 사료로 평가된다. 따라서 이 유물의 내부에서 나온 자료는 앞으로 학계의 연구 사료로 활용할 수 있도록 공개한다. 겉과 속의 차이가 엄청난 혼란스러움을 몰고 온, 이 유물에 대한 연구 과정을 통해 유물 연구를 위해 얼마나 세심한 주의가 필요한지를 성찰할 기회가 되었다.

2 충북대학교 산업단, 「익선관 모자 재료 방사성탄소연대 분석 연구보고서」, 충북대학교, 목재연륜소재은행, 2013. 6. 30.

ᅌᅵ오 音ᅙᆞᆷᄋᆞᆫ 소리니 訓훈民민正졍音ᅙᆞᆷ
ᄋᆞᆫ 百ᄇᆡᆨ姓셩 ᄀᆞᄅᆞ치시논 正졍ᄒᆞᆫ 소리라

國귁之징語ᅌᅥᆼ音ᅙᆞᆷ이 國귁ᄋᆞᆫ 나라히라 之징ᄂᆞᆫ
입겨지라 語ᅌᅥᆼᄂᆞᆫ 말ᄊᆞ미라

나랏 말ᄊᆞ미

異ᅌᅵᆼ乎ᅘᅩᆼ中듕國귁ᄒᆞ야 異ᅌᅵᆼᄂᆞᆫ 다ᄅᆞᆯ 씨라
乎ᅘᅩᆼᄂᆞᆫ 아

에 ᄒᆞ논 겨체 ᄡᅳᄂᆞᆫ 字ᄍᆞᆼㅣ라 中듕國

제2부

우리 문화의 금자탑, 한글

한글공동체

1. 조선시대 한글 재판 판결문

∷ 조선조 이후 한글 사용의 흐름

세종이 한글을 창제한 가장 큰 목적은 백성들 모두 쉽게 배우고 익혀서 일상생활에 편하도록 하기 위한 것이었다. 세종 초기에는 훈민정음을 과시에도 채용하였을 뿐만 아니라 이를 활용한 각종 언해서를 간행하여 백성들에게 한글 보급을 위한 노력도 하였다. 그러나 성종 이후 개화기까지 약 500여 년간 한글은 당시 지배 계급층에서는 통용문자로서 전혀 인정받지 못하였다. 그러한 단적인 증거는 공식적인 관부의 모든 문서는 한문으로만 소통하도록 규제했음을 각종 법전을 통해 확인할 수 있다. 조선조의 법전은 세종 당시에 『경제육전』을 비롯해 태종이 예종 9(1469)년 찬진한 『경국대전』이 그 기본을 이루고 있다. 현전하는 최고의 조선 법전은 성종 16(1485)년 1월에 시행된 을사 『경국대전』인데 이 책의 권3 「예전」에는 관부문서의 문서 사용에 관한 규정이 있다. 이 당시 관부문서는 대부분 한문 또는 이문으로 작성토록 규정함으로써 한글의 사용은 실제로 금지되어 있었던 것이다.

법전 이외에도 임금의 교지(敎旨)를 통한 단행법이 수시로 반포되었는데 이들 내용은 『각사수교(各司受敎)』, 『수교집록(受敎輯錄)』이나 법령 편람인『백헌총요(百憲摠要)』, 항간에 널리 알려져 있는『전률통보(典律通報)』 등에 실려 있다. 숙종 1(1675)년『수교집록』에 관부문서에 대한 규정은 다음과 같다.

"出債成文, 必具證筆者聽理, 諺文及無訂筆者, 勿許聽理"

『수교집록』「호전(戶典)」

곧 전당이나 채권 성문에는 반드시 증인이나 필집을 갖추어야 하며 언문으로 작성하거나 증인과 필집이 없는 경우 채권으로 인정하지 않는다는 내용이다. 그리고 관부 문서에 한글 사용 금지를 밝힌 규정이『백헌총요』에서도 보인다.

"諺文及無訂筆者勿施" 『백헌총요』「형전(刑典)」, 문기조(文記條)

곧 언문으로 썼거나 증인과 필집인(대서자)이 없는 문기는 공식문서로 인정하지 않는다는 규정인 것이다.『백헌총요』가 편찬된 시기는 영조 26(1750)년 무렵이다. 그러나 숙종 대 이후 영조 대에 와서는 궁실 내에서도 상당한 한글 자료가 유통되었으며, 실제로 영조가 백성들에게 한글로 된『윤음』을 여러 차례 반포했던 점을 고려하면 앞과 뒤가 맞지 않는 것이 아니었는지 의문이 남는다. 이러한 관부 문서 작성에 대한 제약 규정은『경국대전』에도 보인다.

"凡負私債, 有具證筆文記者許徵" 『경국대전』 권3「호전」

『경국대전』에는 공공문서의 사용 문자에 대한 규정은 실제로 없지만 증인과 필집인(대서자)이 없는 경우에 그 실효성을 인증하지 않는다는 내용이다. 안병희(2007:216)는 『수교집록』이나 『백헌총요』에서 보이는 언문 사용 금지 조항은 『경국대전』의 규정을 보완한 것으로 관부문서에 한글 사용은 실질적으로 인정하지 않은 규정으로 받아들이고 있다. 그러나 왕실 내에서도 한글로 작성한 유서나 전유가 널리 사용되었으며, 관부에서 일반 백성들에게 하달하는 고유, 고시, 전령 등의 한글 문서가 많이 남아 있다.[1] 「숙종 15(1689)년 한성 남부동에 사는 조지원의 처 정 씨가 예조에 올린 언문 단자」나 「효종 7(1656)년 해월헌 황여의의 숙부인 완산 이씨의 소지」나 「영조 2(1726)년 이이명의 처 김 씨 부인의 상언」이 남아 있는 점으로 미루어 보아 한글 사용에 대한 규정은 예외가 없었던 것은 아니라고 할 수 있다. 임진왜란 당시 선조 26(1593)년에 선조가 직접 백성들에게 발급한 「한글 유서」가 있으며, 숙종 6(1680)년에 명성대비가 우암 송시열에게 발급한 「한글 전유」도 남아 있다.[2] 그 외에도 『조선왕조실록』에 왕대비가 한글로 된 전교를 각사나 대신들에게 하달했다는 기록은 비일비재하다.

법령에서는 관부 공식 문서에 한글 사용을 통제하고 있었던 것은 분명하지만 현실적으로 일부 한글로 작성된 관부 문서들이 남아 있는 점으로 보아 융통성이 전혀 없었던 것은 아니었다. 백성들끼리 소통되는 사인문서인 분재기, 명문, 수표나 다짐, 자문, 배자, 고목, 발기 등의 한글 고문서가 상당히 많이 남아 있다. 이들은 대개 17세기 이후의 자료들이라는 측면에서 임란을 전후하여 한글은 사대부뿐만 아니라 여항에도 널리 확산되어 있었기 때문에 한글 문서가 유통될 수밖에 없었던 탓으로 법제적 제한 규정은 거의 사문화되었을 것으로 추정된다.[3]

1 이상규, 『한글고문서연구』, 경진출판사, 2011.
2 문화체육관광부, 『한글고문서를 통해 본 조선 사람들의 삶』, 2011. 참고.

고종 대에 들어서는 사대부층에서도 한문 소통이 불가능한 이들이 늘어나고 한글 소통자는 급격하게 늘어남에 따라 고종 31(1894)년 11월 21일 칙령 공문식 제14조에 한글을 공식 문자로 채택하는 문자의 전복을 선언하고 있다.

> "法律勅令, 總以國文爲本, 漢文附譯, 或混用國漢文"
>
> 고종 칙령 제1호, 「공문식」 제14조

모든 정부의 공식 문서에 한글을 주로 삼고 한문의 번역을 붙이거나 국한문 혼용을 할 수 있다는 국가 문자 사용에 대한 명확한 규정을 싣고 있다. 지금도 국한문 혼용을 주장하는 이들이 상당수 있는데 당시의 상황으로 보아서는 엄청난 중대 결단을 내린 것이라고 할 수 있다. 오랫동안 중국에 대한 사대주의에 물든 지배계층의 문자의 전복을 의미하는 결단이었던 동시에 자주적 국치의 방향을 제시한 것이라 아니할 수 없다.

세종이 백성 문자인 한글을 창제한 이후 5백여 년이 지나서야 비로소 고종에 의해 공식적 국가 문자임을 선언한 것이다. 이러한 고종의 칙령이 일시에 이루어진 것은 아니다. 한문 사용자층이 급격하게 줄어들었을 뿐만 아니라 새로운 문물이 도입되면서 도저히 한자로 표현할 수 없는 한계에 부닥친 동시에 상대적으로 한글로 표현하는 것이 그만큼 손쉬웠던 결과였다. 그리고 단기간 내에 한글 학습이 용이하였기 때문에 한글 사용자층이 한문 사용자층을 능가했던 이유가 내재해 있었던 결과이다. 본 칙령이 발효되기 이전인 고종 31(1894)년 7월 8일 군국기무처의

3 이상규, 「한글고문서의 이해」, 『한글고문서를 통해 본 조선 사람들의 삶』, 문화체육관광부, 2011, 127~178쪽 참고.

의안에도 부분적으로 한글 사용의 길을 터놓았다.

> "凡國內外公私文字, 遇有外國國名地名人名之當用歐文者, 具以國文飜譯施行事"
> 군국기무처 의안

곧 국내외 공사 문서에 사용 문자를 국문으로 사용하도록 규정하면서 특히 외국의 나라 이름, 사람 이름, 지명을 서방의 지식인들이 사용하는 말을 국문으로 번역하여 사용할 것을 규정한 것이다. 그러나 고종이 갑오개혁을 통해 선언한 고종 칙령 제1호, 「공문식」 제14조 규정은 잘 지켜지지 못했다. 융희 2(1908)년 1월 25일 각의 총리대신의 조회 내용에서 각종 공문서가 순 한문이나 이두로 만들어지고 외국 관리에게 발송되는 문서에는 해당 나라의 언어로 작성되는 등의 문서 관리의 문제점을 지적하면서 다음과 같은 내용이 발표되었다.

> "各官廳의 公文書ᄂᆞᆫ 一切히 國漢文을 交用ᄒᆞ고 純漢文이나 吏讀나 外國文字의 混用ᄒᆞᆷ은 不得ᄒᆞᆷ"

이라고 하여 국한문혼용의 길이 열리자 순한글 글쓰기보다 국한문 혼용이 상당한 기간 동안 득세를 하게 되었다. 실제로 국한문 혼용이란 한자 사용의 정도의 차이에 따라서는 이두식 표기나 다름없는 경우도 있기 때문에 입말과 글말과의 괴리는 잔존하게 되었다.

법률적으로 공식 문서에서 한글을 사용할 수 있도록 보장한 것은 고종 칙령 제1호, 「공문식」 제14조의 규정이라고 할 수 있다. 그러나 한자의 문식 능력은 천차만별이다. 따라서 당시에 유식함을 뽐내는 이들의 글에는 한글이 토로서만 사용되는 글 형식에서부터 매우 다양한 성층을 보여주고 있었으니 비문해자의 숫자는 엄청날 수밖에 없었다. 고종 당시 문해율이 20%에도 못 미쳤으나 국한문 혼용을 허용하고 조선어학회와 『조선일보』와 『동아일보』에서 대대적인 한글 보급 운동을 펼친 이후 1940년 무렵에는 문해율 40.5% 정도에 이르게 되었다.

1970년대 박정희 대통령의 한글 전용화 선포 이래로 모든 교과서를 한글로 전용하도록 규정하고 이를 법률적으로 뒷받침한 결과는 2005년 ‹국어기본법›(법률 제11424호) 제1장 「총칙」 제3장 ①, ②항에

> ① '국어'란 대한민국의 공용어로서 한국어를 말한다.
> ② '한글'이란 국어를 표기하는 우리의 고유문자를 말한다.

로 규정함으로써 국가 문자를 한글로 명시하고 있다. 또한 국어사용에 대한 규정으로는 ‹국어기본법›(법률 제11424호) 제3장 제14조에 대음과 같이 명시하고 있다.

> 제14조(공문서의 작성)
> ① 공공기관 등의 공문서는 어문규범에 맞추어 한글로 작성하여야 한다. 다만, 대통령령으로 정하는 경우에는 괄호 안에 한자 또는 다른 외국 글자를 쓸 수 있다.
> ② 공공기관 등이 작성하는 공문서의 한글 사용에 관하여 그 밖에 필요한 사항은 대통령령으로 정한다.

제14조 ①의 내용에서 국가 공공 기관의 공문서 작성 문자에 대한 규정으로 "공공기관 등의 공문서는 어문규범에 맞추어 한글로 작성하여야 한다."라고 규정하여 사용에 대한 규정을 명백하게 밝혀 놓고 있다. 다만 필요한 경우 "대통령령으로 정하는 경우에는 괄호 안에 한자 또는

다른 외국 글자를 쓸 수 있다."라고 하여 외국문자뿐만 아니라 한자로 쓸 수 있도록 문자 사용의 융통성을 열어 놓은 셈이다.

한글 전용화 선언 이후 국민 문해율은 놀랍게도 80%로 급증했으며 다시 2008년 국민 문해율 조사에서는 98.3%에 이르게 되었다. 국가의 문자 정책이 얼마나 중요한 결과를 낳게 되었는지 이해할 수 있다.

조선의 소송제도

다시 조선시대의 이야기로 되돌아 가보자.

요즘이나 지난 조선조 사회나 송사에 대한 일반인들의 시각은 달갑지만 않다. 송사는 개인적으로나 사회적으로 바람직하지 않은 곧 패가망신하는 길이라는 일반적인 인식을 가지고 있다. 송강 정철의 시조에

> 쌍육 장기 놀이하지 마라 송사문 만들지 마라
> 집을 망하게 하여 무엇 하며 남의 원수 될 줄 어찌 하리
> 나라에서 법을 세워서 죄 있는 줄 모르는가

조선조 여항의 백성들에게 송사를 경계하는 교훈적 의미가 담겨 있는 이 작품은 당시의 송사에 대한 시대적 인식을 잘 반영해 주고 있다. 이처럼 송사를 경계하는 이유는 백성들의 인심과 풍속이 야박해지고 악독해져 혈육 간이나 친척, 더 나아가서는 이웃 간에 원수지간이 되기 때문에 민풍의 교화를 위해서도 송사를 멀리해야 한다는 사회적 인식을 반영하고 있다.

그러나 때로는 이치에 맞지 않는 송사를 일으키거나 문서를 위조하고

향리를 매수하는 등 예나 지금이나 다를 바 없는 송사 사건은 꼬리를 물고 일어났다. 때로는 송사를 담당하던 향리의 관리들은 권력에 예속되어 지레 눈치를 보며, 송사 사건의 판결을 뒤로 미루어 작은 일을 불덩이처럼 키운 숙종 시대 경상도 달성군 하빈 지역의 "효녀 박효량 살해 사건"과 같은 사례도 비일비재했다. 송사 과정에서나 송사 종료 이후 억울한 판결 결과에 대해 원억을 임금에게나 삼사(형조, 사헌부, 한성부) 혹은 암행어사에게 직소할 수 있는 신문고 제도, 상언, 격쟁의 방식이 있었다. 제도적인 재판의 관장은 오늘날에는 사법부라는 독립 기관을 통해서 이루어졌지만 조선조에서는 중앙 관부나 지방 관아에서 행정의 일부로 처리하였다.

조선조 송사사건은 '송사'와 '옥사'로 크게 나누어 볼 수 있다. 일상생활 속에서 발생하는 분쟁 해결을 위해 관아에 호소하는 '송사'는 오늘날의 민사재판에 속하며, 강도, 살인, 반역죄 등 중죄를 다스리는 '옥사'는 오늘날의 형사재판에 속한다. 송사는 다시 옥송과 사송으로 구분되는데, 옥송은 상해나 사기 혹은 반상간의 윤상을 침해한 경우 형사적 처벌을 요구하는 송사를 의미하고, 사송은 주로 재산, 소유권에 대한 확인, 양도, 변상 등 민사 관련 송사이다.

노비나 재산의 분재를 통한 형제간의 분쟁, 토지나 산지의 사기 매매나 침탈 등의 송사 문제로 제기되는 사송 관련 문권 가운데 한글로 작성된 것이 가장 많이 남아 있다. 이와 같은 조선조의 송사나 옥사를 담당하는 독립된 사법기관은 존재하지 않았고 단지 지방에서는 1심은 주로 피고 측 지역의 지방 수령인 목사, 부사, 군수, 현령, 현감이 담당하고 2심은 관찰사(순사도)가 맡았다.

중앙에서는 한성부, 의금부, 형조, 사헌부, 장예원에서 담당하였는데 사건의 성격에 따라 관할 관청은 달랐다. 한성부는 지방에서와 마찬가지로 한성 지역의 사송을 주로 관장하였고, 의금부에서는 역모, 반역 등 국기와 관련된 중대 사건을 맡았으며 의정부와 사헌부, 사간원 등과 합좌 제판으로 이끌었다. 형조에서는 6조의 하나로 법률, 사송, 노비 등 사법행정 전반을 관장하는 동시에 지방에서 미해결된 사건의 재심기관의 역할을 맡았다. 사헌부와 한성부와 더불어 삼사라 일컬어지기도 하였다. 사헌부에서는 주로 지방 감찰이나 감사 역할을 담당했으며, 지방 관아의 부정부패 사건을 관장하였다. 사헌부와 사간원과 함께 대간(臺諫)이라 하여 임금의 부름에 따라 사건의 내용을 직소할 수 있었다. 장예원은 주로 노비 관련 소송을 관장하는 기간으로 사헌부와 한성부를 삼법삼사라 불렀다. 이처럼 지방이나 중앙 기관에서 사법권을 행사하였는데 재판관인 관료들이 법전이나 재판 사례에 따랐으나, 오늘날처럼 형량의 공정성을 위한 법률 중심주의가 아닌 판관의 경험이나 재량이 많이 작용하였다.

그러나 조선 법률 집행의 준거는 관련 법전에 의한 형률 공평을 꾀하였다. 민사 소송 관련 법률서는 『사송유취』(1585년), 『결송유취』(1649년), 『대전사송유취』(1707년) 등이 있었는데 이는 판관들의 실무 지침서였다. 『결송유취』는 『사송유취』를 증보한 것이며, 『대전사송유취』는 상당히 뛰어난 법이론을 담아낸 법전 이론서라고 할 수 있다. 이외에도 『대전속록』, 『대전후속록』, 『속대전』, 『형전』, 『청리』, 『대전회통』 등의 법전서가 남아 있다. 시대 조류에 맞추어 각종 사건의 주요 내용이 변함에 따라 거기에 적합한 새로운 법집행의 준거가 필요했던 관계로 법전은 끊임없이 보유 과정을 거친 것이다.

형법 관련 및 형률 적용 기본 법전으로는 너무나 유명한 『경국대전』과 중국의 법전인 『대명률』이 있다. 『대명률』은 우리나라에서 이두문으로 된 『대명률직해』로 편찬하여 널리 활용되기도 하였다. 이와 함께 중국 형률서인 『당률소의』, 『대관의두』, 『율조소의』 등도 참고하였다. 조선 후기에 들어서서는 『청송제강』, 『전율통보』, 『전율통보별편』, 『흠휼전칙』, 『추관지』, 『전율통편』을 비롯한 사체 검시를 위한 『증보무원록』을 비롯하여 재판 판결문인 제사와 관련된 기본 문형과 법조문을 제시한 『율례편람』, 『율례요람』 등을 편찬하여 활용하였다.

재판의 절차는 먼저 억울한 사정을 호소하는 일종의 소장인 소지(所志, 소지, 원정, 언단, 상언, 집단 연명한 단자)를 관아에 접수함으로써 시작된다. 관아에서는 소지를 접수한 뒤 '원고(告, 고)'와 '피고인(隻, 척)'을 불러 송사의 결과에 대해 승복하겠다는 다짐을 받고 소송절차를 시작한다. 주로 노비 문제나 토지, 가옥 등을 훔쳐서 팔거나, 노비나 토지, 가옥 등 재산 소유권이 불분명한 경우, 재산 분기에 따른 불공정에 대한 사건, 소작인이 소작세를 납부하지 않거나 경지를 가로챈 경우, 산의 지경이 불분명하여 투장(偸葬, 남의 산에 장사를 지냄), 이굴(移葬, 이장) 등의 명령을 불복종한 경우 등의 송사 사건이 주류를 이루었다.

재판은 주로 농번기를 피해 이루어졌으나 『경국대전』에 따라 송사 처리 기간이나 결옥 기간인 대사는 30일, 중사는 20일, 소사는 10일 이내에 판결을 하도록 되어 있다. 원고 측이 소지를 제출하면 피고 측의 거주 관아로 이송하여 처리하였는데 만일 담당 송관이 쟁소 당사자와 재판관이 쌍피(친족 관계)인 경우 주무관이 바뀔 때까지 기다렸다가 제소하는 것이 원칙이었다.

재판이 시작되면 소지를 제출한 사연이나 관련 증빙 문기를 제출하도록 하였는데 이때, 전답 매매 문서인 '명문(明文)'이나 '수기(手記)'나 혹은 '분재기의 입안' 등을 제출하도록 하였다. 이를 원고와 피고가 보는 앞에서 문서를 검열한 다음 관련 문서를 봉함하여 되돌려 주었다. 이어서 소송 관련 자료를 전부 검토한 이후에 당사자의 변론 기회를 준 다음 최종

결송 다짐을 받는다. 마지막으로 재판관이 '제사(題辭, 재판 판결문)'를 소지 하단 좌우나 배지(背紙, 뒤면)에 기입하고 착관을 함으로써 재판이 종료된다. 판결문은 다시 관아에 입안 절차를 거치는 경우에 원부와 부본을 작성하여 당사자에게 그리고 관아에 관련 문서를 남기게 된다. 1심 재판 결과에 불복할 경우 상급 기관에 재심을 요청할 수 있으나, 지방에서는 관찰사(순사도)이나 경차관(암행어사)에게 혹은 형조나 노비의 문제일 경우 장예원에서 2심을 제소할 수 있다. 1심 재판 결과에 불복하여 2심 기관에 제소하는 것을 의송(議訟)이라고 한다. 의송의 경우 원심으로 되돌려 보내거나 다른 고을의 수령에게 심리토록 하거나 특별 경차관을 파견하여 진행하도록 하기도 하였다. 만일 소지를 제출하여도 받아들여지지 않아 상급 기관에 제출하는 경우 상급 기관에서 재판을 진행하지 않고 해당 관아로 내려보낸다.

사송 문서, 소지-원정-언단-상언

조선 사회도 오늘날과 마찬가지로 엄격한 법률에 따른 법치 국가로서 사회가 운영되었다. 중국의 대명률에 의거하여 조선의 형편에 맞춘 『경국대전』(1469), 『속대전』(1746), 『대전통편』(1785), 『대전회통』(1865) 등의 전율에 따라 국가의 사회 질서를 유지하는 준거로 삼았다. 특히 개인의 삶은 사회의 제도의 변화와 함께 여러 가지 사회적 갈등이 생겨날 수 있었는데 개인과 개인 혹은 개인과 관부 사이에 나타나는 각종 이해관계에 따른 갈등의 문제를 관부에 소송을 제기하는 문서를 일괄하여 '소지(所志, 所持)'라고 한다. 오늘날로 말하자면 소장(訴狀)과 같은 것이다.

관부에 제출하는 소장은 여러 종류가 있다. 관부의 판결을 구하는 소지가 오늘날 말하는 '소장(訴狀)'이다. 소장을 제출하는 행위는 '고장(告狀)'이라고 한다. 노비 문제, 전답이나 가사 문제, 우마 등 재물의 문제, 묘지나 산지의 문제, 군역의 문제 등과 같이 사인의 생활에서 발생하는 갈등과 다툼의 문제를 해결하기 위해 소지를 제출하는 일을 송사라고 하며 강도, 살인, 반역 등 국가 공권력과 관련되는 문제를 해결하고 처벌하는 일은 옥사라 한다.

조선조의 송사는 사회 제도의 변화와 매우 밀접한 관계가 있다. 조선 농경 사회의 주요 재산 품목인 노비, 토지, 가사의 상속, 매매, 전당과 관련하여 각종 송사가 발생하였다. 16세기 이전에는 균분상속제도가 유지되었기 때문에 이와 관련하여 주로 노비의 상속권과 관련되는 송사가 빈번했으며, 이와 관련된 문서는 대부분 한문 소지로 작성되었다. 그러나 17세기로 들어서면서 장자 중심의 상속제로 바뀌면서 계후 문제나 처첩 간의 봉제사권과 관련된 송사 문제가 다발적으로 제기된다. 임진왜란을 겪으면서 사회 계급 조직이 느슨해지면서 도망 노비가 발생하고, 전장의 개발과 함께 전답의 재산적 가치가 증대되면서 전답과 관련된 송사와 계후 입후 등의 문제가 사회적 갈등의 문제로 등장하였다. 18세기 이후 문중과 향촌 사회가 강화되면서 산송의 문제나 전답 가사의 소유권 분쟁이 사회적 이슈로 등장한다.

개인 간에 발생하는 제반의 쟁탈문제를 관부를 통해 해결하기 위해 제출하는 소지는 제출 방식에 따라 그리고 제출자의 신분이나 직역에 따라 그 문서 양식이 차이를 보인다. 사족 층에서 제출하는 문서는 대체로 '등장(等狀)'이나 '소지(所志 所持)'라는 한문으로 작성된 문서였지만 양인이나 하민 층에서는 '원정(原情, 寃情 怨情)'의 양식을 주로 한글로 작성하여 사용하였다. 또한 문서 양식이 아닌 구두로 제소를 하는 경우 '발괄(白活)'이나 격쟁원정(擊錚原情)을 사용했다. 발괄은 구두로가 아닌 문서 양식으로도 나타난다. 이와 함께 '유언'과 '상언'이나 각종 매매 명문도 증빙 문서로 소지에 첨부되었다.

조선 후기에는 지방 관아에 제출된 송사 사건은 대체로 지방의 아전들이 재판을 주도함으로써 색리들의 침책이 커져 조선 사회의 국가적 권위가 무너지는 하나의 요인이 되었다. 소지는 '소지, 원정, 단자, 언단, 발괄' 등의 소송 신청서를 아우르는 광의의 의미를 갖고 있으면서 협의의 개념으로는 구체적인 소장의 명칭으로도 사용되었다. 이 소지는 문서 양식으로는 문서 명칭과 본문으로 구성되는 서술 양식과 재판 담당자가 재판 결과인 제사를 처결하고 판결자의 착명과 수압이나 인장과 재판 일자를 명기하는 서술 양식으로 구성된다. 본문은 "지극히 원통한 일은", "분하고 원통한 일은" 등과 같은 기두어와 "소리 높여 바라옵니다", "불쌍한 백성이 억울한 일이 없도록 바랍니다", "피를 토하는 원통함을 면하도록 해 주소서" 등과 같은 투식어의 결사 형식으로 되어 있다. 처분 양식에는 발급자가 '힝ᄒᆞ교시ᄉᆞ'와 같은 투식어를 기재하고 공격(빈자리)을 마련 최종 재판 결정문인 제사를 쓰도록 하였다. 소지를 접수한 관부나 관아에서는 사건을 처리한 결과를 판결자인 수령의 '제사(題音, 題辭, 뎨김)'를 소지의 좌우 여백이나 배면에 초서체로 기재한 판결문을 되돌려준다.

조선조의 통용 문자가 한문이었기 때문에 특히 관부 문서는 대부분 한문으로 작성하는 것이 원칙이었다. 그러나 조선 후기로 내려오면서 한문 소통자의 숫자가 점차 줄어들었던 결과 한글문서로 통용될 수 있었다. 당시 사민 층의 남성들 대부분이 한글의 소통 능력을 갖고 있었지만 다만 사용하지 않았을 뿐이다. 여성이 쓴 한글 소지를 근거로 하여 한글 소통 층이 여성이나 하민 층이었다는 판단은 왜곡된 것이다.

소지·청원류 한글 고문서는 '소지, 원정, 발괄, 단자'가 있는데 대체로

18~20세기에 작성된 것들이 많다. 그 이전의 자료들은 한글 언간의 형식과 혼류된 예가 많이 있다. 16세기 이후 일반화된 한글 언간이 격식문서의 형식을 빌려서 한글로 작성된 '소지, 원정, 발괄, 단자'가 생겨난 것으로 추정할 수 있다.

소지·청원류 문서는 한문으로 작성하든지 한글로 작성하든지 간에 (1) 문서 제목, (2) 제사, (3) 착관, (4) 서두와 결사의 투식어, (5) 발급일자, (6) 발급자의 수결이나 인장과 처결 관인 등의 문서 형식을 갖추어야 한다. 그러나 19세기 이후의 문서에는 이러한 형식이 지켜지지 않은 문서도 나타난다. 발급자가 갖추어야 할 요건은 (1) 문서 제목, (2) 기두와 결사 형식을 갖춘 본문 (3) 발급 일자, (4) 행관 등이며 이것이 관부의 처결 담당자를 거쳐 성주나 순사도의 처결 과정을 거치면서 (1) 제사, (2) 착관을 하여 발급자에게 되돌려 준다. 곧 발급자의 문서 양식을 서술양식이라 하고 관부의 처결 과정을 거치는 문서 양식과 요건을 처분양식이라고 할 수 있다. 소지·청원류 문서는 반드시 위와 같은 문서 양식의 요건을 갖추어야 한다. 소지·청원류 문서에서 처결자 표기와 서압과 관인은 문서의 공증성을 보증해주는 문서의 핵심 부분이다. 문서의 처결을 담당하는 관장의 표기는 문서의 왼편에 위치하며 서압은 그 처결자 하단에 공란으로 비워둔다. 서압 대신에 관인을 찍기도 하는데 정식 관청인 경우 정방형의 관인을, 지방 이서관인 경우 척방형을 사용한다.

::: 조선조 한글 재판 판결문

민사 사항으로 여항의 백성들이 억울한 일을 당하면 1심은 관할 지방

관부인 목관이나 현령 등 목민관 제소를 하게 된다. 한문을 모르는 여성들이 한글로 작성한 원정, 소지, 언문단자 등의 제소 문서는 상당히 발굴되었다.[4] 1심 재판 결과는 제소한 문서의 좌우 여백에 관한 목민관의 제사와 처결을 하여 재판 결과를 되돌려 주게 되어 있다. 한글로 작성한 제소 문서라고 하더라도 대부분 한문으로 제사를 작성하게 되어 있는데, 한글로 제사를 쓴 자료로는 서울대학교 규장각 소장 자료(No. 0480000) 「임자년(1852년 추정) 안지옥이 동중 첨존에게 제출한 언문단자」가 있다. 이 자료는 동중 조직인 상계에 발급한 소지 문서로 안진옥의 전답을 동말이라는 사람이 김창야에게 위조문서를 만들어 전매해 버린 데 대한 원억을 언문 단자로 동수에게 제출한 소지 문서이다.[5] 이보다 27년 정도 앞서는 을유(1825)년 3월에 작성한 한글로 쓴 최초의 재판 기록문서인 "마포면 청호졍거 졍소ᄉᆞ 원졍"를 소개한다.

원문

마포면 쳥호졍거 졍쇼ᄉᆞ 원졍

우근언 지원 극통 졍유 ᄊᆞᆫ은 의신이 일즉 민씨 가문의 츌가 ᄒᆞ옵써니 죠고 여샹으로 팔ᄌᆞ가 긔구하고 일신이 박명ᄒᆞ와 일즉 가장을 일ᄉᆞᆸ고 ᄒᆞᆫ ᄂᆞᆺ 자녀로 혈혈이 가ᄉᆞᄅᆞᆯ 의탁고ᄌᆞᄒᆞ와 셰월을 보내더니 민씨 가문이 불힝ᄒᆞ와 작년의 이외 불의지변괴ᄅᆞᆯ 당ᄒᆞ와 무거불측ᄒᆞ온 ᄉᆞ죵질 민노식 (ᄇᆡᆨ일) 위명ᄌᆞ 층 이옥 비이다 ᄒᆞ옵고 쟝치와 쥬인ᄇᆡ를 다리고 와 ᄂᆡ 경샤ᄂᆞᆫ 무슈ᄒᆞᆫ이 ᄒᆞ오되 비단 이ᄉᆞᆷᄎᆞ라 져간 곡식이며 쇼쇼 ᄌᆡ물을 ᄡᅧᆯ어 가오니 이ᄂᆞᆫ 화젹 의당뉴온 ᄇᆡ 법 밧긔 이런 변괴가 어ᄃᆡ 쏘 잇ᄉᆞ오리잇가 쏘 ᄒᆞᄂᆞᆫ 말이 논문셔ᄅᆞᆯ ᄌᆞᆸ피라 ᄒᆞ옵기의 고약ᄒᆞ온 마ᄋᆞᆷ으로 싀ᄃᆡᆨ의

4 이상규, 『한글고문서연구』, 경진출판사, 2011.
5 이상규, 『한글고문서연구』, 경진출판사, 2011, 433~438쪽. 「임자년(1852년 추정) 안지옥이 동중 첨존에게 제출한 언문단자」에 대한 해설을 상세하게 소개하고 있다.

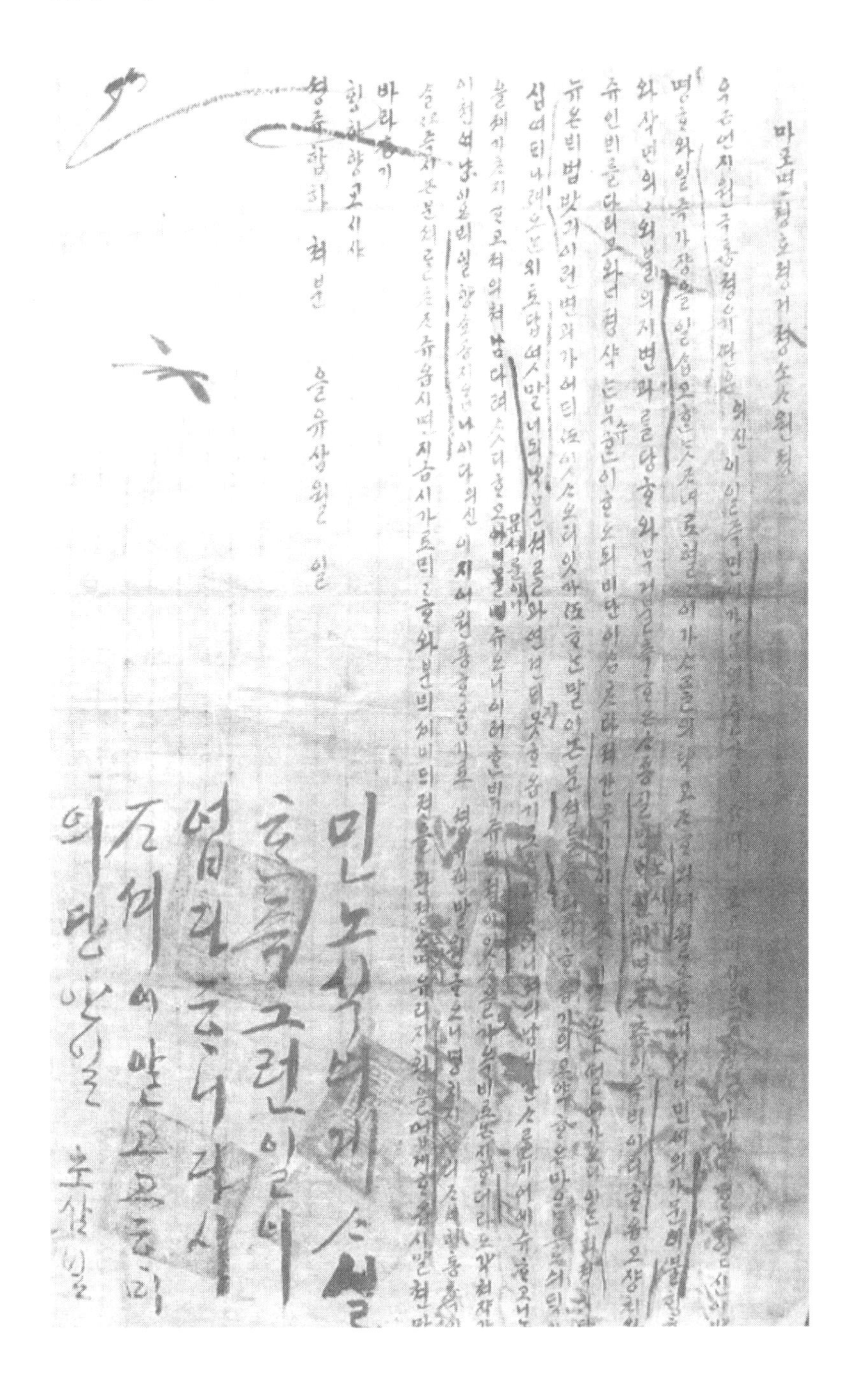

십여ᄃᆡ나 나려오ᄂᆞᆫ 위토답 엿말너낙 문셔ᄅᆞᆯ 과연 견듸지 못ᄒᆞ옵기로 즙펴습던닌 져의 남ᄆᆡ 간ᄉᆞᄅᆞᆯ 지어 에슈ᄒᆞ고 니 논을 졔가 ᄎᆞ지ᄒᆞ고 져의쳐남다려 ᄉᆞᆺ다ᄒᆞ고 문셔를 안니 쥬오니 이러ᄒᆞᆫ ᄇᆡᆨ쥬ᄃᆡ 이 잇사올닛가 옥비로 논지ᄒᆞ더라도 각쳐 쟉간이 쳔여냥이 온ᄇᆡ 일향쇼공지옵나이다 의신이 지어 원통ᄒᆞ옵기로 셩쥬젼 발원ᄒᆞ오니 명치지ᄒᆞ의 자셔히 통이슬ᄉᆞᆸ고 즉시 논문셔ᄅᆞᆯ ᄎᆞᄌᆞ쥬옵시면 지금 시가로 ᄆᆡᄆᆡᄒᆞ와 분비 셰미ᄃᆡ 젼을 관졍으로 밧치오며 유리지환을 업게 ᄒᆞ옵말 쳔만

바라습기

힝하향교시샤

셩쥬합하 쳐분 을유 삼월 일

재판 결과 제사

민노식의게 ᄉᆞ실ᄒᆞᆫ 즉 그런 일이 업다 ᄒᆞ니 다시 ᄌᆞ셔이 알고 고ᄒᆞ미 의당안일 쵸삼일

현대어

마포면 청호정에 사는 정소사 원정

위 삼가 드리는 말씀은 지극히 원통한 사정이 있음이 이 몸이 일찍 민씨 가문에 출가하였더니 조고의 상을 당하여 팔자가 기구하고 일신이 복이 없어 일찍 가장을 잃고 하나뿐인 자녀를 데리고 혈혈히 가사를 의탁하고자 세월을 보내더니 민씨 가문이 불행하여 작년에 이외의 예상하지 않은 변고를 당하여 사는 곳이 일정치 않은 사종질(11촌) 민노식(백일) 위명자 칭하여 이옥 비이다 하고 장채(무기)와 주인무리(폭력무리)를 데리고 와서 내가 경작하는 무수 하니 하오되 비단 이삼 차례나 지고 간 곡식이며, 소소한 재물을 떨어 가니 이는 화적(火賊)과 같은 무리인바, 법을 벗어난 이런 변괴가 어디에 또 있겠습니까? 또 하는 말이 논문서를 잡혀라 하기

에 고약한 마음으로 시댁에서 십여 대나 내려오는 위토답(位土畓, 조상의 봉제사를 위해 마련한 전지) 여섯 마지기 네 두락 문서를 과연 견디지 못해서 잡혔더니 저의 남매가 간사(奸詐, 간교한 사기로)를 지어내어 어수하고(於受, 받아 챙기고) 이 논을 저가(민노식) 차지하고 저의 처남에게 샀다고 문서를 아니 (돌려) 주니 이러한 백주대적(白晝大賊, 벌건 낮에 도둑)이 있겠습니까? 옥비로 논지(論之)하더라도 각처 작간(作奸, 간교를 꾸민 일)이 천여 냥이 온바, 일향(一向, 한 가지 일념으로) 소공(召公, 불러서 공정하게) 해야 할 일입니다. 이 몸이 원통함에 이르러 성주님 앞으로 발원하오니 밝게 다스려 자세히 통촉 있을까 즉시 논문서를 찾아 주시면 지금 시가로 매매하여 분배된 미납 세금을 관정에 바치오며, 환란에서 벗어나게 함을 천만 번 바랍니다.

행 아래에 교시하실 일

성주 합하 처분 을유 삼월 일

재판 결과 제사

민노식에게 사실한바 즉 그러한 일이 없다고 하니 다시 자세히 알고 고함이 마땅한 일. 초 삼일.

홀로 과부로 살아가는 정소사가 사종질 민노식에게 여러 차례 재물을 빼앗기고 또 논문서마저 강압에 의해 저당 잡힌 억울함을 관할 성주(사또)에게 원정을 올린 문서이다. 증거 불충분이라는 1심 재판 결과는 "행 아래에 교시하실 일", "성주 합하 처분" 아래 빈 공격에 한글로 제사를 쓰고 향청 관인 6방(홀수)이 찍혀 있으며 성주의 수기(사인)가 있는 조선조 재판 기록 문서이다.

조선조의 재판에 역사적 변천 연구와 한글 확산 과정을 이해하는 데 매우 중요한 자료로 평가된다.

한글공동체 2. 식민 조선의 한글, 조선어학회 사건

::: 말은 민족의 정신, 글은 민족의 생명

언어는 풍화되며 탈골되어 부서지고 또 뒤섞이며 새롭게 만들어져 인간 지식과 정보를 생산 창조하면서 사용자들 간에 상상의 공동체를 형성한다. 언어 변화가 나타나는 환경을 가장 격심하게 깨뜨리는 인위적 요인은 우리가 경험했던 여러 제국의 식민 지배였다. 일본 제국주의에 의한 조선어 말살 정책, 곧 일본어 상용화 정책이 바로 그 실례이며, 지난 시대에 우리는 그러한 처절한 역사적 과정을 거쳐야 했다.

조선 500년의 왕조 체계는 지배층과 피지배층의 갈등과 대립의 결과로 빚어진 통치 권위의 몰락과 서방의 제국주의 팽창과 근대화의 물결과 맞물려 일제 식민 지배로 몰락의 길을 걷게 되었다. 2차 세계대전 종전의 부산물로 광복을 맞이한 우리나라는 다시 좌우로 갈라지는 내부적인 계급적 분열로 인해 결국 남북 분단이라는 허망한 역사의 중간 귀착지에 이른 것이다. 대한제국에서 분단 조국으로 이어지는 그 틈새는 너무나 복잡다단한 인과적인 사건의 고리로 이어져 있다.

특히 일제의 조선 지배 초기 방식은 천황을 중심으로 내선일체라는 동화정책을 표방하면서 조선의 주류들로부터 자발적 동의를 이끌어내려는 전략이었다. 그 가운데 가장 중요한 목표는 일본어의 보급과 상용, 곧 '국어(일본어)'의 확장이라는 근대 제국의 지배 방식을 이념화하는 데 전력을 쏟아 붓는다. 일본어야말로 일본의 정체성의 핵심으로 언어가 곧 순혈적 동일성을 확인할 수 있는 유일의 방식과 수단이 된다는 점에서 조선어는 일본어에 비해 열등한 변두리 언어로 내몰릴 수밖에 없었다. 그와 함께 조선인은 분열적인 족속이며 더럽고 문명화가 덜 되었기 때문에 발전된 천황이 내리는 문명 세례로 교화해야 할 대상으로, 조선인 스스로가 이것을 인정하고 받아들이도록 만들었다. 그러기 위해 제일 먼저 조선어를 버리고 일본어를 배우도록 만드는 조선어 말살 정책은 지배와 차별이라는 항등식을 이념화한 일본 제국의 조선 문명화론의 핵심이다.

조선총독부의 어용 언론이었던 『매일신보』 「동화의 방법」(1910. 9. 14.)에는 "동화의 급무는 어학이며 (중략) 교육을 확장ᄒᆞ야 어학을 보급케ᄒᆞ고 일반 인민으로 동화역에 제진ᄒᆞᄂᆞᆫ 것이 당국자의 제일급무"라는 내선일체 동화론을 확산시켰다. 1876년 강화조약 이후 동아동문회, 대일본해외교육회, 불교종대곡파본원사, 일본거류민단 등의 친일단체를 통해 일본어 보급을 추진하다가 1900년대 일진회라는 어용단체를 통해 조선 내에 34개의 사립학교를 설치 운영하였다. 1896년 경성학당, 1899년 전주 삼남학당을 비롯하여 1900년 초에 이미 동래, 대구, 안성, 성진, 광주, 등 11개교가 설립되었다. 1930년대에 접어들면서 도시뿐만 아니라 시골지역까지 일본어 교육이 확장되면서 일본어는 소통 언어로서의 지위가 점점 강화되었다. 1937년 7월 중일 전쟁의 승리 이후 제3차 교육령을 발표하고 조선어말살, 신사참배, 창씨개명 등을 추진하였다. 1942년 5월에는 '국어(일어)보급운동요강'을 발표하여 일어 상용화 정책을 범국민운동으로 전개하였다.

이러한 상황에서 한글은 조선인을 하나의 상상적 언어 공동체로 묶어 주는 조선의 정신과 자아의 지향점으로 부상되었다. 한글 확산을 통한 이러한 민족적 결속은 주시경 선생을 중심으로 한 한글학자들의 자성적 성찰의 결과였으며, 한 걸음 더 나아가 민족 수난의 시기에 외적 동기에 의해 촉발된 민족어에 대한 관심은 상상적 공동체 전반으로 확장되도록 해 준 것이다. 민족 독립과 자주를 주창하던 한글 운동가들은 그 어둡고 가파른 역사의 능선에서 우리말과 글을 일치시키고 계급을 뛰어넘는 새로운 소통 질서를 정착시키는 운동으로 발전시킨 것이다. 말과 글을 지키는 일은 곧 민족 독립운동의 구체화된 실천 이념이었다. 일본어 상용화 정책을 통한 주권의 말살에 대응한 문화 운동으로서 조선어학회가 묵묵히 추진해왔던 한글 운동은 민족 정체성을 강화하고 주권을 회복하는 실천적 탈식민 저항 운동이었다. 그 결과는 현대 한글의 시대를 성공적으로 열어 주었으나 그 길은 너무나 험난하였다.

한일합병 이전부터 이미 대한제국은 일본 통감부에 장악되어 조선의 교육용 언어는 모두 일본어로 한다는 방침이 서 있었다. 1910년 이후 일제 식민지 정책의 핵심은 행정과 법률 관련 문서뿐만 아니라 모든 교과서를 일본어로 만들어 일본어 상용으로 전환하는 것이었다. 이로 인해 우리의 말과 글은 피식민의 주변 언어로 전락하였다. 1911년 식민지 교육 방침을 담은 조선교육령에는 "보통교육은 보통의 지식 기능을 주고, 특히 국민(일본 황국신민) 된 성격을 함양하며 한국어(일본어)를 보급함을 원칙으로 한다."고 명시되어 있다. 1922년 제2차 개정교육령, 1938년 제3차 교육령, 1943년 제4차 교육령까지 조선어 교육은 필수 교과목에서 수의 교과목으로 바뀌었고 마침내는 조선어는 제도 교육에서 전면 제외되었다. 이러한 일본어 상용 정책에 반하여 조선어를 지키고 보급하는 데 앞장선 조선어학회의 활동은 한마디로 어문민족주의를 토대로 한 탈식민 문화 투쟁운동이었다고 평가할 수 있다.

조선어학회가 추진한 중요한 업적은 다음과 같다. 3대 조선 어문 규정인 한글맞춤법통일안, 사정한 조선어 표준말 모음, ‹외래어 표기법› 통일안 제정의 기본 골간을 제정하였다.

일제 식민 기간 동안 한글 운동을 전개하였던 조선학회의 구성원들은 좌우 혹은 중도적 성향을 띤 다양한 인사들로 결속하여 주권 회복이라는 공동의 목표를 가지고 있었다. 1929년 조선어학회의 핵심 사업인 조선어사전 편찬에 착수하면서 내외에 밝힌 조선어사전편찬회 취지서[1]에 조선어학회가 추구하는 목표와 방향이 또렷하게 드러나 있다. 독일 유학을 마치고 귀국한 이극로 선생은 이러한 우리의 현실을 직시하고 느슨해져 있던 조선어연구회를 조선어학회로 전환하고 곧바로 조선어사전 편찬 계획을 발표함으로써 한글학자, 독립운동가, 언론인, 재계 인사를 망라한 당대의 지성 인력을 집결하였다.

이극로 선생은 “말은 곧 민족의 정신이요, 글은 민족의 생명”이라는 어문민족주의를 기반으로 탈식민 저항운동으로서 한글 운동에 횃불을 당겼다. 가장 험난했던 일제 식민 기간을 통해 우리말과 글이 제자리를 찾을 수 있도록 어문 규범화 추진과 조선어사전 사업을 이끌어낸 것이다. 이러한 조선어학회의 노력은 한글 시대의 문을 연 단초가 되었으며, 한편으로는 탈식민 저항운동으로 그 빛을 더욱 발휘하게 되었다. 조선어학회는 광복 이후 한글학회로 탈바꿈하면서 학교 교육을 위한 교과서 제작, 교원양성, 어문 용어의 통일 등의 난제를 해결하였다. 그러나 광복 이후 이들 구성원은 좌우 이념에 따라 남과 북으로 흩어지고 다른

1 “금일 세계적으로 낙오된 조선 민족의 생생할 첩로는 문화의 향상과 보급을 급무로 하지 않을 수 없는 것이요, 문화를 촉성하는 방편으로는 문화의 기초가 되는 언어의 정리와 통일을 급속히 꾀하지 않을 수 없는 것이다. 그를 실현할 최선의 방책은 사전을 편성함에 있는 것이다.”

한편으로는 한글 전용파와 한자 겸용파로 갈라져 그 갈등의 불씨는 꺼지지 않고 있다.

조선어학회의 활동 성과와 조선어학회 사건은 일제 수탈과 위선적인 측면에서만 조명됨으로써 이들을 바라보는 박제된 우리들의 시선은 크게 바뀌지 않고 있다. 국권 회복이라는 공동의 목표 아래 좌우합작을 이루었던 어문학자들은 다시 해방 공간을 거치면서 좌우의 분열이라는 과정을 왜 밟아야 했을까? 그들의 학술적 성과나 조선 정신의 구심으로서의 조선어학회가 이루어낸 역할에 대해 새롭게 해석되어야 할 부분은 아직 굳게 봉인된 상태로 있다.

::: 한글맞춤법통일안 제정

1881년부터 1910년 사이에 신구약 성서 번역에서 사용한 철자법과 1912년, 1921년, 1930년 세 차례 걸쳐 '조선어철자위원회'를 구성하여 교과서 편찬에 필요한 언문철자법이 있었다. 특히 조선총독부에서 시행한 1, 2차 언문철자법은 표음 중심의 철자 표기안이었으나 3차 개정 시에 장지영, 권덕규, 정열모, 최현배, 신명균 등이 가담하여 형태주의 철자법으로 바꾸었다. 이것은 주시경 선생이 제안한 국문연구소 의정안과 상당한 차이가 있었다. 그뿐만 아니라 조선어 규범화의 주도권을 쟁취하기 위해 조선어연구회(조선어학회)를 중심으로 1930년 12월 13일부터 1933년 10월까지 약 3년 동안 한글맞춤법통일안 제정을 추진하였다.

1930년 12월 13일 12명의 한글맞춤법통일안 제정위원회(권덕규, 김윤경, 박현식, 신명균, 이병기, 이희승, 이윤재, 장지영, 정인섭, 최현재, 정열모, 이극로)를 구성하여 2년간 심의를 거쳐 1932년 12월에 맞춤법 초안을 완료하고 1932년

12월 22일 임시총회에서 제정위원 6명(이만규, 이세정, 이상춘, 이탁, 이갑, 김선기)을 추가로 증원하였다. 1932년 12월 26일에서 1933년 1월 4일까지 개성에서 1차 독회를, 1933년 7월 25일에서 8월 3일까지 화계사에서 2차 독회를 거쳐 65항목 및 부록 9항목을 확정하였다. 1933년 10월 19일 조선어학회에서는 임시총회를 열어 ‹한글맞춤법통일안›을 완성하였다. 총 433시간, 125차례에 걸친 회의를 통해 오늘날의 한글 맞춤법 통일안의 원안인 ‹한글맞춤법통일안›을 1933년 10월 29일 오후 5시 30분 한글날 기념식에서 최종 발표하였다.[2]

조선어사전의 올림말로 올릴 표준어를 제정하는 일 또한 매우 중차대한 과제였다. 1934년 12월 이윤재, 최현배, 이희승이 중심이 되어 조선어표준어사정위원회를 구성하고 전국적으로 73명으로 구성된 사정위원은 1935년부터 1936년까지 활동하였다.[3]

전등어와 각립어 가운데 전등어는 서울을 중심으로 한 가장 세력 있는 방언을 선택하고 각립어 또한 음운론적 분화형 가운데 역사적인 변화를 고려하는 동시에 그 세력권을 고려한 조선어 표준말 선정 원칙을 정하였다.

1935년 1월 2일~1월 6일까지 온양온천에서 제1회 독회를 열었으며 수정위원 16명을 선정하여 세부적인 수정을 거쳤다. 1935년 8월 5일~8월 9일까지 서울 강북구 우이동에 있는 봉황각에서 2차 독회를, 1936년 7월 30일~8월 1일까지 인천 제일공립보통학교에서 제3차 독회를 열었다. 이 과정에서 전문용어를 보완하기 위해 이덕봉, 정문기, 송석하 등을 고문으로 선임하였으며, 특히 3차 독회 이후 수정위원이 중심이 되

2 한글맞춤법통일안 제정 과정에 대해서는 『한글학회 100년사』, 한글학회, 2009. 참고.
3 『사정한 조선어 표준말 모음』 완성 과정과 세부적 활동상화에 대해서는 박용규, 『조선어학회 항일 투쟁사』, 한글학회, 2013. 참고.

어 밤낮을 가리지 않고 초안을 마련하여 교육기관, 언론기관, 종교기관, 문필가 등 500여 곳에 보내어 사정안에 대한 자문을 거쳤다. 1936년 10월 28일 한글날 기념식(490주년)에서 ‹조선어 표준어 사정안›을 최종 발표하였다. 표준어 6,231개, 약어 134개, 방언 3,082개, 한자어 100개로 사정 낱말 수는 총 9,547개였는데, 그 후 조선어학회에서는 『사정한 조선어 표준말 모음』이라는 책자로 발간하여 배포하였다.

::: 외래어 표기법 통일안 제정

대한제국에서부터 일제 식민을 경과하는 과정에서 외국말이 물밀 듯 밀려들어 오면서 외래어 표기는 매우 혼란스러울 수밖에 없었다. 일본식 표기, 중국식 표기, 한글 음차 표기는 뒤엉킨 실타래와 같은 모습이었다. 특히 지명과 인명 표기의 통일은 시급한 문제가 아닐 수 없었다. 조선을 미국보다 더 사랑한 헐버트(1863~1949) 박사의 『ᄉᆞ민필지』에 나타나는 세계 각국의 나라 이름의 사례를 살펴보자.

> “모든 나라흘 의론컨대 도모지 십구국이니 아라사국과 노웨국과 쉬덴국과 덴막국과 덕국과 녜데란스국과 벨지암국과 옝길리국과 블난시국과 이스바니아국과 포츄갈국과 쉿슬란드국과 이달리아국과 오스드리아 헝거리국과 루마니아국과 셰비아국과 만트늬그로국과 터키국과 ᄭᅳ리스국이니 나라가 강ᄒᆞ고 군ᄉᆞ가 졍ᄒᆞ며 ᄌᆡ믈이 만코 ᄌᆡ조가 긔이ᄒᆞ며 학업에 졍밀ᄒᆞ고 도학에 젼일ᄒᆞ며 졍ᄉᆞ는 도모지 ᄇᆡᆨ셩의 ᄯᅳᆺ을 ᄯᆞ르며”
>
> 『ᄉᆞ민필지』

이에 조선어학회에서는 1931년 1월 24일 ‹외래어 표기법› 통일문제

협의회를 구성하고 이극로, 정인섭, 이희승이 책임위원으로, 정인승, 이중화, 최현배, 한병엽, 김선기 등이 참여하여 외래어 표기법 통일을 위해 조사와 연구 및 정리를 추진하였다. 1938년 가을에 11차 원안을 마련하여 『한글』 등 간행물에 시험으로 운용을 하면서 수정 보완을 기하여 1940년 6월 25일 외래어 표기법 통일안을 완성하였다.

조선어학회에서 가장 심혈을 기울이며 추진했던 사업의 결과물은 『큰사전』이다. 조선어학회 사건으로 잃어버렸던 원고 뭉치를 되찾는 우여곡절을 겪은 『큰사전』 편찬 사업은 조선어학회에 이은 한글학회에서 1947년에 제1권(『조선어사전』)을 1949년에 제2권(제2권 이후에는 『큰사전』으로 이름이 바뀜)을 펴낸 다음 1950년에 제3권 인쇄와 제4권 조판이 끝날 무렵 6·25전쟁이 일어나 다시 중단했다가 1957년에 6권(『큰사전』) 모두 완성했다. 3,804쪽, 16만 4,125개의 낱말이 실린 최초의 우리말 대사전이 탄생한 것이다. 말모이 사전 사업을 추진하기 시작한 지 28년 만에 이룬 민족적 쾌거였다.

조선어학회 33인의 구성원을 통해서도 알 수 있듯이 당시 언론사에 종사했던 조선어학회 인사들을 중심으로 『조선일보』와 『동아일보』와 합동으로 전개했던 문자 보급 운동은 계몽과 근대화의 불을 지핀 실천적 성과라고 아니할 수 없다. 이러한 과정에서 조선어학회 사건은 우발적으로 일어난 단순한 반 일제 저항이 아니라 지속적이고 내면화된 문화 운동으로서 또 계몽과 근대화의 횃불을 올린 거사라고 하지 않을 수 없다. 그러나 다소 수동적이었고 일부 일제에 대한 의존성과 철저한 투쟁성이 결여되었을 뿐만 아니라 광복 이후 조선어학회 관련 인사들이 그들의 이념에 따라 남과 북으로 흩어지고, 남한에 잔류한 인사들은 미국군정기와 대한민국 초기 정부에 입각한 인사들이 다수였다는 점에 대해 비판하는 견해도 없지 않다. 잊고 있었던 민족적 정체성을 '타자' 일제 식민지라는 그리고 미군정기라는 여과기를 통과하는 과정에 대한 비판적 여지는 있지만, 조선의 정신과 자아를 발견하는 구심적 역할을 했다는 점에 대해 결코 과소평가할 수 없을 것이다. 일제 당시의 민족 독립과 자주를 실현하는 낮은 층위에서의 투쟁성에 대한 평가를 결코 소홀하게 해서는 안 될 것이다. 또한 친일 혹은 대미 의존적 행위만을 부각시켜서 이들을 일괄 매도하는 분열주의적 시각도 경계하지 않을 수 없다. 조선어학회 사건은 어문민족주의에 기반을 둔, 일제에 대한 탈식민 투쟁인 동시에 계몽과 근대화라는 문화 운동이란 두 가지 관점에서 평가될 수 있다.

::: 조선어학회 사건 전모

조선어연구회는 주시경 선생의 문하생들이 주축이 되어 1921년 12월 3일, 우리말과 글의 연구를 목적으로 조직한 민간학술 단체이다. 이 단체는 근대 계몽적 관점에서 한글 연구와 교육 및 보급을 모색하였으나 주시경 선생의 사망과 함께 역동성을 잃어 가고 있었다. 그러나 1931년 이극로 선생이 독일 유학을 마치고 귀국하면서 국권회복 운동의 하나로 민족의 말과 글을 통일하고 또 조선어사전 편찬을 추진하기 위해 장지영, 김윤경, 이윤재, 최현배, 이병기 등의 회원을 중심으로 조선어학회로 개편하면서 조선어학회는 한글을 통해 조선의 정신과 조선의 자아를 되찾는 학술 단체로서 자리매김하게 되었다. 광복 이후 조선어학회는 1949년에 한글학회로 명칭이 바뀌었다.

조선어학회 사건은 1942년 10월 조선어학회를 중심으로 활동하던 인사들을 치안유지법의 명목으로 일제히 검거해 재판에 회부한 사건이다.

조선어학회 사건의 발단은 1942년 3월 중순경 함경남도 홍원군 전진역 대합실에서 시작된다. 당시 함흥의 갑부이자 육영학원 이사장 박동규의 아들 박병엽이 대합실에서 친구인 지장일을 기다리다가 불심검문을 하던 일경 후카자와(深澤)에게 불온 인사로 지목되어 홍원 경찰서에 연행된다. 홍원 경찰서 고등계 형사 주임 나카시마 다네쿠라(中島德藏)와 조선인 형사부장 안정묵 등으로부터 취조를 당한 후에 가택 수사를 받게 된다. 일경은 박병엽의 집에 함께 살던 질녀인 박영희(당시 함흥 영생고등여학교 학생)의 책상에 있던 일기장을 우연히 발견하고 압수하였다.

넉 달이 지난 1942년 7월 하순 당시 조선인 경찰 형사부장인 안정묵이 박영희의 일기 속에 "한국어(당시 일어)를 사용한다고 선생님으로부터 꾸지람을 들었다."라는 대목을 발견하고 안정묵은 눈이 동그라졌다. 당연히 일본말을 사용해야 하는데 일본말을 사용한다고 꾸지람을 한 선생이 누굴까? 다시 박영희를 찾아간 일경 나카시마와 안정묵은 겁에 질린 박영희를 다그치며 경찰서로 연행했다. 어린 박영희는 무시무시한 경찰서의 분위기와 압박해 오는 일경의 취조에 혼비백산했지만 어린 박영희는 "'한국어(일본어)'가 아니라 '조선어'로 쓸 것을 잘못 썼습니다."라고 기지를 발휘했지만 이미 일경의 마수의 오랏에 걸려든 것이었다. 그들은 일기장에 등장하는 박영희의 친구인 '이성희, 이순자, 채순남, 정인자' 등을 추가로 연행하여 취조하기 시작했다.

결국 일기장의 주인공, 조선어 선생은 바로 조선어학회로 옮기기 전까지 영생여자고보에서 조선어 및 영어를 담당했던 '정태진'임을 알아내었다. 일경의 앞잡이 안정묵은 대어를 낚은 것이다. 함흥의 홍원 경찰서 서장 니노야마(二官)와 주임 나카시마, 형사 쓰네카와(恒川謙), 안정묵, 박동철, 윤광휘가 머리를 맞대었다. 서장 니노야마는 "어린 학생이 조선어를 한국어로 잘못 썼다고 하니 사건을 종료하는 것"이 어떠냐고 제안하였다. 당시 그 지역 유지인 박동규의 구원 요청이 이러한 결정을 내리도록 교섭이 있었을 것이다. 그러나 예상 외로 안정묵은 강경했다. 영생여자고보의 교원들이 조선의 혼과 얼을 강조하며 어린 학생들을 선동하고 있으니 차제에 그 뿌리를 뽑아내야 한다는 안정묵의 의견대로 사건은 점점 확산되기 시작한다.

1942년 9월 5일 함흥의 홍원 경찰서 고등계 형사부장 안정묵이 조선어학회 사전편찬실에 밀어닥쳤다. 어제같이 짙은 녹색 나뭇잎에 노릇노릇 단풍물이 오르고 가을바람이 몰려오고 있었다. 당시 임오교변(대종교 지도자일제구속사건)과 조선어학회사건도 모두 이극로 선생과 밀접한 관계가 있었다. 임오교변은 이극로 선생이 윤세복에게 보낸 "널리 펴는 말"이라는 글이 빌미가 되어 대종교 관련자들을 검거한 사건이다. 또한 만주에 있던 윤세복이 '단군성가'라는 가사를 지어 경성에 있던 이극로 선생에게 보내서 작곡을 의뢰했는데, 조선어학회의 이극로 선생의 서랍 속에 있던 이 가사를 안정묵이 찾아내었다. 이 증거물을 근거로 하여 이극노 선생을 비롯한 조선어학회 관련자들을 일괄 만주 독립군 세력과 긴밀하게 연계된 반 매국 세력으로 판단하고 조선어학회의 중심인물 33인을 구금 연행하는 결정적인 빌미가 되었다.

한편, 그해 9월 5일 정태진이 경찰에 검거되어 조사를 받는 과정에서 조선어학회가 민족주의 단체로서 독립운동을 목적으로 하고 있다는 거짓 자백을 하게 되었다. 함흥여고보에서 조선어학회로 자리를 옮겨 사전 편찬을 맡고 있던 정태진은 함흥결찰서로 연행되어 가혹한 고문과 취조를 당하게 된다. "내지(일본)의 말로만 사용하도록 법이 규정하고 있음에도 '조선어'를 연구하다니, 게다가 그놈의 '조선어'를 사전으로 만든다니" 안정묵은 정태진 선생에게 갱지 30여 매를 내밀면서 '조선어학회'가 어떤 일을 하고 있었으며, 어떤 사람들이 가담했는지 자술서를 상세하게 잘 쓰면 훈방 조치를 해주겠노라고 했다. 정태진은 자기가 하고 있는 일에 대해 조금도 죄가 되는 일이라 생각하지 않았다. 정태진은 알고 있는 범위 안에서 있는 그대로 4~5쪽가량의 자술서를 쓰고는 다시 유치장에 돌아갔다.

이 자술서를 읽은 안정묵은 핏발이 돋쳤다. "이따위 조센징들이 있으니 나라가 되겠나?" 안정묵은 대일본 제국의 경찰을 능욕하는 이놈을 무덕전(武德殿, 당시 경찰 요원들의 유도 검도 연습장)으로 끌고 가 완악한 고문을 여러 차례 가하였다. 몇 차례 실신을 한 후 "당신이 바라는 것이 무엇이오, 당신이 부르면 그대로 적어 드리리라." 지칠 대로 지친 정태진 선생은 그 다음 날 새벽부터 자술서가 아닌 타술 조서를 써 내려갔다. 핵심적인 요지는 "조선어학회는 조선 민주주의자들의 집단이며, 조선어의 연구를 통해 민족어사전을 편찬하여 조선인의 얼을 살리고 궁극적으로는 조선의 자주독립의 터를 마련하는 일이다."는 내용이었다.

1942년 10월 일본 경찰은 소위 '조선어학회사건' 관련자 일체 구금에 들어갔다. 조선어사전편찬회의 발기인 108명 모두를 민족주의 사상을 지닌 반일본 불순분자로 판단한 일제는 이들 가운데 핵심 인사 33인에 대한 구금을 시작하였다. 10월 1일 이중화, 장지영, 최현배, 이극로, 한징, 이윤재, 이희승, 정인승, 김윤경, 권승욱, 이석린 등 핵심인물 11명을 1차로 검거하여 함경남도 홍원으로 압송하였고, 1943년 4월 1일까지 모두 33명이 검거되어 혹심한 취조와 고문을 당했다. 사건을 취조한 홍원경찰서에서는 33명 모두 반일본 불순세력으로 내몰아 '치안유지법' 제1조의 내란죄 명목으로 전원 기소를 했다. 이들 중 16명은 기소되고 12명은 기소 유예되었다. 기소자는 예심에 회부되고 나머지는 석방되었다. 온갖 고문으로 말 못 할 정신적 압박을 받으며 함흥형무소에 수감되어 있던 이윤재 선생은 1943년 12월 8일에, 한징 선생은 1944년 2월 22일에 옥중에서 조국 광복과 조선어사전 편찬의 꿈을 이루지 못한 채 사망하였다. 장지영과 정열모 선생은 공소 소멸로 석방되었고, 공판에 넘어간 분은 12명이었다. 조국 광복을 7개월 앞둔 1945년 1월 16일 함흥지방재판소에서는 이극로 징역 6년, 최현배 징역 4년, 이희승 징역 2년 6개월, 정인승과 정태진 각각 징역 2년, 김법린, 이중화, 이우식, 김양수, 김도연, 이인 선생은 각각 징역 2년 집행유예 3년, 장현식 선생은 무죄 등의 판결을 내렸다. 실형을 받은 이들은 1945년 해방을 계기로 풀려났으며, 이 사건으로 조선어학회는 강제로 해산당했다가 해방 후 조직을 정비한 뒤 1949년 9월 오늘의 '한글학회'로 이름을 바꾸어 다시 탄생한 것이다.

이 기간은 우리 역사에서 참으로 험난하고 어려운 시기였다. 때로는 자력으로 때로는 남의 힘으로 소리와 문자와의 결속을 통해 흩어지고 풍화되는 민족의 얼이 담긴 말과 글을 부여잡으려는 열정과 노력은 나라를 되찾는 기획물이자 민족정기를 하나로 모으는 지향점이 되었다.

::: 조선어학회 사건 예심종결결정서

조선어학회 사건에 대한 구술 자료나 회고 기록은 상당히 많이 남아 있지만 실증적 사료로서 재판 기록이나 검찰 공소 기록 그리고 변론 기록이 거의 남아 있지 않은 상황이다. 다만 1944년 9월 13일 함흥지방법원에서 선고한 예심종결결정서([사건번호 1943년 예 제11호])가 『건재 정인승 전집』 권6 부록에 일본어로 작성된 원문(269~323쪽)(당시 함흥지방법원 담당판사 나카노 도라노(中野虎雄), 담당서기 松川堯洽)과 번역문(242~268쪽)을 포함하여 상고심 조선고등법원의 1945년 8월 13일 판결문이 남아 있는 것이 현재

▲ 1946년 조선어학회 수난동지회(10.1회원) (앞줄) 김윤경, 정세권, 안재홍, 최현배, 이중화, 장지영, 김양수, 신윤국, (가운데 줄) 김선기, 백낙준, 장현식, 이병기, 정열모, 방종현, 김법린, 권승욱, 이강래, (뒷줄) 민영욱, 박형규, 정인승, 정태진, 이석린

유일의 증빙 자료라고 할 수 있다. 상고심 판결문(형상 제59호)은 현재 국가기록원에 소장되어 있으나 원문의 상태 판독이 어려울 정도로 자료가 양호하지 않다.

함흥지방법원에서 선고한 예심종결결정서(사건번호 1943년 예 제11호)에 대한 법률적 분석은 정긍식 교수의 「조선어학회 사건에 대한 법적 분석」[4]이라는 훌륭한 논문과 발표되었기 때문에 이 논문을 중심으로 사건의 전말에 대해 살펴보고자 한다. 먼저 이들이 법정으로 송치되기 이전에 함흥 홍원경찰서와 악명 높은 서대문 경찰서에 강제 구치되어 혹독한 고문을 통해 작성한 조사 진술서 자료 발굴에도 힘을 쏟아야 할 것

4 정긍식, 「조선어학회 사건 애심종결판결문 분석」, 『애산학보』 32, 2006. 10., 97~140쪽. 최근 한인섭, 「이인 변호사의 항일 변론 투쟁과 수난」, 애산 이인 선생 추모 강연회, 한글학회·대구광역시 공동주최, 2013. 5. 3, 한인섭, 『식민지 법정에서 독립을 변론하다』, 경인문화사, 2012.

이다.

예심종결결정서의 구성은 (1) 대체로 조선어학회를 통한 항일 운동에 참여자인 수인 명부, (2) 1심 재판 결정문인 주문, (3) 선고 이유로 되어 있다. 수인 명부는 수인자 직위, 성명, 연령과 본적과 현주소가 기재되어 있다. 대구 출생인 이인 선생처럼 태생지와 본적지가 일치하지 않는 분들도 있으며, 경남 의령에 거주했던 이우식 선생의 경우 주소가 누락되어 있다. 조선어학회 사건과 관련하여 수사 대상에 오른 분은 총 33명이다. 이 가운데 1심 판결이 내리기 전 미기소자와 기소유예 및 감옥에서 옥사한 이윤재, 한징 선생과 기소 취하한 장지영, 정열모 선생을 제외한 13명의 수인 명부가 기재되어 있다.

조선어학회 사건의 법정 절차는 이 사건이 발발한 1942년 9월 5일 정태진 선생을 연행한 때부터 1945년 8월 13일 상고심인 조선고등법원의 판결까지 2년 11개월간 소요되었다. 먼저 경찰의 검거와 조사, 검찰의 조사, 예심, 제1심 지방법원 재판, 제2심 고등법원 재판의 과정을 거쳤다.

피의자 검거 과정은 1942년 9월 5일 함흥의 홍원 경찰서에서 전 여고 교원이었던 정태진 선생을 연행, 동년 10월 1일 조선어학회 이극로 등 11명을 서울 서대문경찰서에서 검거 연행하였다. 또 10월 18일 경남 의령에서 이우식 선생을, 10월 19일 경남 동래에서 김법린 선생, 10월 20일 경북 김천에서 정열모 선생, 10월 22일 서울에서 이병기 선생, 11월 10일 서울에서 이인 선생, 12월 23일 서울에서 서승효, 안재홍, 김양수, 장현식, 정인섭 선생과 부산에서 윤병호, 광양에서 이은상 선생을 검거하였으며, 12월 28일 서울에서 김도연 선생을 검거하여 홍원경찰서로 이감하였다. 1943년 3월 6일 서울에서 서민호 선생을 3월 31에서 4월 1일 신윤국과 김종철 선생을 전국 각지에서 연행하여 경찰서에서 간악한 취조와 고문으로 조사를 진행하였다. 권덕규 선생과 안호상 선생은 건강상 이유로 검거를 하지 않았다. 1942년 9월부터 1943년 3월까지 7개월 동안 조선어학회 관련자 33명 가운데 29명을 구금하였으며, 당시 증인으로 방종현, 곽상훈, 김두백 선생 등 50명의 증인을 출두시켜 조사하였다.

당시 검거는 함경남도 경찰부(도경)와 홍원경찰서에서 서울 서대문경찰서의 협조를 받아 진행되었으며, 관련 법규는 1941년에 개정된 치안유지법 및 관련 형법의 의해 치안유지법 피의사건(국가내란죄)에 적용, 1943년 3월 15일 경찰조서를 완료하고 안재홍을 제외한 인사들은 동년 4월 검찰에 송치하였다. 당시 동 사건의 조사를 맡은 자는 홍원경찰서 고등계 주임 나카시마 다네쿠라(中島種藏), 조선인인 고등계 형사부장 야스다 미노루(安田捻)과 고등계형사 나하라 동철(新原東哲, 박동철), 나하라 동철(尹東輝元, 윤동철), 쓰네기와 겐지(恒川謙二), 가라야(假玉) 등이며, 함경남도 경찰부에서는 사찰계 주임 미니키 요시오(皆木善男), 조선인 사찰계 주임 오하라 병훈(大原炳薰, 주병훈), 형사부장 시바타 겐지(柴田健治, 김 모 씨), 安山武(이 모 씨) 등 10여 명이다.

1943년 8월 말경 검찰의 담당 검사 야오야기 고로오(青柳五郎)는 홍원경찰서 구치장에서 경찰을 배석시킨 가운데 신문을 계속하였다. 당시 정인승 선생의 증언 기록에 따르면 검찰 신문이 끝나면 인근에 있던 경찰체육관으로 끌고 가서 기소 유지에 필요한 증언을 하도록 갖은 악독한 고문을 가하였다고 한다. 안재홍 선생은 1943년 3월 15일 불기소 석방되고 신윤국 등 6명은 기소 유예, 권덕규, 안호상 선생은 신병을 이유로 기소 유예한 경찰안 대로 16명 기소, 12명 기소 유예, 신윤국, 김종철 선생은 불기소처분을 내렸다. 1943년 9월 18일 일제 아오야기 검사는 기소하여 예심에 회부하였다. 1943년 9월 12일~13일에 기소자 16명과 기소유예처분을 내린 12명을 추가 조사하는 명분으로 함흥 감옥으로 이감하여 사상범이라는 죄목으로 각각 독방에 감금하였다. 1943년 9월 18일 김윤경, 이만규, 이강래, 김선기, 정인섭, 이병기, 이은상, 서민호, 이석린, 권승욱, 서승효, 윤병호 등 12명은 기소유예로 석방하였고 이극로, 이윤재, 최현배, 이희승, 정인승, 정태진, 장지영, 이중화, 김법린, 이인, 김도연, 이우식, 한징, 정열모, 장현식, 김양수 등 16명은 예심에 회부하였다. 예심 담당 판사는 함흥지방법원 나카노 도라오(中野虎雄)이었다.

1944년 2월 예심에 넘겨 동년 4월 예심 판사의 심문을 거쳐 9월 30일 예심이 종결되었다. 이미 돌아가신 이윤재, 한징 선생을 제외하고 장지영, 정열모 선생은 증거 부족으로 면소되고 최종 12명은 정식 1심 재판에 회부되었다.

1944년 11월 말부터 1심 재판의 공판이 시작되어 한 번에 두서너 명씩 재판장에 끌려 나가 예심종결 결정문 내용에 따라 재판이 진행되었다. 최현배, 이희승, 정인승, 이극로, 정태진은 독립을 목적으로 한 결사 조직으로 조선어학회를 조직하여 그 목적을 수행하였으며, 이중화, 김법린은 이에 적극 가담하였으며, 이우식, 장현식, 김도연, 김양수, 이인은 이를 실행에 협의 도모하고 지원을 한 죄목으로 모두 치안유지법(국가 내란죄)에 적용되었다.[5]

1945년 1월 16일 함흥지방법원 재판부(주심 판사 니시다(西田勝吾))는 이극로 선생 징역 6년, 최현배 선생 징역 4년, 이희승 선생 징역 2년 6개월, 정인승 선생 징역 2년, 정태진 선생 징역 2년의 실형을 선고하고 이중화, 김법린, 이인, 김도연, 이우식, 장현식, 김양수 선생은 징역 2년 집행

5 한인섭, 『식민지 법정에서 독립을 변론하다』, 경인문화사, 2012.

유예 3년을 선고하였다. 당시 변론인으로는 한격만, 박원삼, 유태설, 나카시마(永島雄藏) 등인데 변론 기록물이 남아 있지 않아 재판 진행 상황을 좀 더 구체적으로 조망할 수 없는 상태이다.

실형을 선고받은 이극로 선생, 최현배 선생, 이희승 선생, 정인승 선생은 고등법원에 상고하고 정태진 선생은 미결 구금일을 산정하여 곧 출소할 수 있었기 때문에 상고를 포기하였다. 1945년 1월 18일 이극로 선생 외 4명은 고등법원에 상고하였으며 당시 일인 검사 사카모토(坂本一郎) 역시 1심 형량이 적다고 판단하고 고법에 상고를 하였다. 1945년 몇 차례 상고 공판 기일을 지연시키다가 1945년 8월 13일 상고 기각으로 1심 판결을 원심대로 최종 확정하였다. 그러나 그해 8월 15일 일본의 히로히토가 폐전을 선언함으로써 일본은 패망하였다. 대부분의 수금자들이 석방되었음에도 이극로 선생 외 4명의 석방은 지연되다가 함흥지방국 엄상섭 검사가 출옥명령서를 제출하여 8월 17일 자유의 몸으로 풀려나게 되었다.

농촌문화 앙양론과 한글 보급운동

조선어학회의 한글 보급운동은 한글연구의 실천 운동으로, 한편으로는 농촌 계몽운동의 일환으로 전개되었다. 한글 연구자 중심에서 조선인을 하나로 묶어내는 조선인의 자아 발견의 지향점이 되었다는 점은 매우 중요하다. 특히 조선어학회 33인 가운데 한 분인 민세 안재홍 선생의 「농촌문화앙양론」이라는 글에 한글 보급운동의 의의가 잘 반영되어 있다.[6]

한민족의 근원은 고향 농촌이며, 공업과 산업의 발달과 함께 그 근원

농촌의 자연 속에 흰옷 펄럭이며 일하고 우리말로 도란도란 이야기를 나누는 그의 꿈을 이야기하고 있다. 또 민세가 1938년 『조선일보』 사장 시절에 문화(지방)부장이었던 장지영 선생은 조선어학회와 연계하여 함께 대대적인 농촌 계몽과 더불어 한글보급운동을 전개하였다. 국권 회복을 위해 농민들의 교양을 함양시키는 일이 무엇보다 급선무임을 깨닫고 하기방학을 활용하여 한글보급, 기초 산수 등의 교양 강좌를 전국 단위로 확산시킨 민중 문화운동의 깃발을 높이 든 것이다. 한글문자보급운동의 도화선이 된 민세의 「귀향학생 문자보급반」(1929. 7. 14. 『조선일보』)에 실린 글[7]에서 민중의 교양 증진을 위한 지름길이 한글 보급임을 분명하게 밝히고 있다. 당시 강습소 교육만으로 충분하지 않기 때문에 방학기간 귀향하는 학생들을 통한 농민 한글보급운동이 확산되어 불과 3년만에 문맹률을 20%나 줄이는 효과를 가지고 오게 된 것이다.

주시경 선생으로부터 물려받은 한글 계몽운동의 실천은 조선어학회 회원들이 이어받아 『조선일보』와 『동아일보』와 함께 본격화되었다. 김민수 선생의 『현대어문정책론』(조선문화사, 2007:509~571)에 실린 당시 『조선일보』 동료였던 최은희(1904~1984) 기자의 증언에서도 "1928년 5월 『조선일보』 4차 정간 중에 장지영 선생은 지원자에게 매일 오후 4시 편집

6 "푸른 산 그 너머에 또 푸른 산 있어 바라볼수록 아득하되 닭 울고 개 짖는 고장에 흰 옷자락 펄쩍 "그 누구요" 하는 우리 말소리 들려오는 내 민족의 공동한 정서와 그 생존의 노력이 그대로 각 사람의 가슴 속 감격을 울려주지 아니할 수 없다. 이것은 서울, 평양, 부산, 광주 또는 함흥, 춘천, 혜산진, 신의주 하는 수도, 항도, 목재도시, 공업도시 등의 현대문명 집적의 책원지가 국제문화 교향의 살아 있는 무대로서 빛나야 할 것과 마찬가지로 하고 많은 농촌과 장터와 기타 조고만 전원도시가 모두 농민문화 또는 농촌문명의 근거지 되고 배양소 되도록 기획, 설시, 계발, 선양시켜야 할 일이다.", 안재홍, 「농촌문화앙양론」

7 "신흥청년의 귀농운동이란 이러한 까리를 밝혀봄에서 일어난 조선 현하의 중요한 사회의식이다. 조선인에게 있어서 한글과 같이 그 자연의 성성 운율에 잘 들어맞고 따라서 배우기 쉽고 깨치기 쉽고 또 써먹기 쉬운 자 없으니 조선인으로서의 문자보급운동은 결국 한글보급운동이다. 본사에서 이제 하기방학기간을 이용하여 귀향생 문자보급반을 주최하니 오로지 이 사정에 인함이다.", 안제홍, 「귀향학생 문자보급반」(1929. 7. 14. 『조선일보』)

朝鮮日報

五日夕刊

時評

「한글」欄創設

내마음을내글로

▲ 『조선일보』 1927년 1월 16일 자

실에서 철자법을 가르쳤으며, 나도 배운 중의 한 사람이다."라고 회상하고 있다. 특히 장지영 선생이 1929년 여름 『조선일보』 지방부장을 맡으면서 본격적으로 '문자보급반'을 통한 문맹퇴치운동을 전국적으로 전개하였다. 이어 장지영 선생은 1931년 2월 문화부장을 맡으며 '브나로드' 운동의 불을 댕긴 것이다.[8] 이러한 추론의 근거는 당시 문자보급반 교재로 사용되었던 『한글원본』과 1935년에 간행된 『문자보급교재』 간행에 장지영 선생이 깊이 관여했다는 점에서도 알 수 있다. 이 당시 조선어학회와 언론사가 추진했던 한글보급운동은 가장 강도 높은 탈식민 저항운동의 하나였으며, 조선의 정신을 하나로 묶어주는 결정적인 계기가 되었다.

8 정진석의 「문자보급을 통한 농촌계몽과 민족운동」(『문자보급운동교재』, LG상암재단, 1997: 12)에서 "바로 이 운동을 전개한 중심에 있었던 사람이 당시 『조선일보』 지방부장이었던 한국어학자 장지영"임을 밝히고 있다.

정진석(1977)의 「문자보급을 통한 농촌계몽과 민족운동」에 따르면 1929년에는 409명의 대학생들이 문자보급운동에 참여하였고 1930년에는 참여 대학생이 900여 명으로 늘어났고 그해에 『조선일보』에서 무료로 배포한 『한글원본』이 9만 부나 되었다. 한편, 『동아일보』에서는 1928년 4월 1일 「글 장님 없애기 운동」을 전개하였다. 일종의 문맹퇴치운동이라는 이름으로 시작된 이 운동은 1931년 7월 15일부터 '브나로드운동'이라고 불렀다. 제1회 '브나로드운동'은 1931년 7월 15일 학생계몽대 조직을 위한 광고에 따르면 『조선일보』와는 달리 '조선문 강습' 외에도 '위생강연', '학술강연' 등을 추가하여 식민 민중을 교화 계몽하는 내용으로 진전되었다.[9]

참으로 놀랄 만한 일이 아닐 수 없다. 참가자의 숫자나 활동지역을 보면 거의 전국을 망라한 총체적 문화운동으로서 문맹률을 감소시키는 결정적인 역할을 한 것이다. 그토록 어려운 시기에 우리의 말과 글을 통해 하나로 뭉칠 수 있는 위력을 이끌어낸 것이다. 그러한 노력의 대가로 한글은 위대한 주인을 되찾아 주류와 비주류를 뛰어넘는 자유로운 소통의 통로를 되찾는 한글의 시대를 열어내는 계기가 되었다.

조선어학회 사건에 대한 평가는 아직 때 이른 감이 없지 않다. 사료조사가 너무나 불충분하다. 역사가들의 접근 방식과 어문학자들의 접근 방식의 차이에서 오는 통합적 평가 또한 매우 미진한 편이다. 예를 들면 국가보훈처의 국가유공자 공훈록에 실린 조선어학회 관련자에 대한 정

9 『동아일보』에서도 『한글공부』와 『일용계수법』이라는 교재를 개발하여 전국에 무료로 보급하였는데 그 성과는 1931년 제1회(7.21~9.20) 참가 학생 수는 423명이고 수강 인원은 9,492명, 교재 30만 부, 142개 곳, 1932년 제2회(7.11~9.30) 참가 학생 수는 2,724명이고 수강 인원은 41,153명, 교재 60만 부, 592개 곳, 1933년 제3회(7.12~9.30) 참가 학생 수는 1,506명이고 수강 인원은 27,352명, 교재 60만 부, 315개 곳, 1934년 제4회(7.21~9.20) 참가 학생 수는 1,098명이고 수강 인원은 20,601명, 교재 60만 부, 271개 곳이다.(정진석의 「문자보급을 통한 농촌계몽과 민족운동」(『문자보급운동교재』, LG상암재단, 1997:30)

보조차도 매우 부실하고 정확하지 않다. 광복 이후 좌우 이념에 따라 흩어지고 다시 한자와 한글 사용 대립으로 분산되어야 했던 조선어학회를 바라보는 시각은 다양할 수밖에 없었다. 곧 현대사를 바라보는 관점에 따라 한글 문화 운동으로서 조선어학회 사건에 대한 평가는 갈라져 있다. 그뿐만 아니라 어문학계에서조차 이들에 대한 저술 등 각종 사료에 대한 분석 조사도 아직은 매우 미진하다.

조선어학회의 한글 운동의 성격에 대해 조선어학회 관련 인사들의 학문과 당대의 활동 상황에 대한 정밀한 천착이 이루어지지 않은 상황에서 성급한 평가를 내리는 일은 자못 위험한 일이라 판단된다. 그러나 지금까지의 조선어학회 활동에 대한 연구 성과를 토대로 첫째, 민족의 정체성을 일깨운 민족 부흥 운동, 둘째, 문자의 과학화와 자주화를 통한 근대성의 확립, 셋째, 일제 식민지배에 대한 탈식민 저항으로서 민족주의적 한글 운동으로 평가할 수 있다. 다만 어문 통일이라는 관점만 지나치게 강조되는 과정에서 우리말의 다양성을 유지 발전하는 데에는 다소 실패하였음은 분명한 사실이다. 그리고 사상적 논쟁에 휩쓸려 조선어학회의 한국어발전사에 기여한 부분이 왜곡되거나 축소되기도 하였다.

일제에 의해 우리의 말과 글이 풍전등화처럼 조선어 말살의 위기를 겪는 동안, 우리의 말과 글을 지키는 일이야말로 잃어버린 나라를 되찾는 일이라는 신념으로 희망의 땅을 일군 조선어학회 33인이 살아 왔던 삶에 대한 이야기를 보다 더 깊이 있게 천착할 수 있는 기회가 오기를 바란다.[10] 조선어학회 33인은 광복 후 남과 북로 향해 뿔뿔이 흩어져 모두 고인이 되셨다. 특히 이윤재와 한징 두 분이 함흥 감옥에서 쓸쓸한 죽음을 맞이했던 고통과 아픔을 함께 되새길 수 있기를 기대한다.

10 이상규, 『민족 말은 정신, 글은 생명』, 역락, 2013.

한글공동체 3. 박정희 대통령의 한글 전용화 담화문

::: 한글이 나라 글자가 되기까지

'한글'이 전 국민의 소통 문자로 자리 잡기까지 4대 중요 국가 어문 정책의 변화가 있었다.

첫째, 세종의 한글 창제: 백성을 지극히 아끼고 사랑했던 세종의 한글 창제의 위업에 대한 찬사는 아무리 하더라도 아까울 것이 없다. 계층을 뛰어넘는 소통문자인 한글을 세종 25(1443)년 12월에 창제한 이후 한글 사용은 잠시뿐이었다. 소중화 사상에 빠져 있던 조선조 주류 계층의 사대부들에게는 공식 문자로 철저하게 외면을 당하고 외연으로 밀려나 있었다. 실제로 사대부들은 기초 한자와 한문을 습득하기 위해서는 한글을 활용하지 않을 수 없었던 사정이어서 그들 또한 대부분 한글을 알고 있었다. 그러나 공식적으로 한글을 사용하는 일은 일종의 금기 사항이었으며, 또 중화에 대한 불경이며, 체통에 어긋난다는 생각이 널리 퍼져 있었을 것이다.

둘째, 고종의 국한문 혼용 선포: 조선의 여성들이나 하층인과 중인들에 의해 그 사용상의 명맥을 유지해 왔던 한글이 대한제국기, 갑오개혁(1894~1896)과 함께 고종이 국한문 공용을 선언하였다. 고종 31(1894)년 11

월 21일 공문서 관련 ‹칙령 1호 제14조›에 "法律勅令, 總以國文爲本, 漢文附譯 或混用國漢文"이라고 하고 ‹칙령 86호›(고종 32(1895))에 "法律命令은 다 國文으로써 본을 삼고 漢譯을 附ᄒᆞ며 或 國漢文을 混用홈"이라고 밝힘으로써 한글을 위주로 한 문자 공용화를 선언하였다. 말과 글이 다른 시대에서 소위 언문일치의 시대로 접어들게 된 것이다. 세종이 한글을 창제한 이후 450여 년이 지나서 겨우 한자와 섞어 쓰기를 한 국한문 혼용 시대를 열면서 한글이 공식적인 나라 글자로 인정을 받게 되었다.

셋째, 조선어학회의 ‹맞춤법통일안›과 우리말 『큰사전 편찬』: 일제 강점기간 동안 조선어학회에서는 "말은 민족의 정신이요, 글은 민족의 생명"이라는 관점에서 탈식민 저항운동으로서 한글이 무언의 민족 공동체를 결속시키면서 오늘날 4대 어문 규정인 ‹한글 맞춤법 통일안›, ‹외래어 표기법›, ‹표준어 규정›, ‹로마자 표기법› 등의 기본 골간을 마련하고 『조선어큰사전』을 민간단체의 힘으로 이끌어내었다. 조선어학회 33인 사건과 같은 일제의 혹독한 탄압 아래 전개된 조선어학회 어문 문화 저항운동은 구국 독립운동의 물길을 열어 준 것이다.

그러나 식자들은 여전히 한자 사용을 고집하였다. 국한문 혼용체는 1960년대까지 유지됨으로서 계층 간의 소통 문자는 한글, 한자, 영어 등 여러 나라 문자가 신문과 교과서 등에서 마구 뒤섞여 있었다. 당시 우리의 글에 나타난 한자의 비율은 글쓴이의 한문과 한자의 지식 수준에 따라 천차만별이어서 해방 직후인 1945년의 문맹률은 80%, 1961년에는 70%에 달하였다. 한글을 읽을 수 있는 사람이 전 국민의 15~20% 정도밖에 되지 않았으니 한자가 섞인 국한문 혼용체를 온전히 읽을 수 있는 국민은 0.8%에도 미치지 못하였다는 말이다. 물론 그 0.8%에 속하는 한자 해독자라 하더라도 그들의 한자와 한문 독해 능력의 차등은 엄청나게 컸던 것으로 보인다.

넷째, 박정희 대통령의 한글 전용화 선언: 1968년 10월 9일 한글날 기념식전에서 박정희 대통령은 1970년 1월 1일부터 전면 한글 전용화를 실시한다는 친필로 쓴 담화문을 발표하였다. 지금도 한글파와 한자파의 대립과 시비가 끊이지 않는데 당시의 상황은 실로 충격적이어서 사회적 파장을 몰고 올 수밖에 없었다. 전국 문과 계열의 교수들은 일제히 일어나 반대서명운동을 시작하였고 관련 학회들은 벌떼처럼 일어났다. 책상머리에 앉아 있는 지식인들이 기대하는 사회의 진보적 변화는 그렇게 쉽지 않았다. 아마 박 대통령은 당시 엄청난 정치적 손실을 예상하지 못했을 리가 없었을 것이다. 그럼에도 불구하고 한글 전용화 선언은 국가와 사회의 미래를 예단한 선택이라고 아니할 수 없다.

한글 전용화라는 실로 엄청난 어문 정책의 변화는 바로 세종대왕이 꿈꾸었던 이상이 현실이 되어 우리들의 눈앞으로 다가온 것이다. 그러나 아직 이러한 현명한 결정에 대해 비판적인 시각이 상존하고 있다. 국어국문학계에서 이두와 구결 연구에 대표적인 학자 가운데 한 분인 남풍현 교수는 "한국어가 큰 변화를 입었음은 문헌자료에 나타난다. 그다음 국어가 큰 충격을 받은 것은 일제의 한국어 말살정책과 그에 이어서 등장한 한글 전용 교육이다. 한국어에 70%를 차지하고 있는 한자어를 버리고 국어순화라는 굴레를 씌우더니 영어몰입 교육에까지 이르렀다. 그리하여 할아버지와 손자가 대화가 안 될 만큼 전통이 끊기고 부평초같이 뿌리 없이 떠도는 신세가 된 것이 오늘의 한국어다."[1] 라고 지탄을 하고 있다.

언어는 변화하는 것이 기본적인 속성이다. 어리석은 백성이 한글로

1 남풍현, 「언어의 변화와 외부 충격」, 『어문생활』 제188호, 2013. 7.

된 모든 글을 읽고 쓰며, 이해할 수 있는 상황이 된 것이다. 이쯤에서 1968년 10월 9일 박정희 대통령이 한글 전용화를 선언한 담화문 전문을 살펴보자.[2]

一九六八년 十월 九일

담화문

한글날

친애하는 국민 여러분!

오늘 한글 반포 五百二十二 주년을 기념하는 '한글날'에 즈음하여, 온 국민과 더불어 이날의 의의를 되새기고 경축하면서, 우리 겨레가 당면한 조국 근대화 과업의 완수와 국토 통일의 숙원을 달성하는 데 크게 이바지하는 민족 문화의 창달을 위해 온 국민이 결의를 새로이 하고 더욱 힘쓸 것을 굳게 다짐하는 바입니다.

아울러 온갖 어려움을 참고 이겨 내어 한글의 창제와 민족 문화의 창달에 있어서 위대한 업적과 교훈을 남긴 선각자들의 위업을 추모하면서 우리는 그분들의 거룩한 애국정신과 창의성을 오늘에 다시 살려 한결 빛내야 하겠습니다.

돌이켜 보면, 지금으로부터 오백여 년 전, 세종대왕께서는 우리말을 마음대로 적고 쉽게 배울 수 있는『나라 글자』한글을 지어『훈민정음』이라 하였습니다.

세종대왕께서 이 우리글을 만든 뜻은 국민을 고루 가르치고 계몽하여

2 본 대통령 담화문 기록 문서는 대통령 기록문서실의 대외 공개 문서(대비공)로서 문서 분류번호(제1731호)로 대통령전용 괘선지에 대통령께서 직접 육필로 쓴 원고 자료이다.

겨레의 문화적 향상을 꾀하려는 『국민 주체화』의 노력에 있었음을 깊이 인식해야 하겠습니다.

『나라의 근본인 국민이 깨이고 현명해져야 나라도 부강해진다』는 이 국민 교화의 이념은 오늘날 교육의 근대화 과정에 있어서도 크게 계승되어야 할 이념의 하나임이 분명합니다.

또한 우리는 벌써 五백여 년 전에 한글과 같은 세계 문화사에서도 크게 자랑할 만한 훌륭한 내 나라 글자를 가진 문화 민족이며, 문화 창조면에서도 뛰어난 슬기와 재질을 지닌 우수한 민족임을 자각하고 긍지를 가져야 하겠습니다.

우리는 하루속히 우리 민족 속에 잠들고 있는 이 저력(底力)을 개발해내야 하고, 민족중흥의 밝은 앞날을 위해 三천만의 마음과 힘을 하나로 뭉쳐 인내와 창의력과 줄기찬 노력으로 후진국이라는 욕된 이름을 깨끗이 청산해야 하겠습니다.

친애하는 국민 여러분!

우리는 지난날의 욕된 역사를 청산하고, 새로운 민족사로 개조하는 역사적인 도약 단계에 처해 있습니다.

필자는 이날을 기념하고 경축하는 데 있어서 우리 문화의 금자탑인 한글을 더욱 아끼고 사랑하고 가꾸어서 빛나는 국어의 발전에 힘쓰면서 우리 국민의 생활 문화와 정신 자세 면에서도 건전하고 힘차고 발랄한 새 기풍과 근대화를 위한 근면과 인내와 성실과 자주성이 온 국민의 마음가짐 속에 깊이 뿌리박기를 바라 마지않습니다.

필자는 지난해에 민족중흥의 정신적 밑받침이 되는 문화 시책의 일환으로서 한글 전용의 단계적 실시를 지시한 바 있습니다. 한글 전용의 이상은 두말할 것도 없이 배우기 쉽고 쓰기 쉽고 과학적인 한글을 전용함으로써 민족의 자주성을 확립하고 민족의 긍지와 국가의 권위를 바로 세우

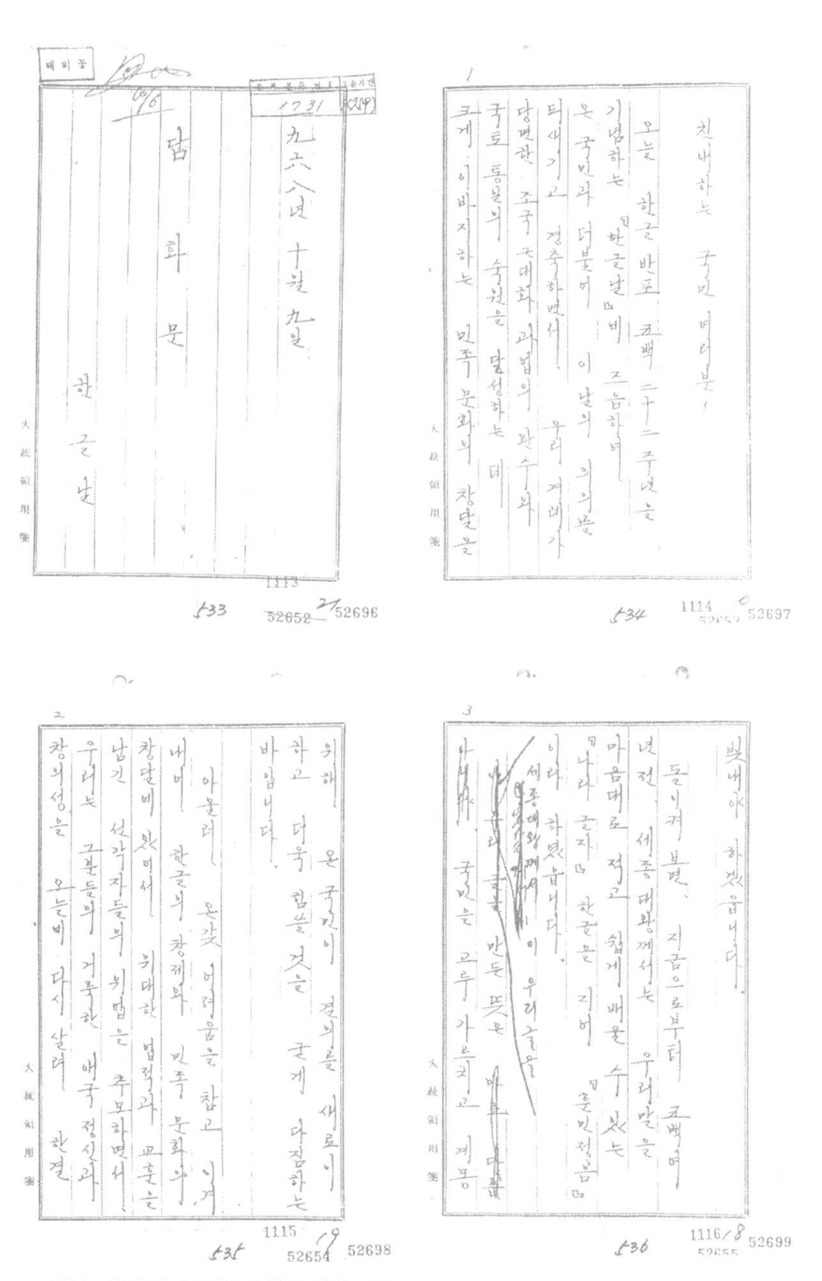

一九六八년 十월 九일

담 화 문

한 글 날

친애하는 국민 여러분!

오늘 한글 반포 五백 二十二 주년을 기념하는 한글날에 즈음하여 온 국민과 더불어 이 날의 의의를 되새기고 경축하면서, 우리 세대가 당면한 조국 근대화 과업의 완수와 국토 통일의 숙원을 달성하는데 크게 이바지하는 민족 문화의 창달을

위해 온 국민이 결의를 새로이 하고 더욱 힘쓸 것을 굳게 다짐하는 바입니다.

아울러 온갖 어려움을 참고 이겨 내며 한글의 창제와 민족 문화의 창달에 있어서 위대한 업적과 교훈을 남긴 선각자들의 위업을 추모하면서, 우리는 그분들의 거룩한 애국 정신과 창의성을 오늘에 다시 살려 한결

빛내야 하겠읍니다.

돌이켜 보면, 지금으로부터 五백여 년전, 세종대왕께서는 우리 말을 마음대로 적고 쉽게 배울 수 있는 나라 글자, 한글을 지어 훈민정음 이라 하였읍니다.

세종대왕께서 이 우리 글을 만든 뜻은 … 국민을 고루 가르치고 계몽

▲ 한글 전용화를 선언한 담화문 사진 자료

자는 것이며, 시간과 노력을 절약하여 능률적인 국어 생활을 함으로써 시급한 조국 근대화의 결실을 앞당기자는 것이며,

효과적인 대중 교육의 촉진으로 문맹을 없애고 국민의 지식수준을 높여 문화의 전달과 교육의 능률 향상을 기하자는 데 있는 것입니다.

온 국민이 하나로 뭉쳐 조국 근대화의 대업을 하루속히 이룩해 내야 할 현시점에서 우리는 모든 난관을 이겨 내고 한글 전용의 이 이상을 실현하기 위해 꾸준히 노력해야 하겠습니다.

『七十년대 초부터는 온 국민이 모든 분야에서 한글 전용』을 이룩하기 위해 우리는 충분한 연구와 준비로써 목표 연도까지는 단계적으로 이를 실시해 나가야 하겠습니다.

오늘 뜻깊은 '한글날'을 맞이하여 지난날 민족 수난기에 우리 겨레의 '말'과 '글'과 '얼'을 지키기에 목숨까지 바쳐 공헌한 선각자들의 애국충절을 추모하고, 오늘날에 있어서도 민족 문화의 창달을 위해 애쓰시는 학자·문화인 및 그 밖의 국민 여러분의 노고에 대해 진심으로 치하하는 바입니다.

一九六八년 十월 九일

대통령 박정희

사진 자료 1면 상단에 대통령의 서명과 날짜가 1968년 10월 6일로 되어 있는 것으로 보아 그해 10월 6일 이전에 박정희 대통령이 담화문을 직접 작성한 것으로 보인다. 숫자 이외에는 전면 한글로 작성하였으며, 여덟 군데 대통령이 손수 수정한 부분이 있으며, 서체는 매우 단아하고 강건한 정자체이다.

한글날을 기념하며 한글 창제와 민족 문화 창달에 노력한 선각자들의

위업을 추모하는 동시에 그분들의 애국정신과 창의성을 기리며 그 정신을 계승하여 더욱 빛내기를 염원하는 뜻을 서두에 먼저 밝혔다. 이어서 세종대왕의 한글 창제 정신을 "우리말을 마음대로 적고 쉽게 배울 수 있는 『나라 글자』로서 한글을 지어 『훈민정음』이라고 하였다"라고 하여 분명히 한글을 나라 글자로 규정하였다. 고종의 국한문 혼용체를 인정한 것에서 진일보 발전된 결단이며, 이 결단은 우리나라 역사에서 길이 남게 될 것이다.

세종의 한글 창제 정신과 동일한 맥락에서 한글 전용화가 "국민을 고루 가르치고 계몽하여 겨레의 문화적 향상을 꾀하는" 길임을 분명히 하고 있다. 아울러 세종의 한글 창제는 나라의 주인인 국민이 곧 나라의 중심이 되는 '국민 주체화'의 노력으로 평가하고 이를 계승 발전시키고자 하는 대통령의 뚜렷한 의지를 읽을 수 있다.

오늘날 국민 집단지성의 중요성이 강조되고 있는 바와 같이 "나라의 근본인 국민이 깨이고 현명해져야 나라도 부강해진다"는 이 국민 교화의 이념이 교육의 근대화 과정에서도 크게 계승되어야 할 이념의 하나임을 분명히 하고 있다. 문자를 통해 축적되는 지식·정보를 국민 누구나 쉽게 공유하고 나눌 수 있고 그것을 교육 환경 속에서 구현하기 위한 중대한 결정이라고 할 수 있다. 세계 문화사에서도 크게 자랑할 만한 우리의 나라 글자인 한글로 초·중·고등학교 교육 현장에서 교육을 실시함으로써 얻을 수 있는 국가 전략적 목표와 이점을 예지하고 있었던 것이 분명하다. 근대화의 단초를 경제 발전을 통한 나라 중흥에 두었지만 국민들의 지혜와 창의력을 증대시키기 위해서는 무엇보다도 먼저 나라 글자의 개혁이 필요하다는 판단 아래 숱한 반대를 무릅쓰고 한글 전용화의 용단을 내린 것이다. 한글 전용화 정책으로 위축될 수 있는 우리 전통문화의 지원을 위해 1978년 한국정신문화연구원을 개원하여 여러 문중에 흩어져 있는 한문 문화 전적의 수집과 함께 자료 영인과 함께 전적의 번역 작업을 지원한 것도 같은 맥락에서 읽을 수 있다. 박 대통령은 붓글씨도 잘 쓰는 편이었는데, 이 무렵 이후에는 주로 한글로 휘호를 씀으로써 한글 전용화 정책을 몸소 실천하셨다. 박 대통령이 쓴 한글 '광화문' 현판도 이러한 연장선상에서 제작된 것이다. 그러나 그 현판은 40여 년이 흐른 지난해에 아무런 이유도 없이 철거되었다. 마치 한글날이 기념일에서 국경일로 다시 기념일로, 공휴일에서 비공휴일로 둔갑하듯이.

한자 옹호의 관성은 왜 그 꼬리가 끊어지지 않는가? 문자 개혁을 추진할 수 있는 위치에 서 있는 사람들이 관료나 입법하는 사람들인데 그들은 하나같이 기존의 문자를 가장 철저히 배우고 익힌 사람들이다. 그렇지 않았으면 엘리트의 자리에 오르지 못했을 것이다. 사람은 누구나가 스스로 많은 시간을 투자하고 애써 배운 것을 쉽게 포기하지 않는다. 심지어 한자는 "정신을 단련시키고 창의적인 사고를 하도록 한다는 확고한 믿음 같은 것"을 가진 사람들이 매우 많다. 그러니까 국민을 대표하는 국회의원들조차 제 나라의 글자를 버젓이 두고 한자로 된 '國'자가 새겨진 금배지를 달고 민생을 챙기며 국민을 지극히 사랑하는 척하는 것은 아닐까?

박정희 대통령의 한글 전용화 선포는 탁월한 나라 글자의 개혁 정책 가운데 하나이다. 우리말 '코'가 있음에도 불구하고 천여 년 넘게 한자를 빌려 쓰던 관행에 밀려 "코에 염증이 생기면" '비염(鼻炎)'이라 하고 '콧구멍'을 '비강(鼻腔)'이라 하고 "코를 치료하는 병원"을 '이비인후과(耳鼻咽喉科)'라고 하여 고유한 우리말을 밀쳐내고 한자어가 버젓이 자리를 차지하고 있다. 좀 더 세월이 지나면 '코'의 자리에 'nose'가 '비염(鼻炎)' 자리에 'rhinitis'가 차지하게 될지도 모른다. 보다 중요한 것은 우리말의 낱말을 다양하게 만들 수 있는 창의력이 무너지고 있다는 점을 박 대통령은 읽고 있었던 것이다.

박정희 대통령이 한글 전용을 선포한 이유는 첫째 "배우기 쉽고 쓰기 쉽고 과학적인 한글을 전용함으로써 국민들의 지식 기반을 향상시키기 위함"이요, 둘째, "한글 전용화를 통해 민족의 자주성을 확립하고 민족의 긍지와 국가의 권위를 바로 세우자"는 것이며, 셋째 "시간과 노력을 절약하여 능률적인 국어 생활을 위함이요", 넷째 "조국 근대화의 결실을 앞당기기 위함"으로 요약할 수 있다.

결국 국가 지식·정보의 강화를 위해서는 국민들의 소통의 어려움을 없애는 일이 제일 우선될 수밖에 없었을 것이다. 세종 역시 어리석은 백성이 쉽게 한글을 익혀 일상에 편안하게 사용할 수 있도록 한글을 창제했듯이 한글 전용화 역시 국민 집단지성(Collective Knowledge)을 강화하는 지름길이라고 판단한 것이다. 그리고 이러한 한글 전용화의 실천적 방안으로는 "효과적인 대중 교육의 촉진으로 문맹을 없애고 국민의 지식 수준을 높여 문화의 전달과 교육의 능률 향상을 기하자는 데 있는 것입니다."라고 하여 교육을 통해 문맹률을 줄이고 이를 통해 국민의 문화 전달과 지식·정보의 수준을 향상시키기 위한 것임을 분명히 밝히고 있다. 1961년 전 국민 가운데 70%는 한글조차 읽을 수 없는 상황이었다. 그러나 1970년 1월 1일 한글 전용화 선언 이후 불과 10년이 지난 1980년 문맹률은 70%에서 5%로 줄어들었다. 대부분의 우리 국민들은 한글로 된 책이나 문서를 해독할 수 있게 된 것이다. 이것은 과학적이고 배우기 쉬운 한글 그 자체의 힘이기도 하였으나 엄청난 반대와 저항에도 불구하고 확고한 국가 정책으로서 이끌어낸 대통령의 결단이 없었다면 불가능한 일이었다. 박정희 대통령의 한글 전용화 정책의 핵심 4대 목표는 1) 문맹을 없애고, 2) 국민의 지식수준을 높이고, 3) 문화의 전달과 교류, 4) 교육의 능률 향상에 두었다. 이를 구체적으로 실현하기 위해서는 교육 방식 곧 초·중·고등학교 교재를 단계적으로 한글 전용으로 개편하는 강력한 방안을 선택하지 않을 수 없었던 것이다. 이러한 4대 목표를 전제로 하여 추진된 한글 전용화 정책의 성과는 첫째, 10년 이내에 전 국민의 문맹률 65% 감소, 둘째, 한류 열풍과 한국 문화의 융성과 발전의 기초, 셋째, IT 한글 정보화 시대의 기반 마련, 넷째 '세종학당'의 해외 진출과 한글의 문화 영역의 세계적인 확대 등의 효과를 거두는 밑거름이 되었다.

박정희 대통령이 한글 전용화 담화문을 발표했던 당일인 1968년 10월 9일 자 『경향신문』 보도 기사를 살펴보자.

> 박 대통령 한글날 담화
> 모든 국민의 이해 협조 당부
> "70년대엔 꼭 전용을"

박정희 대통령은 1968년 10월 9일 523주년 한글날에 즈음하여 담화문을 발표하고 "모든 분야에서 모든 국민의 새로운 이해와 협조로 한글 전용의 이상이 하루바삐 실천되어 70년대 초로 잡고 있는 목표 연도까지는 명실공히 한글을 전용하는 한국을 만들 것"을 당부했다.

담화문 요지는 다음과 같다.

> "세종대왕이 한글을 창제하신 높은 뜻이 남의 나라 글이 아니라 내 나라의 글자를 만드신 민족 자주의 거룩한 정신에 있었고, 만백성이 널리 쓰는 데 편한 민주 이념에 있었으니만큼 오늘날 우리가 한글을 소중히 여기고 모태로 삼아야 할 시대적 요청은 더욱 간절한 것이다.
>
> 우리는 한글이 지닌 자주와 민주의 이념적 바탕을 민족 문화 발전과 조국 근대화 작업의 밑거름으로 삼아 민족중흥의 역사적 과업을 과감히

추진시켜 나가야 하겠다.

과학적이며 실용적인 한글을 전용함으로써 민족의 권위를 되찾고, 시간과 노력을 절약하여 능률적인 국민 생활을 도모하며, 대중 교육의 보급 촉진으로 문맹을 없애고 지식수준을 높여야겠다."

『경향신문』 1968년 10월 9일

한글 전용화는 당시 상황으로 보면 '이상'이었을 것이다. 예상했듯이 엄청난 반발과 후폭풍이 있었다. 국어국문학회, 한국어문교육학회(이희승 회장)를 비롯한 20여 개 학술단체에서는 「한자교육부활촉구건의문」을 청와대에 제출하는 등 강한 반발을 하였고 이에 일부 언론사도 동조함으로써 상당 기간 어문정책이 국가의 핵심 논쟁점으로 비화하였다. 심지어는 각료 가운데 민관식 문교부 장관은 대통령의 한글 전용 정책에 강력한 반기를 들기도 하였다.

1968년 10월 박정희 대통령의 한글 전용 선포에 대해 다양한 해석이 가능하지만 이 문제를 정치적 관점에서 비판한 함규진(2008) 씨의 글을 읽어 보자.[3]

"박정희 정권은 왜 이 시점에서 이처럼 한글 전용에 적극적이었을까? 박정희는 집권 내내 민족주의를 자신의 정권의 기반으로 삼으려 했고 민족주의를 통해 국민을 동원하고 '사기'를 진작시키려 했다. 좋게 보면 근대적인 국민 형성의 과제를 완수하고 국민적 힘을 결집시켜 경제 발전 등의 추진이 가능하도록 하려는 것이었다. 하지만 달리 보면 자신을 정점으로 하는 일사불란한 병영국가를 수립하여 파시즘적인 지배를 영구적으로 유지하려고 했다고도 하겠다.

그가 한글 전용화를 추진하고 동시에 국사 교육을 강화하여 '이순신,

3 함규진, 『108가지 결정, 한국인의 운명을 바꾼 역사적 선택』, 페이퍼로드, 2008, 406쪽.

강감찬, 김유신' 등 역사상의 '군인 영웅'들을 널리 부각시킨 시점이 바로 삼선 개헌을 통해 영구집권을 꾀하던 시점(1969년)과 일치한다는 사실을 주목할 만하다."

함 씨는 박정희 대통령의 한글 전용 정책을 파시즘적 지배를 유지하기 위한 방식으로 해석하여 참으로 숙성되지 않고 어처구니없는 정치적 평가를 내리고 있다. 박정희 대통령의 미래를 내다본 한글 전용화라는 어문 정책을 정치적 기능주의 관점에서 내린 설익은 비판이며, 독설이 아닐 수 없다. 세종대왕도 군인 영웅이라는 말인가? 민족 고유 문자를 만든 세종도 파시즘적 지배 방식으로 한글을 창제했다는 말인가? 앞에서도 언급했지만 한글 전용화 시행 이후 10년 만에 전 국민 문맹률이 65%나 급감했다는 사실은 어떻게 설명할 수 있을 것인가? 아마 박정희 대통령이 한글 전용화 선언을 정치적으로 이용하려 했다면 전국이 뒤끓는 반대파의 반발을 예상하지 않고 그런 무모한 결정을 했을까? 아마 정치적 손실만 고려하였더라면 한글 전용화 정책을 선택하지 않았을 것이다.

광복 후 이 땅에는 새로운 교육 제도를 정비하면서 교과 과정과 교과서를 새로 만드는 데 힘을 쏟았다. 1945년 11월 13일, 북으로 간 이극로 선생은 한자 폐지회를 결성하여 동년 12월 18일 미군정기 학무국에 초중등학교 교과서를 한글 전용으로 하도록 의결하면서 한자 교육에 대한 논쟁의 발단이 되었다. 대한민국 정부가 수립되자 역시 조선어학회 33인 가운데 한 사람인 안호상 박사가 문교부장관을 맡으면서 ‹한글전용에 관한 법률안›을 초대국회 재적 131명 가운데 86:22로 가결하여 동 법안이 공포되었다. 그러나 이승만 대통령이 직접 지시한 한글간소화 정책에 대해 반대 의사가 분명했던 문교부장관 안호상, 문교부 편수관 최현배 등이 정치 핵심에서 밀려나면서 정국의 국면이 일시에 뒤바뀌었다. 당시 조선어학회를 이끌었던 이극로 선생과 미군정기 학무국 편수관이었던 외솔 최현배 선생이 그동안 전용화를 위해 큰 역할을 했지만 다시 반대의 벽에 부닥쳐 한글 전용화 정책은 물거품이 되었다. 서울대학교 국문과의 이희승, 이숭녕 교수를 비롯한 국어학자들과 진단학회와 국어국문학회 등 관련 학술단체가 일제히 반발하며 「한자 사용에 관한 건의안」(임영신 의원 발의)을 국회에 제출하여 재적 118명 가운데 89:1로 한글과 한자를 겸용하기로 가결되었다. 제 나라의 우수한 문자를 두고 다른 나라의 문자를 나라 글자로 섞어 써야 한다는 주장이 이긴 것이다. 이어서 1950년부터 초등학교에서부터 한자 교육을 전면 실시하기로 결정하고 문교부에서는 상용한자 1,300자를 제정하여 발표하였다.

이 나라의 어문 정책은 이토록 혼미하게 표류하고 있었다.

조선어학회(한글학회 전신)를 중심으로 활동하던 학자들 가운데 상당수가 월북을 하고 건국 초창기 한글학자들의 정치적 영향력이 차츰 줄어들면서 초중등 학교에서의 한자 교육이 다시 부활되었다. 중국에서는 1955년 이후 간자체를 사용하는 문자 개혁이 이루어졌다. 이에 따라 다시 1967년 문교부에서는 중국 간자체 542자 시안을 발표하려고 하였으나, 한글학회를 비롯한 한글 단체들의 반발로 무산되었다. 일진일퇴의 상황 속에서 학교문법통일안 심의는 결국 한자파의 승리로 끝났다.

1968년 10월 9일 박정희 대통령은 1970년 1월 1일부터 한글 전용화를 촉구하는 담화문을 전격적으로 발표하면서 이 문제가 다시 학계의 논쟁이 아닌 전 국민의 뜨거운 정쟁으로 치달아 올랐다. 박정희 대통령이 한자에 깊은 식견을 가지고 있었다는 사실은 그의 육필 원고나 대통령 당시 기록문서와 편지글 등을 통해서도 확인할 수 있다. 그러면 왜 한글 전용화라는 정치적 손익을 계산하지 않은 중대한 결단을 내렸을까?

당시 이미 한자뿐만 아니라 넘쳐나는 영어 외국음차 표기어가 마구잡이로 밀려들어 왔으며, 그뿐만 아니라 영어를 비롯한 외국어 학습에 소요되는 부담이 가중되고 있었던 현실을 냉정하게 읽고 있었던 결과라 하지 않을 수 없다. 1년 반가량의 유보 기간을 두고 1970년 1월 1일부터 초중등의 모든 교과서에서 한자를 걷어내고 한글 전용이 다시 실시되었다. 이 부분에 대해 당시 박 대통령이 정치적 이슈를 만들기 위해 한글 전용화로 급선회했다는 전혀 실증적 근거가 없는 예측을 하는 연구자들도 없지 않다. 한자가 나라 글자인 중국에서도 고대 한자를 버리고 간자체로 바꾸었는데 왜 이 나라의 지식인들은 한자 교육을 하지 않아서 국민 간에 소통이 안 된다고 하고 있는지. 한문으로 이루어진 중국 사람들은 자기들의 전통문화를 포기한 것이 결코 아니다. 중국 문자 개혁 이후 중국의 사회과학원 언어연구소에서는 대대적으로 한자 기계화에 대한 연구를 추진하고 있다. 얼마 전까지 중국에서는 휴대폰으로 문자 전송이 무척 어려웠으나 최근 입력 시간을 단축시키고 있으며 기계 번역 기술력은 가장 앞서 나가고 있다. 그러는 한편 '공자학당'을 전 세계 5백여 군데 설립하여 연간 1억 가까운 예산을 지원하고 있다.

한자 전용화 선언 이후, 1974년 당시 민관식 문교부 장관은 사태의 심각성을 알고 1975년 신학기부터 초중고 교과서에 한자 병용을 다시 실시한다는 방침을 발표하였다가 1976년 다시 한자를 교육하지 않는다는 방침으로 급선회를 하였다. 당연히 국어국문학회, 어문교육연구회 등에서 지속적으로 한자 교육의 필요성을 촉구하였다.

그 후 2005년 노무현 참여정부에서는 박정희 대통령의 한글 전용화 선언을 기초하여 ‹국어기본법›과 그 시행령을 발표하여 정부의 공문서에 이르기까지 한글로 전용하고 단지 필요한 경우 한자나 외국어를 괄호에 넣어 병기할 수 있도록 규정함으로써 대한민국의 유일한 나라 글자는 바로 한글임을 다시 한 번 더 분명하게 법률적으로 규정하였다.

::: 끝이 보이지 않는 한자 공용화의 갈등

한동안 한글·한자 논쟁이 잠잠하다 싶더니, 최근 다시 한자 교육을 주장하는 관련 단체들이 연합하여 ‹국어기본법›이 위헌임을 주장하고 나섰다. 2012년 10월 23일 '어문정책정상화추진회(회장 이한동 전 국무총리)'가 주도하여 ‹국어기본법›이 위헌 소지가 있다며 위헌 소송을 제기하면서 다시 한자 한글 논쟁의 불을 붙이고 있다. '어문정책정상화추진회'라는 명칭에는 지금까지 국가 어문 정책이 비정상적이었다는 전제를 함의하고 있다. 비정상적이었기에 정상적으로 돌린다는 말이다. 곧 박정희 대통령의 한글 전용화 정책이 부당했으며, 2005년 노무현 대통령의 참여정부가 발의한 ‹국어기본법›이 전면적으로 부당하다는 의미가 담겨 있다.

공교롭게도 이즈음, 광화문을 한글 거리로 조성한다는 서울시의 발표와 함께 박정희 대통령이 쓴 한글 광화문 현판을 떼어내고 한자 현판으로 바꾸는 문화재청의 결정이 내려졌다. 어문정책정상화추진회의 회장 이한동 전 국무총리를 비롯하여 역대 총리, 교육부 장관을 비롯하여 이계황 전통문화연구회장과 김경수 중앙대 명예교수, 심재기 서울대 명예교수, 홍일식 전 고려대 총장 등 쟁쟁한 인사 333명이 연판 서명을 하였다고 한다. 소원의 핵심 내용은 국어 과목에서 한자교육을 배제하는 등 한글 전용을 규정한 ‹국어기본법›과 관련된 법령이 초·중등학교 학생들의 학습권과 부모의 자녀교육권을 제한하고 있다는 것이다.

소원 청구인들 가운데 시장에서 배추를 팔고 어물전에 생선을 파는 이웃 사람이나 시골 농촌에서 열심히 일하는 평범한 분들의 이름은 눈에 띄지 않는다. 다들 이름깨나 알려진 인사들이다. 소송 제기를 한 분들은 모두 자기의 눈높이만으로 세상을 바라보는 분들이 아닐까? 아직 입시 지옥에서 벗어나지 못한 초중고 학교 현장에서 공부하는 아이들이 영어, 수학 등 과도한 학습 분량에 시달리고 있는 이 시점에서 다시 한자 교육이 부활함으로써 부과될 학습량이 얼마나 늘어날까? 그리고 비록 소요될 국가 예산 문제는 제쳐놓더라도 학생들의 엄청난 고통과 희생을 시켜도 될 만한 가치가 있는가? 지난 조선조 선비들은 평생을 한문 공부를 해도 해결되지 않았는데, 한문 원전을 조금이라도 읽어 본 이라면 한자 몇 자 가르친다고 세상 달라지지 않는다는 것을 다 알 수 있는데.

정답은 간단하다. 아무리 어려운 한자어라도 대부분 『표준국어대사전』에 그 표준 발음과 뜻풀이까지 다 실어놓았을 뿐만 아니라 구글, 네이버, 다음 등 주요 포털 사이트와 앱에서도 한자어 검색이 가능하도록 되어 있다. 이젠 한자와 한문은 전문가에 의해서 연구될 수 있는 영역임을 잘 이해해야 한다. 그러기 위해서는 한문 번역 전문가를 집중 양성하고 우리의 전통 고전을 번역하도록 정부가 지원하는 계획을 수립하여 이를 실천하도록 지원해야 할 것이다. 그런데 2013년에는 도리어 고전국역원의 예산이 대폭 줄어들었으니. 안타깝다.

언어정보화 기술이 어떻게 진화되고 있는지도 모르는 지난날 '범생들', 지위 높은 고관대작을 지낸 몇몇 분들은 요사이 아이들이 '大韓民國'도 읽지도 못한다고 걱정하시는 충정이야 깊이 감사하게 생각한다. 필자가 우리나라 어문정책 기관인 국립국어원장을 맡고 있을 때 이러한 상황을 예측하고 온라인 웹 기반 국민형 국어종합대사전 사업을 설계하여 현재 추진 중에 있다. 어떤 이들은 한중 교류의 확대에 따라 한자 교육이 더욱 필요하다고 주장할지는 모르지만 시행착오는 금물이다. 한글이야말로 계급적 구조를 초월한 민주적인 문자임에 틀림이 없다. 2008년도 비문해율 조사에서 우리나라 성인 40대 이하는 100% 한글 해독 능력을 가지고 있다. 국민 전체 98.3%라는 놀라운 문해율은 전 세계 어디에서도 찾아볼 수 없는 경이적인 기록이다.

최근 급격하게 늘어나는 신조어나 외국어 음차 표기들과 우리말의 70%를 차지하는 한자어들을 결코 무시할 수 없다. 이 문제를 해결하기 위해 전 국민들에게 다시 지난 중국의 고어 글자를 가르치자는 것은 우리 스스로 가지고 있는 언어정보처리 기술 능력을 너무 모르거나 무시하는 결과라고 할 수밖에 없다. 모르는 한자나 영어가 나오면 당연히 사전을 찾아보아야 한다. 사전을 찾아보려는 노력을 하지 않고 학습을 통해 해결하겠다는 발상이 세상 변한지 모르는 이들의 타령이 아니겠는가? 특히 전자사전과 인터넷 검색 사전이 고도로 발달된 이 시점에 제대로 사전을 활용하지 않으면서 교육을 시켜야 문제가 해결된다는 발상은 매우 비논리적이라 아니할 수 없다. 아직 온전하지 않지만 사전을 발전시켜 한자어뿐만 아니라 각종 전문용어, 신어 약어 등을 지원하는 언어정보화 사업을 집중 육성 관리하는 방식의 문제 해결이 필요하다.

최근 한글 전용화를 반대하는 시대착오적인 발상을 하는 이들에게 물어보겠다. 공중파 방송은 어떻게 듣고 있는지. '부정'이라는 낱말이 한자어로는 여러 가지 동의어가 있다. 곧 '不正, 不定, 不貞, 不淨, 否定' 등이 있는데 한자를 모르니까 이들 동의어를 구분하지 못한다는 논거를 들고 있다. 그러면 과연 '否定'이 '아니 부'와 '정할 정'이라는 뜻을 알아야 "부정적인 이야기를 하는가"? 공중파 방송의 음성에다가 한자 자막을 달아달라고 왜 요구하지 않는가?

2013년 7월 25일 자 『조선일보』에 김태익 논설위원이 쓴 "낱말력과 한자 교육"이라는 기사를 읽어 보자.

어느 중학교 역사 선생님으로부터 이런 얘기를 들은 적이 있다. "요즘 학생들 중엔 안중근 의사(義士)를 의사(醫師) 선생님으로 아는 애들도 있다." 설마 그럴까 했는데 괜한 말이 아니었던 모양이다. 며칠 전 한 방송사 리포터가 지나가는 학생에게 "야스쿠니신사에 대해 알고 있느냐"고 물었다. 학생이 되물었다. "야스쿠니신사? 신사숙녀 할 때 신사 아니에요?" 일본 전범(戰犯)들 위패를 모아놓은 신사(神社)를 신사(紳士)로 알고 있었다.

지난해 고교생 퀴즈 프로그램인 KBS '골든벨'에서 "이비인후과는 어디가 아픈 사람들이 갈까요?"라는 문제가 나왔다. 모두 쉰 문제 중에서 열 번째쯤에 나온 것이었으니까 프로그램 제작진이 그리 어렵지 않다고 본 셈이다. 그런데 틀린 학생이 무더기로 나와 탈락했다. 이(耳)가 귀, 비(鼻)가 코, 인후(咽喉)가 목구멍을 뜻한다는 것만 알면 쉽게 맞힐 문제였다. (중략) 국어사전에 실린 우리말 낱말 가운데 70%가 한자어다. 아이들에게 지식을 전하는 교과서에서는 한자로 된 낱말·용어가 90%나 된다. 한자어를 누구나 쉽게 이해할 수 있게 간편한 우리말로 바꿀 수 있으면 좋겠지만 우리 어문 현실은 그렇지 못하다. 그러니 한자를 모르는 어린 세대가 한글로만 쓰인 한자 낱말투성이 교과서를 배우기란 암호 해독만큼이나 힘든 일이다. 공부에 재미를 못 붙일 뿐 아니라 아예 이해를 못 하는 일이 벌어진다. 국어 과목만의 문제가 아니다.

서울시교육청이 올가을 학기부터 초·중학교에서 교과서 낱말을 중심으로 한자 교육을 하기로 했다. 우선 희망하는 학생을 모아 방과 후 한국어·수학·과학·사회 교과서 속 한자어를 가르친다고 한다. 낱말력 없이 공부하는 것은 벽돌 없이 집을 짓거나 총알 없이 전쟁터에 나가는 것과 같다. 한자 교육이 학교 정규 과목이 돼야겠지만 당장 그럴 수 없다면 이렇게라도 첫걸음을 떼는 게 좋다.

2013년 7월 25일 자 『조선일보』에 김태익 논설위원이 글을 읽으면서 국가나 사회가 이처럼 개인의 지식에 대해 걱정하고 있는 분이 많으니까 분명 우리나라는 머지않아 당당한 선진 지성 국가로 발돋움할 것이라는 생각이 들었다. 사실 집단지성의 수준을 높이는 일은 매우 중요한 국가적으로 해결해나가야 할 과제이다. "안중근 의:사"를 "안중근 의사(醫師)"로 가르친 우리나라 교육의 문제점이 더 큰 문제이지 결코 한자를 가르치지 않았기 때문이라는 논거는 전혀 타당성이 없다. 인터넷에서 '안중근' 검색어를 넣으면 그분과 관련되는 정보가 폭포처럼 쏟아져 나온다. 국립국어원에서는 『표준국어대사전』에 한자어의 발음뿐만 아니라 음성 자료까지 지원할 수 있도록 되어 있다. '의사'와 '의:사'를 구분 못한다면 누구를 탓해야 할 것인가? '귀', '코', '목'이라는 우리 고유한 말이 있는데 왜 '귀'를 '이(耳)'라고 해야 되며 '코'를 '비(鼻)'라고 해야 하는가? 코에 염증이 난 것을 '비염(鼻炎)'이라고 한다. 한자가 우리말을 포식한 결과이다. 멀쩡하게 '뼈'라는 말이 있어 '생선뼈', '갈비뼈'라고 하다가 병원만 가면 '골수염(骨髓炎)', '골다공증(骨多孔症)'이라고 하지 않는가. 이미 우리말에 들어온 한자어는 사전의 뜻풀이를 통해 학습하면 되지만 앞으로 우리 국어의 발전을 위해 우리말의 생산 능력을 키우는 방향으로 가는 것이 옳은 일이 아닌가. 그리고 '북침(北侵)'이라는 한 낱말만으로는 "북쪽으로 침략했다", "북이 침략했다"는 두 가지 뜻으로 해석되지만 문맥 속에서는 정확하게 해독이 가능하다. 6.25가 남침이냐 북침이냐는 이념적 갈등의 문제로 몰아가면서 한자 교육을 실시하자는 것을 정당화하려는 논법은 전혀 앞뒤가 맞지 않는 이야기이다.

국가가 할 수 있는 일이 무엇일까? 필자가 국립국어원장 시절에 국회 문광위에서 이계진 전 국회의원이 한자어의 음장 구분이 되지 않는 현실을 타개할 수 있는 방안을 제시하라는 질의를 받은 적이 있다. 국립국어원에서 지원하는 『표준국어대사전』의 어휘 4만여 개를 보완하는 동시에 2008년부터 인터넷 사전으로 전면 공개했고 또 전문 방송인의 표준발음을 사전 올림말에 부착하는 등의 개선을 추진하였다. 한글로 쓴 한자어의 동의어를 구분하기가 힘들어 불편하다는 논의, 역시 타당한 것이 아니라고 판단한다. 한글로 쓴 한자어의 동의어는 국가 기관의 사이트와 포털사이트, 앱에서 언제 어디서든지 검색하여 국민들의 어문생활에 불편이 없도록 지원하고 있다. 물론 고도의 전문성이 있는 어려운 한자어에 대한 지원 부분은 아직은 취약하지만 이러한 문제를 개선하기 위해 많은 사람들이 노력하고 있다는 점도 분명히 알아야 할 필요가 있다.

현재 각 포털사이트에서는 이런 검색 기술을 발전시키기 위해 활자화된 대량의 활자 정보를 디지털 문서로 전환하고 이를 단시간 내에 유용하게 검색할 수 있는 검색기술 개발에 총력을 기울이고 있다. 코퍼스(coups, 대량말뭉치)라는 디지털화된 한글 정보를 구축하고 형태소 단위에서 음소 단위까지 실시간 내에 검색을 지원하는 시소러스나 낱말망, 온톨로지, 웹시맨틱스와 같은 정보화 기술 개발을 위해 정부가 좀 더 적극적으로 투자를 한다면 한자로 구축된 전통문화의 지식·정보를 더욱 면밀하게 검색해 볼 수 있을 것이다. 특히 한자가 중간에 섞여 있으면 정보 검색은 거의 무력화된다. 현재 휴대폰으로 접속하는 앱에 한자로 입력할 때 얼마나 어려울지 생각해 보자.

우리의 미래는 거역할 수 없는 한글의 시대이다.

'와이즈넛', '솔트룩스', '다음소프트', '다이퀘스트', '스리웨어', '매트릭스' 등 민간 정보 사업자들도 디지털 검색 기능을 강화하기 위해 가담하고 있다. 그러나 그들 역시 정부의 지원 없이는 경영상 어려움에 부딪칠 수밖에 없다. 민간 정보화 사업자를 육성하는 일이 국가 전체의 정보화 역량 기반을 강화하는 데 얼마나 중요한 일인지 헤아릴 필요가 있다. 사전 사업에 손을 대면 망한다는 이야기가 출판업계에 전설처럼 퍼져 있다. 지난날 동아출판사는 대백과사전 출판과 함께 도산이 되었고 또 사명의식을 가지고 우리말 유의어 대사전을 개발한 ㈜낱말사도 어려움에 처해 있다. 사전 사업뿐만 아니라 정보화 사업이 효율적으로 추진될 수 있도록 정부 주도 방식에서 이젠 민간 지원과 간접 참여 방식으로 전환한다면 국가 전체의 정보처리 기술력은 보다 튼튼해질 것이다.

정보화 사업 이전에 보다 더 정밀하게 텍스트 자료를 해석하고 각주를 첨부하는 일은 인문학적 기초 연구를 전제로 하는 별개의 문제이다. '파충류, 양서류, 갑각류'를 '爬蟲類, 兩棲類, 甲殼類'로 표기해야 하고 그리고 그것을 해독하기 위해서 '爬(긁을 파), 蟲(벌레 충), 類(무리 류)' 등 한자를 해독할 수 있도록 아이들에게 한자 교육을 시키자는 그 놀라운 발상. 참 기가 차는 노릇이 아닐 수 없다.

무엇이 더 효과적인지? 국가와 사회를 위해 어떤 방식이 한글공동체의 미래를 위해 더 유익할지를 헤아릴 수 있는 슬기가 필요하다. 필자 역시 매일 고난도의 한문 원전 해독을 위해 많은 시간을 할애하고 있는 사람이다. 1970년대 고등교육을 받으며 한자를 배우지 않은 세대이지만 학문 연구에 필요하기 때문에 한문 원전의 해독 능력은 어느 정도의 수준에 와 있다. 내가 이러한 수준이니까 전 국민도 다시 사어화된 중국 고문자인 한자를 초중등학교에서 교육하자는 이야기는 도저히 이해할 수 없다.

진실로 국민 집단지성의 수준을 올리기 위해서는 한문 전적의 대대적인 한글 번역 작업에 총력을 기울이고, 그러한 일을 담당할 전문 인력을 키우는 일이 훨씬 효율적이라고 판단한다. 한자능력검정시험을 실시한 엄청난 수익금을 활용하여, 필요하다면 사회교육의 일환으로 또는 전문 인력 양성을 위해 한자와 한문을 가르칠 수 있도록 배려할 필요도 있다. 한글의 미래를 위해서도 우리나라의 지식·정보의 발전을 위해서도 빗

발치는 반대 여론에도 불구하고 한글전용을 선언했던 1970년 이전으로 역사의 시곗바늘을 되돌릴 필요가 있는지, 어느 길이 더 합리적인지를 깊이 성찰할 필요가 있다.

더 이상 한자 교육의 문제와 한자 공용의 문제를 가지고 국가 사회의 갈등 요인으로 만들지 않기를 바란다.

한글공동체

한글공동체

4. 한글 전용화 선포 그 이후

난독률 점점 높아져 간다

글을 읽을 줄 알아도 글의 내용을 이해하지 못하는 국민이 급증하고 있다. 흔히 조선조 후기에서 1960년대까지는 식자층(識者層)이라고 말할 때 한문이나 한자의 해독이 가능한가의 여부에 따라 식자층과 무식층으로 구분하였지만 오늘날에는 외국어나 한자어로 된 말을 이해할 수 있는지 여부에 따라 식자층과 무식층으로 구분된다. 글을 읽을 줄은 알지만 글에 실린 낱말이나 문맥의 의미를 파악하지 못하는 사람을 난독자라고 한다. 이러한 증세가 있는 사람을 난독증(Dyslexia)이 있다고 말한다. 의학적으로는 "지능에는 이상이 없지만, 읽는 능력에 장애가 있어 글을 이해하는 데에 어려움이 있는 증세"가 있는 사람을 난독자라고 할 수 있다. 정신적 장애나 심리적인 이유로 글을 건성으로 읽거나 글을 읽기 싫어하는 사람을 포함하여 글을 읽기는 해도 그 내용을 제대로 파악하지 못하는 사람을 포괄적으로 난독증이 있는 사람이라고 할 수 있다. 의학적 요인에 의한 것이 아닌 소통 언어 환경이나 개인적인 지식·정보의 차등 때문에 글을 읽고 그 내용을 파악할 수 없는 난독증의 현상이 확산되고 있는 것은 분명히 문제가 된다.

동일한 정보를 서로 다르게 해석하거나 그 내용을 파악하는 능력의 차이는 개인의 지적 능력이나 집중력이 부족해서 생겨날 수도 있지만 소통 언어의 환경으로 인해 생겨난 문제는 어느 개인이 해소할 수 있는 문제가 아니다. 소통의 장벽이 점점 두터워져 가는 난해한 한자어, 인터넷상의 언어, 신조어, 외래어, 외국어 음차 표기어, 약어, 전문용어의 확대와 확산으로 인해 지식·정보의 개인적 소통 능력이 양극화되는 데 문제가 있다. 난독률에 대한 과학적 분석 잣대에 대해서는 현재 연구가 진행되고 있다. 그러나 말과 글이 통하지 않아 새로운 지식·정보를 용이하게 습득할 수 없는 사회적 환경 문제는 국가가 관심을 가져야 한다. 난독률이 높아져 가는 가장 큰 요인은 국가가 지식·정보의 생산에만 투자를 해 온 결과이다. 한국학술재단, 정부 부처를 통해 소위 말하는 연구개발비(R&D)에는 많은 투자를 하였으나 쏟아져 나오는 각종 신지식의 연구 성과에 대한 유통과 보급에는 손을 놓고 있기 때문이다.

그 대표적인 예가 바로 전문용어가 급증하고 있는 현실의 문제이다. 정부에서는 이러한 문제를 해소하기 위해 2005년에 ‹국어기본법›과 ‹국어기본법 시행령›에 정부 부처별로 전용용어를 관리할 수 있도록 법률적으로 규정하고 있지만, 현재 정부 부처 가운데 문화체육관광부를 제외한 어느 부처에서도 이 문제를 정부 과제로 채택하지 않고 있다. 법률이 규정한 것을 제대로 이행하지 않는 것은 분명히 국가의 신뢰 문제와 관계가 된다. 국민이 너무 똑똑해지면 지식·정보의 기득권자들에게 큰 손실을 입힐지도 모른다는 우려 때문일까? 최근 우리나라는 신지식을 생산하는 데 몰두한 결과 지식·정보의 생산 기반은 비교적 튼튼한 편이다. 대학교수를 비롯한 언론, 정부 관료, 연구기관을 통해 경쟁력 있는 지식·정보의 생산은 눈부시게 발전하고 있다. 그리고 외국의 논문이나 저술들을 대량 국내에 번역하여 소개하고 있으며, 아시아 문명권에서 생산된 한문 전적들의 번역 사업으로 다량의 지식·정보가 물밀 듯이 밀려들고 있다. 이처럼 생산된 지식들은 여기저기 논문이나 책갈피 속에 흩어져 있다. 쏟아지는 다량의 지식·정보를 일일이 제때에 다 수용하여 이해하기란 참 힘든 일이다. 이처럼 새로운 낱말이 급증하고 있는데도 서울 표준어라는 둥지만 지키고 서 있다. 정부가 만든 『표준국어대사전』에 없는 낱말은 어디에다가 물어보아야 하는가? 최근 필자가 읽고 있는 『여사서』에 나오는 구절 중에 "陶母ㅣ 封鮓以教膴ᄒᆞ며"라는 내용이 있다. '도모(陶母)'가 무슨 뜻인지 알아낼 길이 없다. '도모'는 진(晉)나라 생선 창고 관리일을 맡고 있던 도간(陶侃)의 어머니라는 뜻이다. 이 내용을 파악하려면 『세설신어』와 『진서』 권96, 『규범』 등의 책에 실려 있는 고사를 모르면 도저히 해결되지 않는다는 말이다. 한자를 안다고 해결될 일이 아니라 이러한 중국 고사가 실려 있는 한문 원전을 번역하여 인터넷으로 정보 지원을 하는 일이 국가 지식 발전을 위해 더 시급한 일이 아닐까?

소위 말하는 식자층과 무식층의 지식·정보의 양극화는 매우 빠르게 확산되고 있다. "아는 것이 힘이다."라는 말이 있듯이 지식·정보의 격차는 빈부의 양극화보다 더욱 심각한 문제이다. 지식·정보의 양극화에 따라 사회 계층이 변화하지 못하고 고정되면 빈부의 양극화로 연결될 수 있다. 지식 생산에만 투자하지 말고 이젠 생산된 지식정보의 관리를 강화하는 쪽으로 정부 정책의 시각을 조정할 필요가 있다는 점을 충분히 고려해 보아야 한다.

갑오개혁과 더불어 한문과 한자 소통 체계에서 한글 소통의 시스템으로 전환되면서 국가나 언론에서 앞장서서 브나로드 운동, 문맹률 퇴치 운동과 같은 전근대적인 계몽 운동을 통해 우리나라의 국민들의 한글 소통력은 전 세계 최상위권으로 진입하였다. '문해율'이란 문자를 읽고 쓸 수 있는 일 또는 그러한 일을 할 수 있는 국민적 능력의 총체를 말한다. 넓게는 말하기, 듣기, 읽기, 쓰기와 같은 모든 언어 영역에서 소통이 가능한 상태를 말한다. 유네스코에서는 "문해란 다양한 내용에 대한 글과 출판물을 사용하여 정의, 이해, 해석, 창작, 의사소통, 계산 등을 할 수 있는 능력"이라 정의하고 있다. '문맹률'이라는 용어는 장애인들을 빗댄 표현이라는 부정적 의미를 함의하고 있기 때문에 최근에는 '문해율'이라는 용어가 국제적으로 통용되고 있다.

1929년 7월 『조선일보』에서는 "아는 것이 힘, 배워야 산다"는 표어를 내걸고 '귀향 남녀학생 문자보급운동'을 시작했다. 방학을 맞아 귀향하는 학생들이 고향 사람들에게 한글을 가르치게 하자는 계몽운동이었다. 1929~1932년 3,109명, 1934년에는 5,078명의 학생이 참가했다. 『조선일보』는 『문자보급반 한글원본』이라는 교재를 수백만 부 만들어 그들의 손에 쥐어 줬다. 『동아일보』도 1931년 '브나로드 운동'을 시작하며 문맹퇴치 운동에 나섰다. 이 무렵 조선 사람의 90%가 한글을 읽지 못했다. 1945년 광복 당시 문맹률도 77.8%였다. 선거 때 후보자의 기호를 한글이나 숫자가 아니라 작대기 수로 구분해야 할 정도였다. 1954~58년 정부에서도 대대적인 '전국문맹퇴치운동'을 벌였고 그 후 한글 전용화 정책과 초등학교 교육이 의무화되면서 문맹률은 1966년 80%, 1970년 70%, 1980년 5%, 2008년 1.7%로 급격히 떨어졌다. 그런 운동을 주도하던 우리나라 주요 언론사인 『조선일보』가 최근 ‹국어기본법›에 정면으로 맞서서 한자를 버젓이 쓰고 있으나 어느 누구도 이의를 제기하지 못하고 있다.

2008년 9~11월 사이에 임의 표본조사 방식으로 문해율 조사를 실시한 결과 우리나라 성인 기초 문해력(文解力, 글 해독 능력) 조사에서 1.7%가 글을 읽고 쓰지 못하는 비문해자(非文解者, 문맹)로 나타났다. 이 조사는 신문기사, 공익광고, TV 프로그램 편성표 등을 놓고 선택형 25문항을 물었다. 비문해자 비율은 70대 20.2%, 60대 4.6%, 50대 0.7%였지만 40대 이하는 거의 없었다. 국제적으로 문해력 증진은 사회 계층의 양극화를 막고 소통 능력을 증대시키는 기초적인 문화 복지 가운데 하나이다. 유엔개발계획(UNDP) 조사에서 비문해자 평균 비율은 선진국 1.4%, 중진국 9.9%, 후진국 39.2%였다. 우리도 선진국 수준에 거의 도달한 셈이다. 그러나 낱글자는 읽을 수 있지만 문장 이해 능력이 거의 불가능한 난독률이 64.9%라는 것은 놀라운 사실이다. 비문해자가 적은 나라가 반드시 선진국은 아니다. 미국은 영어 비문해자가 5%, 반문해자가 8%나 되지만 세계 최강국이다. 비문해자가 0.2%인 쿠바가 5.6%인 싱가포르보다 선진국이라고 생각하는 사람은 없다. 한 나라가 후진국에서 벗어나려면 문해율을 줄여야 하지만 선진국이 되려면 국민의 지적 수준을 높여야 한다. 국민들 간의 지식·정보의 소통력을 강화하는 일은 국민적 난독률을 줄이는 일에서부터 시작되어야 한다.

교육개발원의 2002년 연구에 의하면, 자타가 공인하는 세계 최고의 교육열을 자랑하는 우리나라에서 초등학교 6학년 정도의 학력 수준에 미달되는 문해율을 가지고 있는 국민들의 비율이 24.6%로 나타났다. 그러나 글을 읽고 글 속에 있는 외래어나 외국 전문용어의 뜻을 이해하지 못하거나 길고 어려운 문장을 이해하고 글에 직접 드러나지 않은 내용도 추론할 수 있는 사람은 35.1%밖에 안 된다는 사실이 더욱 큰 문제이다.

난독률이 올라가는 이유는 여러 가지 요인이 있겠지만 우선 대표적인 몇 가지 이유에 대해 살펴보자. 먼저 시대 변화에 따라 대량의 차용 외국어의 유입에 따른 불가피한 것이라고 할 수 있다.

"마이홈 이슈 카리뷰 漫畵 인사이드 人物 단미헬스 M키위리뷰 포토리포터 PDF紙面"

"마이홈 이슈, 카리뷰, 인사이드 인물, 단미헬스, M키위리뷰, 포토리포터, PDF紙面"『조선일보』 가사의 머릿글의 일부이다. 무슨 말인지 도무지 알 수가 없다. 국민들의 일상생활에서 가장 밀접하게 접하는 신문기사의 내용이 외국어 한글 음차 표기와 한자로 되어 있어 이처럼 어렵다.『조선일보』 경제면에 실린 기사 1편을 읽어 보자.

고개드는 유럽銀 유동성 위기…美 증시 혼조 마감

장우정 기자 woo@chosun.com

기사100자평 (0) 입력: 2012.01.05 06:47

"4일(현지시각) 뉴욕 증시는 혼조세로 장을 마감했다. 자동차 제조업체들의 12월 자동차 판매량이 늘어났다는 소식이 나오긴 했지만, 유럽 은행들의 자본 확충 우려가 커지면서 상승폭이 크지 않았다. 블루칩 중심의 다우존스 산업평균은 전날보다 21.04포인트(0.17%) 오른 1만2418.42를, 대형주 중심의 S&P500 지수는 0.24포인트(0.02%) 상승한 1277.30을 기록했다. 기술주 중심의 나스닥 종합은 전 거래일보다 0.36포인트(0.01%) 내린 2648.36으로 거래를 마치며 나 홀로 약세를 보였다.

이날 증시는 독일·포르투갈의 국채 입찰이 성공적으로 마무리됐음에도 유럽 은행들의 자본 확충 문제가 다시 고개를 들며 전날 급등세를 이어가지 못했다. 유럽은행감독청(EBA)에 따르면, 유럽 은행들은 올해 6월까지 1,150억 유로의 자본을 확충해야 한다. 이탈리아 최대 은행인 유니크레딧은 이를 위해 75억 유로 규모의 유상증자를 실시했다. 할인율이 43%에 달해 투자자들의 불안감을 키웠다. 유니크레딧은 추가로 80억 유로를 조달해야 하는 상황이다. 여기에 유럽 은행들이 유럽중앙은행(ECB)에 예치하는 하루짜리 초단기 예금은 4,530억 유로로 사상 최고치를 갱신(更新)한 것으로 나타났다.

경제면은 모든 국민이 읽고 쉽게 알아야 한다. 그러나 이 기사에서 내가 이해할 수 없는 낱말을 밑줄로 표시하였다. 내가 무식한 것일까? 이러한 낱말의 뜻을 알아보기 위해 인터넷 사전 검색을 해 보아도 없다.

이 정도는 일부 사례에 지나지 않는다. 전문용어는 대략 60여 개의 영역으로 구분된다. 최근 컴퓨터 정보기술의 발달로 인한 정보화 용어는 일부 전공자가 아니면 아예 이빨도 들어가지 않는 용어들이 부지기수다. 그리고 패션, 디자인, 뷰어 등 신문화와 관련된 용어가 빠른 속도로 엄청난 양이 밀어닥치고 있다.

문제는 국가 언어의 관리 기관인 국립국어원에서 이러한 문제를 신속하게 대처할 만한 역량이 없다. 국어학자들이 모인 연구 기관에서 어찌 의학, 산업, 기계, 식물, 동물, 약학, 디자인, 천문, 해양, 정보과학 등의 용어들을 통합적으로 정제하고 이를 표준화할 수 있겠는가? 필자가 국립국어원장 재직 시에 국가식물자원연구원 원장이 제발 국립국어원에서 임의로 식물 용어의 표준화를 하지 말아 달라는 요청을 해왔다. 식물의 종속별 분류 체계는 결코 간단한 문제가 아니며 국제 표준화 기구와 연계하여 결정할 문제임에도 불구하고 한글 맞춤법이라는 잣대로 임의로 식물 명칭을 표준화하느냐라는 항변이었다.

이윤옥(2013:97)의 『오염된 국어사전－표준국어대사전을 비판한다』라는 책에서 국가 사전으로 편찬된 사전 내용에 대한 비판과 함께 그 사전을 관리하는 국가 기관인 국립국어원 직원들의 안일하고도 무책임한 대응에 대해 냉정하게 꼬집고 있다. 그 내용 가운데 우리나라 토착 고유종인 '금강초롱'을 일제시대에 일본 식물분류학자인 나카이 다케노신(中井猛之進, 1882~1952)이 당시 조선총독부 초대 공사 데라우치 마사타케(寺內正毅, 1852~1919)의 이름 글자를 따서 '사내초(寺內草)'라 하여 헌사하였다고 한다. 그 금강초롱의 뜻풀이를 보면 더욱 가관이다. 일본의 『광사전』의 뜻풀이를 그대로 옮겨 놓았다. 『표준국어대사전』을 만들 당시 기존의 사전류를 모아 낱말카드로 만들어 이리저리 짜깁기를 하는 과정에서 일본 사전을 그대로 베낀 내용을 삭제하지 않은 채 방치해온 결과이다. 만일 일본에서 지적저작권 문제로 제소를 한다면 국제적 망신을 당할 수 있다. 개인 출판사가 아닌 정부 주도로 만든 대표적 사전이 이런 모습이다.

지금이라도 『표준국어대사전』의 전면 개편을 위한 인력과 예산을 확보하여 정부 주도가 아닌 민간과의 협업으로 개선할 필요가 있다. 부끄럽고 창피스러운 나라가 되지 않기 위해서라도.

결론적으로 국민을 집단적인 난독증 환자로 만들지 않으려면 거시적인 국가의 언어 소통 관리 기획으로 지식·정보의 새로운 관리 체계를 구상하고 이를 실천에 옮겨야 한다. 좀 더 구체적으로 지식 생산자의 노력과 이를 소비하는 국민들을 연결하여 집단적 협업이 가능한 언어 소통 기반을 구축해야 한다.

한자를 공용어로 사용해야 한다는 이들의 주장에 따라 위의 『조선일보』 기사에 나타나는 한자 낱말을 전부 한자로 대치해 보자.

> "情報 네트워크에 連結된 大衆을 問題 解決에 動員하는 '크라우드소싱(crowd sourcing)'이 世上을 바꾸고 있다. 크라우드소싱은 '크라우드(crows·大衆)'와 '아웃소싱(outsourcing·外部資源活用)'을 合친 單語로, 2006年 美國 IT 專門誌 '와이어드(Wired)'의 제프 하우 記者가 처음 만들었다. 普通 製品 開發 過程에 消費者가 參與할 수 있도록 誘導해, 收益을 製作者와 아이디어 提供者가 公有하는 方式을 일컫는다.
>
> 이제 크라우드소싱은 單純히 아이디어를 얻는 次元에서 벗어나 直接的으로 大衆의 힘과 머리를 빌리는 段階로 進化하고 있다. 트위터 使用者들을 利用한 宅配 시스템이 開發되고 있으며, 인터넷 利用者들이 소프트

웨어와 디자인을 進化시키는 프로그램도 開發됐다. "길이 없다면 大衆에게 물어보라"가 그들의 모토다."

이러한 모습으로 신문기사에 올라가야 된다는 말인데 이 가운데 '參與할 수 있도록 誘導해'라는 대목에서 '參與' '참(參)'은 발음이 '참'이기도 하고 '삼'이기도 하며 그 뜻은 "간여하다, 뒤섞이다, 삼" 등이다. '여(與)'는 그 뜻이 "주다, 베풀다, 동아리, 무리, 따르다, 돕다, 허락하다, 편을 들다, 좋아하다" 등 10가지가 넘는다. 이런 한자 실력을 가진 사람만 한글로 쓴 '참여'라는 뜻을 알고 있다고 생각하는가? '유도'라는 낱말은 한글 워드에서 지원하는 동의어만 해도 "誘導, 留都, 柔道, 油桃, 幽都, 鍮刀, 乳道, 誘導, 儒道, 有道"와 같이 10개이다. 문맥에서 '유도'라는 한글 표기만 해도 얼마든지 이해할 수 있음에도 불구하고 왜 그들은 온 국민들에게 다시 이러한 한자 혼용뿐만 아니라 한 걸음 더 나아가서 한자 교육을 시켜야 한다는 것인지 너무나 세상 흐름을 이해하지 못하는 논의가 아닌지 심히 의심스럽다.

‹국어기본법›에는 문맥에서 이해가 어려운 한글 뒤에 영어를 비롯한 한자를 괄호 속에 넣어서 소통의 불편함이 없도록 할 수 있다는 규정이 분명히 있음에도 불구하고 이를 위헌이라니? 한때 국가 최고의 지도자들이었던 그들의 지적 수준으로 일반 국민들의 지식수준을 끌어올려 주려는 의도는 참으로 갸륵한 발상이지만 그럴 필요가 전혀 없는 디지털 정보화 시대를 제대로 이해하지 못하니 문제이다.

이제 한문과 한자는 전문가가 지원해 줄 문제이다. 수천 년 동안 우리의 문화는 말 그대로 한자 문화권이었음에 틀림이 없다. 그 많은 전적들을 한글로 번역하여 온 국민이 소통할 수 있도록 하는 새로운 대안을 제시해야 할 일이다. 한자 번역 전문가의 양성과 고전국역원을 통해 수 많은 한문 전적의 번역에 집중적인 투자를 하는 일이 한자 교육에 투자하여 얻을 수 있는 효율성보다 더 높다는 사실이다. 그러는 동안 우리말에 없는 한자어를 정확하게 뜻풀이를 하거나 전통문화 관련 사전을 고도화하는 일이 더 중요한 일이 아닐 수 없다. 아마도 이러한 주장을 앞장서 펼치고 있는 많은 사람들에게 물어보고 싶다. '유도(誘導)'라는 낱말을 이루는 '꾈 유', '이끌 도'라는 한자의 음과 뜻을 다 헤아리며 사용하고 있는지를?

지난날 우리나라 기록문화는 대단하였다. 그 가운데 『조선왕조실록』은 세계 기록 문화유산으로 등재될 만큼 자랑스러운 우리 선조들이 물려준 유산이다. 그러나 불행하게도 한글 창제 이전에는 우리 국가가 문자가 없어서 한자를 빌려 혹은 한문으로 쓸 수밖에 없었다. 그러나 그 내용 속에는 한자만 알아서 해결되지 않는 것이 한두 가지가 아니다. 우리나라나 중국 사서에 기록된 만주, 여진, 몽골, 투르크, 티베트, 위굴 등의 동아시아 제국의 말을 중국식 한자어로 표기한 예가 매우 많이 있다. '奚灘何郞哈'를 '해탄하랑합'으로 '古倫孛里'를 '고륜패리'로 '古倫豆闌帖木兒'를 '고륜두란첩목아'처럼 한자음 그대로 읽으면 되는가? 『용비어천가』에서 이미 '奚灘何郞哈'를 '히·탄하랑·캐'로 '古倫孛里'를 '고·론보리'로 '古倫豆闌帖木兒'를 '고·론두란터믈'로 표기한 사례가 있다. 한글의 위대한 표음 기능의 힘을 말해 주고 있다. 당시 동아시아 주변 국가들의 외래어를 한글로 표음할 수 있는 탁월함을 보여준 사례이다.

한문 전문가들이 이러한 일을 해야 한다. 『삼국유사』에 나오는 고대 인명, 지명, 관직 명칭을 현대 한자음으로 읽으면 해결되는 양, 모두 그대로 두고 있다. 고대 한자음 연구를 통해 당시의 음가가 무엇인지 꼼꼼하게 밝혀내야 할 것 아닌가?

최근 동북아역사에 대한 관심이 고조되면서 한서에 기록된 만주, 여진, 몽골, 투르크, 티베트, 위굴어를 한자로 표기한 외래어 차자를 한글로 표기할 때 극도로 혼란 상황에 처해 있다. '阿骨他'를 '아골타, 아구다, 아고다' 등으로 표기하고 있으니 전문가들의 미시적인 연구가 수반되지 않는다면 이것들을 정확하게 표기할 수 없다. 바로 이런 일을 할 수 있는 고급 인력을 배양하는 일이 더욱더 중요한 일이 아닌가? 초등학생부터 중고등학교 교과 과정에 한자 교과목을 신설하여 한자 교육을 시켜서 해결될 문제가 아님은 너무나 명백하다.

::: 국회의원 배지에 들어 있는 미혹할 혹(或)

최근 '어문정책정상화추진회'를 비롯한 사단법인 한자교육진흥회, 한국한자실력평가원, 어문능력개발평생교육원, 한국한자한문지조사연수원. 한국한문진흥회 등의 우리 전통문화 연구를 위한 노력에 찬사를 보낸다. 다만 이미 사어화된 한자를 다시 부흥시키려는 노력에 투자할 예산이 있다면 전문가를 집중 육성시키고 숱한 한문 전적의 한글 번역 작업에 지원하는 일이 더 옳은 일이다.

1968년 10월 9일 한글 전용화 국가 정책이 확정된 이후 정부의 총리 출신들이 앞장서고 여야 국회의원들마저 덩달아 한자 교육의 필요성을 주장하는 국회 포럼과 세미나를 여는 등의 일련의 활동 상황을 보면서 아연실색하지 않을 수 없다. 우리말에 70%가 한자어이기는 하다. 그렇다고 반드시 한자를 다시 가르치고 배워야 한다는 논리는 온당치 않다. 그 한자어는 한자를 몰라도 이해할 수 있도록 정밀한 사전을 만들고 한문 전적을 우리말로 번역하는 데 지원함으로써 우리말과 한글이 발전될 수 있는 것이 아닌가?

영어권에서 영어의 기반인 라틴어를 초등학교에서부터 가르친다는 이야기를 들어보지 못했다. 물론 언어학을 전공하는 전공자에게는 라틴어를 가르치고 제2 내지 제3 외국어로 시험을 친다. 영어의 어원을 정확하게 이해해야 하는 언어학 전공자들에게 라틴어 학습은 당연히 필수적이지만 모든 영어권 화자들에게 필요한 지식 영역은 분명히 아니다. 그와 마찬가지로 한자어가 우리말에 70%를 차지하고 있으나 동의어 한자어의 학습을 위해 1970년도에 폐지된 한자 교육을 다시 부활하자는 주장은 국가 예산 낭비뿐만 아니라 늘어난 지식·정보 습득을 지체시키는 역행적인 발상이 아닐 수 없다.

이러한 상황을 제대로 인식하지 못하는 여야 국회의원 상당수가 이 일에 동조하고 있다니 더 가관이 아닐 수 없다. 의원님들이 달고 다니는 금배지 속에 들어 있는 '국(國)'자는 마치 금배지 동그라미 속에 남아 있는 '혹(或)'으로 보인다. '혹(或)'자의 뜻은 "혹, 행여, 미혹하다, 늘, 언제나" 등의 여러 가지가 있으나 그 원의는 '헷갈리다'는 뜻이다. 그래서 그런지 우리나라 정치인들은 헷갈리는 사람들이 많은 모양이다. 이권 개입, 부정 청탁, 심지어 사기혐의로 검찰청 앞 사진 촬영 지점에 당당하게 서는 서글픈 인사들이 많이 나오는 이유가 늘 그 혹을 떼지 못한 탓이 아닐지? 지금이라도 대한민국 국회의원 배지를 한글로 새로 도안해야 할 것이다.[1]

옛날 청나라 대제국이 발흥되기 이전 건주 여진 세력들은 우리나라 북관 지역을 약탈하던 오랑캐 여진족 무리들이었다. 그러나 청태조 누르하치(Nurhaci, 努爾哈赤)는 거란계열의 요나라와 금나라 잔류 세력을 통합하고 중원을 정복하면서 1616년 스스로 황제의 자리에 올라 나라 이

1 2014. 3. 7. 국회 운영 위원회 제도 개선 소위에서 한자로 되어 있는 국회의원 배지를 한글 배지로 바꾸도록 결의하였다.

름을 후금이라 했다. 건국 후 조선을 침공했으며(정묘호란), 명을 공격해 영토를 확장하고 수도를 심경에서 요양, 심양, 북경으로 옮겼다. 동이 오랑캐 앞에서 수천 년의 찬란한 중화 문명은 무릎을 꿇었다. 중화와 여진은 언어도 문자도 달랐다. 대청나라의 초창기에는 한문과 더불어 여진어의 표기 문자인 만주문자를 보급하기 위해 숱한 노력을 했지만 실패하였다. 중국 북경에 있는 자금성 곳곳의 궁루에 걸려 있는 현판에는 한자와 함께 새로운 지배족 문자인 만주글자가 함께 새겨져 있다. 결국 청제국은 그들의 소통 문자의 보급에 실패하고 중화 문화의 파도에 휩쓸려 몰락의 길을 걷게 된 것이다. 자국의 문자를 홀대하고 소홀하게 다룬 결과 민족과 국가 공동체가 과거의 역사 속으로 사라져 버린 사례이다.

최근 광화문 일대에는 한글을 현창하는 마루지 사업이 곳곳에서 펼쳐지고 있다. 서울특별시에서 추진하고 있는 마루지 사업의 일환으로 신문로에서 경찰청 부근까지 각종 한글 관광화 사업들이 전개되고 있다. 한글을 목숨처럼 아꼈던 주시경 선생과 조선을 자신의 조국인 미국보다 한국을 더 사랑했던 헐버트(Hulbert) 박사 동상 건립, 한글 관련 스토리텔링을 구체화하는 일들이 진행되고 있어서 여간 기쁘지 않다.

이에 반하여 광화문 개수 공사 이후 멀쩡한 광화문 한글 현판에 대해 문화재청 문화재위원 28명이 모여 27:1로 한글 현판을 떼어내고 한자 현판을 달도록 결정을 하였다. 참 어이없는 결정이라고 하지 않을 수 없다. 박정희 전 대통령이 쓴 글이었기 때문인가? 그는 70년대 초중고 교과서를 전면 한글 중심으로 바꾸는 획기적인 한글 전용화 교육 정책으로 전환하였다. 그는 미래를 예지하고 있었기 때문에 그처럼 많은 반대를 무릅쓰고 한글 전용화 정책을 추진한 것이다. 비록 정치적 표심은 많이 잃었을지 모르지만 매우 올바른 국가 어문정책이었다는 평가를 받고 있다. 60여 년 광화문을 지키던 '광화문' 한글 현판을 내려놓은 정책 담당자들은 무엇을 생각하고 있는 사람들인가?

세종이 한글을 창제한 이후 약 500여 년이 지난 고종 31(1894)년 11월 21일 공문서 관련 ‹칙령 1호 제14조›와 ‹칙령 86호›(고종 32(1895))에 "法律命令은 다 國文으로써 본을 삼고 漢譯을 附ᄒᆞ며 或 國漢文을 混用홈"이라고 하여 한글을 국가 공식 문자임을 밝혔다. 세종 이후 처음으로 한글이 나라 글자임을 천명한 것이다. 그다음이 1968년 10월 9일 한글날 담화문으로 발표한 박정희 대통령의 한글 전용화 정책은 한글의 미래를 예측한 매우 중요한 정치적 결단이었다고 평가할 수 있다.

제3부

한글 지식·정보의 생산과 관리

한글공동체

한글공동체

1. 한국 국어 정책의 미래*

::: 공존을 위한 언어 기획

한국 국어정책의 미래를 고민하면서 먼저 전제해야 할 세 가지를 이야기하겠다. 첫째, 우리말과 글의 주인이 누구인가? 다양한 일반 국민이다. 어문학자들이나 지식인을 위한 언어 기획이 아닌 한글을 읽을 수 있는 사람들이 그 중심에 서 있다. 둘째, 한국어 어문 규정에 능한 어문학자나 국어 교사들은 앞서 말한 국민이 편하고 쉽게 우리말과 글로 소통할 수 있도록 지원하는 역할을 맡아야 한다. 일반 국민은 규범을 전적으로 반영하고 있는『표준국어대사전』을 참조하여 우리말과 글을 헷갈리지 않고 소통할 수 있어야 한다. 셋째, 어문 환경은 시대와 사회 환경에 따라 능동적으로 변화하기 때문에 국어 정책은 변화하는 언어 환경에 맞추어 온 국민이 품위 있는 언어생활을 누리며 창조적인 언어활동을 할 수 있도록 지원해야 한다는 일은 너무나 정당하다. 물론 국가 언어 정책이 반드시 합리적 방식으로 현실 상황에 대처하기란 실로 쉬운 일

* 「쉬운 언어 정책과 자국어 보호 정책의 만남(How dose plain language police relate to efforts to preserve national language?)」 국제학술회의, 2013년 10월 7일 한글문화연대 주관, 한국언론진흥재단 프레스센터 21층 국제회의장.

이 아니다. 그러나 몇몇 언어를 제외하고는 전 세계의 언어가 매우 열악한 환경에 처해 있다는 사실은 매우 심각한 문제가 아닐 수 없다. 변두리 언어가 급격하게 소멸되는 징후가 뚜렷하고, 언어 사용 인구의 감소와 함께 그 언어를 사용하고 있는 사람들의 문화층이 사라지고 있다. 이것은 인류가 생산해온 지식·정보의 일부가 소멸하고 있다는 것을 의미한다.

지금 한국어의 상황은 어떠한가? 전 세계에서 한글로 소통할 수 있는 이들은 남한의 약 4천 5백만, 북한의 약 2천 5백만, 해외 교민 7백만과 2백만 남짓되는 국내 다문화 가족, 국내 거주하는 외국인 근로자와 해외 한국어 학습자를 포함하면 7천 8백만 정도 된다. 거대하고 다양한 한글 공동체이다. 한글 공동체는 『에스놀로지(Ethnology)』 2010년판의 통계를 보면 전 세계 10위권에 육박하고 있는 프랑스 어와 어깨를 나란히 하는 주요 언어(Major language)이다. 그러나 한국어는 세계 주요 언어에 속하지만 그 언어 내부에는 '병든 언어'로 규정할 수 있는 여러 가지 사회언어학적 증거들이 나타나고 있다.

소수 언어나 절멸 위기의 언어를 분류하는 방법은 여러 가지 방식이 있다. 프란츠부로스키 위머(2006)의 『문명과 대량멸종의 역사』에서는 인위적으로 언어가 살해되는 '대량멸종'과 생태적 순환 고리에 의한 자연멸종인 '배경멸종'으로 구분하기도 하고, 키비릭(Kibrik A. 1992:67~69)은 ① '건강한 언어', ② '병든 언어', ③ '절멸위기의 언어', ④ '사어(절멸언어)'로 구분하기도 한다. 건강한 언어란 언어 사용자가 자생적인 조어 능력을 갖고 있는 언어로, 모든 국가 제도상 활발하게 사용되는 언어를 말한다. '병든 언어'는 자국어의 조어 능력이 바닥나 다른 나라의 언어를 대량으로 끌어들임으로써 언어 사용자 간의 소통 능력이 사회 계층적 차등을 보이는 언어를 말한다. '사어'는 그 언어가 소멸된 상황, 정확하게 말하면 언어 사용자가 이 지구상에서 사라진 상황의 언어를 말한다.

한국은 건강한 조어력의 기반이 될 수 있는 방언을 비표준어로 구획하고 억제하는 정책을 펼쳐오는 동안 한국어의 어휘력의 생존 기반이 대단히 약해졌다. 그리고 외국어의 한글 표기를 무제한 허용함으로써 60% 가까운 한자어와, 10%에 가까운 외국어 한글 표기가 현재 한국어 낱말의 기반이 되어 있어 자국 고유어의 기반은 거의 붕괴된 상태나 다름없다. 이러한 결과는 그동안 지극히 모순된 국어 정책에서 비롯하였을 가능성을 충분히 예측할 수 있다. 언어 정책 수립자들이나 국어 사용자 모두 이런 문제 제기를 사려 깊게 받아드리지 못하는 점이 무엇보다도 더 위험한 일이다. 한국어라는 언어는 살아 있으나, 그 말 속에 담긴 낱말은 한자어, 영어, 약어, 신조어, 난해한 한자어, 폭력적 언어 등으로 구성된 혼종의 상황이다. 이러한 상황을 더욱 부추기는 또 다른 요인은 바로 정보통신의 발달이다. 정보통신의 발달과 함께 인터넷과 앱, SNS 소통을 통한 언어 파괴가 늘어나고, 전문용어를 비롯한 외국어가 엄청나게 흘러들어오고 있다. 이런 상황이 지속된다면 국어 사용자들의 언어 소통 능력이 현격한 사회 계층적 차이로 이어질 것이다. 이미 한국 사회는 지식·정보의 양극화 측면에서 임계점에 도달해 있다. 마치 세종대왕이 조선말과 한문이라는 이중언어 소통 상황에서 말과 글을 일치시키려고 필사적으로 노력하시던 상황과 다를 바가 없다. 한국어가 현재 '병든 언어'의 수준이라는 사실은 그 언어의 소멸을 예고한다는 의미를 담고 있다.

저수지에 모은 혼탁한 물을 정수 여과 단계를 거쳐서 식수로 공급하듯이, 국어 정책은 오늘날 우리 국민들이 사용하고 있는 다양한 말들을 모아 의사소통의 능률을 높일 수 있도록 정수 처리하는 장치와 원리가 같다. 그동안 정수 처리 과정을 소홀히 해온 국어 정책이 당면하고 있는 거시적인 문제점들을 짚어보고, 그 문제점을 극복할 수 있는 미래 발전 방안을 제시하고자 하는 것이 본고의 목적이다. 국어 사용자들이 지향하고자 하는 바에 부합하면서 동시에 문명화의 방향으로 나갈 수 있도록 국어 정책을 통해 실현 가능한 대책을 모색하는 일은 매우 뜻 깊은 일이다.

다양한 생태와 언어의 멸종 시대

언어는 허공에 존재하는 것이 아니라 사람이 살고 있는 생태 환경의 일부이기 때문에 생태학(ecology)과 연결짓기에 안성맞춤이다. 생태학의 어원은 '집'을 뜻하는 그리스어 'oikos'이다. 언어라는 말 역시 로고스(logos)에서 유래된 말인데, 하이데거는 인간 존재의 집이 곧 언어라고 말했다. 언어가 형이상학적인 존재의 집이라면 생태계는 물질적 존재의 집인 셈이다. 언어는 복잡한 생태계의 일부이다. 따라서 생물 다양성과 언어의 다양성은 함수 관계를 유지하고 있으므로, 기획되지 않은 엄청난 인류의 토착 언어의 지적 자원을 내버려두어서는 안 된다. 이것은 자연 생태 보전의 안정성을 기하려는 노력과 동일하다.

세상에는 우리가 상상하는 것보다 훨씬 더 다양한 종족과 언어가 존재한다. 그 가운데 생물 다양성이 보장되는 열대 우림이나 저개발 지역이 언어의 다양성을 보이는 지역과 놀랍게도 일치하고 있다. 세계의 많은 언어학자들은 21세기에 세계 6,000여 종의 언어와 생물 종의 절반 이상이 절멸될 것으로 예측하고 있다. 언어나 생태가 복잡성을 띄고 있는 지역은 대체로 문화가 뒤떨어진 토착민 거주지이라는 공통성을 가지고 있다. 대륙 간의 언어 사용자 실태를 보면 오스트레일리아와 태평양, 아메리카 대륙에서는 150명 미만의 사용자를 가진 언어가 20% 이상이고 거의 대부분의 언어가 사용자 10만 명 미만이다. 아프리카와 아시아,

유럽은 사용자가 10만에서 100만에 이르는 중간 내지는 거대 규모의 언어를 사용하는 곳이 많다.

현재 오스트레일리아와 태평양 지역의 언어 상황은 매우 위험한 수준이다. 이들 언어 지역은 모두 발생적, 유형적 다양성을 띠는 언어의 온상임에도 불구하고 거의 절멸 위기에 처해 있다. 세계 인구의 4%가 살고 있는 적도 부근의 열대지역에는 전 인류가 사용하고 있는 언어의 약 60%가 존재한다. 하와이 제도의 면적은 미국 전체의 1%지만 토종 식물의 다양한 변종들은 미국 내에 자생하는 식물의 다양성을 훨씬 능가한다. 그런데 토착민들이 명명하던 그 다양한 식물 변종의 명칭은 식물과 함께 멸종되고 있다. 토착민들의 언어의 절멸과 함께 멸종 위기에 처해 있는 1,104종의 생물 가운데 363종(30%)이 이미 멸종되었으며 나머지도 멸종이 임박해 있다.

대규모 언어라도 외부 압력이 크면 급격하게 절멸될 수도 있고 규모가 작더라도 사회가 안정되면 언어가 절멸될 위험성이 반드시 크다고 말할 수는 없지만, 일반적으로 규모가 작은 언어가 절멸될 가능성은 그만큼 더 높다. 그렇다면 이처럼 생태 다양성과 언어 다양성이 공존하는 지역에서 생태와 언어가 동반 절멸의 상황에 내몰린 까닭은 무엇일까? 지난 세기 말까지 유럽의 몇몇 제국들이 펼쳐온 식민 지배에 의한 침탈의 결과이거나 혹심한 전쟁과 자본 경쟁에 밀려나서 소수언어가 언어적 자립의 기반을 잃게 된 결과였다. 아프리카나 호주, 남태평양의 여러 군도, 중남미 대륙에서 서방 제국의 식민 지배와 전쟁, 살상, 강제 이주, 벌목 등으로 원주민들이 추방되면서 그들의 언어도 절멸의 길을 걷게 된 것이다. 중심과 변두리의 대응을 우월과 열등, 문명과 비문명이라는 배타적 문명관으로 규정한 탓이다.

모든 인류가 축적해놓은 풍요로운 지혜의 원천이 바로 언어이다. 과학 기술은 다른 기술로 대체될 가능성이 있지만 자연생태나 그 생태를 명명하는 언어는 그렇지 않다. 변두리 국가나 종족 혹은 부족들의 언어에는 그들의 생활 체험에 기반을 둔 지식·정보가 녹아 있지만 그들의 문화와 언어를 타자적 시각에서 열등하고 덜 세련된 문명화의 결과로 평가함으로써 변두리 토착 인들의 언어는 급격한 몰락으로 이어진 것이다. 개별 언어마다 세상을 바라보는 독특한 그들만의 창이 있다. 모든 언어는 살아 있는 박물관이며, 언어가 스스로 일구어낸 모든 문화유산의 기념비와도 같다. 언어 다양성의 일부라도 잃는다는 것은 곧 인류의 지식·정보의 손실을 의미한다. 따라서 모든 사람은 자신의 언어를 가질 권리가 있고 또 그 언어를 문화 자원으로 보존하고 자손들에게 물려줄 권리를 갖고 있다. 영어를 비롯한 스페인어, 포르투갈어, 프랑스어, 러시아어, 중국어 등 몇몇 지배적 언어가 아메리카 원주민, 오스트레일리아, 켈트인, 만주인 등의 언어를 몰아 낸 빈자리를 당당하게 차지하고 있을 어떤 권리도 없다.

언어는 생물 종과 마찬가지로 환경에 적응하는 고도의 능력을 갖고 있으며, 생태계의 변화와 마찬가지로 언어도 변화한다. 생태의 다양성을 갖춘다면 종의 풍부함과 생존의 안정성이라는 구도 속에서 고도의 환경 적응력을 가질 수 있듯이, 언어 또한 같은 원리로 설명될 수 있다. 생태계나 언어 절멸의 원인이 환경 변화에 있다면 이 환경 변화는 다시 인위적인지 자연적인지 구분해서 논의해야 한다. 다른 문화나 언어가 잠식해 들어오는 상황에 노출되면 언어가 해체되고 붕괴되며 산산이 부서지는 과정을 겪게 마련이다. 그리고 언어의 절멸은 언어의 우열성과 관계없이 인류가 축적해 온 토착 자산의 몰락으로 이어지게 된다. 질리언 비어는 『다윈의 플롯(Darwin's Plots)』(휴머니스트, 2008)에서 "진화하는 인간이 사는 세계는 언어가 정치, 경제, 테크놀로지, 가족, 성, 우정 등 개별적으로 재생산의 성공에 핵심적인 역할을 하는 요소들의 복합체로 직조되는 세계"라며 인류 언어의 중요성을 강조하고 있다. 어떤 발전이든 그 발전은 다양성이 전제되어야 하며, 오직 언어의 우열을 초월한 다양성이 보장될 때만 진보적 발전이 가능하다.

세계 문명 질서에 대한 반성과 새로운 화해의 길을 모색하려는 국제적인 노력이 ‹유네스코 세계 문화 다양성 선언›을 하였듯이 세계의 여러 생태학자들과 언어학자들이 생태와 언어를 포함하는 문화 단일화에 대한 우려를 표시하기 시작하였다. 세계 언어학자들은 언어 침탈에 문제를 제기하면서 소수 언어 보존을 위한 논의를 시작하였다.[1] 이러한 흐름은 미국 등 여러 나라에서 구체적으로 언어 다양성 보장을 위한 법률 제정으로 이어지기도 하였다.[2] 이와 함께 세계 언어학자들은 언어 다양성을 보장하기 위한 학술 활동을 활발하게 전개하고 있고, 이러한 활동과 연구를 지원하는 기금 모금과 재단 설립 등 각종 움직임도 나타났다.[3]

1 1981년 유럽 의회에서 가에타노 아르페(Gaetano Arfé)가 ‹지역 언어, 문화 및 소수 민족의 권리를 다루기 위한 공동체 헌장›을 채택하였고, 1992년 캐나다 퀘벡에서 개최된 국제언어학회(International Linguistic Congress)에 참여한 세계 언어학자들은 ‹소수언어 보호를 위한 헌장›을 채택하였다. 1992년 유럽 의회에서는 ‹지역 또는 소규모 언어들을 위한 유럽 헌장(European Charter for Regional or Minority Languages)›을 국제 협약으로 채택하였으며, 1992년 유네스코와 국제연합에서는 ‹민족적, 인종적, 종교적, 언어적 소수자들의 권리 선언(Declaration on the Rights of Persons belonging to National of Ethnic, Religious and Linguistic Minorities)›을 채택하였다.

2 1990년 미국에서는 ‹아메리카 토착 언어를 쓰고 익히고 발전시킬 아메리카 원주민들의 자유권을 보존, 보호, 증진하기 위한 법›을 통과시켰으며, 1992년 ‹아메리카 원주민들을 도와 그들이 자기 언어들의 생존과 지속적인 생명력을 확보하도록 돕기 위한 법안›을 통과시켰다.

3 1993년 11월 유네스코에서 ‹위기 언어 레드북(Red Book of Endangered Languages)›을 작성하여 보존되어야 할 인류의 소수 절멸 언어 리스트를 작성하였으며, 1995년 동경대학교에서 ‹위기의 언어들에 대한 국제 정보 센터(International Clearing House for Endangered Languages)›를 개설하여 운영하고 있다. 2003년부터 서울대학교 알타이어학회에서도 만주 퉁구스 지역의 절멸 위기의 언어 구제를 위한 현장 조사를 펼치고 있다.
1995년 미국에서 ‹위기 언어 기금(Endangered Languages Fund)›을 설치하였으며, 1995년 영국에서는 ‹위기 언어들을 위한 재단(Foundation for Endangered Languages)› 설립

21세기에 들어서 다문화·다인종 사회에 직면한 세계 많은 국가들에서 지난 세기동안 진행되어온 문화의 침식에 따른 소수 언어의 붕괴와 생태 환경의 파괴를 어떻게 조정하고 발전시킬 것인지에 대한 문제가 매우 중대한 관심사로 떠오르게 되었다. 언어의 다양성 문제가 문화 다양성의 기본 요소임을 확인하는 계기가 되었던 것이다.

낙인찍힌 변두리 언어

지난 15세기 이후 문명과 야만이라는 이원적 사유가 지리 경계를 침탈하며 언어를 멸종으로 몰아넣는 핵심적 계기가 되어왔다. 이러한 문명관은 나라 안으로도 서울과 지방(변두리)이라는 이분법적 구도를 굳혀 서울의 바깥을 단순한 변두리로 타자화함으로써 서울 중심의 표준화 정책으로 일관하게 했다. 그리고 일제 식민 기간 동안인 1933년 ‹조선어학회›(한글학회 전신)라는 민간 학술 단체가 제정한 '한글 맞춤법 통일안'은 국어사전 편찬을 위한 기획이었음에도 국어의 지배적 규칙 혹은 틀로 고착됨으로써 국어 규범이 오히려 소통에 불편한 존재가 되었다. 또한 표준어와 방언의 관계가 좋고 나쁨의 잘못된 고정 관념으로 굳어지게 되었다. '한글 맞춤법 통일안'과 우리말 '큰사전'의 기초를 닦은 당시 환

과 함께 절멸 위기의 소수 언어 보존을 위한 각종 지원을 하고 있다. 1995~2004년 일본 오사카 가쿠인대학교에서는 ‹절멸 위기의 환태평양 언어 보존› 연구소를 설립하였고 1996~1998년 헬싱키대학교에서는 ‹핀우그르리어 자료뱅크›를 구축하여 핀우그리아 언어의 생존과 생태에 대한 연구를 펼치고 있다. 1998년 동경외국어대학교에서는 ‹구어 카라임어(튀르크어족) CD프로젝트›를 통해 튀르크 부족 언어의 채록과 자료베이스를 구축하고 있으며, 2000년 미국 오스틴대학교에서는 ‹라틴아메리카의 토착어 아카이브›를 구축하고 있다. 2007년 일본의 아이누 문화 연구 재단에서는 ‹아이누어 보존›을 위한 국제학술 활동을 펼치고 있다. 엘리 코헨(Elie Cohen)은 「세계화와 문화 다양성(Globalization and Cultural Diversity Conflict and Pluralism)」에서 생태와 언어 문화 다양성의 관련성에 대한 내용을 유네스코 보고서로 제출하였다. 또한 유네스코 한국위원회에서도 「지구의 언어, 문화, 생물 다양성이해하기(Sharing a World of Difference the Earth linguistic, cultural and the Earth linguistic, cultural and biological)」라는 보고서를 간행하여 다양성에 대한 문제를 언어와 문화 그리고 생물 다양성과 연계하여 기술하고 있다.

산 이윤재 선생이나 외솔 최현배 선생은 가능한 지역 방언을 최대한 조사하여 살려내려고 노력하였다. 환산은 지역 방언을 '전등어'(어원적 분화형)와 '각립어'(음운 분화형)로 구분하여 어원이 다른 전등어는 비록 서울의 말이 아니더라도 표준어로 살려 쓰기 위해 노력하였다. 그리고 최현배 선생은 『시골말 캐기 잡책』을 만들어 전국적인 규모의 조사를 시행하였다. 그러나 식민 상황에서 충분한 인력이나 조사비용이 마련되지 않았기 때문에 완전한 성과를 거두지는 못했다.

1946년 이후 어문 규정을 국가가 관리하기 시작하였고 또 민간 출판사들이 만들었던 국어사전을 1999년 국가 사전인 『표준국어대사전』으로 전환하면서 규범을 마치 국민들이 모두 이해해야 하는 전범으로 여기게 되었으며, 방언은 표준어에 비해 열등한 존재로 인식하도록 강요되었다. 국가 중심의 언어 관리는 철저하게 "오늘날 서울을 중심으로 한 교양인들의 말"을 근간으로 하고 있어 '표준어'의 권위는 더욱 견고해졌다. 다수의 규범주의자와 그들에게 매료된 학자들이 서울 언어는 '옳고', 지방의 언어는 '그름'으로 확연하게 편을 갈라놓았다.

결과적으로 지난 광복 이후 국어 어문 정책은 민간과 정부의 협력 체계로부터 차츰 멀어지게 되었다. 전 세계적으로 한국의 '표준어'처럼 융통성 없는 국가 언어 정책을 펼치는 나라는 어디에서도 찾아 볼 수 없다. 우리나라의 '표준어' 개념 자체는 메이지 유신 이후 "일본 동경의 야마노테센(NR전철선) 내의 교양인의 말을 일본 표준어로 한다"는 근거 위에서 만들어졌다. 일본 동경시의 규모가 확대되고 인구도 급격하게 증가함에 따라 1946년부터 일본의 표준어 정책은 '동경 표준어' 정책에서 '동경 공통어(a common language)'로 선회하였다. 그런데 한국은 1960년대 이후 산업화와 도시화의 과정에서 급팽창한 '서울' 지역의 외연과 그 속에 유동하며 살아가고 있는 '교양인'의 정체를 규정하기 어렵게 되었음에도 불구하고 우리 어문 정책의 틀은 결국 한정된 '서울' 지역과 '교양인'으로 묶여 버린 것이다.

상대적으로, 풍부하고 다양한 방언은 열등한 것으로 비하되고 공익성이 없는 것으로 여기면서 〈외래어 표기법〉에 근거한 다량의 외국어 음차 표기를 대량으로 수용함으로써 한국어의 어휘 기반은 매우 혼란스러운 상황에 직면해 있다. 나라 안의 구성원들이 사용하는 지역말을 내팽개치고 외국말을 대량으로 수용함으로써 자국 언어의 생성 능력이 급격하게 저하되는 결과를 낳은 것이다. 그 결과 우리 글자는 읽을 수 있지만 그 내용의 뜻을 파악하지 못하는 난독 현상이 확산되고 있다. 언어에 대한 왜곡 현상은 학습자 개인의 언어 습관의 문제에 국한되지 않고, 그들이 살아온 지역 문화에 대한 정체성 내지는 자긍심에도 영향을 미친다. 가공적으로 만들어진 표준어와 방언을 대립적인 관계로 고정시켜온 국가의 언어 기획, 이것이야말로 문화적 폭력이라고 하지 않을 수 없다.

언어에 담겨 있는 누적되어온 체험적 언어 지식·정보가 얼마나 소중한지를 깨달아야 한다. 다양한 언어 자원의 붕괴는 언어의 우열성과 관계없이 인류가 축적해 온 인류의 지적 자산의 몰락으로 이어지게 된다. 문명과 야만, 지배와 피지배, 다수와 소수라는 대립의 문제가 결코 아니다. 변두리 사람이나 비록 소수인들이 나름대로 조화롭게 쌓아온 언어 지식·정보를 포기하거나 잃어버리는 일은 결국 인류 지식·정보의 부분적인 손실이라고 할 수 있다.

이리하여 한국어는 고유어를 기반으로 새말을 만들지 못하고 있다. 언중들이 스스로 다양한 말을 만들어 내는 신조어의 생산성이 증대될 때, 그 언어는 생존성이 보장된다고 할 수 있다. 최근 외국어와 전문용어가 대량으로 밀려들어 오면서 일반 국민이 고유어로 된 새로운 말을 만드는 자생력이 떨어지고 있을 뿐만 아니라 지나친 규범의 통제 때문에 새로운 말을 만들어내는 기력이 쇠잔해진 감이 없지 않다. 리처드 엘리스가 쓰고 안소연이 옮긴 『멸종의 역사(no turning back)』(AGORA, 2006:55)에서 "생태와 진화에 관한 다른 대부분의 문제들과 마찬가지로 멸종도 한 가지 원인만으로 일어나는 경우는 거의 없다. 멸종은 여러 가지 원인들, 그 원인들 간의 상호작용, 그리고 그로 인한 증가 효과 때문에 일어난다."라는 말처럼 우리말을 사용하고 있는 사람들이 생산해 내는 신조어의 기반이 고유어의 복합이나 합성 형식이 아니라 한자어와 외국어의 뒤섞임(blending) 방식으로 대량의 새로운 말을 만들어내고 있기 때문에 어느 시점에 가서는 고유어는 우리말 낱말 기반에서 영원히 도태되고 말 것이다. 문제는 우리 고유어가 자리 잡아야 할 자리에 한자어나 외국어가 생뚱맞게 들어와 그 자리를 차지하도록 국어 어문 규범이 이를 부추기고 있다는 것이다.

언어 뒤섞임 현상과 난독증의 증가 요인

제국주의-식민 시대의 언어 정책은 억압과 굴종, 일방적 지배의 방식으로 진행되었다. 그 결과는 타자화한 피지배족의 언어나 변두리 언어의 몰락으로 이어졌다. 그런데 금세기 이후에는 언어 사용자 스스로 자본 중심의 우월한 언어에 자발적으로 가담하고 있다는 측면에서 차이를 보인다. 이와 함께 획기적인 정보통신 기술의 발달이 가져온 의사소통 방식의 변화가 이를 더욱 부추기고 있다. 지식·정보 생산성의 증가와 함께 유통 방식이 발달하면서 언어가 대량으로 뒤섞여 자본 중심의 언어로 집중되는 현상이 매우 뚜렷하게 나타나고 있다. 강압적 변화가 아닌 자발적 변화라는 점이 더욱 의미심장하다.

국가 간의 언어와 문자가 뒤섞이면서 개인의 지식·정보의 수준 차이에 따라 동일한 정보를 서로 다르게 해석하거나 그 내용을 파악하는 개별적인 능력 차이가 사회 계층적 차이로 양극화되고 있다. 글을 읽을 줄 은 알지만 글에 실린 낱말이나 문맥의 의미를 파악하지 못하는 증상을 난독증이라 부른다. 의학적인 원인으로 난독증을 갖게 된 사람도 있지만 최근에는 복잡한 언어 환경과 개인 사이의 지식과 정보 격차 때문에 난독자가 늘어나고 있다. 난해한 한자어, 인터넷 상의 외계언어, 신조어, 외래어, 외국어 한글 표기, 약어, 전문용어의 확대와 확산 때문에 개인적 소통 능력이 양극화되는 것은 분명 문제가 있다. 이 문제를 영어와 한자 중심으로 살펴보자.

외국어의 한글 표기 문제

국제화와 서구를 기반으로 한 신지식의 팽창으로 인해 한국어는 외국어 한글표기와 약어, 신어, 콩글리쉬 등 외래적 요소와 심각하게 뒤섞이고 있다. 온라인 『표준국어대사전』에는 23,571개의 소위 표준어라고 말하는 외래어가 실려 있다. '아미돌(amidol, 사진현상액)', '가제(‹독›Gaze)', '거즈(gauze)', '롱홀(long hole, 골프에서, 기준 타수(打數)가 5타인 홀)', '루니크(Lunik, 소련의 달 무인 탐사기)', '서티(thirty, 테니스에서, 그 게임의 두 번째 얻은 포인트. 30점을 이른다.)', '스토크스(stokes, Stokes)'와 같은 외국어 한글 표기가 국어심의회의 외래어 심의 과정이라는 공적인 인증절차를 거치지 않고 『표준국어대사전』에 편찬자 임의로 올라 있다. 『표준국어대사전』에 23,571개의 어휘 가운데 50개 어휘를 임의 표본 추출 방식으로 선정하여 대학생 200명을 대산으로 인지율, 이해율, 사용률을 조사해 본 결과 1%에도 못 미치는 인지율 0.05%, 이해율 0.06%, 사용률 0.03%로 나타났다. '부추'의 방언형인 '솔', '정구지'는 없애야 할 한국어이면서 '아미돌', '가제', '거즈', '롱홀', '루니크', '서티', '스토크스'는 표준어라는 말이다. 국어 정책의 내면에 깔려 있는 모순의 한 장면이다. 이러한 국어 정책이 직접적으로 우리말의 생태 환경을 위협할 뿐만 아니라 국민들의 소통 능력을 현저하게 떨어뜨리는 요인으로 작용하고 있다.

현재 국어 정책의 가장 핵심적인 문제 거리가 바로 ‹외래어 표기법›을 포함한 전문용어에 관한 정책 대안을 제대로 제시하지 못하고 있다는 점이다. 그러는 사이에 한국어는 사용자의 지적 능력에 따라 소통의 차등성이 급격하게 벌어지고 있다. 이러한 문제를 해결하기 위해 2005년에 ‹국어기본법›과 ‹국어기본법시행령›에 정부 부처별로 전문용어를 관리하도록 법률적으로 규정하였지만 현재 정부 부처 가운데 문화체육관광부를 제외한 어느 부처도 이를 정부 과제로 채택하지 않고 있다. 법률이 규정한 것을 제대로 이행하지 않는 것은 분명히 국가의 신뢰 문제와 관계가 된다.

최근 우리나라는 신지식을 생산하는 데 몰두한 결과 지식·정보의 생산 기반은 비교적 튼튼해진 편이다. 대학 교수를 비롯해서 언론, 정부 관료, 연구기관을 통해 경쟁력 있는 지식·정보의 생산은 눈부시게 발전하고 있다. 그리고 외국의 논문이나 저술들을 대량 국내에 번역하여 소개하고 있으며, 아시아 문명권에서 생산된 한문 전적들의 번역 사업으로 다량의 지식·정보가 물밀듯이 밀려들고 있다. 이처럼 생산된 지식들은 여기저기 논문이나 책갈피 속에 흩어져 있다. 쏟아지는 다량의 지식·정보를 일일이 제 때에 다 수용하여 이해하기란 참 힘든 일이다.

요즘 등장하는 신조어나 SNS를 통해 생겨나는 신조어 가운데 우리말을 기반으로 한 어휘는 거의 없다고 해도 과언이 아니다. 외국 두문자 혹은 외국어의 일부와 한자어와의 조어력만 생존하고 있기 때문에 한국 고유어어의 조어 능력은 이미 고갈된 상태나 다름이 없다. 그리하여 이른바 식자층과 무식층의 지식·정보의 양극화는 매우 빠르게 확산되고 있다. 지식·정보의 격차는 빈부의 양극화보다 더욱 심각한 문제이다.

한자 교육과 한자 공용화의 문제

한동안 한글·한자 논쟁이 잠잠하다 싶더니, 최근 다시 한자 교육을 주장하는 관련 단체들이 연합하여 ‹국어기본법›이 위헌임을 주장하고 나섰다. 2012년 10월 23일 '어문 정책정상화추진회'(회장 이한동 전 국무총리)가 주도하여 ‹국어기본법›이 위헌 소지가 있다며 위헌 소송을 제기하면서 다시 한자 한글 논쟁의 불을 붙인 것이다. '어문 정책정상화추진회'라는 명칭에는 지금까지 국가 어문 정책이 비정상적이었다는 전제가 깔려 있다. 곧 박정희 대통령의 한글 전용화 정책이 부당했으며, 2005년 노무현 대통령의 참여정부가 발의한 ‹국어기본법›이 전면 부당했다는 의미를 담고 있다.

이들이 낸 소원의 핵심 내용은 공문서 작성에서 한글을 전용토록 한 국어기본법이 한자 문화를 누릴 수 있는 행복 추구권을 침해하고 있으며, 교과용 도서에 한자를 싣지 못하게 함으로써 초·중등학교 학생들의 학습권과 부모의 자녀교육권을 제한하고 있다는 것이다. 소원 청구인들 가운데 시장에서 배추를 팔고 어물전에 생선을 파는 이웃 사람이나 시골 농촌에서 열심히 일하는 평범한 분들의 이름은 눈에 띄지 않는다. 다들 이름 깨나 알려진 인사들이다. 소송 제기를 한 분들은 모두 자기의 눈높이만으로 세상을 바라보는 분들이 아닐까? 아직 입시 지옥에서 벗어나지 못한 초중고 학교 아이들이 영어, 수학 등 과도한 학습 분량에 시달리고 있는 이 시점에서 다시 한자 교육을 부활함으로써 부과될 학습량은 얼마나 늘어날까? 학생들을 희생시킬 만한 가치가 있는가? 지난 조선조 선비들은 평생을 한문 공부를 해도 해결하지 못했는데. 한문 원전을 조금이라도 읽어 본 이라면 한자 몇 자 가르친다고 세상 달라지지 않는다는 것을 다 알 수 있는데 말이다.

한자 중심의 문자 생활은 문맹률을 높일 뿐이다. 1920~30년대에 조선일보와 동아일보는 대학생들을 모아 문맹퇴치운동을 펼쳤다.[4] 이 무렵 조선 사람의 90%가 한글을 읽지 못했다. 1945년 광복 당시 도 77.8%였다. 선거 때 후보자의 기호를 한글이나 숫자가 아니라 작대기 수로 구분해야 할 정도였다. 1954~58년 정부에서도 대대적인 '전국문맹퇴치운동'을 벌였고 그 후 한글 전용화 정책과 초등학교 교육이 의무화되면서 문맹률은 1966년 80%, 1970년 70%, 1980년 5%, 2008년 1.7%로 급격히 떨어졌다. 그런 운동을 주도하던 우리나라 주요 언론사인 『조선일보』가 최근 ‹국어기본법›의 정신에 정면으로 맞서서 한자를 버젓이 쓰고 있으나 어느 누구도 이의를 제기하지 못하고 있다.

국제적으로 문해력 증진은 사회 계층의 양극화를 막고 소통 능력을 증대시키는 기초적인 문화 복지 가운데 하나이다. 유엔개발계획(UNDP) 조사에서 비문해자 평균 비율은 선진국 1.4%, 중진국 9.9%, 후진국 39.2%였다. 우리도 선진국 수준에 거의 도달한 셈이다.[5] 그러나 낱글자는 읽을 수 있지만 문장 이해 능력이 거의 불가능한 난독률이 64.9%라는 것은 놀라운 사실이다. 비문해자가 적은 나라가 반드시 선진국은 아니다. 미국은 영어 비문해자가 5%, 반문해자가 8%나 되지만 세계 최강국이다. 비문해자가 0.2%인 쿠바가 5.6%인 싱가포르보다 선진국이라고 생각하는 사람은 없다. 한 나라가 후진국에서 벗어나려면 문맹률도 줄

4 1929년 7월 『조선일보』에서는 "아는 것이 힘, 배워야 산다"는 표어를 내걸고 '귀향 남녀 대학생 문자보급운동'을 시작했다. 방학을 맞아 귀향하는 학생들이 고향 사람들에게 한글을 가르치게 하자는 계몽운동이었다. 1929~1932년 3,109명, 1934년에는 5,078명의 학생이 참가했다. 조선일보는 『문자 보급반 한글원본』이라는 교재를 수백만 부 만들어 그들의 손에 쥐어 주었다. 『동아일보』도 1931년 '브나로드 운동'을 시작하며 문맹퇴치 운동에 나섰다.

5 국립국어원에서는 2008년 9~11월 사이에 임의 표본조사 방식으로 문해율 조사를 실시한 결과 우리나라 성인 기초 문해력(한글 해독 능력) 조사에서 1.7%가 글을 읽고 쓰지 못하는 비문해자로 나타났다. 이 조사는 신문기사, 공익광고, TV 프로그램 편성표 등을 놓고 선택형 25문항을 물었다. 비문해자 비율은 70대 20.2%, 60대 4.6%, 50대 0.7%였지만 40대 이하는 거의 없었다.

여야 하지만 선진국이 되려면 국민의 지적 수준을 높여야 한다. 국민들 간의 지식·정보의 소통력을 강화하는 일은 국민적 난독률을 줄이는 일에서부터 시작되어야 한다.

한자 해독 능력은 사용자의 지적 능력 차이에 따라 천차만별이다. 그렇지만 지금은 아무리 어려운 한자어라도 대부분 『표준국어대사전』에 그 표준 발음과 뜻풀이까지 다 실어놓았을 뿐만 아니라 주요 포털 사이트와 앱에서도 한자어 검색이 가능하다. 따라서 이젠 일반 국민에게 한자 학습과 한자 사용을 강요할 이유가 없다. 한자와 한문은 전문가에 의해서 연구될 수 있는 영역임을 잘 이해하고, 한문 번역 전문가를 집중 양성하고 우리의 전통 고전을 번역하도록 정부가 지원하는 계획을 수립하여 이를 실천하도록 지원해야 한다. 이미 사어가 된 한자어 교육을 부활하는 것은 퇴행적 방식인 동시에 비효율적이라는 점을 충분히 이해해야 한다. 세상을 이끌어 가는 지식인의 눈으로 보면 참 답답할 것이다. 그러나 이 세상은 지식인들만 사는 세상이 아닌 더불어 살아가는 사람들의 공동체가 아닌가.

::: 국가 어문 정책의 순환적 관리 모형

국민들의 언어 소통 환경

우리나라에서 규범 정책은 매우 복잡한 과정을 거쳐 정착했다. 1946년 이후 어문 규정의 관리권이 민간단체에서 정부로 이양된 뒤 문교부에서 문화부로, 다시 국립국어원에서 문화체육관광부로 옮겨짐으로써 규범의 시행과 관리에서 일관성을 잃어버렸을 뿐만 아니라 규범 내부의 문제점을 보완할 시점을 여러 차례 놓쳤다. 그리고 4대 규범의 개정과 재정의 시기 또한 달랐기 때문에 규범 내부의 모순점 또한 없지 않으며, 그 이후 제정된 ‹국어기본법›과 연계한 어문 정책의 관리도 역시 부실하였다고 할 수 있다.

오늘날 마치 일반 국민이 국어 규범을 익혀야 하는 것으로 인식하게 한 사회 교육의 분위기는 분명 잘못된 것이다. 사전 중심의 교육과 학습 방법이 아니라 규범 중심의 초중등 교육 방식에서 생겨난 기현상이다. 이와 같은 기이한 정책 수행 방식은 전 세계 어느 나라에서도 그 사례를 찾아 볼 수 없다. 국민들은 규범이 철저하게 반영된 사전을 통해 글쓰기와 의사소통에 어려움을 느끼지 않아야 하는데, 복잡한 규범을 학습하도록 관리한 것이 큰 문제였다. 결국 규범이 완전히 반영된 신뢰할 만한 사전이 없기 때문이라고 탓할 수도 있다. 하지만 영어사전은 소사전에서 대사전에 이르기까지 닳도록 드려다 보면서 정작 우리말의 표기법, 발음, 용례, 뜻풀이 등이 고스란히 담겨 있는 사전은 뒷전으로 밀려난 것이다. 자연히 사전에 실린 우리 고유어 낱말의 학습 기회가 그 만큼 멀어짐으로써 우리말의 새로운 조어능력 또한 떨어질 수밖에 없는 결과를 낳았다. 어문 규범은 사전 편찬자들이나 어문 관계자들에게 매우 중요한 것임에 틀림없지만 이러한 규범을 국어 사용자인 국민 전체에게 배워서 익히도록 함으로써 규범을 반영하고 있는 사전 학습과 멀어지게 되는 결과를 낳게 되었다. 지금이라도 교육부와 문화체육관광부가 협력하여 국가 규범 사전인 『표준국어대사전』의 보완과 증보를 추진해주기를 간곡히 희망한다.

국어 규범 정책 수립과 수행의 순환적 체계

한국의 '국어 규범 정책'이란 국민들이 사용하는 말과 글의 통일과 발전을 위한 제반의 '언어 기획(Language planning)', '언어 정책(Language policy)',

'언어 사용 실태의 평가와 분석(language use on the actual condition, research, analysis, evaluation)'의 제 단계를 포괄하는 개념이다. 거시적으로 말하자면 첫째, 언어 정책의 기획 단계, 둘째, 언어 정책의 시행 운용의 단계, 셋째, 언어 사용 실태 조사와 평가 분석이라는 일련의 순환적 국어 정책을 포괄한다. 협의의 개념으로는 국어 정책의 시행 운용의 둘째 단계에 속하는 4대 어문 규정인 ‹맞춤법 통일안›, ‹외래어 표기법›, ‹표준어 규정›, ‹로마자 표기법›과 이를 구현하고 있는 『표준국어대사전』의 관리와 운용 전반을 포함한다.

현재 국어 어문 정책 관리의 모델은 2005년 이후 ‹국어기본법›과 ‹국어기본법시행령›이 제정된 이후 2009년부터 문화체육관광부가 주무 관리 기관으로서 언어 정책 기획 단계에서 정책의 시행과 운용 그리고 실태조사와 평가 분석의 전반적인 책임을 맡게 되었다. 그리고 국립국어원을 중심으로 4대 어문 규범 관리와 이를 구체적으로 구현하는 『표준국어대사전』의 관리 및 일부 언어 정책 지원과 실태조사·평가·분석도 아울러 지원하는 방식이다.

언어 정책 기획(language planing)은 정책 시행과 운용에서 나타나는 제반 문제에 대해 실태조사·평가·분석을 통해 능동적으로 대응해야 한다. 무엇보다 언어 정책 기획은 국어의 소비자인 국민들을 기반으로 해야 하지만, 국민들의 성층은 매우 다양함으로 어떤 층위를 기준으로 할지 사려 깊은 언어철학적인 사유가 필요하다. 특히 규범 정책의 시행 운용을 전담하고 있는 국립국어원은 그 책무가 매우 크며, 동시에 그 책임에 대한 비판을 피할 수 없는 기관이라고 할 수 있다. 거시적인 국어 규범 정책 수립에서 실태조사와 평가 분석에 이르기까지 대학의 전문가들과 협력하는 관계도 매우 중요한 하나의 축을 이루고 있다.

국민들의 안정된 의사소통을 위해서는 어문 정책 관리의 순환적 모델

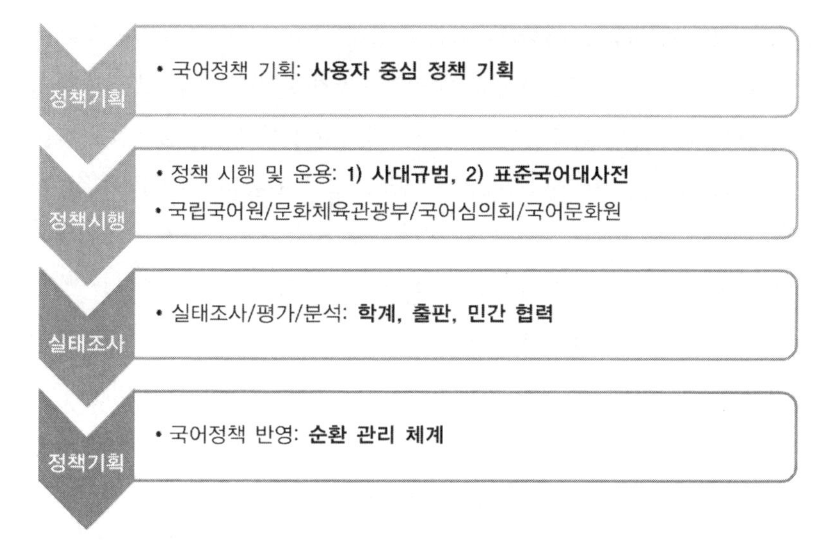

‹표 3› 한국의 어문 정책의 순환적 관리 체계

(‹표 3›)에 입각하여 연속적인 안정성과 발전을 향한 노력을 이어가야 한다. 정책 기획의 단계에서는 반드시 실태조사의 결과를 토대로 하여 한 단계 발전적인 방향으로 순환하는 정책 설계가 이루어져야 한다. 현재 ‹국어기본법›과 ‹국어기본법시행령›의 법령에 따라 국어의 규범 관리 체계는 비교적 안정된 상태이다.

결국 언어 정책의 기획과 언어 정책의 관리라는 문제가 무엇보다도 중요한 몫을 차지하고 있는데 정책과 관리의 연속성, 안정성, 책임성의 소재가 불분명해지면 정책의 효용성이 떨어질 수밖에 없다. 앞에서 살펴본 한글 기반 언어 소통의 변화에 따른 효율적 정책 수행이 날로 더 중요해짐에도 불구하고 정책 결정자나 학계, 그리고 일반 국민들은 그 문제의 중요성을 외면하고 있다. 국어 정책을 관장하고 있는 문화체육관광부의 행정 담당자들이 과연 어문 정책에 전문가인가? 관련 위원회 구성이라는 방식으로 어문 정책을 통괄하는 방식은 비효율적이며, 지속성도 약하고 책임 소재 역시 대단히 불분명하다. ‹국어기본법›에 따라 2년마다 국회 문광위원회에 국어정책과 시행 전반에 대한 보고를 하도록 규정하고 있지만 국회의 전문성이 떨어지기 때문에 실질적인 관리나 감시 기능이 현저하게 약할 수밖에 없다. 따라서 법률적 근거가 비록 없다고 하더라도 학회나 학자들의 외연적 평가를 정례화하여 정부 기관에 실질적인 정책 보완과 평가를 지원해야 할 것이다.

국어 정책은 이러한 체계 모델 및 운용의 결과와는 별개로 어문 환경 변화, 어문 규범의 역사적 변화, 국정 기조와의 관련성 등의 외연적 요인에 따라 변화할 개연성이 매우 높다고 할 수 있다. 현재 구축되어 있는 국어정책의 순환적 모델을 활용한 국어 정책이 입안되었는지, 잘 진행되고 있는지에 대한 평가는 유보하더라도 몇 가지 문제점이 없지 않다. 이 문제점에 대한 것은 3~4에서 논의할 것이다.

결국 아무리 훌륭한 어문 정책 관리 체계를 갖추고 있다고 하더라도 끊임없이 변화하는 어문 환경에 능동적으로 대처할 준비가 되어 있지 않으면 무용지물이 된다. 정부와 학계가 정책 운용을 정밀히 진단하고, 좀 더 쉽고 편리하게 국민들의 어문 환경을 운용할 수 있는 전략적인 방안을 끊임없이 연구하고 지원해야 한다. 그와 아울러 정책의 입안자나 수행자, 평가자 모두 국어의 생존과 생태 환경을 고려한 언어 철학적 성찰을 해야 한다.

결론적으로 국어 정책의 안정성과 지속성을 유지하기 위해서는 프랑스의 언어총국(DGLFLF)과 같은 범정부 부처를 통괄할 수 있는 대통령 직속 ‹한국어위원회›를 설치할 필요가 있다. 이 위원회를 통해 국가 어문 정책을 포함한 한국어 해외 보급 사업 등 포괄적인 어문 정책을 통괄하고 조정하는 기능을 갖추어야 할 것이다.

국어 규범의 문제와 관리의 현안

규범과 사전의 뒤집힌 관계

국어 관리를 위한 4대 어문 규정에는 〈한글 맞춤법〉, 〈외래어 표기법〉, 〈표준어 규정〉, 〈로마자 표기법〉이 있다. 이들 4대 어문 규범의 내부적인 문제는 국민들과 외국인 한국어 학습자들의 언어생활과 매우 밀접한 관계를 갖고 있다. 따라서 규범 내용은 매우 정교하면서도 배우기 쉽고 사용하기에 편해야 하는 동시에 말과 글의 생태적 기반을 튼튼하게 하는 근거가 되어야 할 것이다. 그러나 이 4대 규범은 제정 시기와 개정을 여러 차례 거듭하면서 생긴 내용의 모순이 있고, 지나치게 어렵다는 비판도 받아왔다. 이 규범은 반듯한 사전(온라인 사전 포함)을 통해 구현됨으로써 국민들은 규범의 내용을 모르더라도 사전을 통해 규범을 체현할 수 있도록 해야 하는데, 지금까지는 사전보다 난해한 규범 학습이 우선되어 왔다. 규범을 반영하는 국가 사전인 『표준국어대사전』이 부실했기 때문에 사전과 규범이 따로 따로 구분되어 국어사전은 외면당하고 전문가용인 규범을 학습하는 비정상적인 어문 환경이 정착된 것이다. 이러한 기이한 어문 환경은 국가 언어 정책의 일환으로 만든 『표준국어대사전』의 불완전성과 초중등학교 국어과교육에서 생겨난 결과라고 할 수 있다.

이처럼 국가의 어문 정책은 모든 국어 사용자에게 직접적인 영향을 미친다는 면에서 그 중요함에 대해 아무리 강조를 해도 지나침이 없다. 한국어 사용자뿐만 아니라 국가 언어로 표현되는 다양한 지식 관리 영역과 긴밀한 연관성을 맺고 있기 때문에 국어 정책의 방향 설정과 그 운용 과정은 매우 신중하게 하지 않을 수 없다. 최근 밖으로는 한국어를 배우고자 하는 외국인들의 숫자가 급격하게 늘어나고 있으며, 안으로는 다문화 사회로 진입하면서 한국어 정책의 중요성은 더욱 가중되고 있음에도 불구하고 그런 현실에 대한 인식과 대처하는 능력은 매우 뒤떨어져 있다.

언어는 단일하게 고정된 성전과 같은 것이 아니라 장소나 상황에 따라 다양하게 달라지는 인간 행위의 일부임을 인정하는 것, 이게 바로 언어 다양성을 유지하려는 진정한 태도이다. 국어의 기반에는 한자어가 약 60%를 차지하고 있으며, 60년대 이후 물밀 듯이 밀려들고 있는 외국어 한글 표기, 외래어, 외래어의 혼효된 낱말 등의 영향으로 한국어는 이미 자메이카의 크레올과 유사한 혼종 언어(heterogeneity language)로 변할 수 있는 상황이다. 우리말이 순수하다고 고집하면서 순혈주의 방식으로 유지하기란 거의 불가능하다. 우리말의 고유어를 유지하고 발전시키려는 노력의 일환으로 한때 국어순화운동이라는 이름으로 혹은 국립국어원에서 외래어 순화를 위한 노력을 하였지만 이미 언중들은 외면하고 있는 것이 우리의 현실이다. 그런데 우리말의 육성과 발전이 어문 정책의 기조에서 매우 중요함에도 이에 대한 성찰과 실천을 제대로 하지 못했다. 그리하여 표준어를 규정하는 국어 규범이 도리어 우리말 다양성을 훼손하는 결과를 낳게 되었다. 4대 어문 규정의 내부적 문제에 대해서는 별도로 하고 쉬운 우리말 소통 환경 개선이라는 차원에서, 그리고 우리말의 생태적 유지라는 측면에서 몇 가지 핵심적인 논점인 띄어쓰기와 사잇소리와 같은 규범의 문제점을 검토해보기로 한다.

띄어쓰기 규정의 문제점

‹한글 맞춤법› 제1장 총칙 제3항에는 "문장의 각 낱말은 띄어 씀을 원칙으로 한다."라고 규정해 놓고는 세부 규정 제5장에는 '띄어쓰기' 규정을 제1절 조사, 제2절 의존 명사, 단위를 나타내는 명사 및 열거하는

말 등, 제3절 보조 용언, 제4절 고유 명사 및 전문용어의 띄어쓰기 세부 규정을 제시하고 있다. 이 띄어쓰기 규정이 우리말의 조어력을 간접적으로 약화시키는 매우 중요한 요인으로 작용하고 있다.

첫째, 현행 띄어쓰기 규정에는 복합어나 합성어의 낱말 붙여쓰기에 대한 명확한 세부규정이 없기 때문에 새로운 조어 생성에 장애가 된다. 예를 들면 "순색의 빛깔 이름은 주로 붙여 쓰고, 외래어나 순색이 아닌 것은 띄어 쓰는 것을 기본으로 한다."는 규정은 '치자색, 바다색, 복숭앗빛'은 붙여 쓰지만 '치자 빛, 바다 빛, 복숭아 색, 살구 색, 살구 빛'은 띄어 쓰도록 하고 있다. 물론 의미 단위로 붙여쓰기를 하면 사전의 복합어나 합성어 올림말이 넘쳐난다는 문제점이 없지 않지만 이를 어문 규범으로 해설을 하자니 밑도 끝도 없이 복잡한 설명이 필요한 것이다. 이처럼 국어 규범이 우리말 생산력을 억제하는 역기능으로 작용함으로써 고유어를 활용하는 조어력이 급격하게 떨어지고 있다. 현재 띄어 쓰도록 규정하고 있는 '치자 빛, 바다 빛, 복숭아 색, 살구 색, 살구 빛'은 관형어의 수식어가 '치자'와 '빛', '복숭아'와 '색'에 분리되지 않는다. 곧 '붉은+복숭아 색'의 구성에서 '붉은'이 '복숭아'에만 수식하는 것이 아니라 '복숭아색' 전체이기 때문에 한 단어로 인정되어야 할 것이다. 대상이 있는 합성어와 복합어는 가급적 붙여쓰기를 함으로써 우리 고유어의 조어능력이 강화될 수 있다.

둘째, 제50항 "전문용어는 낱말별로 띄어 씀을 원칙으로 하되, 붙여 쓸 수 있다."라는 규정은 모순이 있다. 간단명료해야 할 어문규정이 있으나 마나한 꼴이 된 것이다. '한국어', '중국어', '일본어', '영어'와 같이 한자어로 복합된 말은 붙여 쓰지만 '아랍 어', '히브리 어', '키큐 어', '뱅갈 어', '바스크 어', '유키 어', '와포 어', 엘살바도르에서 사어로 알려졌던 '카코페라라 어'와 같이 원어와 한자어로 복합된 낱말은 띄어 쓰도록 되어 있다. '동해', '남해', '서해', '지중해', '북해', '남중국해', '흑해', '홍해'와 같이 '해(海)'와 결합하는 복합어도 마찬가지로 붙여 쓰지만 '에게 해', '발트 해', '카스피 해', '오만 해', '카리브 해'와 같이 외국어와 한자가 복합된 낱말은 전부 별개의 낱말로 인정하여 띄어 쓰도록 한 규정을 확대 해석한 결과, 사전 편찬자가 임의로 띄어쓰기를 사전에 그대로 반영하고 있다. 새롭게 생산되는 조어 양식을 국어 전문가의 안목으로 고유어와 한자의 복합, 고유어와 외국어의 복합, 한자어와 외국어의 복합 양식으로 구분하여 새로운 낱말임에도 불구하고 별개의 낱말로 분리시킴으로써 새롭게 늘어나야 할 고유한 낱말을 인위적으로 억제하고 있다. 규범이 자국어의 생태 조절의 균형적 역할을 할 수 있도록 바꿔야 할 대목이다.

셋째, "한자어와 외국어 우위의 표준화 정책이 문제다. 1988년 개정된 표준어 규정(제22항)은 "고유어 계열의 낱말이 생명력을 잃고 이에 대응되는 한자어 계열의 낱말이 널리 쓰이면 한자어 계열의 낱말로 표준을 삼는다."라고 규정하고 있다. 어문 정책을 어떻게 규범 사전에서 구현하는가에 따라 고유어를 대량 학살할 위험성이 있음을 알려주는 사례 중에는 식물 이름들이 많이 있다. '노야기'를 '향유(鄕儒)'에, '함박꽃'을 '모란(牧丹)'에, '뱀풀'을 '금불초'에, '암눈비앗'을 '익모초(益母草)'에 뜻풀이를 함으로써 고유 낱말의 자리에 한자어가 들어오도록 만든 결과 고유 낱말은 자꾸 사라지고 있다. 상사화의 다른 이름인 '부활꽃'이라는 낱말은 사전에서 찾아 볼 수 없으며, 이것을 지방에 따라 '개난초'라고 부르는데 이 '개난초'의 뜻풀이를 '상사화의 잘못'으로 기술하는 오류를 범하기도 한다. 한자어 대신에 영어가 그 자리를 차지할 날이 멀지 않을 것이다.

국어 관리를 위한 4대 어문 규정에 대해 전면 재검토를 할 시기이다. 규범이 안고 있는 내부적 모순점이나 규범과 『표준국어대사전』을 연계

하여 국민들로부터 신뢰를 받을 수 있는 기반을 점검해주기를 바란다.[6]

〈외래어 표기법〉 규정 내부의 문제

4대 어문 규정 가운데 〈외래어 표기법〉이 가장 문제가 많다. 〈외래어 표기법〉에 따른 '외래어'의 규정이 안고 있는 내부의 문제점과 이를 관리하는 데 거의 손을 놓고 있기 때문이다.

첫째, '외래어'와 '외국어 한글표기'의 경계가 무너져 있다. 외래어는 "〈외래어 표기법〉에 따라 적은 것"으로 규정하고 있으나 그럼으로써 외국어를 한글로 적은 것도 모두 외래어가 된다는 말이다. "아이 엠어 보이(I am a boy)"의 '아이'가 외래어인가? 현행 〈외래어 표기법〉이 〈외래어 표기법〉인지 "외국어 한글 표기법"인지 구분할 수 없을 뿐만 아니라 규범의 내용이 너무 어렵고 복잡하여 사용자층에서는 많은 혼란과 불편을 느끼고 있다.

둘째, '외국어 한글표기' 가운데 표준어로서의 외래어는 "외래어는 따로 사정한"다고 규정하고 있으나 지금까지 사정 원칙이 없을 뿐만 아니라 합법적인 사정 절차를 거친 경우가 없었다. 『표준국어대사전』에 실려 있는 2만 여개의 소위 말하는 외래어는 편찬자들이 임의로 수용한 것이다. 이것이 외국어 한글 표기나 외국어 혼종어가 대량으로 늘어나

6 이윤옥(2013:97)의 『오염된 국어사전-표준국어대사전을 비판한다』에서 국가 사전으로 편찬된 사전 내용에 혹독한 비판과 함께 그 사전을 관리하는 국가 기관인 국립국어원의 직원들의 안일하고도 무책임한 대응에 대해 냉정하게 꼬집고 있다. 그 내용 가운데 우리나라 토착 고유종인 '금강초롱'을 일제시대에 일본 식물분류학자인 나카이 다케노신(中井猛之進, 1882~1952)이 당시 조선총독부 초대 공사 데라우찌 마사타케(寺内正毅, 1852~ 1919)의 이름 글자를 따서 '사내초(寺内草)'라 명명하여 헌사하였다. 그 '금강초롱'의 뜻풀이를 보면 더욱 가관이다. 일본의 『광사전』의 뜻풀이를 그대로 옮겨 놓았다. 『표준국어대사전』을 만들 당시 기존의 사전류를 모아 낱말 카드로 만들어 이리저리 짜깁기를 하는 과정에서 일본 사전을 그대로 베낀 것을 삭제하지 않은 채 방치해온 결과이다. 만일 일본에서 지적 저작권 문제로 제소를 한다면 국제적 망신을 당할 수 있다. 개인 출판사가 아닌 정부 주도로 만든 대표적 사전이 이런 모습이다.

게 되는 결정적인 요인이 되었다. 국어 어문 규범이 정해 놓은 절차를 제대로 관리하지 않은 점도 문제이지만 외래어를 관리하는 사정 원칙이나 지침이 없는 상황이다. 엄밀한 의미로 말하자면 현행의 ‹외래어 표기법›은 “외국어 한글 표기법”이라고 말해야 옳은 것이다.

셋째, ‹외래어 표기법›은 표기 기준인 음성전사(phonetic transcription)만 있어도 가능한데, 18개 국가별 철자 전사(spelling transcription)과 23개 국가별 철자 전사 세칙이 마련되어 전문가조차도 이 23개 국가의 ‹외래어 표기법›을 숙지하고 있는 사람이 거의 없다. ‹외래어 표기법›은 총칙 제1조에서 밝혀 두었듯이 원음에 충실하게 표기하되 제한 된 한글 자모에 따라 적기 위해서는 국제음성부호(IPA)와 대응 한글 문자표만 있으면 충분하다. 이것을 국가별 철자 전사(spelling transcription)로 하니까 난해하기도 하지만 원음에서 멀어지는 사례가 나타나고 있다.[7]

넷째, ‹외래어 표기법›의 용례로 실려 있는 18개국 국가별 표기에 실린 1,432개의 용례 가운데 『표준국어대사전』에 실려 있는 어휘는 단지 154개에 불과하다. 규범과 국가 규범 사전과의 관계의 모순성을 단적으로 말해주는 사례이다. 규범의 용례로 실린, 곧 표준어로 인정한다는 외래 낱말이 『표준국어대사전』에는 실려 있지 않다.

다섯째, 현재 『표준국어대사전』에서는 약 2만 5천여 개의 외래어가 실려 있으나 이 외래어를 사정절차 없이 사전 편찬자 임의로 등재함으로써 일반 국민들이 이 외국어음차 표기가 외래어인지 또 그 뜻이 무엇

7 ‹외래어 표기법› 제3장 표기 세칙은 현재 21개 국가별로 구분하여 밝혀두고 있다. 제1절 영어, 제2절 독일어, 제3절 프랑스 어의 표기는 제2장의 표기일람표에는 제외되어 있다. 종래의 국제음성기호와 한글 대조표에 따라 표기하도록 하였지만 다시 철자 전사에 필요한 세부적인 세칙을 마련한 셈이다. 그러나 이 부분이 바로 문제가 된다. 국제 음성 기호와 한글 대조는 IPA음성부호를 한글 자모로 전환하는 것이기 때문에 음성전사(Phonetic transcription) 방식이다. 그런데 표기 세칙은 다시 자모 전사법이므로 일관성의 문제가 제기될 수 있는 것이다.

인지 제대로 이해하는 사람이 매우 적다.

여섯째, ‹외래어 표기법›의 내부 규정이 한글 24자모로만 표기하도록 규정하고 있으나 실제로는 붙임에 있는 16자가지 포함되어 있어 내부 모순을 안고 있다. 그리고 파열음 표기를 동남아 3개 국어 표기에만 인정함으로써 원칙과 세칙 간의 모순이 노정되어 있다. 그 외에도 중국어 표기법(병음표기, 웨이드식표음 표기)이나 세르보크로아트어(국가 분리) 표기법은 현실 변화를 반영하지 못한 사문화된 규정에 다름 아니다.

일곱째, ‹외래어 표기법›의 용례 가운데 'september'를 국가별 표기 용례로 넣어 '셉템베르', '셉템버' 등을 표준어로 인정하고 있는 모순을 아직 개정하지 못하고 있다. 이 규정대로 한다면 12달의 명칭만 해도 전 세계 외래어 표기법 사전 한권이 만들어져야 할 것 아닌가?

여덟째, 인명 지명 표기법을 별도로 만들어 중국을 포함한 외래어의 표기에 심각한 문제점이 노출되었다. 우리나라나 중국 사서에 기록된 만주, 여진, 몽골, 투르크, 티베트, 위굴 등의 동아시아 제국의 말을 중국식 한자어로 표기한 예가 매우 많이 있다.[8] 신해혁명 이전의 인명이나 지명은 한국 한자음으로 읽도록 규정함으로써 한자어로 표기되어 있으나 몽고, 만주, 여진 인명이나 지명 표기가 얼마나 혼란스러운지 모른다. 『표준국어대사전』에 '징기스 칸'의 내용이 "① '징기스 칸(Jinghis Khan)' ‹인명›→칭기즈 칸. ② 성길사-한(成吉思汗) (명)‹인명›'칭기즈 칸'의 음역어."로 되어 있으나 ① '징기스 칸(Jinghis Khan)'의 뜻풀이로 되어 있는 '칭기즈 칸'은 올림말에 누락되어 있다. 이러한 인명이나 지명 표기의 표준

8 '奚灘何郎哈'를 '해탄하랑합'으로 '古倫孛里'를 '고륜패리'로 '古倫豆蘭帖木兒'를 '고륜두란첩목아'처럼 한자음 그대로 읽으면 되는가? [용비어천가]에서 이미 '奚灘何郎哈'를 '히·탄하랑·캐'로 '古倫孛里'를 '고·론보리'로 '古倫豆蘭帖木兒'를 '고·론두란터물'로 표기한 사례가 있다. 한글의 위대한 표음 기능의 힘을 말해 주고 있다. 당시 동아시아 주변 국가들의 외래어를 한글로 표음할 수 있는 탁월함을 보여준 사례이다.

화가 제대로 되지 않는 분명한 모순을 쉽게 찾아 볼 수 있다.

아홉째, 〈외래어 표기법〉의 국가별 표기 원칙은 앞으로 무한히 늘어나야 할 상황에 놓여 있다. 국가별 역사적 변천 과정을 고려한다면 중국어 표기법 안에 몽고 표기법, 여진어 표기법, 거란 표기법 원대 표기법, 청대 표기법 등이 무수히 늘어나야 할 것이다. 가까운 일본에서는 '금사', '원사', '청사'에 나타나는 인명 지명 표기 통일안을 만들어 언어 사용에 혼란을 막고 있다. 우리나라 사서에 나타나는 몽고나 만주 여진의 지명이나 인명은 〈외래어 표기법〉과는 별도로 정제화해나가야 할 것이며 나아가서는 유럽 지역 또한 마찬가지이다.

이상에서 살펴본 바와 같이 〈외래어 표기법〉이 안고 있는 근본적인 문제를 근거로 하여 〈외래어 표기법〉의 미래 발전 방안을 요약하면 다음과 같다.

첫째, 〈외래어 표기법〉은 한국어를 사용하는 사람들을 위한 규범이다. 최근 국제화 시대를 맞이하여 더욱 개방적인 규범으로 변모시킬 필요가 있다. 곧 한국인뿐만 아니라 한국어를 사용하는 모든 사람들에게 좀 더 정확한 소통이 이루어질 수 있도록 표준화해야 한다. 그러나 〈외래어 표기법〉은 국가별로 너무 미시적으로 만들었기 때문에 국내인은 물론 한국어를 배우는 초보자에게는 너무나 어렵다. 실제로 국가별 철자 대응 표기법은 전혀 필요 없는 규정이다. 음성표기 규정만으로 가능함에도 불구하고 외래어 표기법의 기능 분담량이 너무나 비대해져 있다.

둘째, 국어 규범이 그러하듯이 〈외래어 표기법〉도 실용주의적인 바탕에서 짜야 한다. 사용자가 좀 더 알기 쉽고 사용하기에 편리하도록 통일적으로 구성되어야 한다. 현행 〈외래어 표기법〉은 18가지의 국가별 표기 일람표와 21개국의 표기 세칙으로 구성되어 있기 때문에 일반 국민들이 이해하고 사용하기에는 너무나 난해하고 부담이 크다. 국제 교류가 확대됨에 따라 표기 일람표와 표기 세칙은 끝없이 늘어나게 될 것이다. 이 ‹외래어 표기법›은 전문가용으로만 운용하도록 하고, 별도의 외래어 및 외국어 한글 표기를 관리해야 하며 동시에 이들을 모아 별도의 사전을 만들어 지원해야 할 것이다.

셋째, 한국어의 생태 환경을 전제로 하여야 한다. 물밀듯이 밀려드는 외래어나 외국어가 우리말의 실질형태소 부분을 다 차지하는 경우 한국어는 다시 이두어로 전락하게 될 것이다. 외국어를 국어로 표기할 때 사용자들이 좀 더 알기 쉽게 하기 위해 ‹외래어 표기법›의 규범에 따라 표기한다고 하지만, 현행 규범을 수용하면 결국 모어의 기반은 외래어나 외국어로 가득 차게 될 것이다. 이러한 상황을 극복하기 위해 국립국어원에서는 국어 순화운동의 차원에서 ‹외래어 다듬기›를 지속적으로 하고 있지만 별 효과를 얻지 못하고 있는 실정이다. 외국어 한글 표기 가운데 사용도가 높은 것을 선별하여 표준어로 인정하는 절차적 과정을 엄격하게 거쳐야 할 것이다. 그리고 다양한 외국어 한글 표기는 별도의 기반사전(base dictionary)을 만들어 관리할 대상이다.

넷째, ‹외래어 표기법›에 적용된 외래어를 어디까지 허용하는가는 매우 난해한 문제이다. 국어심의회에서 사정한 것만을 외래어로 인정한다고 하더라도 그 사정 기준이나 절차가 명확하지 않다. 또한 『표준국어대사전』에 올림말로 실린 것을 준거로 하려 해도 외래어와 외국어 음차 표기가 뒤섞여 있고 심지어는 규범집인 ‹외래어 표기법›에 예시한 예들조차도 외래어와 외국어 음차 표기를 구분할 수 없다. 정부에서 발표한 『외래어표기 용례집』의 예들도 정부언론외래어공동심의회를 거친 자료일 뿐 국어심의회에서 일일이 사정한 자료가 아니다. 일본 국립국어연구소에서는 ‹외래어 위원회›를 구성하여 외국어를 음차 표기한 외래어에 대한 사용자 연령별로 '인지율', '이해율', '사용률'을 조사하여 발표하거나 신문 등 공공매체에서의 외래어 사용 실태를 지속적으로 조사하여 외래어를 순화하는 노력을 하고 있다. 따라서 끊임없이 '인지율', '이해율', '사용률'을 근거로 외국어 한글 표기의 실태를 조사하여 그 결과를 가지고 사용률이 현저한 것만 선택, 외래어로 인정해야 할 것이다.

다섯째, 외래어 표기는 현행 한글 문자의 범위 내에서 이루어져야 한다. 외래어 표기에서는 원음에 가깝게 표기하는 것이 기본 원칙이지만 나라마다 음소체계가 다르기 때문에 이를 완벽하게 표기하는 일은 거의 불가능하다. 새로운 제한적 음성전사(restrictively phonetic transcription)를 할 수 있는 새로운 문자를 만들거나 고어를 사용하여 원음에 가깝게 표기하자고 주장하는 이들이 있으나 이 문제는 신중하게 대처해야 한다.

여섯째, 외래어의 범위가 대폭 확충되고 있다. 일상생활에서 사용되는 외래어, 전문용어(학술 용어), 약어, 외래어나 외국어의 요소와 결합한 신조어 등 우리말과 외국어의 혼종화 현상은 날이 갈수록 매우 복잡한 양상을 띠고 있다. 안정효는 『가짜 영어사전』(현암사, 2006)에서 국적 불명의 한국식 영어 조어형에 의해 유통되는 영어 음차 표기의 심각한 문제점을 제기하고 있다. ‹외래어 표기법›을 현실에 맞게 전환하고 그 가운데 이미 우리말의 일부가 된 '외래어'만 엄선하여 표준어의 일부로 삼는 좀 더 정밀한 한국어 어문 관리 정책이 필요하다.

일곱째, 이미 ‹외래어 표기법›에 예시하고 있는 많은 사례들 중 외래어로 굳어지지 않은 외국어 '캣(cat), 셋백(setback), 메르트(mert)' 등의 사례들은 아직 동화되지 않은 외국어 한글표기인 것이다. '외래어'와 '외국어'는 표기문자에 따라 구분되지만 외국어를 한글로 전사한 경우 어디까지 우리말로 동화된 외래어인지 구분하지 않고 있다. 다만 국어심의회에서 심의를 거쳐 사정한 것만 외래어로 인정하도록 규정하고 있다. 그러나 "어떤 외국어 낱말을 우리말의 문맥 속에서 우리가 말을 하거나 일단 우리 글자로 적으면 이미 동화의 단계는 시작된 것이라 할 수 있다."는 관점에서는 외국어를 외래어 표기법에 따라 표기하기만 하면 모두 외래어로 받아들이는 데에 더욱 더 큰 문제가 있다. 언론이나 정부에서도 거침없이 외국어 음차 표기를 대량으로 사용함으로써 한국어 생태의 기반을 흔들고 있다. 이를 규제해야 한다.

‹외래어 표기법›은 기본적으로 외국의 생활 및 지식·정보를 이해하는 데 더욱 쉽게 다가갈 수 있도록 외국어를 한글로 표음하거나 우리말로 순화하는 원리를 규정하는 내용이라고 할 수 있다. 외래어를 관리하는 어문 규범인 ‹외래어 표기법› 제정의 기본 정신을 명확하게 해야 할 것이다.

전문용어의 문제점과 관리

1960~1970년대를 경계로 하여 외래어 정책 환경이 크게 변화되었다. 국제적인 인적, 물적, 학술적 교류의 증가에 따라 '생활(일반)외래어'에 대한 정책에서 '전문외래어'의 정책으로 국가 정책 기반이 바뀌어야 한다는 관점이 나타났다. 그러므로 ‹국어기본법›과 ‹국어기본법 시행령›에서 전문용어의 표준화와 관리체계로 그 기본 시각을 옮긴 것은 매우 적절했다고 판단된다. '생활(일반)외래어'의 관리 정책이 위세적인 동기로 사용하는 '잉여 외래어'를 최소화하여 한국어의 혼종화 현상을 막는데 초점이 놓였다면 '필요 외래어'가 급증하는 시대에 학술 전문용어나 외국 상품, 약어외래어 등의 관리를 효율적으로 하는 방안으로 외래어 관리 정책의 큰 틀을 바꾸어야 한다. 그런데 현행 ‹외래어 표기법›으로만 엄청나게 늘어나는 외래어 및 전문용어, 신조어 등의 관리를 수행하기에는 매우 부족하다.

『표준국어대사전』에서는 전문어(전문용어)를 59개 영역으로 구분하고 있다. 외국 문물을 수용하지 않을 수 없는 상황에서 늘어나는 전문용어를 외국어 원어 그대로 수용하고 있기 때문에 국민 소통의 원활함을 지원하기 위해서는 이에 대한 관리가 매우 중요하다. ‹국어 기본법› 제17조(전문용어의 표준화 등)에는 “국가는 국민이 각 분야의 전문용어를 쉽고 편리하게 사용할 수 있도록 표준화하고 체계화하여 보급하여야 한다.” 라고 규정하고 있으며, 동 규범에 따라 ‹국어 기본법 시행령› 제12조(전문용어의 표준화 등)에는 매우 분명한 관리 체계에 대한 내용을 규정하고 있다. 곧 전문용어의 표준화와 체계화를 위해 중앙행정기관에는 5인 이상 20인 이하의 위원으로 구성되는 “전문용어표준화협의회”를 두도록 명시하고 있다. ‹국어 기본법 시행령› 제12조 제3항의 ⑤에 따라 문화체육관광부장관은 학술단체 및 사회단체 등 민간부문에서 심의 요청한 관련 분야의 전문용어 표준안에 대하여 국어심의회의 심의를 거쳐 확정하고 확정안을 고시할 수 있다. 그러나 ‹국어 기본법 시행령›이 발효된지 상당한 기간이 지났지만 아직 정부 부처가운데 “전문용어표준화협의회”를 운영하는 부처는 문화체육관광부 이외에는 없는 것으로 알고 있다. 정부 부처 간 “전문용어표준화협의회”를 두도록 하고 있음에도 불구하고 이를 시행하지 않고 있다.

여러 학문 분야별로 밀려들어 오는 외국어로 된 전문용어(학술용어, 상품명, 약어 등)를 우리말로 번역하거나 원어 그대로 음차 표기를 하여 사용함으로써 맞춤법, 띄어쓰기, 표기법 규범에 어긋날 뿐더러 표기법이 통일이 되지 않아 매우 혼란스럽다. 전문용어의 관리 시스템은 국립국어원이 담당하더라도 이를 생산할 수 있는 능력은 없는 상황이다. 국어 전문가가 60여 영역의 전문용어를 생산할 수 있겠는가? 정부 부처 간 긴밀하게 협력하여 전문용어를 생산하고 전문용어 관리 시스템은 국립국어원이 맡아 전 국민의 소통 지원을 만들어 주는 것이 진정한 국민행복의 시대로 가는 문을 여는 길이라고 생각한다. 여기서 전문용어의 관리가 왜 필요한지, 그 문제점에 어떤 것이 있는지 살펴보자.

최근 세계의 언어가 마구 뒤섞이고 있다. 특히 국가 간의 외국어가 차용되어 자국의 발음대로 읽혀지고 있기 때문에 현행 표기법에 따른 표기를 한다면 동의 외래어형이 엄청나게 늘어나게 될 것이다. 독일식 외래어 '루터'를 스웨덴 어 자모와 한글 대조 용례에 '루테르'로 표기하여 실어두고 있다. 러시아의 '도스토옙스키'가 미국에서는 '다스터옙스키'가 된다. '블라디보스토크'와 '마키아벨리'처럼 전 세계 인명과 지명이 차용국마다 철자가 달라지거나 발음이 달라지면 동일한 인명이나 지명이 수십 가지 이상으로 동의어형으로 표기될 수 있다는 말이다. 서양 고대사를 연구할 경우 국경이나 국가가 달라진 고대지명을 어떻게 표기할 것인지 문제가 된다.

전문용어를 ‹외래어 표기법›에 따라 한글로 표기할 때 언어 간의 음운체계의 차이 때문에 원음에 충실하게 표기한다는 것은 거의 불가능하다. 예를 들어 'Jacobsen, Jens Peter'을 '에이콥센'(덴마크)과 '야콥센'(영어) 식으로 표기하는 국가별 간접 차용어를 외래어 표기법으로 각기 다르게 표기함으로써 우리 국어를 사용하는 일반인들에게 엄청난 혼란을 부추기고 있다.

‹외래어 표기법› 제4장 인명, 지명 표기의 원칙은 제1절 표기 원칙, 제2절 동양의 인명, 지명 표기, 제3절 바다, 섬, 강, 산 등의 표기 세칙으로 구성되어 있다. 국제적 교류가 늘어나고 또 각종 세계 대회나 회의 등이 열리기 때문에 외국의 인명이나 지명을 한글로 어떻게 표기하느냐의 문제는 시각을 다툴 만큼 긴급한 경우가 있다. 따라서 외래어 표기법 가운데 현실적으로 가장 많이 활용하는 부분이 바로 인명이나 지명 표기인 것만은 틀림이 없다.

이렇듯 우리말로 만들어낼 수 있는 조어의 기반을 규범이 가로막고 있다. 이러한 어문 정책의 기반은 우리의 국어의 기반을 절멸 위기의 언어로 몰아내는 꼴이 되게 한다.

『표준국어대사전』의 문제

이상에서 살펴 본 외래어와 전문용어의 규범 및 정책 관리에 대안을 『표준국어대사전』의 관리 방안과 연계시켜야 한다. 곧 『표준국어대사전』을 기준으로 '표준어'와 '사정한 외래어'를 제외한 '신조어'나 '개인어', '방언', '순화어', '전문용어'를 비롯한 새로 생겨나는 많은 언어 자료를 사전 표제어로 올릴 수 있는 어떤 규범상의 근거를 제시해야 할 것이다. 논리적으로는 새로운 말이 널리 쓰이게 되면 우리말의 일부로 인정되고 또 ‹표준국어대사전›에 올라갈 수 있지만 사전에 올라가 있다고 해서 반드시 '표준어'로 인정되는 것은 아니다.

국가가 만든 『표준국어대사전』은 어문 규범을 충실하게 반영한 사전이어야 함에도 규범과의 괴리 문제를 극복하려는 노력을 중단하고 있다. 『표준국어대사전』은 규범을 바탕으로 하여 우리말을 집대성한 사전이다. 국가사업으로 8년에 걸친 공정을 거쳐 1999년에 발간한 사전이지만 적잖은 문제점을 드러내 부실 편찬이라는 질타를 받는 등 말도 많았고 탈도 많았다. 국립국어원에서는 여러 차례 보완과 개정을 거쳐 2008년도부터 웹기반사전으로 온라인으로 공개하기에 이르렀다.

국가사업으로 만든 『표준국어대사전』이 담당할 수 있는 지식 지원은 이미 포화상태에 도달했다. 각종 중고등학교 교과서에 실린 낱말에 대한 정보도 제대로 제공하지 못할 정도로 정밀한 지적 통제 없이 관리되고 있다. 또 선택의 협소함으로 이루어진 낡은 언어로는 진화하는 언어 지식을 온전히 담아낼 수 없다. 따라서 새로이 생산되는 지식 영역의 대중화를 위해서는 가장 먼저 사전 지식의 기준을 새로 설정하고 또 그 자료의 생산과 관리를 강화해야 한다. 이러한 일은 어느 개인이 주도할 수 없다. 따라서 향후 이 사전은 규범사전으로써 온전한 기능을 할 수 있도록 발전시켜나가야 할 것이다. 국가가 참여하고 다중이 협업하는 방식으로 지식 능력을 고도화하는 일이야말로 비물질적 생산성이 국가 경쟁력을 좌우하는 21세기에 적응할 기반을 마련하는 지름길이다.

사전 편찬 기술은 언어처리 정보화 기술력과 맞물려 있기 때문에 민간 사전 사업자를 육성할 수 있는 발판이 될 수 있는 유리한 점이 없지 않다. 이것도 저것도 아닌 엉거주춤한 상태로 계속 끌고 나갈 문제가 아니다. 그리고 『표준국어대사전』의 질적 향상을 위해서는 이 사전으로 끌어 올 원천을 마련해야 한다. 정부부처별 전문용어 정비, 한문 원전 해독을 통한 새로운 낱말 발굴, 방언, 신조어, 외래어, 외국어 한글 표기들을 모두 모으는 한국어 기반 사전을 기획하여 여기서 모아지는 것들 가운데 규범으로 가다듬은 낱말을 『표준국어대사전』에 공급하는 순환적 시스템을 구축할 때 규범 사전은 한 단계 더 발전을 기약할 수 있다.

::: 우리말 소통 환경의 문제

증가하는 난독자 비율

한글 전용화 이후 2008년도 비문해율 조사에 따르면 우리나라 성인 40대 이하는 100% 한글 해독 능력을 가지고 있다. 국민 전체 98.3%라는 놀라운 문해율을 기록한 국가는 전 세계 어디에서도 찾아 볼 수 없는 경이적인 기록이다. 그러나 최근 외래어와 전문용어가 급증함에 따라 한글은 읽을 줄 알아도 글의 내용을 이해하지 못하는 국민이 급증하고 있다. 흔히 조선조 후기에서 1960년대까지는 한문이나 한자의 해독이 가능한가의 여부에 따라 식자층과 비문해층으로 구분하였지만 오늘날에는 외국어나 한자어로 된 말을 이해할 수 있는지 여부에 따라 식자층과 비문해층으로 구분된다.

의학적으로 "지능에는 이상이 없지만, 읽는 능력에 장애가 있어 글을 이해하는 데에 어려움이 있는 증세"를 난독증이라고 한다. 정신적 장애나 심리적인 이유로 글을 건성으로 읽거나 글을 읽기 싫어하는 사람을 포함하여 글을 읽기는 해도 그 내용을 제대로 파악하지 못하는 사람을 포괄적으로 난독증이 있는 사람이라고 할 수 있다. 의학적 요인에 의한 것이 아닌 소통 언어 환경이나 개인적인 지식·정보의 차등 때문에 글을 읽고 그 내용을 파악할 수 없는 난독증의 현상이 확산되고 있는 것은 분명 문제다. 동일한 정보를 서로 다르게 해석하거나 그 내용을 파악하는 능력의 차이는 개인의 지적 능력이나 집중력이 부족해서 생겨날 수도 있지만 소통 언어의 환경으로 인해 생겨난 문제는 어느 개인이 해소할 수 있는 문제가 아니다. 난해한 한자어, 인터넷 상의 언어, 신조어, 외래어, 외국어 음차 표기, 약어, 전문용어의 확대와 확산 때문에 소통 장벽이 높아지고 지식·정보의 개인적 소통 능력이 양극화되는 데 문제가 있다. 난독률에 대한 과학적 분석 잣대에 대해서는 현재 연구가 진행되고 있다. 말과 글이 통하지 않아 새로운 지식·정보를 용이하게 습득할 수 없는 사회적 환경 문제는 국가가 관심을 가져야 한다.

난독률이 높아가는 가장 큰 요인은 국가가 지식·정보의 생산에만 투자한 데에서 찾을 수 있다. 한국학술재단, 정부 부처를 통해 연구개발비에는 많은 투자를 해 왔으나 쏟아져 나오는 각종 신지식의 연구 성과에 대한 유통과 보급에는 손을 놓고 있기 때문이다. 난독률이 증가하면서 한국 사회에서는 식자층과 난독증을 가진 사람들 사이에 지식·정보의 양극화가 매우 빠르게 확대되고 있다. 이와 같은 지식·정보의 격차는 빈부의 양극화보다 더욱 심각한 문제이다. 지식·정보의 양극화에 따라 사회 계층이 변화하지 못하고 고정되면 빈부의 양극화로 연결될 수 있다. 따라서 쉬운 말을 사용할 수 있는 국어 환경을 만들어내 는 일은 매우 중요한 국가적 과제라고 할 수 있다. 지식 생산에만 투자하지 말고 이젠 생산된 지식·정보의 관리를 강화하여 국민들의 언어 능력을 지원하도록 정부 정책의 시각을 조정해야 한다.

지성적 언어의 소중함을 배척하는 SNS 언어 환경

SNS의 발전으로 개인의 다양한 의견 개진이 가능해지고 지도층의 인사들의 비리나 잘못 뿐만 아니라 시시콜콜한 개인사에 대한 이야기도 곧바로 공개가 가능해졌다. 이처럼 국민적 감시 감독의 기능이 확대되었으나 SNS를 통한 거친 표현, 신상털기, 이념적 대립 몰이로 이끌어가는 소수나 집단의 피 묻은 언어의 돌팔매질은 심각한 수준이다. 소름 돋는 황폐한 언어, 피를 흘리는 말, 눈물을 짓는 언어의 풍경이다. 익명성의 언어, 가면을 쓴 화자의 당당함, 일고의 지성이나 사람의 가치를 느낄 수 없는 폐한 언어의 현장이다. 이는 불특정 타인이나 무관심한 주제에 대해 격렬하고 무례한 언어를 사용하는 반사회적인 행동이라고 할 수 있다.

사이버 상에서 통상적으로 벌어지는 언어 소통 상황은 이미 심각한 수준에 와 있다. 사회에 어떤 쟁점이 생기면 이에 대한 찬반 의견은 절제되지 않은 언어로 전달되고, 심지어 입에 담지 못할 상스러운 말로 인신공격을 예사로 하는 실정이다. 이는 오프라인의 폭력으로 이어지는 문제도 일으키며, 피해자에게는 정신적, 육체적 고통을 주게 된다. 오프라인에서 해소할 수 없는 스트레스를 온라인을 통해 여과없이 쏟아내고 있다.

글은 풍화하지 않는 주술이다. 말은 순간 바람처럼 흩어지지만 글자는 지식과 정보를 고정하는 창고이며, 반면에 개인과 세상을 어두운 감옥으로 유폐시킬 수도 있다. SNS가 활성화되면서 개인 정보 노출 때문에 피해를 입는 경우도 빈번해졌다. SNS에서 인터넷 경매나 개인의 신용 정보가 나도 모르는 사이에 유통됨으로써 엄청난 피해를 입는 경우가 빈번하다.

공공의 이해관계가 배제된 사적인 이기주의는 국가나 사회 기반 그 자체를 허물 수 있다. 그러나 인간의 가치를, 인간의 언어나 행동 규범을 가르치는 이는 아무도 없다. 있다고 하더라도 외면만 당할 뿐이다. 언론의 연예 프로그램이 세태를 흥미 중심으로 끌어가면서 털끝처럼 가벼운 언어유희가 세상을 지배하고 있다. 학교 역시 명문대학 입시지옥일 뿐, 참된 인간이 가야할 인간의 가치를 이야기하고 삶의 도덕성과 목표를 가르칠 겨를이 없다.

외국어 홍수가 된 공공언어

‹국어기본법› 제4조에 명시하고 있는 정부와 지방자치단체의 책무 가운데 언어 사용 환경에 능동적인 대처를 하도록 하는 규정이 있다. 과연 정부와 지자체는 무슨 일을 해왔는가? 국민의 국어능력 향상과 지역어 보전 등 국어의 발전과 보전을 위해 노력한 근거를 쉽게 찾아 볼 수 없다. ‹국어기본법› 제14조에서는 "공공 기관 등의 공문서는 어문규범에 맞추어 한글로 작성하여야 한다. 다만, 대통령령으로 정하는 경우에는 괄호 안에 한자 또는 다른 외국 글자를 쓸 수 있다."라고 규정하고 있다. 그러나 정부 부처를 포함하여 지방자치단체에서도 이 규정을 거의 지키지 않고 있다.

최근 몇 년간 각 지방자치단체에서는 도시를 하나의 상품으로 만들고 있다. 이른바 도시 브랜드(brand)라는 것인데, 도시의 경제적인 성장이 어느 정도 궤도상에 오른 상태에서 그 도시를 문화나 공공예술로 잘 꾸며 도시간의 경쟁력을 강화하는 전략이다. 각 도시마다 가지고 있는 고유한 특색을 잘 살려 누구나 한 번쯤은 꼭 가보고 싶은, 또는 꼭 가봐야 하는 장소로 만들어 내는 것이 장소의 상품화(Place markting)의 최종 목적이라고 할 수 있다. 이러한 도시 상품화의 움직임은 도로 및 간판, 건물의 미화 등 도시 경관을 한 단계 끌어올리는 계기가 될 수 있다. 하지만 '도시건축환경법', '건축물관리법', '도로교통법', '시설물안전관리법' 등 거미줄처럼 엉켜있는 법안 때문에 전봇대 하나 옮기려고 해도 쉽지 않다. 우리나라 도시도 이젠 서구의 도시처럼 도심 경관을 한 단계 끌어올리려는 관계 법안을 마련해야 되지 않을까?

이미 선진 국가에서는 ‹도시 경관법›을 제정하여 법률에 근거해 도시의 미관을 관리하고 있지만 우리나라에서는 이와 관련해 ‹국어기본법› 제10조 (한국어책임관의 지정)에 ①항에 "국가기관 및 지방자치단체의 장은 한국어의 발전 및 보전을 위한 업무를 총괄하는 국어책임관을 그 소속공무원 중에서 지정할 수 있다."고 규정하고 국어책임관의 임무에 대해서는 ‹국어기본법시행령› 제3조 (한국어책임관의 지정 및 임무) ①항에 1. "해당 기관이 수행하는 정책의 효과적인 대국민 홍보를 위한 알기 쉬운 용어의 개발과 보급 및 정확한 문장의 사용 장려", 2. "해당 기관의 정책 대상이 되는 사람들의 한국어 사용 환경 개선 시책의 수립과 추진"으로 규정하고 있을 뿐이다. 도시 경관의 핵심 요소인 경관 언어 관리 내용은 단 한마디도 담지 않고 있다. 그 결과가 어떤지 살펴보자.

지방자치 도시의 홍보를 위해 만든 표어(slogan)를 살펴보면 국가 법령에서 정해놓은 것과는 전혀 상반된 방식으로 진행되고 있다. ‹국어기본법시행령〉 제3조 ③항에는 "중앙행정기관 및 그 소속기관의 장과 특별시장·광역시장·도지사(이하 "시·도지사"라 한다)는 문화체육관광부장관에게, 시장·군수·구청장(자치구의 구청장을 말한다. 이하 같다)은 시·도지사에게 소속 국어책임관이 추진한 국어의 발전 및 보전을 위한 업무의 실적과 이에 대한 자체평가 결과를 매년 1회 보고하여야 한다."라는 규정이 있으나 현재까지 지방자치 정부에서 자체적인 국어환경 개선에 대한 노력과 또 그 결과에 대한 보고는 거의 없는 것으로 알고 있다. 지방자치 정부에서 국가 법령을 솔선해서 지켜야함에도 불구하고 정부가 앞장서서 법령을 지키지 않는다.

회사 명칭이나 상점의 이름은 말할 것도 없고 아파트의 이름도 거의 알아 볼 수 없는 외국어나 외국어 약자를 조합하여 만들고 있다. 그뿐만 아니라 각 지자체에서는 자신의 도시를 알릴 수 있는 표어를 한 가지씩 만들어 내기 시작했는데, 'Hi Seoul, Dynamic Busan, A+ Anyang' 등이 그 대표적인 사례라고 할 수 있다. 최근 아파트의 이름을 알아 볼 수 없는 외국어로 짓는 세태를 비꼬아 시골에서 부모님이 찾을 수 없도록 짓는다는 말이 나올 정도이다.

정부나 지방 자치 단체가 사용하는 공공언어나 기업 명칭에서 우리말이 크게 훼손되고 있다. 한글과 영어가 혼합되어 있어서 우리말의 조어능력이 갈수록 약해지고 있는 것은 심히 걱정스러운 일이다. 물론 최첨단 이미지를 위한 기업의 노력도 중요하지만 '도요타, 니싼' 등 일본어를 그대로 사용한 일본 기업, 프랑스 기업 등 자국어를 아껴 그대로 사용하는 나라들을 볼 때 영어에 대한 지나친 배려는 우리 정체성을 깨뜨린다는 사실을 깨달아야 한다.

세계적으로 신뢰성을 인증받고 있는 옥스퍼드 영어사전에 '김치, 태권도' 등 우리나라 낱말이 10여 개 정도가 실려 있다. 외국어 가운데 전문용어를 아무 거리낌 없이 받아들이면서 우리나라만이 보유하고 있는 신물질이나 전통적인 전문용어의 국제화를 위해 유명 사전출판사에 우리말 낱말의 등재를 요청하거나 필요하다면 국제회의를 통해 홍보하는 일은 드물다. 무엇보다 중요한 것은 공공기관이나 국제적 영향력이 큰 대기업에서 우리말을 사랑하고 아끼려는 경영 자세가 필요하다. 국가나 기업도 경영 구조가 더욱 미세해지고 복잡해짐에 따라 우리말에 관심을 가질 겨를이 없을지 모른다. 그러나 중요하지 않은 듯하면서 중요한 것이 바로 우리가 소통하고 있는 우리의 말과 글이다. 그 속에 국가적 정체성이, 기업의 경영 철학이 녹아들어 있다.

::: 국어 어문 정책을 위한 미래 대안

▌언어 정보 처리 기술력의 개발 지원

최근 눈부시게 발전하고 있는 언어정보화 처리 기술력을 국어 정책 구현에 활용하는 전략이 필요하다. 맞춤법 자동 시스템 개발, 자동 띄어쓰기 검색 시스템 개발에 지원하여 온 국민이 어문 규정 때문에 힘들어 하지 않도록 하는 장기적인 국어 정보화 계획을 수립하고 실행해야 할 것이다. 국어 정보화 사업은 국민들의 소통 방식의 변화와 양질의 지식·정보의 공급을 통해 국민 전체의 어문 환경 개선을 유도할 수 도 있는 간접적인 효과를 낼 수 있다. 언어 정보화 기술력의 증진은 사전 편찬, 기계번역, 음성과 문자의 호완, 음성언어와 문자 인식, 언어 추론, 로봇언어 등 국가 지식정보의 체계적 관리와 운용 등 다방면에 걸쳐 경쟁력을 이끌어내는 데 엄청난 역할을 할 것이다. 여기서는 사전 사업과 관련하여 그 유용성에 대해 살펴보자.

현재 언어정보 처리 기술력은 검색 기술 엔진 개발과 어휘망 구축, 의미 온톨로지(semantic ontology), 어휘지능말 등 다양한 분야에서 발전하고 있다. 기술 개발이 모든 것을 해결해 주는 것은 아니지만 국어 자료를 정밀하게 분석하여 축적하는 일은 정보화 기술력의 발전과 더불어 매우 중요한 핵심 과제이다. 이제는 대량의 문자 정보인 코퍼스(corpus)를 형태소 분석 처리로 가공한 구조적 데이터를 이미 활용할 수 있는 단계에 이르렀다. 따라서 텍스트 검색 기술의 발전과 함께 언어 형태소 분석처리 방식이 발전함으로써 동의어, 유의어, 반의어, 상관어, 상하위어 등의 어휘망의 구축이 쉬워졌기 때문에 사전편찬 기술에 충분하게 응용하여 활용할 수 있게 되었다.

『표준국어대사전』에 없는 대량의 올림말을 보강하는 일과 함께 사전의 뜻풀이를 확대시키기 위해서는 의미정보를 어떻게 확충하는가의 문제가 관건이다. 하지만 기계정보처리 기술력이 활용할 수 있는 의미적 정보처리의 문제나 음성분석 처리 기술력은 아직 현저하게 뒤처져 있다. 언어 정보를 처리하는 수준에 따라 단계를 나눠보면 다음과 같다.

1. LSP(Lexico-Syntactic Pattern): 어휘 형태소, 품사 정보의 구문구조 규칙
2. LSP(Lexico-Syntactic(Semantic) Pattern): 어휘 형태소, 의미정보 구문구조 규칙
3. ELSP(Extension Lexico-Semantic Pattern): 확대 어휘 형태소, 의미정보 구문구조 규칙

1~2 단계에서 사전이 어휘 사전에서 연어사전으로 발전되면 문맥적 의미까지 사전에 반영함으로써 언어 자료의 기계처리에 한 걸음 다가선다. 그러나 인지적 의미나 은유적 의미처리를 위해서 3단계의 처리로

가려는 노력이 필요하다. 예컨대 "꽃을 꺾었다."라는 시적 언어를 처리하려면 '꽃'이나 '꺽-'의 사전 의미로는 해결이 불가능하다. 따라서 기존 사전의 풀이말의 구조를 대폭 확장할 필요가 있다. "꽃을 꺾었다."라는 문장은 대단히 중의적인 문장이다. '꽃'과 '꺾다'라는 낱말의 사전적 의미로는 "여성에게 상처를 주었다"라는 문맥적 의미를 도저히 해석할 수 없게 된다. 이처럼 낱말의 은유적 의미를 현재의 사전으로는 방치할 수밖에 없다. 다시 말하자면 사전의 마이크로 구조에 은유적 의미를 색인해 줌으로써 언어 기계화를 한 발자국 더 앞당겨야 한다.

단순한 사전으로서가 아닌 자연언어처리와 검색이라는 관점에서 보면 국어사전은 치명적인 약점을 가지고 있다. 대규모의 언어 자료 코퍼스에 저장된 언어데이터에서 체계적이고 자동적으로 통계 규칙이나 패턴을 찾아내는 일종의 데이터베이스 속의 지식(KDD)을 체계화한 데이터 마이닝(Data Mining)으로서의 가치는 매우 뒤떨어질 수밖에 없다. 따라서 사전 편찬에서 동의어나 반의어, 유의어, 관계어, 상하위어 등 어휘 관계망을 체계화하기 위해 시소러스(thesaurus)나 온톨로지(ontology)의 기술을 응용하면 종래 수작업으로 진행되던 사전 편찬의 기술을 더욱 고도화할 수 있다. 곧 올림말이나 풀이말의 체계적 균형을 보장할 수 있다. 이처럼 진화되어 가는 IT기술과 접목함으로서 발전될 수 있는 부분을 국어학자들은 거의 받아들이지 않고 있다.[9]

9 대량 코퍼스로 구축된 데이터 마이닝(Data Mining)을 지원하는 구조적 데이터 관리는 주로 형태소 분석 처리를 함으로써 유사 낱말이나 관계망 속에서의 낱말의 검색 속도는 무척 빨라졌다. 그러나 문맥 속에서 같은 은유적 의미나 인지적 의미의 형식화가 어렵다는 이유로 이 부분을 방치함으로써 언어의 기계처리의 정확도와 속도는 늦어질 수밖에 없다. 사전을 통한 문법만으로는 시적 의미(은유적 의미) 처리가 불가능한 벽에 처해져 있지만 형태소 분석 방식과 마찬가지로 다량의 의미정보를 삽입해준다면 이 또한 기계처리가 가능할 것이다. 다시 말하자면 국어사전 이외에 문학작품에 나타나는 시어의 은유적 의미 사전이나 관용화된 문맥적 의미를 대량으로 구축해나갈 필요가 있음에도 불구하고 이러한 발전 가능성에 대해서는 거의 방기하고 있는 실정이다.

텍스트만이 아니라 음성 데이터도 마찬가지이다. 물론 아직 음성 자료의 처리는 의미자료 처리의 가능성보다 더 난해하지만, 개인적 차이를 통합하는 음성의 분절 단위, 형태 분절 방식과 같은 자동 분절이 가능한 기술 개발에 관심을 기울여야 할 것이다. 메타언어로 기술되는 각종 지식과 정보를 구조화하고 언어정보처리 기술로 통합하기 위해서는 사전 기술 언어에 대한 새로운 발상이 필요하다.

이러한 미래 과제는 언어학과 산업공학의 학제적 연구를 시도함으로써 한글 공학 연구의 지평을 넓힐 수 있을 것이다. 언어와 문자의 흐름은 국력 및 자본의 흐름과 매우 밀접한 관계를 맺고 있을 뿐만 아니라 최근에는 인터넷 소통의 힘과 매우 밀접한 관계를 맺기 때문에 정보화 환경에 더욱 긴밀하게 다가설 수 있는 끊임없는 연구와 국가 전략이 필요하다. 최근 동아시아에서는 한글이 중국어나 일본어를 능가하는 초고속 정보 입력 능력을 갖고 있음이 인정되었다. 물론 한글의 우수성을 주장하는 것만으로는 안 된다. 앞으로 영어를 비롯한 서구어와의 기계 번역과 자료 공유를 위한 광역 워드넷 구축 사업이 추진되어야 할 것이다. 또한 한글 자형의 디지털화 및 각종 규격 통일을 통해 한글 문서 인식률을 높여야 한다는 과제도 있다. 한글은 정보화 사업의 주요 영역으로 떠오르기 시작했다. 정보화 시대에 최적의 환경을 제공하는 문자 체계인 한글의 미래는 대단히 밝다. 한글을 아끼고 발전시키자는 국민 한 사람, 한 사람의 마음이 모아진다면 한글은 세계적인 문자로 발전할 가능성이 무궁무진하다.

이러한 작업을 하려면 '표준어'라고 하는 매우 제한된 대상 언어로서는 불가능하다. 언어 통일성을 유지하기 위한 전략으로 '표준어'라는 범주는 유용하지만 국가 지식 체계를 통합 관리하기 위해서는 '표준어'의 둥지 밖에 방치되어 있는 한국 전통 문화 용어, 전문용어, 신어, 한자어,

민속 생활 낱말, 지역어, 인문 사회 과학의 서적 속에 있는 신개념의 전문 학술 용어 등을 대량으로 수집하고, 그 가운데 사용도가 높은 낱말들은 추출하여 『표준국어대사전』에 포함시켜 표준어 대상의 외연을 넓혀 나가야 한다. 지속적으로 민·관·학이 협동하여 국가 지식·정보의 관리를 위한 체계를 구축해야 한다. 한국어의 낱말을 확대하는 일은 매우 중요한 과제이다. 규범이 한국어의 낱말을 늘이는 것을 억제하는 역기능으로 작용해서는 안 된다. 21세기 들어 지식의 소통과 표현 방식에서 인터넷을 활용함으로써 엄청난 변화의 시대를 맞고 있다. 따라서 지난 시대의 지식 관리 생산 방식에서 탈피하여 새로운 변화에 적응할 수 있는 모형 개발을 서둘러야 할 시점이다.

언어 정보 처리 기술의 발전을 위한 협업

어문 정책은 소비자인 국민이 좀 더 쉽게 쓰고 말할 수 있는 기반을 조성하고 토착 지식과 정보를 온전하게 보전할 수 있는 방향, 곧 한국어의 생태 기반이 탄탄하게 유지될 수 있도록 발전시키는 철학적 성찰이 필요하다. 지난 2009년에 국가적인 프로젝트인 '세종계획' 사업이 완료된 이후 후속적인 한글정보화 사업 계획은 매우 불투명하다. 국가지식 경쟁력을 강화하기 위해서 언어 지식, 정보의 관리라는 측면에서 한글 정보화를 위한 제2차 국가적인 프로젝트를 정부 차원에서 조속히 마련해야 한다. 똑똑한 국민, 세계적인 지성 국민으로 이끌기 위해서는 그들에게 충분한 지식, 정보를 제공해주는 지식, 정보 지원 복지 정책을 수립해야 한다.

무수히 생산되는 도서 속에 들어 앉은 사전 지식·정보를 마냥 내버려 둘 일인가? 새로운 지식의 튼튼한 사다리를 만들어야 한다. 각종 도서에 실린 새로운 지식을 가장 기초적인 사전 작업으로 전환하기 위해서는 도서의 텍스트를 대량 말뭉치로 구축하고 올림말 검색 시스템을 활용하여 사전에 실리지 않은 올림말을 대량으로 추출한 뒤 국가 지식 기반으로 활용하도록 제공해야 한다. 또한 한국어종합기반사전 뿐만 아니라 한국문화사전, 외국인명지명사전, 전문용어사전, 반의어사전, 유의어사전, 상하위어사전 및 각종 주제별 사전을 다양하게 개발하여 다시 이를 통합하는 방식으로 종합대사전이 만들어질 수 있도록 국가나 출판사 그리고 대학 연구기관에서 지속적인 투자와 함께 이를 통합 관리하는 체계를 구축해야 한다.

언어 정보처리 기술력은 미래 창조 사회의 핵심 기술이라고 할 수 있다. 따라서 국가적으로 국어 정보화 사업에 대한을 강화할 필요가 있다. 그 방식으로 정부와 민간 기업, 대학과의 협력 체계로 발전시킬 필요가 있다. 간 정보 사업자들도 디지털 검색 기능을 강화하기 위해 가담하고 있다. 그러나 그들 역시 정부의 지원 없이는 경영상 어려움에 부딪칠 수 밖에 없다. 민간 정보화 사업자를 육성하는 일이 국가 전체의 정보화 역량 기반을 강화하는 데 얼마나 중요한 일인지 헤아릴 필요가 있다.

남북한 교과서 문제

한국역사에 대한 교과서의 제목을 보면 '국사'와 '조선력사'로 차이를 보인다. '국사'는 세계 모든 나라의 자국의 역사를 '국사' 곧 국가의 역사라고 할 수 있다. 미국 역사에서는 원주민의 역사를 제외하는 것과 상반되게 중국의 국사에서는 청조 이전의 북방사나 서북지역의 위굴지역의 역사를 자국의 역사로 편속시키고 있다. 북의 '조선역사'도 조선의 뿌리를 이루는 북방사의 고구려사나 발해사를 포함한 삼한사를 국가사로 편입하고 있다. 이러한 측면에서 남쪽의 역사도 '한국사'라는 명칭으로 바꿀 필요가 있다. 구체적으로 초중등 한국사의 기술 문제는 시각의 차이가 엄청나다.

남과 북의 교육용 교과서의 제작은 판이하게 차이를 보인다. 남쪽에서는 소위 국정교과서라는 국가 주도의 교과서가 거의 사라지고 대부분 대학 및 현장 교사들이 중심이 된 검인정 교과서를 다양하게 만들고 있다. 그러나 아직 북쪽에서는 철저히 국가 중심의 이데올로기를 기반으로 하여 교과서가 만들어지고 있다. 북한의 모든 교과서는 국정 교과서이다. 곧 나라에서 편찬하는 단일 종이며 학령 제도는 중고교를 통합한 고등중학교 4학년은 남한으로 치면 고등학교 1학년이다.

몇 차례 북을 방문하면서 북의 어문 정책을 총괄하는 문영호 사회과학원 언어연구소장에게 여러 차례 남북의 초중등학교의 교과서의 용어 통일과 교과서의 발전적 방향에 대해 여러 차례 논의하였다. 자라나는 아이들에게 교과서가 미치는 영향력은 매우 크다. 교과서는 사람의 인식의 체계를 결정하는 데 절대적인 영향을 미치는 동시에 언어의 차이를 만들어내는 핵심적 역할을 하기 때문이다. 진정으로 한글 공동체의 미래를 생각한다면 남북 교과서의 학술 전문용어 통일과 교과서 형식을 일치시키는 일은 남북통일을 대비한 중요한 과제임을 북한 당국자들도 잘 이해하고 있었다. 하지만 교과서에 구현된 어문 규범이나 교육 목표의 차이는 매우 커지고 있다.[10] 구체적으로 지리 교과서 내부의 용어 문

10 [한국사/조선력사]: 3·1운동↔3·1인민봉기, 6·10만세운동↔6·10만세시위투쟁, 강서고분↔강서세무덤, 군장국가↔노예소유자국가, 귀주대첩↔구주대첩/구주대승리, 간석기↔마제석기/간석기, 뗀석기↔타제석기, 만적의 난↔개경 노비들의 투쟁, 망이·망소이의 난↔망이농민폭동/망이농민군의 투쟁, 보부상↔보짐장사꾼, 붕당정치↔당파싸움, 상정고금예문↔상정고금례, 세형동검↔좁은놋단검, 운요호 사건↔운양호사건, 위만조선↔만조선, 이시애의 난↔1467년 함경도 농민전쟁, 임진왜란↔임진조국전쟁, 제정러시아/차르러시아↔짜리로씨야, 조위총의 난↔평양 농민군의 투쟁, 팔조법금↔범금8조, 헤이그특사사건↔헤그밀사사건, 홍경래의 난↔홍경래농민전쟁/1811-1812년 평안도 농민전쟁, 환곡(제도)↔환정

제는 한두 가지 차이가 아니다. 예를 들면 “스웨덴-스웨리에, 아이슬란드-이슬란드. 덴마크-단마르크” 등 외래어 표기법의 차이로 국가명, 수도 명칭 등 상당한 차이를 보여주고 있다. 과목별로 보자면 주요 사건이나 개념, 외국어 표기 등에서도 상당한 차이를 보이고 있다.

남북 교과서에 나타나는 학술용어 통일을 위해 관련 학자나 교사들의 교류는 매우 필요하다고 생각된다. 여기서 한 걸음 더 나아가 이념화와 정치화의 도구로 물든 교과서의 점진적 질적 향상을 위해 상호 협력할 수 있는 기반을 만들 준비를 해야 할 것이다. 가능하다면 남북이 수용할 수 있는 수학, 생물, 물리 등 남북 공동교재 개발을 통해 체제의 벽을 허물고 이념을 뛰어넘는 학술의 장을 만들어야 할 것이다. 얼마전 김일성종합대학교의 김영황 교수가 쓴 『조선어방언학』이라는 책에 필자를 포함한 남쪽 학자들의 저술을 인용하고 있는 것을 확인하였다. 지난날이면 감히 상상도 하지 못할 일이었으나 학문 교류의 창은 완전히 차단

[세계사/세계력사]: 6·25 전쟁/한국전쟁↔조선전쟁/조선침략전쟁, 개발도상국↔발전도상나라, 걸프전↔만전쟁/페르샤만전쟁, 그라나다↔그레네이더, 기니↔기네, 나일강↔닐강, 다이카 개신↔대화개혁, 덴마크↔단마르크, 러시아↔로씨야, 루마니아↔로므니아, 리투아니아↔리뜨바, 마르크스↔맑스, 멕시코↔메히꼬, 모로코↔마로끄, 무굴제국↔모골제국, 미얀마↔먄마, 바르샤바↔와르샤와, 바이마르공화국↔와이마르공화국, 바이샤↔와이샤, 베트남전쟁↔웰남전쟁, 벨기에↔벨지끄, 볼셰비키↔볼쉐비크, 세포이의 항쟁↔시파이폭동, 시리아↔수리아, 시베리아↔씨비리, 쑨원↔손문/손중산, 에스파냐 내란↔에스빠냐공민전쟁, 오스만 제국↔오스만 뛰르끼예제국, 유럽 연합↔유럽통합, 응우옌딘↔느구엔딘, 의화단운동↔의화단폭동, 이자성의 난↔리자성농민봉기, 인더스 문명↔인두스문화, 일리아드↔일리아스, 일한국↔이르한국, 잉카 제국↔인까제국, 저우언라이↔주은래, 차르러시아/제정러시아↔짜리로씨야, 체코슬로바키아↔체스꼬슬로벤스꼬, 칭기즈칸↔칭기스한, 카프카즈↔깝까즈, 캄보디아↔캄보쟈, 캘커타↔콜카타, 코르시카섬↔꼬르스섬, 키예프↔끼예브, 터키↔뛰르끼예, 파리 코뮌↔빠리꼼뮨, 팔레비↔파흐라비, 폴란드↔뽈스까, 할하↔깔까, 헝가리↔웽그리아/마쟈르, 호메이니↔코메이니, 황건적의 난↔황건농민폭동, 황소의 난↔황소농민봉기, 흐루쇼프↔흐루쑈브

된 것만은 아니라는 희망이 있다.

소수 언어 사용자들 지원과 국제 연대

국어 정책은 한글과 우리말을 사용하는 모든 이들이 공유해야 한다. 현재 정부에서는 소수자들을 위한 ‹점자 표준화›, ‹문자의 음성 자동 전환 시스템› 등 소수자 언어소통 기반을 위해 지속적인 지원과 배려를 하고 있다. 그러나 이들의 의사소통을 위해 더 적극적인 지원 계획과 더불어 국가 간 협력 기구를 통해 발전된 우리나라 ‹점자 표준화›, ‹문자의 음성 자동 전환 시스템› 등의 기술력을 함께 나누고 배려하는 기획이 필요하다.

문자 없는 국가나 부족의 한글 표기 지원

한글은 세계 최고의 문자이다. 인류의 문자 발달사적인 측면에서 한글은 과학적이면서 창의적인 문자이다. 문자 분류적인 측면에서 한글 28자는 제한적 음소문자인 동시에 다양한 외국어를 표기할 수 있는 음성 문자(phonetic writing)적 성격을 동시에 지닌 자모 문자(alphabetic writing)이다. 한글은 이렇게 문자 구성 자체가 과학적이기 때문에 누구나 손쉽게 배워서 익힐 수 있다. 슬기로운 사람이면 하루아침이 다 못하여 이것을 깨달을 수 있고 어리석은 사람이라 해도 열흘이 다 못되어 능히 다 배울 수 있는 것이니(以二十八字而轉換無窮。簡而要。精而通。故智者。不終朝而會。愚者可浹旬而學。)”라고 하였다. 한글의 우수성에 대해 샘슨(Sampson, 2000) 교수는 한글을 자질 문자(Feature writing)라고 규정하며 한글의 과학성을 예찬하고 있다.

우수한 표음문자인 한글의 장점을 살려 문자가 없는 국가나 부족들의 언어 유산 기록화를 지원하는 사업들도 그 범위를 넓혀 나가야 할 것이다. 지리적 국경이 문화적 국경(Cultural border)으로 확장되는 시대를 맞이하여 우리나라 어문 정책의 중요성이 점점 높아지고 있다. 이러한 상황을 고려한 어문 정책을 수립하고 이행해 나가야 할 것이다. 어쩌면 무문자 국가의 인류 기록 자산의 기록화는 정부적 차원의 활동보다 NGO를 중심으로 국제사회의 연대와 인류 문화 증진 및 협력이라는 관점에서 추진하고 정부가 지원하는 방식으로 전개된다면 국가 간의 문화침탈이라는 외교적 갈등을 빗겨 갈 수 있는 동시에 한류 문화의 품격을 한 차원 승화시키는 방식이 될 수 있을 것이다.

전 세계 절멸 위기에 처해져 있는 소수 무 문자 언어 유산을 기록하여 그들의 지식 자산을 보전하는 데 한글을 지원할 수 있다. 전 세계 인류를 위한 '한글 나눔'으로서 국제적 활동을 전개 할 필요가 있다. 이미 알타이어학회를 중심으로 언어 다양성 보존을 위한 알타이어 문서화를 위한 조사 사업을 추진하고 있는데 이를 위한 정부의 지원과 활동의 영역을 넓혀 나갈 필요가 있다.

한글과 창조성 확대

한글은 문화 예술적 방면에서 다양하게 활용되고 있다. 시와 소설, 연극과 영화를 비롯한 문자를 소재로 한 그림이나 랩 음악 등 미술이나 음악과의 접목은 한글의 창조적 특성을 확장하는 매우 좋은 수단이 될 것이다. 캘리그래피(영화 제목, 드라마, 서책, 광고 휘호 등), 글꼴(서체 연구, 문화체 개발), 글자공학(휴대문자, 자판기), 글자디자인(패션, 문화 상품) 등으로의 인접 분야의 전문가들과 공동으로 한글이 지닌 특장점을 지속적으로 발전시켜야 할 것이다. 그뿐 아니라 우리 고유어나 사어화된 토박이말, 문자 예술의 중요 영역인 시와 소설, 희곡 등에서 우리말의 은유적 확장을 위해 새로운 소생력을 강화해 줄 필요가 있다. 2008년 한국시인협회와 국립국어원이 공동으로 한글 자모를 낱낱이 한 편의 시로 창작하여 모음집을 만든 사례는 한글의 예술적 창의력을 살리는 노력 가운데 하나라고 할 수 있다.

사물의 본질에 다가서는 유일한 통로가 언어이며, 그것을 구체화한 형태가 문자라고 할 수 있다. 문자는 사물 본질에 대한 재해석의 노력이므로 새로운 언어를 생성할 수 있는 예술적 창의성에 대한 이해를 좀 더 확대할 수 있는 기획이 필요하다. '세계적으로 아름다운 한글'로 다시 태어나려면, 과학성이나 예술성에 대한 학술 연구도 중요하지만 이 시대의 문화와 전통을 담아내기 위한 고뇌가 필요하다. 훈민정음의 위대함을 단순히 기술하는 것만으로 한글의 우수성을 전달하던 시대는 지났다. 지금 우리는 비주얼 시대에 살고 있다. 문자는 더 이상 단순한 소통을 위한 기호가 아니고 한 시대의 문화와 예술, 인간의 심성과 사유 방식 등을 담아내는 비주얼 요소임을 생각해야 할 것이다. 이런 관점에서 서예, 캘리그래피, 글꼴 개발과 이야기의 접목, 등을 통해 한글 문자에 울림과 전통과 영혼의 힘을 불어넣어야 한다.

::: 문제 의식과 해결 방안

국어 정책과 국어운동의 길을 찾기 위해 지난 시대에 국어 정책의 시행 과정에서 나타난 몇 가지 거시적인 문제점을 살펴보았다. 비판적 관점에서가 아니라 새로운 길 찾기를 위한 노력이다. 필자 역시 국립국어원장으로서 소임을 다하지 못한 일말의 책임의식을 가지고 있다. 정책이라는 문제는 관련법이나 규정보다 관련된 사람들, 그리고 사람을 움직일 수 있는 예산 지원과 시스템 관리가 안 되면 무용의 논의밖에 되지 않는다. 그리고 그것을 결정하는 사람들의 정책적 의지가 어쩌면 더 중요한 일인지 모른다. 지금까지 거칠게 논의해 온 내용을 요약하면 아래와 같다.

첫째, 먼저 한국어 정책의 기본 방향을 설정하는 데 철학적 사유가 매우 부족했으며, 한국어 정책 기본 방향을 설정해야 할 전문가 집단의 책임 소재가 분명하지 않았다. 한국어의 표준화를 위한 국어 규범의 고정화는 매우 필요한 정책 기조라고 할 수 있으나 표준화의 잣대가 지역적, 계층적으로 지나치게 협소하게 규정되면서 표준화의 외연에 방치된 한국어 지식의 기반이 붕괴되고 있다. 상대적으로 신조어, 외국어 음차 표기, 전문용어가 급격하게 밀려들어 와서 한국어의 기반이 붕괴될 수 있는 상황이지만 이에 능동적으로 대처하지 못하고 있다. 낱말이 자연적으로 소멸되기도 하지만 자연적 생성 능력도 갖는 균형이 잡혀져야 한다. 규범의 제약으로 인해 자연적인 낱말의 생산 능력이 현저하게 떨어지게 함으로써 우리말과 글을 소멸 위기로 내몰아서는 안 된다. 이는 한국어 정책을 입안하고 시행하는 집단의 철학적 사유의 부재에서 비롯된다. 또한 한국어 정책의 입안과 시행 담당자들의 책임 소재를 더욱 명확하게 하면 더 신중하게 운용할 수 있을 것이다. '어문 규정'을 중심으로 하여 『표준국어대사전』의 방식으로 발음과 표기의 통일을 추진해 온 성과는 결코 과소평가할 수 없으나 한국어의 생태적 기반을 고려한다면 한국어 정책의 기본 방향 설정과 한국어 사전 사업의 추진 방향을 전면적으로 재고해야 할 단계에 와 있다.

둘째, 한국어 정책 집행 기관의 행정적 절차가 지나치게 관료화되어 있다. 곧 행정 절차 과정에서 중간 위치에 있는 한두 사람의 의사결정으로 한국어 정책 입안 전문가들의 다수 의견이 봉쇄되기도 한다. 국립국어원의 한국어 정책 실무자가 한국어 정책 전반의 방향을 좌지우지하는 시행 체계는 모순이 있다. 정책 입안과 시행을 전문가 집단 간의 분업과 협업의 방식으로 발전하게 해야 한다. 대학의 전문가나 정부 부처의 관료나 언론사, 한국어 관련 사회단체 등 유관 기관의 전문가가 더욱 긴밀하게 분업과 협업을 할 수 있도록 만들어야 한다. 한국어 정책을 담당하는 전문가 집단인 국어심의회의 의견 조율 과정이 느슨하며, 한국어 정책 전반을 조망할 수 있는 전문가가 많지 않다. 한국어 정책은 누구나가 참여할 수 있는 일이 결코 아니다. '국어심의회'도 전문가 집단이라고 할 수 없을 만큼 신뢰성이 확보된 집단이라고 볼 수 없다. 그뿐 아니라 정책 담당 정부 부처가 문화체육관광부인데 연간 한 두 차례 의례적인 회의를 개최하여 해결될 수 있는 일이 아니다. 심지어 회의가 열리지도 않을 뿐만 아니라 그동안 국어심의회 회의 기록 자료조차 온전히 갖추고 있지 않다.

셋째, 4대 국어 규범인 ‹한글 맞춤법›, ‹표준어 규정›, ‹외래어 표기법›, ‹로마자 표기법›으로 구성된 어문 규정은 개정 시기가 각각 다르고 참여자가 달랐기 때문에 내용이 상충되어 규정으로서 법리적 통일성과 신뢰성이 떨어진다는 비판을 받고 있다. 또한 이 규정을 "무조건 따라야 한다"는 강제적 조항을 운용함으로써 이 규정에 명시되지 않은 사항도 있고, 비록 명시되었다고 하더라도 이를 이행하지 않는 언론사나 출판사들이 의외로 많다. 필자는 규범 관련 문제는 미시적인 문제라고 판단한다. '어문 규정'에 대한 새로운 연구를 통해 좀 더 정교하게 다듬고, 또 더욱 포괄적인 규정으로 보완 발전시켜 나가는 동시에 미비한 사항은 『표준국어대사전』을 통해 실현하거나 '어문 규정' 정보 검색기를 고도화하여 국민들의 어문생활을 더욱 윤택하게 할 수 있도록 해야 한다. 한국어의 주인은 국어학자나 국어정책자들이 아니라 소비자인 국민이라는 점을 깊이 인식하여야 한다.

넷째, 『표준국어대사전』이 한국어 규범을 실현하는 신뢰성을 견실하게 쌓을 수 있도록 더욱 합리적인 방향으로 고도화시킬 필요가 있다. 그와 동시에 표준어의 외연에 있는 한국어 자산을 통합하는 별도의 '한국어종합기반사전'을 민간이 협업의 방식으로 추진할 수 있도록 정부 지원이 필요하다. 이 문제는 한국어 정보화와 국민들의 지식기반 강화를 위한 국가적 과제와 긴밀한 관계가 있다.

다섯째, 한국어 정책 기관이 단순히 규범의 정오 판정을 담당하는 수준의 업무를 관장한다면 우리나라의 국어 정책 기관인 '국립국어원'을 전면 개편할 필요가 있다. 우리나라보다 다양한 방언과 이질적 다민족 국가 형태인 일본의 '국립국어연구소'가 2008년 ‹독립법인 국어연구소›로 전환된 사실을 신중하게 검토해야 할 것이다. 또한 대통령 직속으로 언어 정책을 총괄하는 '한국어위원회'를 만들어 거시적인 언어 정책을 수립하게 해야 한다.

여섯째, 문식률을 높이기 위한 정책 개발과 장애인 언어 소통을 위한 점자 및 컴퓨터를 활용한 음성서비스, 점자와 문자 전환 소프트웨어 개발 등 한글의 복지화 정책과 산업화의 문제나 한글을 통한 문화 예술과의 연계 등 다양한 과제들이 산적해 있다. 가능하다면 국내에서 국제적 협력 관계로 이끌어 나가는 방안을 심도 있게 검토해야 할 것이다.

진정한 국민 행복시대를 열어나가기 위해 정부와 학계 그리고 민간 산업계가 힘을 합쳐 국민들이 더욱 편안하게 자유로운 의사소통의 문을 활짝 열 채비를 갖추어야 한다. 그러기 위해서 정부에서는 정부부처간의 협의를 강화하는 동시에 학계와 현장의 전문가들과 끊임없는 발전전략을 모색해주기 바란다.

한글공동체

2. 생태적 관점에서의 한국어 정책

생물 언어적 다양성의 공동지대

생태의 다양성을 갖춘다면 종의 풍부함과 생존의 안정성이라는 구도 속에서 고도의 환경 적응력을 가질 수 있다. 투구게가 북아메리카 동부 해안의 오염된 강어귀에서 제일 마지막까지 생존하는 이유는 이 투구게가 온도의 변화와 염도에 대한 적응력이 다른 생물 종보다 더 뛰어나기 때문이다. 위도가 높을수록 생물 종의 활동 평균 영역인 위도상의 범위가 넓어지듯이(라포트 법칙) 높은 위도 지역에서는 상대적으로 적은 수의 생물 종이 열대에 서식하는 수많은 종보다 훨씬 더 광범위한 영역에서 활동한다.

언어도 생물 종과 마찬가지로 환경에 적응하는 고도의 능력을 갖고 있으며, 생태계의 변화와 마찬가지로 언어도 변화한다. 생태계나 언어 절멸의 원인이 환경 변화에 있다면 이 환경 변화는 다시 인위적인지 자연적인지 구분해서 논의할 필요가 있다. 다른 문화나 언어가 점차 잠식해 들어오는 상황에 노출되면 언어가 해체되고 붕괴하며 산산이 부서지는 과정을 겪게 된다.[1]

언어의 붕괴는 언어의 우열성과 관계없이 인류가 축적해 온 토착 자산의 몰락으로 이어지게 된다. 문명과 야만, 지배와 피지배, 다수와 소수라는 대립의 문제가 아닌 나름대로 조화로운 인류 지식·정보의 손실로 이어지게 된다. 지난 세기 동안 문명과 야만이라는 이원적 사유가 지리 경계를 침탈하는 핵심적 근거가 되어왔다. 지리 경계 사이에 놓여 있는 차이에 대한 인식의 핵심은 소통의 인식적인 차이이기 때문에 지배자는 문화 동화라는 이름으로 피지배자의 소통 방식을 일방적으로 무시하는 것이다.

유네스코의 문화 다양성 선언은 국가 간, 문화의 상품과 서비스의 균형 있는 교역의 필요성이 강조되면서 2005년 「문화 표현의 다양성 보호와 증진 협약(Convention on the Protection and Promotion of the Diversity of Cultural Expressions)이 유네스코 총회에서 채택되었다. 2001년 선언에서는 '문화의 다양성'이 '문화 표현의 다양성'으로 축소되고 문화상품과 서비스를 생산 배포하는 문화산업의 교류 확산 쪽으로 변질되었다. 제국주의 시대의 문화 침탈에 대한 반성의 여지도 없이 문화산업 시장의 개방으로 치달아가므로 새로운 문화 갈등과 새로운 형태의 불평등을 야기하는 계기가 될 수 있는 소지를 안고 있다.

차이(difference)를 차별화(discriminate)하는 문명관을 가진 제국식민주의에 대한 비판과 더불어 아프리카를 중심으로 하는 제3세계의 물결,[2] 탈식민주의[3]와 탈오리엔탈리즘이라는 관점에서의 비판[4]에 대한 반성을 토대로 하여 유네스코에서는 세계 문화 다양성을 선언하게 된다. 국가

1 Lee Sang Gyu, 「Gyeoremalkeunsajeon: An Alternative to Inter-Korean Commun ication」, 『ASIA』 Vol. 2, No 3.

2 프란츠 파농 지음, 홍지화 옮김, 『알제리 혁명 5년』, 인간사랑, 2008. 프란츠 파농(1925~1961, Frantz Fanon)은 『검은 피부 하얀 가면』, 『아프리카의 혁명을 위하여』 등의 저술을 남긴 제3세계 혁명을 주도하였다.

3 마르크 페로 지음, 고선일 옮김, 『식민주의 흑서』, 소나무, 2008.

4 발레리 케네디 지음, 김상률 옮김, 『오리엔탈리즘과 어드워드 사이드』, 갈무리, 2011.

를 구성하고 있는 다양한 구성원의 문화와 언어 표현의 자유를 보장하고 또 존중하지 않을 수 없는 상황에 직면한 시점에서 ‹유네스코 세계 문화 다양성 선언›이 채택된 것이다. 이 선언문의 서문에서 "새로운 정보 통신 기술의 급속한 발전에 다른 세계화 과정이, 문화 다양성에 대한 도전이자 문화 및 문명 간의 새로운 대화를 위한 조건을 형성"하고 있다고 밝히고 있다. 그런데 세계 문화 다양성 보존의 당위성을 정보 통신 기술의 급속한 발전에서 그 뿌리를 찾고 있으나 실제로는 지난 세기의 서방 몇몇 나라와 구러시아의 제국주의 침탈로 인한 생태 환경 그리고 문화와 언어의 단일화가 지나치게 급속하게 진행되는 데 대한 우려에서 나온 것이다.

다양성을 기조로 한 지난 세기의 선진국들의 다문화주의 교육은 거의 실패작이라는 냉혹한 비판도 대두되고 있다.[5] 특히 교육적 측면에서 문화 다양성 이론은 이상적인 논리일 수 있다. 현재 우리나라에서도 특수목적 학교인 국제학교가 설립되었지만 이곳은 학군을 뛰어넘어 우수한 학생들이 입학하는 서울대 입학 목교로 왜곡되고 있다. 한국 학교에 적응력이 뒤떨어지는 다문화 2세대를 위한 모어(Mother's Language) 교육 강화를 목표로 하여 만든 국제학교가 이처럼 변형되고 있는 것이 하나의 사례가 될 수 있다.

생태 환경 그리고 문화와 언어 다양성의 보장이란 어떤 관계가 있을까? 제국주의 침략의 방식으로 많은 식민국가나 부족과 종족의 생태 환경과 문화가 급속도로 변화하였다. 서구의 식민제국 국가들은 발달된 문명으로 무기를 만들고 또 무서운 살상의 병원균을 피식민 국가에 이식시킴으로써 대부분의 원주민들은 무너질 수밖에 없었다. 그들 소수자

5 피드우드 지음, 김진석 옮김, 『다양성 -오해와 편견의 역사』, 해바라기, 2005.

의 죽음은 곧 그들이 사용하는 언어와 문화와 역사의 절멸로 이어짐으로써 그들이 가진 토착 지식·정보는 손실될 수밖에 없게 되었다. 『문명의 붕괴(Collapse)』를 쓴 제레드 다이아몬드는 잉카지역 원주민들의 몰락이나 남태평양군도에 있는 뉴기니 섬에 사는 원주민의 몰락을 서구인들이 개발한 '총'과 '세균', 그리고 '쇠'로 상징되는 수단에 굴복해 가는 과정으로 그리고 있다. 수렵생활을 하며 다양한 환경에서 다양한 언어를 사용하던 부족을 야만으로 치부하여 그들을 몰락시킨 과정을 『총(Guns), 균(Germs), 쇠(and Steel)』에서 상세하게 기술하고 있다. 몇몇 제국국가가 발전된 쇠라는 문명의 이기로 농경 생산성이 높아지자 이를 자본으로 한 힘과 대량살상 무기를 앞세워 아프리카, 인도네시아를 비롯한 남태평양의 많은 군도와 북미, 중미, 남미로 이어지는 토착 원주민들을 추방하거나 대량학살을 통해 그들의 이민자 국가를 건설하였다. 특히 병원균의 항체를 갖고 있던 유럽인들은 병원균에 항체가 없던 토착 원주민들을 집단 감염시킴으로써 총으로보다 페스트, 콜레라, 천연두와 같은 바이러스와 병원균에 의한 떼죽음을 당하게 된 역사를 거쳐 왔다.

팔라우(Palau) 섬에서 수렵생활을 하며 살아가던 원주민들은 수백 종류의 고기이름과 생태적 정보와 지식을 알고 있었지만 그들의 죽음과 언어의 절멸은 그들이 알고 있던 토착지식의 몰락으로 이어지는 세계 인류 문명의 붕괴를 예고하는 지표가 되었다. 이와 같이 생태와 문화 그리고 언어의 절멸에 대한 우려들이 다양한 국제 협약으로 이어지거나 학술적 논의의 대상이 되기 시작하였다.

세계 문명 질서에 대한 반성과 새로운 화해의 길을 모색하려는 국제적인 노력이 <유네스코 세계 문화 다양성 선언>을 하였듯이 세계의 여러 생태학자들과 언어학자들이 생태와 언어를 포함하는 문화 단일화에 대한 우려를 표시하기 시작하였다. 세계 언어학자들은 언어 침탈의 문제를 제기하면서 소수 언어 보존을 위한 논의를 시작하였다. 1981년 유럽 의회에서 가에타노 아르페(Gaetano Arfé)가 ‹지역 언어, 문화 및 소수 민족의 권리를 다루기 위한 공동체 헌장›을 채택하였고, 1992년 캐나다 퀘벡에서 개최된 국제언어학회(International Linguistic Congress)에 참여한 세계 언어학자들은 ‹소수언어 보호를 위한 헌장›을 채택하였다. 1992년 유럽 의회에서는 ‹지역 또는 소규모 언어들을 위한 유럽 헌장(European Charter for Regional or Minority Languages)›을 국제 협약으로 채택하였으며, 1992년 유네스코와 국제연합에서는 ‹민족적, 인종적, 종교적, 언어적 소수자들의 권리 선언(Declaration on the Rights of Persons belonging to National of Ethnic, Religious and Linguistic Minorities)›을 채택하였다.

이러한 흐름은 여러 나라에서 구체적으로 언어 다양성 보장을 위한 법률 제정으로 이어지기도 하였다. 1990년 미국에서는 ‹아메리카 토착 언어를 쓰고 익히고 발전시킬 아메리카 원주민들의 자유권을 보존, 보호, 증진하기 위한 법›을 통과시켰으며, 1992년 ‹아메리카 원주민들을 도와 그들이 자기 언어들의 생존과 지속적인 생명력을 확보하도록 돕기 위한 법안›을 통과시켰다. 이와 함께 세계 언어학자들은 언어 다양성을 보장하기 위한 학술 활동도 활발하게 전개하고 있다. 1993년 11월 유네스코에서 「위기 언어 레드북(Red Book of Endangered Languages)」을 작성하여 보존되어야 할 인류의 소수 절멸 언어 리스트를 작성하였으며, 1995년 동경대학교에서 '위기의 언어들에 대한 국제 정보 센터(International Clearing House for Endangered Languages)'를 개설하여 운영하고 있다. 2003년부터 서울대학교 알타이어학회에서도 만주 퉁구스 지역의 절멸 위기의 언어 구제를 위한 현장 조사를 펼치고 있다.

이러한 활동과 연구 지원을 위한 각종 움직임도 나타났다. 1995년 미국에서 '위기 언어 기금(Endangered Languages Fund)'을 설치하였으며, 1995

년 영국에서는 '위기 언어들을 위한 재단(Foundation for Endangered Languages)' 설립과 함께 절멸 위기의 소수 언어 보존을 위한 각종 지원을 하고 있다. 1995~2004년 일본 오사카 가쿠인대학교에서는 '절멸 위기의 환태평양 언어 보존' 연구소를 설립하였고 1996~1998년 헬싱키대학교에서는 '핀우그리아어 자료뱅크'를 구축하여 핀우그리아 언어의 생존과 생태에 대한 연구를 펼치고 있다. 1998년 동경외국어대학교에서는 '구어 카라임어(튀르크어족) CD프로젝트'를 통해 튀르크 부족 언어의 채록과 자료베이스를 구축하고 있으며, 2000년 미국 오스틴대학교에서는 '라틴아메리카의 토착어 아카이브'를 구축하고 있다. 2007년 일본의 아이누 문화 연구 재단에서는 '아이누어 보존'을 위한 국제학술 활동을 펼치고 있다.[6] 엘리 코헨(Elie Cohen)은 「세계화와 문화 다양성(Globalization and Cultural Diversity Conflict and Pluralism)」[7]에서 생태와 언어문화 다양성의 관련성에 대한 내용을 유네스코 보고서로 제출하였다. 또한 유네스코 한국위원회에서도[8] 「지구의 언어, 문화, 생물 다양성 이해하기(Sharing a World of Difference the Earth linguistic, cultural and the Earth linguistic, cultural and biological)」라는 보고서를 간행하여 다양성에 대한 문제를 언어와 문화 그리고 생물 다양성과 연계하여 기술하고 있다.

다문화·다인종 사회에 직면한 세계 많은 국가들에게 지난 세기 동안 진행되어 온 문화의 침식과 이에 따른 소수 언어의 붕괴와 생태 환경의 파괴를 어떻게 조정하고 발전시킬 것인지에 대한 문제는 매우 중대한 관심사로 떠오르게 되었다. 언어의 다양성 문제가 문화 다양성의 기본

6 이상규, 「언어의 다양성과 공통성」, 제18차 세계언어학자대회 추진위원회, 2007.
7 엘리 코헨(Elie Cohen), 「세계화와 문화 다양성(Globalization and Cultural Diversity Conflict and Pluralism)」, World Culture Report 2000, UNESCO Publishing, 2000.
8 유네스코 한국위원회, 「지구의 언어, 문화, 생물 다양성 이해하기(Sharing a World of Difference the Earth' linguistic, cultural and the Earth' linguistic, cultural and biologic)」, 유네스코 한국위원회, 2006.

요소임을 확인하는 계기가 되었던 것이다.[9]

::: 우리말의 다양성 살리기

한 국가의 언어 정책은 모든 국어 사용자에게 직접적인 영향을 미친다는 면에서 그 중요함에 대해 아무리 강조를 해도 지나침이 없다. 한국어 사용자뿐만 아니라 국가 언어로 표현되는 다양한 지식 관리 영역과 긴밀한 연관성을 맺고 있기 때문에 한국어 정책의 방향 설정에서 그 운용 과정은 매우 신중하게 하지 않을 수 없다. 최근 다문화 사회로 진입하면서 한국어 정책의 중요성은 더욱 가중되고 있음에도 불구하고 그런 현실에 대한 인식과 대처하는 능력은 매우 뒤떨어져 있다.

언어는 단일하게 고정된 법전과 같은 것이 아니라 장소나 상황에 따라 다양하게 달라지는 인간 행위임을 인정하는 것, 이게 바로 다양성의 진정한 의미이다.[10] 다중(多衆)의 지식 평준화는 선진국으로 향하는 지름길이다. 다중의 지식을 고도화하는 가장 기초적인 일은 바로 다양한 지식을 체계화하여 한국어사전을 편찬하고 이를 웹이나 앱 기반에서 공유함으로써 가능하다. 다중의 지식과 정보 통합 능력을 인터넷을 통해 협업하게 되면 중간 관리 비용을 최소화할 수 있기 때문에 국가 지식 생산을 고도화하는 하나의 방안이 될 수 있다. 온라인상에서 누리꾼의 정보 생산에 대한 신뢰성 문제가 제기될 수 있지만 비관적 관점에서 머무르

9 이 기간 동안 인종과 민족 그리고 언어의 절멸과 관계되는 루이 장 칼베 지음, 김병욱 옮김, 『언어와 식민주의』, 유로서적, 2004; 다니엘 네틀·수잔 로메인 지음, 김정화 옮김, 『사라져 가는 목소리』, EJB, 2003; 데이비드 크리스털 지음, 권루시안 옮김, 『언어의 죽음』, 이론과 실천, 2005; 프란츠 M. 부케티츠 지음, 두행숙 옮김, 『멸종, 종과 민족 그리고 언어 사라진 것들』, 들녘, 2005와 같은 연구서들이 쏟아져 나왔다.

10 로버트레인 그린 지음, 김한영 옮김, 『모든 언어를 꽃피게 하라』, 2013.

지 말고 다중의 지식 기반을 강화함으로써 다중 스스로 미래를 선택하고 미래를 만들어 내는 주인공이 될 수 있도록 국가 지식 생산과 관리 방식의 혁신이 필요하다. 지식과 정보 소통의 기반인 한국어는 사용자 숫자를 기준으로 하여도 세계 10위권에 속하는 주요 언어이다. 국제연합(187개국)의 세계지식재산권기구(WIPO)는 2007년 스위스 제네바에서 제43차 총회 본회의를 열어 183개 회원국들의 만장일치로 한국어와 포르투갈어를 국제특허협력조약(PCT)의 '국제 공개어'로 공식 채택하였다. 이러한 위상에 걸맞은 한국어 관리 체계 구축 전략은 한국어의 세계화와 국가 선진화로 향하는 핵심 과제이다.

만일 조선조에 밀려들어온 한자어를 현재의 어문 규정처럼 원음주의 표기법으로 했다면 이미 우리말의 기반은 와해되었을 것이다. 중국(中國)을 '중궈'로 표기하지 않고 우리식 발음과 절충한 『동국정운』식 발음인 '듕귁'으로 하다가 이것도 안 되니 결국 한국식 한자음 '중국'으로 고정시켰으니 얼마나 다행인가. 'orange'를 '어륀지' 또는 '오뤤쥐'로 표기하지 않고 우리 발음에 맞도록 '오렌지'로 고정한 원리나 매한가지이다. 일제 식민하에서 우리나라 생물학자들이 나비의 한 변종인 'Adopaea'를 '아토피아'로 표기하지 않고 '꼬마팔랑'이라는 고운 우리말 이름을 붙인 생물학자들의 슬기로움이 우리말 기반을 그만큼 더 공고하게 만들어주었다.

넷째, 한국어가 절멸의 상황으로 치닫고 있음을 알려주는 좋은 사례를 신조어에서 찾을 수 있다. 언중들이 스스로 다양한 말을 만들어 내는 신조어의 생산성이 증대될 때, 그 언어는 생존성이 보장된다고 할 수 있다. 최근 외국어와 전문용어가 대량으로 밀려들어 오면서 일반 국민이 고유어로 된 새로운 말을 만드는 자생력이 떨어지고 있을 뿐만 아니라 지나친 규범의 통제 때문에 새로운 말을 만들어내는 기력이 쇠잔해진 감이 없지 않다. 리처드 엘리스가 쓰고 안소연이 옮긴 『멸종의 역사(no turning back)』(AGORA, 2006: 55)에서 "생태와 진화에 관한 다른 대부분의 문제들과 마찬가지로 멸종도 한 가지 원인만으로 일어나는 경우는 거의 없다. 멸종은 여러 가지 원인들, 그 원인들 간의 상호작용, 그리고 그로 인한 증가 효과 때문에 일어난다."라는 말처럼 우리말을 사용하고 있는 사람들이 생산해 내는 신조어의 기반이 고유어의 복합이나 합성 형식이 아니라 한자어와 외국어의 혼태(blending)로 대량의 말을 만들어내고 있기 때문에 어느 시점에 가서는 고유어는 우리말 낱말 기반에서 도태되고 말 것이다.

문제는 우리 고유어가 자리 잡아야 할 자리에 한자어나 외국어가 생뚱맞게 들어와 그 자리를 차지하도록 방치하고 있다는 사실이다. 한국어 어문 규범은 한국어의 생태 문제를 도외시하고 지나치게 구조적 기술주의에 기반을 둠으로써 규범이 간접적으로 모한국어의 기반을 무너뜨리는 역할을 하도록 해서는 안 된다.

『표준국어대사전』은 우리말을 집대성한 사전이다. 8년에 걸친 대작업으로 완성되어 국가적으로는 처음으로 편찬, 발간한 사전이지만 적잖은 문제점을 드러내 부실 편찬이라는 질타를 받는 등 말도 많았고 탈도 많았다. 그러나 지난 결과를 비판하는 데만 머물러 있어서는 안 된다는 판단으로 국립국어원에서는 『표준국어대사전』의 보완 및 정비 작업을 지속적으로 추진하여 그 중간 성과를 웹기반사전으로 공개하기 이르렀다. 이 사업은 언어정보처리의 기술력의 확보와 함께 지속적으로 사전 내용을 세계적인 수준으로 발전시켜야 한다.

우리말의 전통적인 조어 양식은 두 낱말이 결합하여 새로운 한 낱말을 만드는 복합 방식이나 한 낱말에 곁가지가 붙어서 새로운 낱말이 합성되는 방식이 주종을 이룬다. 또 시인이나 소설가 등 문학 작가들에 의해 새로운 낱말이 합성되는 방식이 주종을 이룬다. 또 시인이나 소설가 등 문학 작가들이 새로운 낱말을 만들어 사용하다가 사회 전반으로 확대되는 방식도 있을 수 있다. 또 최근에는 인터넷의 누리꾼, 언어 정책 기관, 언론사에서 새로운 낱말을 인위적으로 만든 신조어나 외국어를 자한국어로 편입시켜 사용하는 차용의 방식 등이 있다. 언중들이 스스로 다양한 말을 만들어 내는 신조어의 생산력이 증대될 때, 그 언어는 생존성이 보장된다고 할 수 있다. 최근에는 외국어가 대량으로 밀려들어 오면서 일반 국민이 새로운 말을 만드는 자생력이 떨어지고 있을 뿐만 아니라 지나친 규범의 통제 때문에 고유한 우리 낱말을 만들어내는 기력이 쇠잔해진 감이 없지 않다.

한국의 국어사전

우리나라의 국어사전의 역사는 그리 길지 않다. 현대적 의미의 사전 편찬의 역사는 주로 외국 사전, 특히 일본 사전을 그대로 번역하는 수준이었다. 물론 현재도 영어, 일어, 중국어, 노어, 베트남어, 태국어 등 외국어사전은 거의 대부분 일본 사전을 재생하는 수준에서 벗어나지 못하고 있다.

일제 저항기를 통해 조선어학회 회원들이 자발적인 민족 구국의 운동의 일환으로 사전편찬을 위한 표기법을 통일하기 위한 목적으로 민간의 힘으로 최초의 종합국어사전이 탄생되었다. 이 종합대사전을 기반으로 하여 중사전, 소사전 등 다양한 사전이 만들어졌으며, 출판 시장에서도 국어사전을 제작하는 출판사가 여러 곳 생겨났다. 그러나 그 개인 출판사들의 자생력이 생기기도 전에 『표준국어대사전』이라는 이름으로 정부 주도형 사전이 출간됨으로써 대부분 사전 출판사가 도산되는 상황이 되었다. 사전 사업은 반드시 정부가 주도해야 할 이유가 없다. 출판 현장의 사전편찬 기술력이 강화되는 것이 곧 나라 전체의 발전과 함께한다는 관점에서는 정부가 국어종합사전을 관장한 것은 문제가 될 수밖에 없었다. 더군다나 『표준국어대사전』이 기존의 사전 올림말과 뜻풀이를 오려 붙인 카드를 만들어 항목별 재조정한 수준으로 불과 3년 만에 만들었기 때문에 그동안 사전 자체의 질적 문제를 극복하지 못했다. 따라서 지금까지 엄청난 비판과 항의를 받아 왔다.

현재 사전 출판의 이론적 혹은 기술적 상황이 그때와는 완전히 달라졌다. 대량 코퍼스를 구축하여 다양한 낱말들을 디지털 자료로 확보하고 어휘망을 구축하여 올림말과 뜻풀이의 체계적 균형을 정보처리 기술력으로 어느 정도 처리할 수 있는 단계에 와 있었다. 연세대학교와 고려대학교에서 기존의 사전이 안고 있는 여러 가지 기술적 문제를 극복한 비교적 순도 높은 사전들을 발간하였다. 보다 더 나은 국어사전의 미래를 위해서, 지금까지 지적되어온 『표준국어대사전』의 문제점들이 어떤 것이 있는지 살펴볼 필요가 있다.

첫째, 『표준국어대사전』은 생태적으로 매우 조급하게 만든 과정에서 기존에 나온 많은 사전들의 올림말과 뜻풀이를 조합한 사전이다. 따라서 기존의 개인이나 출판사에서 만든 사전 대부분이 일본 사전을 대거로 베껴온 것이 그대로 『표준국어대사전』으로 이어진 악순환을 극복하지 못했다. 특히 전문 학술 용어는 일본의 『광사전(廣辭典)』을 아무런 여과 없이 그대로 베껴온 부분이 한두 곳이 아니다. 혹평을 하자면 표절의 상징물이라고 할 수 있다. 국가적인 사전인 『표준국어대사전』이 일본 사전을 베껴온 문화적 후진성을 하루빨리 벗어나기 위해서도 이 사전의 전면적인 보완을 하루빨리 추진해야 한다.

둘째, 국어사전은 거시구조로 올림말과 미시적 구조로 풀이말과 문법, 의미 등의 정보와 예문으로 구성되어 있는데 이들 구조의 계열적 관계와 통합적 관계에 적합성이 매우 뒤떨어져 있다. 올림말이 체계적 공백이 너무 많고, 풀이말에서도 어휘망을 전제로 하지 않았기 때문에 곳곳에 허점들이 노출되어 있다.(이상규(2009), 『둥지 밖의 언어』, 살림.)

셋째, 『표준국어대사전』은 규범을 철저하게 반영하는 규범사전임을 천명하고 있음에도 불구하고 이와는 너무나 거리가 멀다. 저인망 그물로 기존의 사전을 긁어모았기 때문에 표준어가 아닌 올림말이 너무나 많이 들어가 있으며, '칭기즈 칸'을 '징기스^칸(Jinghis Khan)→칭기즈 칸', '성길사一한(成吉思汗)→칭기즈 칸의 음역어'의 식으로 여러 가지 표음 전사형을 올림말로 올려놓고는 회전문식 풀이를 하여 수록 항목만 늘인 경우가 한두 곳이 아니다.

넷째, 동의어 처리에 심각한 문제점을 가지고 있으며, '국민의례'는 한 낱말로 인정하고 '국위 선양'은 두 낱말로 인정하는 식의 합성어 선정 기준이 일관성을 잃음으로 인해 혼란을 자초하고 있다.

다섯째, 규범사전이라고 하지만 올림말로 등재되지 않은 낱말의 띄어쓰기나 사잇소리의 유무를 판정할 기준이 없기 때문에 사용자들은 매우 혼란스러워하고 있다. '바닷속', '콧속', '귓속'은 단일 낱말로 인정하면서 '주머니 속', '동굴 속'은 두 단어로 처리하여 사전에 실려 있지 않다. '속'이 '안', '내부'라는 의미를 갖는 경우 '귓속'과 '동굴 속'이 달라져야 할 아무런 이유가 없음에도 불구하고 뚜렷한 판별 기준도 제시하지 않고 있다.

여섯째, 언어는 끊임없이 변화한다. 폭발적으로 늘어나고 있는 각종 전문용어와 서양어 등 국어의 환경 변화를 전혀 수용하지 못하고 있다. 옥스퍼드 사전도 매년 업그레이드를 하여 사전의 질적 발전을 꾀하고 있다. 그러나 정부 사전으로 만든 『표준국어대사전』의 근본적인 한계는 미시적인 내용적인 문제점보다도 훨씬 심각한 문제는 관리상 거의 방치되어 있는 점이다.

필자가 국립국어원장을 맡았을 때 제일 먼저 사전 편찬실을 설치하고 내부 예산을 전용하여 사전의 질적 향상을 꾀하기 위해 노력하였으나 워낙 근본적인 문제가 많이 있었기 때문에 밑이 빠진 독에 물을 붓는 격이나 다름이 없었다.

적어도 이 사전을 발전시키려는 의지가 있다면 우선 전문 인력의 고정적인 배치와 소요 예산을 확보해 주어야 한다. 그러나 필자가 원장을 그만둔 이후 직제개편에 따라 사전편찬실은 해체되고 예산은 무일푼이다.

앞에서 살펴본 이윤옥의 『오염된 국어사전－표준국어대사전을 비판한다』(인물과사상사, 2013)라는 책을 읽으면서, 많은 문제점을 안고 있는 이 사전의 향후 관리 방안에 대해 몇 가지 제안을 하고자 한다. 정부가 『표준국어대사전』의 관리를 전면 출판 업계에 넘기는 방법이 한 가지 대안일 수 있다. 사전 편찬 기술은 언어처리 정보화 기술력과 맞물려 있기 때문에 민간 사전 사업자를 육성할 수 있는 발판이 될 수 있는 유리한 점이 없지 않다. 그렇지 않다면 정부가 지속적으로 『표준국어대사전』의 질적인 향상의 목표를 상정하고 그에 따른 인력과 예산을 지속적으로 확보해 주어야 한다.

이것도 저것도 아닌 엉거주춤한 상태로 계속 끌고 나갈 문제가 아니다. 그리고 『표준국어대사전』의 질적 향상을 위해서는 이 사전으로 끌어 올 원천을 마련해야 한다. 정부부처별 전문용어 정비, 한문 원전 해독을 통한 새로운 낱말 발굴, 방언, 신조어, 외래어, 외국어 음차표기들을 모두 모으는 한국어 기반 사전을 기획하여 여기서 모이는 것들 가운데 규범으로 가다듬은 낱말을 『표준국어대사전』에 공급하는 순환적 관리 시스템 구축을 할 때 규범 사전은 한 단계 더 발전을 기약할 수 있다. 이와 더불어 사전 편찬의 기술력을 발전시키기 위한 한국어정보화 기획을 추진해야 한다. 국어정보화 사업인 1차 세종계획이 2008년에 끝난 후 문화체육관광부에서는 어떤 후속 조치도 진행되고 있지 않다.

사전은 한 국가 지식·정보의 심장과 같다. 단순히 낱말의 뜻을 찾거나 표기법을 확인하는 정도로 활용되는 것이 아니라 자연언어처리를 위한 의미적 마이닝(Meaning mining) 기초 정보를 확대하기 위한 정보처리 기술력의 핵심으로 발전시킬 필요가 있다.

한글공동체 3. 국립국어원 한국어문 정책 연속 토론회

::: 한국어문 정책의 길 찾기

각종 지식과 정보를 구조화하여 그 결과를 언어정보 기술로 통합하기 위해서는 사전 기술에 대한 새로운 발상이 필요하다. '표준어'라고 하는 매우 제한된 대상 언어로서는 폭증하는 지식을 설명하기에 부족하다. 언어 통일성을 유지하기 위한 전략으로 '표준어'의 둥지 밖에 방치되어 있는 전문용어, 신어, 한자어, 민속 생활 낱말, 지역어, 인문 사회 과학의 각종 전문 학술 용어 등을 규범에 맞도록 재정비하면서 표준어 대상의 외연을 넓힌 종합한국어기반사전이 필요하다. 이를 기반으로 전문용어 사전, 외래어 사전, 전통 민속 사전 등 다양한 사전이 마련될 기반을 닦아야 한다. 또한 어문 규범과 한국어 사전 간의 규범 집행과 관리의 모순을 개선해야 국민으로부터 신뢰를 받을 수 있다. "한국어종합기반사전"이란 "다른 사전의 원천(source)으로 활용될 수 있도록 풍부한 올림말과 풀이가 갖추어져 있으며, 구조적으로 변형이 가능한 형태를 가진 사전"을 말한다. 다시 말하자면 『표준국어대사전』에 담아내지 못한 우리말 자산 전반을 모은 기반사전(base dictionary)을 의미하다.

1970년대 이후 산업화와 도시화의 과정에서 급팽창한 '서울' 지역의 외연과 그 속에 유동하며 살아가고 있는 '교양인'이라는 정체를 규정하기가 어렵게 되었다는 점도 현재 표준어 중심의 어문 정책의 문제이다. 따라서 '표준어 사정 원칙'의 총칙 제1항의 규정은 사문화된 규정이나 다름이 없다. 우리 어문 정책의 틀은 결국 우리 민족의 언어 자산을 한정된 '서울' 지역과 '교양인'으로 묶어 버림으로써, 상대적으로 풍부하고 다양한 방언은 표준어에 비해 열등한 것으로 비하되었고 공익성이 없는 것으로 여겨져 결국 절멸의 길로 들어서게 되었다. 표준어를 쓰는 서울 사람들에 의해 형성된 서울 중심 문화의 대중화는 지방 사람들로 하여금 자신들이 태어나고 성장한 고장의 방언을 부정하거나 지역 문화의 우수성까지도 무시하도록 한다는 점에서 신중히 재고되어야 한다. 언어에 대한 왜곡 현상은 학습자 개인의 언어 습관의 문제에 국한되지 않고, 그들이 살아온 지역 문화에 대한 정체성 내지는 자긍심 형성에도 영향을 미친다. 가공적인 표준어와 방언을 대척의 관계로 만든 국가의 언어 기획, 이것이야말로 문화적 폭력이라고 하지 않을 수 없다.[1]

최근에는 온라인 소통의 시대, 빠르게 발달하는 정보 기술에 따라 외국으로부터 유입되는 각종 신지식이 급격하게 증가하는 추세를 보이고 있어 대부분의 나라들이 이 새로운 사전 지식의 언어를 어떻게 처리할까 고민이 많다. 각 지역의 문화와 전통적 특성이 강조되는 시대적 흐름에 따라 지역어에 대한 인식이 확대되자 지역이나 생활 직업어를 사전 지식의 범주 안으로 끌어들여야 한다는 주장도 늘어나고 있다. 그리고 어느 때보다 활발하게 대학의 연구실이나 연구소를 통한 연구 성과들이 넘쳐나고 있으며, 각종 고전 국역 사업의 확대에 따라 새로운 낱말도 대폭 늘어나고 있다. 또 창작자들의 창작물이 대량으로 쏟아져 나오면서

1 이상규, 『방언의 미학』, 살림출판사, 2007 참조.

국가 사전에 실리지 않은 낱말이 엄청나게 늘어나고 있다.

특히 전문 분야가 세분화되면서 분야별 전문용어가 정제되지 않은 채로 ‹외래어 표기법›에 따른 한글 표기형으로 넘쳐나고 있다. 특히 최근에는 일반인들의 일상생활과 밀접한 정보 통신(IT) 산업 분야나 금융과 관련되는 외국 전문용어나 약어가 무질서하게 사용되고 있다. 이처럼 사전에 정제해서 실어야 할 사전 지식은 급속도로 늘어남에도 불구하고, 이를 총체적으로 관리할 국가적 임무를 수행할 곳은 정해져 있지 않을 뿐만 아니라 이러한 임무를 수행해야 할 당위성마저도 인식하는 사람이 거의 없다는 것이 큰 문제이다. 국가사업으로 진행해 온 『표준국어대사전』이 담당할 수 있는 지식 지원은 이미 포화 상태에 도달했다. 각종 중고등학교 교과서에 실린 낱말에 대한 정보도 제대로 제공하지 못할 정도로 정밀한 지적 통제 없이 관리되고 있다. 선택의 협소함으로 이루어진 낡은 상상력으로는 진화하는 언어 지식을 온전히 담아낼 수 없다. 따라서 새로이 생산되는 지식 영역의 대중화를 위해서는 가장 먼저 사전 지식의 기준을 새로 설정하고 또 그 자료의 생산과 관리를 강화해야 한다. 이러한 일은 어느 개인이 주도할 수 없다. 사전은 한 국가의 지식을 모아서 체계적으로 분류하고 기술한 말과 글의 정갈한 둥지이다.[2] 따라서 향후 『표준국어대사전』은 규범사전으로서 온전한 기능을 할 수 있도록 지속적으로 발전시켜 나가는 한편, 규범의 외연에 있는 언어 자산을 관리하는 노력이 있어야 창의적인 문화 융성을 기대할 수 있지 않을까? 국가가 참여하고 다중이 협업하는 방식으로 한글공동체의 지식 능력을 고도화하는 일이야말로 비물질적 생산성이 국가 경쟁력을 좌우하는 21세기에 적응할 기반을 마련하는 지름길이다.

2 이상규, 『둥지 밖의 언어』, 생각의나무, 2008.

국립국어원에서 주최하고 국어학회와 『조선일보』에서 주관한 국어정책연속토론회가 2011년 6월 23일에서부터 9월 8일까지 6회에 걸쳐 목동 방송회관에서 열렸다. 제1차는 '후진타오'인가 '호금도'(6월 23일)인가, 제2차는 부산은 'Busan'인가 'Pusan'(7월 7일)인가, 제3차는 '북엇국'만 되고 '북어국'은 안 되나(7월 21일), 제4차는 표준어만 되고 방언은 안 되나(8월 11일), 제5차는 '누리꾼'인가 '네티즌'인가(8월 25일), 제6차는 '대학 영어강의 의무화해야 하나'(9월 8일)라는 주제로 많은 사람들의 관심 속에서 진행되었다.

우선 주제 선정에서 현재 가장 관심사가 되어야 할 전문용어 관리 문제에 대한 논의가 빠진 것이 아쉬웠다. 주지하다시피 우리말에서 현재 물밀 듯이 밀려들어 오는 차용 전문용어와 자생 전문용어의 관리는 국가적인 관심사가 될 현안 가운데 하나이다. ‹국어기본법›과 ‹국어기본법 시행령› 제12조(전문용어의 표준화 등)에는 중앙행정기관에는 5인 이상 20인 이하의 위원으로 구성되는 '전문용어표준화협의회'를 두도록 명시하고 있으며, 정부 유관부처별로 '전문용어표준화협의회'를 구성하여 심의된 분야별 전문용어를 문화체육관광부의 국어심의회에서 심의 절차를 거쳐 정부 부처별로 공포하도록 명시되어 있다. 그러나 아직 정부 여러 부처에서 '전문용어표준화협의회' 구성이 지연되고 있는 이유를 이해할 수 없다. 2년마다 본 법안에 근거하여 이행 상황을 국회에 보고하도록 되어 있으나 요식적인 절차여서 그런지는 몰라도 이러한 문제가 제대로 지적된 적이 없다.

지금까지 국립국어원에서는 의학, 생물, 국방, 수학, 역사, 정보과학 등 58개 영역의 자생 전문용어와 차용 전문용어의 표준화를 해당 분야의 전문성이 없는 국어학전공자 중심으로 규범의 잣대만 가지고 관리하다 보니까 다른 분야의 전문가들로부터 많은 비판을 받을 수밖에 없다. 전국수학회 관련자들은 공공연히 '꼭짓점', '대푯값'과 같은 어문규정에 따른 표기법을 선뜻 받아들이지 않는다.

언어 정책을 어느 국가 기관이 독점해서 안 된다는 점에서 ‹국어기본법›과 ‹국어기본법 시행령›에서 정부 부처 별로 전문용어 관리를 하도록 명시해 두고 있음에도 불구하고 지난 관행을 그대로 밀고 나가고 있다. 적어도 전문용어 관리는 58개 전문용어를 유관 정부 부처별로 "전문용어표준화협의회"를 구성한 다음 분야별 심도 있는 연구와 의견 조율 과정을 거쳐 표준화해야 할 것이다.

어문정책이 국민들 간에 소통의 장애를 최소화하는 쪽으로 발전되어야 하며 국어의 생태 환경에 안정성을 충분히 고려하는 동시에 합법적 절차를 거쳐야 함에도 이러한 노력의 흔적을 찾기 힘이 든다. 특히 전문용어 관리 문제는 해당 법령이 명시하고 있음에도 별다른 변화가 보이지 않는다.

여하튼 지난 2011년에 개최된 국어정책 연속 토론회는 ‹외래어 표기법›과 ‹로마자 표기법›, 그리고 한국어 어문 규정의 핵심적인 논점들을 공개적인 토론을 통해 정책의 방향을 모색하려는 노력의 일환이었다는 점에서는 그 의의가 높다고 할 수 있지만 과연 그 결과들을 어떻게 수렴하여 정책에 반영시킬지는 더 지켜보아야 할 일이다. 그 후 2년이 지났다. 그런데 아무런 변화가 없다.

∷ '호금도'인가 '후진타오'인가

80년대까지 외래어 표기 문제의 주요 관심사는 일본 외국어의 한글 표기의 순화 사업이었다. 1990년대 이후에는 서구 외국 음차 표기가 주된 관심으로 떠올랐음에도 불구하고 외래어로 정착된 말에 대한 심의 절차가 느슨해지면서 엄청난 외국어가 그대로 한글 표기형으로 밀려들어 오고 있었다. 따라서 이를 순화적 차원에서 표기 방식을 통일하거나 대체 순화어로 교체하는 일에 몰두하였다. 외래어 어문정책 관리는 심각한 위기를 맞고 있지만 그 해결 방안의 실마리를 쉽게 찾아내지 못하고 있다. 이명박 정부의 인수위원회 이경숙 위원장은 '오렌지(orange)'를 원어 발음인 [ɔ́ːrindʒ](미국), [ɑ́ːrindʒ](영국)에 일치하도록 표기하지 않음으로 인해 자라나는 아이들의 영어 발음에 영향을 미친다는 발언으로 언론을 통해 많은 비판을 받은 적이 있다. 나라마다 음운체계가 다르기 때문에 해당 국가의 외국어를 우리말로 모두 정확하게 표기한다는 것은 거의 불가능한 일이며 가능하다고 하더라도 그렇게 할 필요가 없는 상태이다.

새소리 바람 소리까지도 표기할 수 있는 위대한 한글 문자라고 했지만 실제로 전 세계 언어를 한글로 표기하려면 엄청나게 많은 새로운 문자를 제정해야 한다. 따라서 세종대왕께서도 '中国[zhōng guó]'를 '듕귁'이라는 원음에 가까운 소리로 표기하다가 『육조법보단경언해』(1496년) 이후 '듕국'으로 현실한자음으로 표기함으로써 『동국정운』식 이상적 현실 한자음 표기를 포기하게 되었다.

현재 외래어 음차 표기는 외국어 가운데 우리말로 정착된 낱말에 한정하여 국어심의회의 의결을 거친 다음 표준어로 인정하도록 되어 있다. 전문용어를 포함하여 차용 외래어의 한글 표기화를 위한 표기 기준이 되는 국제음성부호(IPA)에 대응하는 발음전사법(Pronunciation transcription)과 18개 국가의 국가별 철자 전사(Spelling transcription)규정이 마련되어 있다. 문제는 국제 교류에 따른 외국 인명이나 지명, 그리고 밀려드는 전문용어의 표기 통일을 감당하기에는 인력과 재정이 거의 마련되지 않는 형편이어서 관리 부재의 상황이라는 표현이 적절할 것이다. 그뿐만 아니라 세태의 변화가 더 큰 문제이다. 정부를 비롯한 공공기관이나 사회적 책임을 함께 지고 있는 언론사들로부터 생경한 외국어를 원어 그대로나 혹은 ‹외래어 표기법›에 맞추어 대량으로 노출하기 때문에 우리말의 기반이 급속도로 약화되고 있는 현실이다. 폐쇄적 민족주의적 언어의 순결성을 주장하려는 것이 아니라 변화하는 소통 환경에 합리적으로 적응할 수 있는 인식이 부족한 전문가 집단이나 국가 경영 관리자의 인식 부재의 현상을 탓하려고 하는 것이다.

현재의 사전을 토대로 하여 새로 유입되는 차용 외래어(전문용어 포함)를 전문 분야별로 표준화하여 해당 정부 부처의 '전문용어표준화협의회'를 경유하여 외래어로 고시한 다음 곧바로 웹이나 앱을 기반으로 한 한국어종합기반사전[3]에 등재함으로써 국가 언어지식·정보의 생산과 관리를 효율적으로 할 수 있을 것이다.

첫 번째 발표자의 주요 관점은 한자로 쓴 중국 인명이나 지명, 관명 등 외래어 혹은 외국어 음차 표기를 무조건 한국 한자음으로 표기해야 한다고 주장하였다. 현행 ‹외래어 표기법›에 따라 신해혁명 이후의 인명, 지명, 관명은 현행 발음대로 적도록 규정함으로써 한자문화권 지역의 외래어 표기의 관점이 이동한 것은 사실이다. 현행 외래어 표기법의

3 유현경, 「연세 한국어사전과 고려대 국어대사전 비교 연구」, 565돌 한글날 기념 전국국어학 학술 대회 발표 요지, 2011. 기반사전(base dictionary)이란 "다른 사전의 원천(source)으로 활용될 수 있도록 풍부한 애용과 구조적으로 변형이 가능한 형태를 가진 사전"으로 정의하고 있다.

대원칙에는 외국의 지명이나 인명은 현지 원어민 발음에 가깝게 표기하도록 규정하고 있다. 정작 중국 현지에서는 동북 3성(조선족자치지구)의 소수 민족 정책의 원칙에 따라 우리 한자음을 그대로 인정하고 지명 표지판에 한글과 중국 한자를 병행 표기하도록 하는데, 어찌 우리나라에서는 중국보다 앞질러서 중국 원음 중심으로 표기하도록 정해 놓고 『표준국어대사전』에 '발해만(渤海灣)'은 '보하이 만의 잘못'으로, '도문'은 '투먼의 잘못'으로 '연길'은 '옌지의 잘못'으로 처리하고 있으니 참으로 기가 막히는 노릇이다. '북경(北京)'은 '북경'과 '베이징'으로 허락하면서 동북 3성의 지명을 규범을 반영해야 할 사전이 앞장서서 우리의 고대사와 현대사의 일부를 지워내고 있다. 2009년 이후 웹 지원 『표준국어대사전』에서는 이들 가운데 일부 동북 3성지역의 지명의 표기는 한국 한자음 표기로 수정하였다.

어문규범은 이러한 혼란을 부추기는 역할을 해서는 안 된다. 소통의 방법이나 환경이 변하고 대외적인 교류 관계가 변하고 있다. 중국의 역사 변화와 더불어 티베트, 위굴, 내몽골 지역과 동북 3성은 현재 관점에서는 중국의 한어로 소통하고 있지만 금, 원, 청(후금)의 소통 언어는 자국의 언어 문자와 한어를 공용하였다. 따라서 한자로 썼지만 한어가 아닌 한자로 쓴 일종의 중국식 외래어이다. 한자로 썼다고 해서 모두 한자가 아니라는 말이다.

길림성 조선족 자치주에 있는 '도문(圖們)'에 대해 『표준국어대사전』의 올림말에는 '도문05(圖們)'과 '투먼(Tumen[圖們])'이 있다.

> 도문05(圖們) 명 중국 길림성(吉林省) 연변 조선족 자치주에 있는 도시. 도로·교통의 요충지이며 제재업이 활발하다. ≒투먼.
>
> 투먼(Tumen[圖們]) 명 =도문05.

역시 두 가지 올림말을 올려둠으로써 어느 것이 옳은 것인지 헷갈리지 않을 수 없다. '도문(圖們)'의 지명의 유래를 살펴보자. [tumən][豆滿]은 '만(萬)'의 뜻으로 여진 지명으로 사용되었다. "No. 665. 方 土滿墨 [tumen] 만(萬)/[tumen](M), [ʒmə t'umɑn](N), [tumen](E)"(역어), 額木禿(회동 역어). '만(萬)'을 뜻하는 말이 나나이어에서는 [ʒmə t'umɑn]이고 어벵키어에서는 [tumen]이고 만주어나 여진어에서는 [tumen]이다. 두만강에서 용정으로 가는 길목이었던 '도문'을 『용비어천가』에도 '豆漫'을 '투먼'으로 기록하고 있다. 이 '투먼'은 '만(萬)'이라는 뜻을 가진 낱말임을 확인할 수 있다. 이처럼 현재 그 지역의 지명이 '도문'이기 때문에 현지 지명의 우리말 한자 대응음으로 읽어도 좋지만 '투먼'은 분명히 여진어에 뿌리를 둔 한자 독음 표기임이 분명하다.

닫힌 민족주의에 바탕을 두고 무조건 한글 독음으로 읽자는 주장이나 원음주의 원칙에서 '공자(孔子)'를 '콩즈'로 읽자는 주장은 끝없는 대치와 갈등으로 치달을 수 있다. 보다 정밀한 현지 조사와 문헌학적 비교 연구를 토대로 한 인문학적 성찰이 필요하다는 말이다. 『고려사』나 『고려사절요』 그리고 『조선왕조실록』에 나타나는 한자로 표기된 중국 주변국에 대한 인명, 지명, 관명은 단순히 한자음으로 독음해서는 안 된다.

'호금도'인가 '후진타오'인가를 주제로 한 제1회 토론회의 성과는 극단적인 대립논쟁 이외에는 아무 성과도 없었다고 비판하면 지나친 것일까? 중국 한자음으로 된 외래어 표기 문제는 한국어학 전공자들만이 해결할 수 있는 일이 아니다. 몽고어, 투루크어, 퉁구스어, 여진어 전공 학자들, 역사학 전공자와 함께 협업하는 문제의 장으로 바꾸지 않으면 끝없는 논쟁과 갈등만 불러올 것이다. 문제점에 대한 제대로 된 시각이나 이해가 부족한 이들이 모여서 뒤끓는 논쟁만 일삼는 일은 도리어 분열로 치달을 수밖에 없게 된다.

부산은 '[Busan]'인가 '[Pusan]'인가

7월 7일 제2차 연속토론회 주제이다. 1984년 매퀸-라이샤워(MR)식 ‹로마자 표기법›이 발표된 후 16년 만인 2007년 7월 국어 어문 체계에 기반으로 한 ‹로마자 표기법›을 개정 공포하였다. 실로 엄청난 충격이었다. 상장회사나 국가 기관의 명칭 표기가 바뀜으로써 대외 관계에 일대 충격을 주었을 뿐만 아니라 국내적으로 도로 안내간판, 유적지 안내간판 등을 새로 바꿀 수밖에 없었다. 국외적으로도 국제 교류와 교역상 엄청난 혼란을 자초하였다.

‹로마자 표기법›은 한국의 국가 행정 명칭의 표기에서 기업 명칭, 제품 명칭, 심지어 한국 전통문화와 관련된 용어 표기와 개인의 성씨 및 이름 표기에 이르기까지 거미줄처럼 엉켜 있기 때문에 성급한 개정이었다는 비판이 이어졌다.

‹로마자 표기법›은 우리말의 다양한 표기법으로 인해 외국 사람에게 혼란을 주지 않도록 만든 어문규정의 하나이다. 늘어나는 물류 교역, 대외 외교적 관계, 통상과 여행 등에서 우리말을 로마자로 1:1로 대응시켜 줌으로써 외국인들에게 혼란을 최소화하는 것이 중요한 목표이다. 다시 말하자면 우리나라의 행정 기관, 지명, 인명, 제품 등의 CI(Corporate Identity)를 외국인들에게 고정시킬 목적에서 제정된 어문규범이다.

이처럼 대외 신인도와 관련된 국가 어문규범의 제정이나 개정은 후속되는 여러 가지 충격 여파를 충분히 고려해야 함에도 이미 개정 규범은 발효된 지 다시 10여년 이 흘렀다. 그 사이에 일어났던 입법부의 판결과 독도 지명 표기에 얽힌 두 가지 충격적인 이야기를 예로 들어 보자.

충주에 거주하는 문화류씨 대종회에서 성명 표기를 ‹한글 맞춤법›에서 규정하고 있는 두음법칙 규정에 따라 '유'로 표기하도록 되어 있는 것을 '류'로 표기할 수 있도록 소청을 낸 것이다. 이와 함께 부자, 형제, 문중 사람들의 여권에 [Yu], [You], [Ryu], [Rou] 등 로마자 표기 혼란으로 인해 가족이 함께 해외여행을 가더라도 같은 가족이 아닌 다른 사람으로 만들어 놓은 것은 이해할 수 없는 일이라 호소하였다.

1992년 호적 성명란에 한자는 '柳○○'로, 한글은 '류○○'로 기재해 달라고 요청한 유 모 씨는 지난 2월 2일 호적 성명란의 한글 성명이 '유○○'로 한자 이름과 병기된 것을 발견하고 청주지법 충주지원에 호적 정정 신청을 했으나 기각당하자 다시 항소한 것이다.

항소 결과, 2007년 3월 30일 청주지법 제11민사부(재판장 금덕희 부장판사)에 따르면 유 모 씨(65·충주시)가 '유씨'를 '류씨'로 표기하도록 해 달라며 낸 호적 정정 신청 항소심에서 "사건 당사자의 한글 표기를 '유'에서 '류'로 정정함을 허가했다"고 밝혔다. 또한 재판부는 결정문에서 "개인의 성(姓)은 오랜 기간 형성되고 유지돼 온 일정한 범위의 혈연집단을 상징하는 기호로서 이름과 함께 개인의 동질성을 표상하는 고유명사"라며 "국가가 개인의 성에 두음법칙을 적용해 '류'가 아닌 '유'로 표기할 것을 강제한다면 개인의 정체성에 혼란을 초래하고 국가가 개인의 생활양식의 변경을 강제하는 결과를 가져온다는 점에서 인격권을 침해하는 것"이라고 덧붙였다. 재판부는 "따라서 한자로 된 성을 한글로 기재할 때 두음법칙에 따라 성이 '리(李)씨, 류(柳)씨, 라(羅)씨'인 경우 '이씨, 유씨, 나씨'로 표기하도록 정한 1996년 10월 25일 대법원 ‹호적 예규› 제520호 제2항은 '인간의 존엄성'을 다룬 헌법 제10조의 이념과 가치에 반하여 위헌·무효"라고 판시했다. 이 재판의 주심을 맡은 김동건 판사는 "대법원 예규는 법률이 아니기 때문에 위헌 법률 심판을 제청하지는 않았다"며 "개인이 헌법 소원을 제기하는 방법으로 구제받을 수 있을 것"이라고 말했다.

결국 국어 어문규정의 표기 규정은 법원의 판결 결과 '리(李)씨, 류(柳)씨, 라(羅)씨'를 <한글 맞춤법>의 두음법칙에 따라 '이씨, 유씨, 나씨'로 표기하도록 한 대법원 <호적 예규>는 위헌이며, 무효라는 판결에 따라 존재 근거가 흔들리는 상황이 되었다.

두 번째, '독도(獨島)' 문제이다. 필자가 국립국어원장으로 재직할 당시인 2008년 7월 유엔 국제 지명 위원회 한국 대표로 국립국어원 김세중 부장과 외국어대학교 정국(당시 국어 심의회 위원장) 교수를 유엔 회의에 파견하였다. 동해 표기와 독도 표기에 대한 현안을 해결하기 위해 외교부의 관리와 함께 파견한 국제 지명 위원회 회의 결과는 아무 소득도 없이 끝났다. 현재 국제 지명 위원에서는 '일본해(the Sea of Japan)'로 표기하고 있는데 이를 '동해(the East Sea)'로 표기할 것을 주장하면서 우리나라에서 파견한 관계자들은 웹사이트에서 한국과 일본 사이에 있는 바다를 한국에서 부르는 '동해' 대신에 '일본해'로 표기한 것이 잘못이라고 주장하였다.(As a typical example of Web errors, KOIS officials cited references to the Sea of Japan for the body of water between Korea and Japan, instead of the name Korea uses, the East Sea.(출처: 「The Korea Herald」)) 북한(ROCK)의 대표부 파견 인사와 한국의 파견 인사들의 주장은 결코 본회의 의제로 상정되지 못하고 논의만 하는 것으로 종결되었다.

그런데 이 독도의 로마자 표기는 [Tok-do], [Tokdo], [Tok-to], [Tokto], [Dokdo], [Dok-do] 등 혼란스럽기 짝이 없다. 한일 간에 독도 영유권 문제로 외교적 불씨가 지펴질 무렵이었다. 그런데 느닷없이 미 국립지리원 지명위원회(BGN: Board on Geographic Names)가 독도를 특정 국가의 주권이 미치지 않는 지역으로 구분하는 '주권 미지정 지역(Undesignated Sovereignty)'으로 분류하여 한국의 영토주권을 부정하고 나섰다. 2차 세계대전 종전 이후 미일 간에 체결된 제2의 <가쓰라-태프트 밀약>[4] 그리고 ‹대일강화조약›에 근거하여 당시 일본 영유(식민영토)로 인정한 것이 독립 후에도 개정되지 않았기 때문에 한일 간 독도 영유권 분쟁 사태로 발전되었다. 이미 1977년 7월 14일부터 미국 정부는 '독도'라는 이름 대신에 '리앙쿠르 암(Liancourt Rocks)'이라는 명칭을 공식 사용키로 결정하였다. 그러나 우리 정부는 모르고 있었다. 우리 정부의 이처럼 안일한 대응은 어제오늘의 일이 아니다.

일본에서는 독도 점유권 문제를 1951년 9월 8일 미국 샌프란시스코에서 체결되어 1952년 4월 28일에 발효된 대일강화조약[5]에 근거하여 독도 영유권 주장을 되풀이하고 있다. 2004년부터 시마네 현의 죽도의 날을 제정하였고 독도수호대는 2004년 12월에 '독도의날'을 국가기념일로 제정해야 한다며 국회청원을 하며 정부의 대응을 촉구했다. 그러나 우리 정부는 시마네현의회가 조례안을 상정한 2005년 2월까지 아무런 후속 조치도 취하지 않았다.

2007년 7월 30일 미국 정부는 세계지명위원회(BGN)에서 '독도'를 '미지정 주권 지역(Nondesignated Sovereignty)'으로 변경했던 독도의 영유권 표기를 원래대로 한국령으로 되돌렸다고 백악관 고위 관리가 밝혔지만 외교적인 아무 근거도 남기지 못했다. 특히 '리앙쿠르암(Liancourt Rocks)'[6]을 '독도(Dok-do)'로의 표기 변경 요청을 받아들이지 않은 것은 한국민에게 미국 정책의 전환으로 비추어진 것을 유감으로 생각한다며 미국은 한·일간 영토 분쟁과 관련해 어떤 입장을 갖고 있지 않다고 강조했다. ‹로

4 1905년 7월 일본 수상 가쓰라와 미국 육군장관 태프트가 '미국의 필리핀 지배와 일본의 한국지배를 인정'하는 「가쓰라-태프트 밀약」이 체결되었고 일본의 강점이 시작되었다.
5 영국과 호주의 반대로 독도는 일본의 권리, 권원 및 청구권을 포기하는 지역에 독도가 포함되지 않았다. (대일강화조약 2조 a항)
6 'Liancourt Rocks'을 '독도'로 번역하고 있는데 이는 잘못이다. '두(ling, 兩) 개(court)의 바위(rock)'의 합성어로 한국 명칭인 '독도(獨島)'와 일본에서 주장하는 '다케시마(竹島)'라는 이름 대신 외교적 중립성을 띤 명칭이다.

마자 표기법〉이 단순한 어문 표기 규정이 아니라 이처럼 개인적으로나 국가 간에 미묘하고 복잡한 이해관계가 얽혀 있을 수도 있다.

인문학적 관점에서 〈로마자 표기법〉이 어떻게 작동되는지 살펴보자. 한국에 남아 있는 원전 곧 한문으로 작성된 전적을 번역할 경우나 한국 문학 작품을 영어로 번역할 경우 매우 큰 난관에 부닥친다. 제2차 토론회 발표자인 엄익상(한양대) 교수는 성씨 표기 기준이 없기 때문에 고전에 나타나는 '이사부'를 'Lee Sabu', 'Yi Sa-bu' 'I Sabu' 등 여러 가지로 표기하는 현실의 문제점을 지적하고 있다. 미국에서도 돌풍을 불러일으키고 있는 작가 신경숙의 소설 『엄마를 부탁해』를 미 의회도서관 사이트에서 'Sin Gyungsuk'이나 'Emmareul butakhe'로는 검색할 수 없다. 그 이유는 미국에서 외국의 인명이나 서명은 주로 매퀸라이샤워(MR) 표기법을 따르기 때문에 'Sin Kyŏng-suk'이나 'Ŏmma rŭl put'ak hae'으로 서명 목록을 작성했기 때문이다. 문제는 여기서 끝나는 것이 아니다. 외국인들이 국내에 와서 '경복궁'을 찾기 위해서 'Gyeong buk gung'이라는 전통 고유 명칭을 로마자로 표기했더라도 그 정확한 음을 발음할 수 있는지는 고사하고 '경복궁'이라는 이름만으로 어떤 역사 유적지인지 알 수 없다. 'Gyeong buk gung(The palace of the Joseon Dynasty)'와 같이 간략한 설명을 명기할 필요가 있다. 특히 관광안내를 위해서도 한국 전통적인 상품이나 음식, 고적 안내 입간판에 명기하는 고유명사는 '로마자 표기+간략한 설명'으로 대치할 필요가 있다. 앞에서 이미 언급한 바와 같이 세계 인류 기록 유산으로 지정된 『훈민정음』 해례본에 나타나는 '아, 설, 순, 치, 후'를 로마자 표기를 적용하여 'a, seul, soon, chi, hoo'로 표기한다면 어느 외국인이 이것을 해독해낼 수 있을까?

〈로마자 표기법〉이 매퀸라이샤워(MR) 방안이 타당한지 현행 표기법이 타당한지에 대한 양극적인 논의는 현재 상황에서는 무의미한 논쟁에 지나지 않는다. 이명박 정부의 핵심 인사 가운데 강만수 기획재정부 장관 시절 특히 현행 〈로마자 표기법〉이 많은 문제가 있음을 지적하면서 유인촌 문화체육관광부 장관에게 〈로마자 표기법〉 개정 일정을 강력하게 요구한 적도 있었다. 문화체육관광부에서는 2010년 698쪽에 달하는 「국어 로마자 표기법 영향 평가」 보고서를 제출하여 현행 〈로마자 표기법〉을 지속적으로 유지하고 정착될 수 있도록 지속적인 홍보를 강화하는 쪽으로 정책 방향을 결정하기에 이르렀다.

동 발표회에서 이홍식(숙명여대) 교수의 논거는 정보화의 소통 문제와 발음의 유사성 문제를 근거로 하여 현행 〈로마자 표기법〉을 지속적으로 유지해야 한다는 주장이다. 정보화의 논거나 발음 유사성의 문제에 대한 논의도 전혀 근거가 없는 논점은 아니다. 특히 발음의 유사성 문제는 영향 평가 결과 양측 모두 일장일단이 있다. 다만 이중모음 표기의 경우 'ㅕ'를 [yeo], 'ㅒ'를 [yae], 'ㅙ'를 [wae]로 표기하는 문제나 자음에서 국어 음운체계를 지나치게 의식하므로 사용자인 외국인들의 음운체계를 고려하지 않은 점들은 충분히 비판의 여지가 있다. 또한 통상과 해외여행에서 느낄 수 있는 여권의 성명 표기의 규정 세안이 미비한 점은 보완해야 할 과제이다.

〈로마자 표기법〉은 이것은 옳고 저것은 틀렸다는 흑백 논리로 접근할 문제 아니다. 다양한 분야의 학자들이 모여 〈로마자 표기법〉을 단계적으로 보완해나가는 일이야말로 중요한 것이다.

::: '북엇국'만 되고 '북어국'은 안 되나

전 세계에서 보통 국가적으로 성문화된 어문규범을 운용하고 있는 나라는 우리나라를 제외하고는 거의 찾기 힘들다. 대부분의 국가들은 관습이나 정치 경제의 중심 지역의 언론이나 사전 편찬자들이 제공하는 의사소통이 가능한 범위만 정하고 세부적인 표기나 발음은 전적으로 사전에 의존한다. 우리나라에서는 국가적인 『표준국어대사전』이 이루어지기 이전에 먼저 ‹한글 맞춤법›을 제정하고, 또 표준 표기나 발음 기준이 지나치게 까다롭기 때문에 한국어 사용자들에게는 불편하게도 느껴질 수 있다.

어느 사회이고 간에 국어의 사용자들이 편리하게 소통하기 위해 표준 표기법과 발음법을 규정하는 일은 너무나 당연하다. 특히 공간적으로나 사회 계층적인 언어 분화로 인해 언어가 분열되는 것은 막을 수 있도록 적절한 선에서 조정하여 통일해야 하는 필요성에 대해 반대할 사람은 아무도 없을 것이다. 그러나 이러한 규범적인 언어를 어떻게 유지하고 보다 더 발전된 국어로 이끌어 나갈 것인지에 대한 방법론상에서는 여러 가지 의견이 있을 수 있다.

신지영(고려대) 교수의 발표문에서도 잘 설명하고 있듯이 영어에서 ‘빛, 광선’을 뜻하는 ‘light’만 올바른 표기이지 발음 나는 대로 쓴 ‘lite’는 당연히 틀린 표기이다. 그러나 영국에서는 ‘빛, 광선’을 뜻하는 낱말로 ‘light’ 이외에는 상상할 수도 없거니와 이것을 맞춤법에 “~이렇게 써라”라는 규정은 어디에도 찾아볼 수 없다고 주장하였다. 그들은 사전에 근거하여 철자법과 발음을 정밀하게 규정하고 있다.

이처럼 우리나라에서도 사전 표제어로 ‘북엇국’으로 올림말로 올리고 그 발음을[pugək'uk]이라 규정해 두면 아무 문제도 없을 것이며, 여기에 무엇이 옳고 그르다는 논쟁을 벌일 아무런 이유가 없다. 국민들의 어문생활에 기반이 될 표준 국어사전이 잘 만들어지지 않았기 때문에 생겨나는 일이다.

"몇 월 며칠"을 왜 "몇 월 몇 일"로 쓰면 될 것인데 '몇 일'은 왜 '며칠'로 표기하도록 하여 복잡하도록 만드느냐는 질의를 하는 이가 많다. 몇 일의 '몇'을 관형어로 처리하여 모든 환경에서 '몇 월'처럼 쓰면 혼란이 적을 텐데, 그러나 '몇 일'은 '몇 월'처럼 "지정된 일자"를 나타내는 나타내기도 하지만 "몇 일 동안"이라고 할 때 '몇 일'은 이미 '며칠(몇 일 동안)'이라는 하나의 낱말로 굳어진 것이다. 따라서 '며칠'이라는 낱말을 하나의 올림말로 잡고 아래와 같이 뜻풀이를 하지 않을 수 없다.

며칠 명 「1」그달의 몇째 되는 날. 「2」몇 날. 【「며츨<번박>】

'몇 일'을 올림말로 처리할 수 없기 때문에 한국어 사용자 측면에서는 왜 이렇게 복잡하게 만드는가 의구심을 가질 수 있다. 웹 기반 『표준국어대사전』을 지원하기 위해 2006년부터 2009년 사이에 주요 올림말에 대한 표준 발음을 구사하는 아나운서의 발음을 음성 자료로 연계하여 지원할 수 있도록 웹사전의 구조를 새롭게 설계하여 지원하고 있다.

‹한글 맞춤법›의 제정 목적은 국어대사전 표제어의 표기법을 만들기 위한 지침이었는데 이것이 모든 한국어 사용자가 지켜야 할 규칙인 것 마냥 초중등학교의 국어과 수업 과정의 일부가 되면서 국민들의 언어생활의 목을 조이는 과잉 기능을 한 것도 사실이다. 규범이 아닌 사전을 중심으로 해결하려고 하지 않고 ‹한글 맞춤법›을 만능의 해결사로 여긴 것이 문제이다. ‹한글 맞춤법›은 사전편찬전문가들만 숙지하고 있으면 된다. 그러나 시중 서점에는 『한글 맞춤법 해설서』가 수두룩하게 꽂혀 있다. 각종 공무원 시험에 자주 출제가 되기 때문이다.

'불어'는 붙여 쓰는데 '프랑스 어'는 왜 띄어 써야 하는가? '도이치 어', '키큐 어', '바스크 어'는 전부 '어'를 띄어 쓰도록 규정하고 있다. 한자어끼리 결합할 때는 붙여 쓰고 한자어와 외래어와 결합할 경우 띄어 쓰도록 하는 이유가 어디에 있는가? 아마 일반 독자들은 이해를 도무지 할 수 없을 것이다. 이와 유사한 사례로 '동해', '황해', '남해', '중국해'는 붙여 쓰고 '에게 해', '카스피 해'는 띄어 쓴다. 두 낱말을 붙여 쓴다는 말은 곧 하나의 낱말로 인정한다는 말이다. '에게 해'는 영어로 표현하면 "the Aegean Sea"이다. 만일 한국어로 붙여 쓴 '에게해'와 영어 표현대로 띄어 쓴 '에게 해'는 대상이 다른 바다인가? 영어사전의 올림말 'Aegean[i(ː)ʤíːən]'도 역시 '에게 해'를 뜻한다.

그렇다면 한글끼리 결합되는 조어형으로 눈을 돌려 보자. '가슴속', '뱃속', '장삿속', '콧속', '코안'은 붙여 쓴다. '가슴속', '뱃속', '장삿속'은 '속'이 도달할 수 있는 인지거리 곧 탄도 거리의 문제가 아니라 추상화되어 새로운 낱말이 만들어졌기 때문에 당연히 붙여 써야 한다. 그런데 '콧속'은 전문용어로 처리하여 "코의 속" 곧 '속'의 인지적 탄도 거리(a point-blank range)가 도달하는 공간 의미로 사용되었다. 그렇다면 "바지 속, 눈 속, 침 속, 가래 속, 목구멍 속"도 당연하게 붙여 써야 할 것이지만 『표준국어대사전』에 올림말로 모두 제외되었다.

> 가슴속[--쏙] 〔가슴속만[--쏭-]〕 명=마음속.
> 뱃속[배쏙/밷쏙] 〔뱃속만[배쏭-/밷쏭-]〕 명 '마음01'을 속되게 이르는 말. 【<빗속<빗솝<월석>←빅+-ㅅ+솝】
> 장삿-속[-사쏙/-삳쏙] 〔장삿속만[-사쏭-/-삳쏭-]〕 명 이익을 꾀하는 장사치의 속마음.
>
> 콧속[코쏙/콛쏙] 〔콧속만[코쏭-/콛쏭-]〕 명 『의학』=코안.
> 코-안 명 『의학』 콧구멍에서 목젖 윗부분에 이르는 빈 곳. 냄새를 맡

고, 공기 속의 이물을 제거하며, 들이마시는 공기를 따뜻하게 하는 작용을 한다. ≒비강03·콧속.

바지 속, 눈 속, 침 속, 가래 속, 목구멍 속.

'속'의 인지적 탄도 거리가 내부 공간의 의미를 지니는 합성어는 인정하지 않게 된다. 결국 우리말로 구성되는 새로운 조어형의 양산을 막는 결과가 된다. 물론 사전 편찬에서 이러한 낱말을 모두 올림말로 올릴 경우 올림말이 지나치게 늘어나는 문제의 심각성은 매우 커진다. 그러나 대상과 낱말이 일대일의 대응을 이루는 경우 합성어로 인정하지 않는 것은 모국어의 낱말 생산량이 떨어져 결국 국어의 생태 환경이 불안정하게 된다.

현행 <한글 맞춤법>은 개정 시기나 참여 인력이 들쭉날쭉했으며 또한 국어심의회 구성이나 운영 자체도 비효율적으로 운영되고 있다. 국어 규범이 갖는 체계적인 완결성이 대단히 뒤떨어진다. 필자가 국립국어원장 재직 시절 구욱서 서울 남부법원 법원장에게 어문 규범의 형식과 체계에 대한 자문을 받아 본 결과 법률적 관점에서 한글 맞춤법은 내용의 상충이나 형식적 균형이 잘 짜여 있지 않았다. 한글 맞춤법은 국어학자끼리 만든 규정이다. 지금이라도 전문가 집단이 모여 심도 깊게 내용의 체계나 균형 문제를 연구할 필요가 있다.

규정은 정부의 약속이니까 지켜야 한다는 논리로는 문제점을 해결할 수 있는 것이 아니다. 앞에서도 살펴보았듯이 류 씨의 성씨 표기를 규정한 맞춤법 규정이 잘못되었음은 국어학자들의 결정이 아니라 법관들의 결정이었다. <로마자 표기법>에 따라 개인 기업의 명칭 표기까지 통제할 수 없듯이 어문 규정이 제한할 수 있는 범위가 한정되어야 하듯 맞춤법 규정의 오류나 미진한 부분은 적극적으로 수정이 불가피한 상황이다.

∷ 표준어만 되고 방언은 안 되나

제4차 토론은 "표준어만 되고 방언은 안 되나"라는 주제부터 해학적이라고나 할까? 미국의 심리학자인 대니얼 카츠(Daniel Katz)가 무지한 다수의 힘으로 억지를 쓰는 집단 심리를 '다수자의 무지(Pluralistic Ignorance)'로 규정한 심리학 용어가 떠올랐다. 표준어는 되고 방언은 안 된다는 양단의 결정이 얼마나 큰 퇴행적 결정인지, 이러한 선동이 인터넷과 앱을 통해 얼마나 큰 무리와 파장을 몰고 올 수 있는지를 보다 이성적으로 접근해야 할 것이다.

방언학을 전공하는 필자가 국립국어원장 재직 시에 국어의 언어 지식의 총량을 늘여야 하겠다는 생각과 그 전략을 가지고 있었다. 이름 모를 외국어 음차 표기가 늘어나는 마당에 우리 고유의 지역어를 잘 선별하여 국가 공통어인 표준어로 확산시키는 일이야말로 국어의 생태 균형을 맞추는 적절한 국어정책이라고 판단하였기 때문에 10년간에 걸친 전국 지역어 및 자연 발화 조사 계획과 생활용어 현장 조사 계획을 수립하여 추진하였다.

결코 표준어를 버리자는 결정이 아니다. 표준어의 개념을 보다 확장하기 위해서 서구에서 통용되는 공통어 정책으로 그 방향을 선회하기 위한 준비 작업이었다. 인구 30만 시대의 서울에서 1천만 시대로, 도시의 규모 또한 20여 배로 확장된 수도 서울이다. 1933년 당시 일본 표준어는 동경 시내 야마노테 전철 내부 사람들의 말씨를 기준으로 하는 일본의 동경 중심의 표준어 정책을 그대로 복사하여 왔다. 그러나 일본에서는 1946년 동경 표준어 정책을 포기하고 공통어 정책으로 바꾸었다. 그 형편은 우리나라와 동일하기 때문이었다. 그야말로 일본의 공통어 정책의 기반이 된 동경 표준어의 교육 확산의 결과 우리나라보다 더 심각했던 일본의 방언 차이가 급속도로 동경 공통어를 중심으로 통일된 성과를 눈여겨 지켜보고 있다. 도리어 일본에서는 지역 문화 활성화를 위해 대놓고 지역 토착 방언으로 방송을 하고 있는 실정이다.

한글공동체 구성원 가운데 구소련 지역인 카자흐스탄, 우즈베키스탄 지역의 고려인들이 사용하는 말과 글은 표준어와는 이미 많이 벗어나 있다. 중국 조선족 역시 마찬가지이다. 한글공동체가 확산될 것을 고려하며 어문 규범 관리가 아닌 사전 중심으로 그리고 ‹한글 맞춤법›을 기계화하는 데 노력을 기울여야 할 것이다.

국의 표준어 정책은 그동안 성공적으로 수행된 상황이기 때문에 눈을 돌려 아름다운 토속적인 방언을 표준화할 필요가 있으며 이를 효율적으로 수행하기 위해서는 분화형이 많은 방언을 수집한 다음 변이형들의 대표형을 잘 골라내어 우리말 조어력을 강화해야 한다는 믿음을 가지고 『방언의 미학』(살림, 2007)이라는 책을 쓴 적도 있다.

한때 방언학 전공자인 국립국어원장이 표준어를 없애려고 획책하고 있다는 글을 인터넷에서 보고 참 곤혹스러운 때도 있었다. 깊이 있는 학문적 기반도 없이 공개적인 학문 토론의 장인 학회를 통해 얼마든지 논의가 가능했음에도 불구하고 인터넷을 통해 표준어를 없애려는 불순 세력으로 몰린 채 참 힘든 세월을 보냈다. 무지한 상대를 용서한다는 일이 처음에는 힘들었지만 그런 노력이 자신을 수련하는 길이라 생각하니 그 또한 틀리지 않은 판단이었다. 그러는 와중에 인천지역 한국어과 교사 모임 단체에서 방언을 무시하는 표준어 정책은 개인 언어 인권의 제약이라며 대법원에 위헌소송(사건 번호: 2006 헌마 618)을 제기하였다.

당시 필자는 이 위헌 재판은 분명히 패소할 것이라는 예측을 하고 있었다. 위헌 소통이 패소로 결정 나면 다시는 표준어의 고정된 말뚝에서 벗어날 수 없는 상황이 될까 봐 소송 제기 대표자를 만나 차근차근 설명을 해도 막무가내였다. 재판이 진행되는 과정을 중립적인 입장에서 지켜보고 있을 수밖에 없는 입장이었지만 대법원 판결은 정부 측 입장에 손을 들 수밖에 없는 현실임을 필자는 충분히 예측할 수 있었다. 왜 이렇게 유연성이 없을까? 미국산 소고기 파동으로 서울 거리가 촛불 시위로 흔들리고 있는 무렵인 2009년 5월 28일 무렵 예측대로 원고 측 패소 판결이 내려졌다.

2006년 봄날이었다. 정동채 문화체육부 장관과 오찬을 하는데 마침 부추 나물이 밑반찬으로 나왔다. 정 장관은 부추 나물을 맛있게 들면서, 이 원장님, 내가 대학 다닐 무렵 경희대 네거리 부근 식당에서 밥을 먹다가 이 부추 나물 한 접시를 다 먹고 반찬을 좀 더 달라면서 "할머니 솔('부추'의 전라도 방언)나물 좀 더 주세요"라고 했더니 식당 주인 할머니가 멍하게 쳐다보다가 "이거 서울 나물이 아니고 부추 나물인데…….."라고 하더라는 것이다. 가난했던 대학 시절 전라도에서 유학 온 시골 출신 대학생에게는 시골 말버릇이 고스란히 남아 있어서 '부추'를 '솔/졸'나물로 불렀으니 핀잔을 들을 만도 했다.

이번 토론회에서 윤석민(전북대) 교수의 발표문 서론에 "서글픈 우리의 자화상"이라는 말 속에 이 어설프고 깊이 없는 국어 애호자들의 들썩거림과 이론 연구를 하면서 대학 강단에서 있는 숱한 군상들의 모습이 머리를 스쳐지나 갔다. 누가 표준어를 버리자고 했나? 국어의 낱말의 총량이 줄어드는데 그 총량을 외래어도 아닌 외국어 음차 표기로 채운 것은 아무 말 못 하고 지역의 토착 언어를 정갈하게 다듬어 표준어의 텅 빈

곡창을 채우자는 의견을 가진 사람을 서울을 중심으로 하는 언어의 표준화를 저지하는 불순 세력으로 몰아가는지 도무지 이해할 수 없었다.

1979년 가을 무렵 한국정신문화연구원에서 처음으로 전국 방언 조사 계획이 국가사업으로 시작되면서 필자는 경상북도 23개 군 지역을 눈비를 맞으면서 조사를 다녔던 내 젊은 시절을 회상해 본다. 시골의 어른 분들과 근 일주일 정도 매일 턱도 없이 다 알고 있는 이런저런 이상한 질문을 하다 보면 어느덧 정이 들어 신바람 난 듯 시골의 일상생활을 이야기해주시던 그 어른 분들도 이미 다 세상을 떠나셨을 것이다.

오랜 농경 생활의 경험에서 축적된 그들의 지혜와 지식의 체계를 중심이 아닌 변두리사람들의 말이라는 이유로 너무 오랫동안 방관해 오지 않았는가. 최근 최불암 씨가 출연하는 '한국인의 밥상'이라는 프로그램을 꼭 챙겨 본다. 해안가와 농촌, 반가의 음식과 서민들의 음식이 다르고, 그 음식 재료 이름은 사전에도 실리지 않은 사투리가 대부분이다. 이런 것은 외면하면서 무슨 지역 문화와 축제를 한다고 엄청난 국민 세금을 쏟아 붓는가? 그들의 지식·정보가 고스란히 남아 있는 방언으로 표준화가 불가능하다면 적어도 문화어 사전이란 이름으로 수집하고 갈무리할 필요가 있지 않은가? 국민 행복은 나라가 국민 개개인이 지니고 있는 언어를 옹호해줄 때 진정 실현될 수 있을 것이다.

다양성이라는 말은 제국주의나 획일주의를 비판하는 키워드 가운데 하나이다. 아프리카, 남태평양의 많은 군도와 아메리카 반도의 원주민들의 언어는 20세기에 들면서 절멸되었다. 러시아 제국의 언어 정책은 더욱 혹독하였다. 피지배 부족의 강제 이동이나 집단 학살을 통해 그들의 언어 유산은 종족의 절멸과 함께 증발해 버린 것이다. 팔레스타인 출신 재미 교수인 제레드 다이아몬드 교수는 『총, 균, 쇠(GUN, GERMS and STEEL)』를 통해 스페인의 침략을 통한 잉카 제국의 몰락 과정을 보여 주고 있다. 문화나 언어의 다양성이 무너지고 있는 현실에 대한 냉정한 고발서이다.

서구 제국주의는 대부분 지배자들이 피지배자들을 몰아내고 그들의 언어를 말살시켜 왔다. 동양에서 원나라와 금나라 그리고 후금에 이은 청나라는 몽고와 만주, 여진 세력이 지배자였지만 결국 중화 문화에 굴종되고 그들의 자국의 언어 문자를 포기하는 기이한 현상을 가볍게 생각할 수 없는 일이다. 우리와 가장 인접해 있었던 건주 여진인들에게 일찍 고구려 시대의 우리의 말과 글을 가르쳤더라면 어떠했을까?

문화의 힘으로 문화의 변경을 개척하는 일은 곧 언어를 전파하는 것과 같다고 할 수 있다. 그러나 지난 시대처럼 지배적인 방식이 아닌 상호 이해 존중의 방식으로 우리의 말과 한글공동체를 만드는 일이야말로 매우 중요한 국가적 목표가 되어야 할 것이다. 이와 같은 차원에서 최근 알타이언어학회에서 만주 지역의 원주민을 대상으로 한 만어 현지 조사 계획을 더 튼실하게 진행될 수 있도록 정부적 지원이 이루어지길 기대해 본다.

나아가서 무문자 국가 소수부족들의 언어 유산을 한글로 기록하여 소멸 위기에 있는 인류의 다양한 언어자산을 보호해주는 아량 깊은 정책들이 추진되어야 할 것이다. 이렇듯이 다양한 토착 언어인 방언에 대한 보다 개방적인 조사가 이루어질 수 있기를 기대해 본다.

‘누리꾼’인가 ‘네티즌’인가

아시아경제 신문에 성정은 기자가 이젠 고민 없이 ‘짜장면’을 ‘짜장면’으로 부를 수 있게 됐다며 어문 정책을 좀 더 개방적으로 펼쳐 줄 것을 당부했다. 그동안 '자장면'만을 표준어로 인정해 온 『표준국어대사전』에 '짜장면'이 이름을 함께 올리면서다. 국립국어원(원장 권재일)은 '짜장면', '복숭아뼈', '남사스럽다' 등과 같이 실생활에서 많이 쓰였으나 표준어로 인정되지 않았던 낱말 39개를 표준어로 인정하고, 이들 낱말을 인터넷으로 제공하는 『표준국어대사전』(stdweb2.korean.go.kr)에 올렸다고 밝혔다. '짜장면' 등을 표준어로 인정한 건 어문 규정이 정하는 표준어와 실제로 쓰이는 낱말이 서로 달라 생기는 불편함을 덜어 주려는 취지에서다. 국립국어원은 1999년 『표준국어대사전』을 발간한 뒤 널리 쓰이지만 표준어로 인정을 못 받은 낱말들을 검토하는 데 힘써왔다. 이번에 표준어로 인정된 39개 낱말은 국어심의회 등의 논의를 거쳐 지난 22일 최종 확정됐다.

국립국어원이 새로 표준어로 인정한 낱말들은 크게 세 가지 부류로 나뉜다. 첫째는 현재 표준어인 말 외에 같은 뜻으로 쓰이는 말을 표준어로 인정한 경우로 '복숭아뼈', '남사스럽다', '맨날', '허접쓰레기' 등 11개 낱말이 그 예다. 그동안은 '복사뼈', '남우세스럽다', '만날', '허섭쓰레기' 등만이 표준어로 인정돼 왔다.

둘째는 현재 표준어로 규정된 말과는 뜻이나 어감에 차이가 있어 이를 별도의 표준어로 인정한 경우다. 현재 표준어인 '냄새'와 별도로 '내음'을, '날개'와 따로 '나래'를, '어수룩하다'와 또 달리 '어리숙하다'를 표준어로 인정한 것이 바로 그것이다. 이 같은 낱말들은 모두 25개다.

셋째는 '짜장면'처럼 표준어가 아닌 표기가 많이 쓰여 원래 표준어 표기와 함께 두 가지 모두를 표준어로 인정한 경우다. '자장면', '태껸', '품세'만 표준어로 인정돼 오다가 '짜장면', '택견', '품새'도 표준어가 된 것이 예다.

이운영 국립국어원 어문연구팀 학예연구관은 "'짜장면' 등을 포함한

39개 낱말을 새로 표준어로 인정한 건 실제 언어생활에서의 불편함을 줄여주려는 의도"라며 "앞으로도 계속해 언어 사용 실태 조사를 벌여 그 결과를 규범에 반영할 계획"이라고 말했다.

::: 국가 어문 규범 관리의 현주소

'조선어학회(한글학회)'에서 관리하던 어문 규범과 국어사전 편찬 사업이 광복 이후 국가 중심으로 그 기능과 역할을 옮겼다. 그동안 많은 성과도 있었지만 크게 발전된 점이 눈에 잘 띄지 않는다. 학술 단체나 연구자들이 국가에 연구 부역을 들면서 철학과 일관성이 뒤떨어진 어문 규범을 운용하면서 방향성을 이미 상실했다고 해도 과언이 아니다. 통일부에서 주관하고 있는 『남북겨레말큰사전』 사업을 민간사업 단체에서 추진하듯이 국가 주도형 사전 사업을 전면 이양하는 방향을 정책적으로 검토할 단계이다.

국가 주도형 국가 어문관리의 실태의 한 단면을 사잇소리 표기와 띄어쓰기의 사례를 들어 간략하게 살펴보자. 그 결과가 과연 어떤가? 2008년 국립국어원에서 수학용어의 사잇소리 표기 사용의 실태 조사 결과를 참고해 보면 〈표 4〉와 같다.

인터넷 온라인에서 수학용어 14개의 사잇소리 표기 낱말의 사용 실태 조사 결과이다. 사잇소리 표기를 하지 않는 경향이 절대 우위에 있다. 그러나 이는 참 어처구니없는 어문 규범 가운데 하나이다. 된소리화를 막기 위해 외래어 표기법에 된소리 표기를 규제하면서 왜 사잇소리 규정을 강화시켜 '고유어+한자어'의 경우 일괄해서 사잇소리를 표기하도록 규정을 하고 있는가? 이미 전국 수학자들의 학술 단체인 전국수학회

사잇소리 미상용 표기	빈도수	사잇소리 사용 표기	빈도수
극대값	625	극댓값	334
극소값	970	극솟값	617
근사값	31,400	근삿값	1,880
기대값	24,400	기댓값	2,870
대표값	4,340	대푯값	1,110
절대값	49,600	절댓값	964
진리값	2,970	진릿값	138
최대값	107,000	최댓값	2,090
최소값	70,000	최솟값	982
함수값	10,300	함숫값	352
자리값	2,940	자릿값	4,930
꼭지점	215,000	꼭짓점	34,300
아래변	28	아랫변	1,510
위변	0	윗변	3,250

‹표 4› 「2008년도 수학용어의 사잇소리 표기 사용 실태 조사 결과 보고서」, 국립국어원.

에서는 수학 용어에 대한 표기법을 확정해 둔 상태에서 정부의 사잇소리 개정이 발표되자 엄청난 혼선이 일고 있다며 많은 비판을 하고 있다. 모든 전문용어를 국립국어원에서 감당할 수 있는가? 원론적 규정 이외에는 정부 부처별 관련 학회와 민간단체가 협업으로 전문용어를 통일할 기회와 명분을 더 이상 빼앗으면 안 된다. 띄어쓰기 또한 마찬가지이다. 동해, 남해, 북해는 한자어 구성이기 때문에 붙여 쓰고 카스피 해, 에게 해는 '외래어+한자'이기 때문에 띄어 써야 한다는 이해할 수 없는 규정이 있다. 이처럼 띄어쓰기를 강화할 경우 우리 고유어의 신조어 생산은 위기에 처하게 된다. 이와 같은 배타적 어문 규정이 늘어나는 것은 고유어의 조어력 기반이 붕괴된다는 언어 생태에 대한 성찰이 부족했던 결과이다.

중국어의 외래어 표기 규정은 이미 그 생명력을 잃어버린 사문화 규정 가운데 하나이다. 따라서 중국의 각종 사서에 기록된 중국어가 아닌 만주, 여진, 몽골, 투르크, 티베트, 위구르 말을 한자음대로 표기한 용례는 사용자 임의로 표기함으로써 더욱 혼란스럽다.

[奚灘何郎哈][hitanharaŋkai]: 奚灘何郎哈/히·탄하랑·캐/용가

[古倫孛里][korunbori]: 古倫孛里/고·론보리

[古倫豆闌帖木兒][korudurantermər]: 古倫豆闌帖木兒/고·론두란터물

'奚灘何郎哈'를 '해탄하랑합'으로 '古倫孛里'를 '고륜패리'로 '古倫豆闌帖木兒'를 '고륜두란첩목아'로 한자음 대로 표기해야 하는가? 세종대왕 당시에 『용비어천가』에서 이미 '奚灘何郎哈'를 '히·탄하랑·캐'(용가)로 '古倫孛里'를 '고·론보리'로 '古倫豆闌帖木兒'를 '고·론두란터물'로 표기한 사례가 있다. 그럼에도 불구하고 최근 동북아 역사에 대한 관심이 고조되면서 한서에 기록된 만주, 여진, 몽골, 투르크, 티베트, 위구르의 한자 차자 표기를 한글로 표기함으로서 극도로 혼란한 상황에 처해 있다.

또한 어문 규범을 실행하는 『표준국어대사전』에 극명한 사례가 있다.

징기스·칸(Jinghis Khan) → 칭기즈 칸.

칭기즈·칸(Chingiz Khan) 명 몽골 제국의 제1대 왕(?1167~1227). 본명은 테무친. 한자식 이름은 성길사한(成吉思汗). 몽골족을 통일하고 이 칭호를 받아 몽골 제국의 칸이 되었다. 중앙아시아를 평정하는 한편, 서양 정벌로 동서양에 걸친 대제국을 건설하였다. 재위 기간은 1206~1227년이다.

아골타(阿骨打) 명 '아구다'의 음역어.

아구다(Aguda) 명 중국 금나라의 제1대 황제(1068~1123). 묘호(廟號)는

태조. 1115년에 만주 지역의 여러 여진 부족을 통합하여 금나라를 건국하였으며, 요나라 세력을 몰아내고 랴오둥(遼東)에 진출하였다. 재위 기간은 1115~1123년이다.

'징기스 칸'을 '칭기즈 칸'으로 회전문식으로 돌려놓고는 '칭기즈 칸'을 검색해야 뜻풀이를 찾아볼 수 있다. '阿骨打' 역시 비슷한 방식으로 처리하고 있다. 칭키즈칸의 成吉思汗은 한자식 이름으로, 아골타(阿骨打)는 '아구'의 음역이라는 식으로 뜻풀이를 하여 일관성을 잃어버리고 있다. 이미 사어화된 만주 고족들의 언어뿐만 아니라 그리스, 로마, 비잔틴 제국의 언어들의 음차 표기를 위해 ‹외래어 표기법› 규정을 과연 더 늘여야 할까?

이처럼 『표준국어대사전』의 심각한 문제를 파악하고 필자는 2007~2009년 사이에 국립국어원의 편재를 개편하여 사전편찬실을 설치하고 예산을 재편성하여 3년 동안 무려 4만여 항목의 올림말과 풀이말의 오류를 보강한 다음 인터넷 사전으로 전환하였다. 여기서 문제가 끝나지 않았다. 사전의 올림말과 풀이말의 계열적·통합적 구조 결함과 모순은 거의 손을 댈 수 없는 상황임을 여러 차례 발표한 바가 있다. 가히 심각한 수준에 처해 있는 국가 어문 관리의 현주소이다. 근본적으로 잘못 만든 사전이기 때문에 수정과 보완을 하여도 그 끝이 보이지 않는다. 이처럼 국제간 교류가 확대됨에 따라 현실적인 방식으로 표기를 따른다면 표기 일람표와 표기 세칙은 끝없이 늘어나야 할 것이다.

정보화의 혁명 이후 언어 지식·정보의 생산과 관리의 방식은 기본적으로 변해야 한다. 언어 표기의 통일성이란 목표로 어문 규범을 제정하던 당대의 시대적 상황과 현재의 상황은 아주 다르다. 4대 어문 규범이 언어의 통일이라는 관점에서는 소기의 목표를 달성했으나 그만큼 잃어버린 것도 적지 않다. 언어가 단일하게 고정된 법전과 같은 것이 아니라 장소와 시간에 따라 다양하게 변화하는 인간 행위임을 인정하는 어문정책이 펼쳐져야 할 것이다.

닫힌 상자와 같은 어문 규범과 『표준국어대사전』을 그대로 방치할 것이 아니라 국가가 관리해 온 사전 사업을 전면 민간사업으로 되돌려 주어야 한다. 이는 앞으로 다가올 한글의 산업화의 중요한 발전 축이 될 수 있기 때문이기도 하다. 언어 관리를 한글의 문화 산업과 한글의 정보화 산업으로 끌어올리기 위해, 그리고 국민들이 보다 편리하고 윤택한 어문 생활을 영위하기 위해 정부는 고급 언어 자료 생산에 주력하여야 한다. 이를 다시 국민에게 공급할 수 있는 언어정보화 기술력을 향상시키기 위해서 어문 규범은 사전 편찬자들의 올림말 선정의 기준으로 이루어져야 한다. 그리고 최대한 다양한 언어정보가 인터넷을 통해 활용될 수 있도록 정책 전환이 이루어져야 한다.

문제는 우리 고유어가 자리 잡아야 할 자리에 한자어나 외국어가 생뚱맞게 들어와 그 자리를 차지하도록 방치하고 있다는 사실이다. 한국어 어문 규범은 한국어의 생태 문제를 도외시하고 지나치게 구조적 기술주의에 기반을 둠으로써 규범이 간접적으로 모한국어의 기반을 무너뜨리는 역할을 하도록 해서는 안 된다.

제4부

한글공동체

한글공동체

1. 국어기본법에 근거한 외래어 표기법 분석

::: 외국어가 넘쳐나고 있다

한국 어문 규범은 ‹한글 맞춤법›, ‹표준어 규정›, ‹외래어 표기법›, ‹국어의 로마자 표기법›으로 구성되어 있다. 이 규범들은 제정과 개정 시기가 각각 다르기 때문에 '한글 맞춤법, 표준어 규정, 외래어 표기법, 국어의 로마자 표기법'과 같이 규범의 세부 명칭의 통일성을 잃었거나 내용에서도 서로 상충되는 점이 많이 있다. 또 ‹국어기본법›과 ‹국어기본법 시행령›이 한국 어문 규범보다 늦게 발효된 때문에 법령과 어문 규범과의 상호 일치하지 않는 부분이 드러나기 때문에 이를 재조정할 필요가 있다. 한국 어문 규범을 근거로 한 정부의 국어 어문 정책 관리가 ‹국어기본법›과 ‹국어기본법 시행령›이 명시한 시행 절차를 이행하지 않거나 소홀한 점도 지적하지 않을 수 없다.

현행 ‹외래어 표기법›은 '외래어 표기법'인지 '외국어 표기법'인지 구분할 수 없을 뿐만 아니라 세부 규정이 너무 어렵고 복잡하여 사용자층에서는 많은 혼란과 불편을 느끼고 있는 실정이다. 어문 규정이 전문가를 위한 것일 뿐만 아니라 일반 국민과 사용자를 위해 존재하는 것이다. 그러나 우리의 규범의 현실은 일반 사용자들과는 너무나 멀어져 있다.

그리고 어문 규범 가운데 특히 <외래어 표기법>의 규범 관리의 주체가 문화체육관광부 장관이지만 실무는 국립국어원이 담당하고 있다. 2006년에서 2009년까지는 국립국어원이 정책 주무 기관이었다가 2009년 이후 국어 정책연구 기관으로 전환되면서 국어정책 기능이 국어민족문화과로 이관됨으로써 그 책임의 소재가 불분명해졌다.

현재 한국 어문 규범이 법령에 따라 일관되게 집행되지 않는 문제와 현행 규범의 내용이 법령과 차이를 보이거나 혹은 규범 그 자체가 안고 있는 모순이 있기 때문에 다양한 민원이 제기되고 있는 실정이다. 예를 들면 전문용어의 관리를 위해 정부부처별 '전문용어표준화협의회'를 구성하도록 <국어기본법 시행령>에 명시되어 있음에도 불구하고 현재까지 대부분의 정부 부처에서 이를 이행하지 않고 있다.

'외래어'는 우리말에 동화된 말이며, '외국어'는 아직 동화되지 않은 말이라고 할 수 있다. '외래어'와 '외국어'는 표기문자에 따라 구분되지만 외국어를 한글로 전사한 경우 어디까지 우리말로 동화된 외래어인지 구분하지 않고 있다. 다만 국어심의회에서 심의를 거쳐 사정한 것만 외래어로 인정하도록 규정하고 있다. 그러나 "어떤 외국어 단어를 우리말의 문맥 속에서 우리가 말로 하거나 일단 우리 글자로 적으면 이미 동화의 단계는 시작된 것이라 할 수 있다."[1]라는 관점에서 외국어를 외래어 표기법에 따라 표기하기만 하면 모두 외래어로 받아들이는 데 보다 더 큰 문제가 있다. 이러한 관점에서 언론이나 정부에서도 거침없이 외국어 음차표기를 사용함으로써 <국어기본법>의 법령을 위반하고 있다.

다만 '외래어'는 외국어 가운데 우리말에 동화된 말을 한글로 표기한 것이라고 할 수 있다. 한글로 표기된 외국어가 모두 외래어가 아니라 반

1 임홍빈, 「외래어의 개념과 그 표기법의 형성과 원리」, 『한국 어문 규범의 이해』, 태학사, 2008, 439쪽.

드시 「표준어 사정 원칙」 총칙 제2장에 명시된 “외래어는 따로 사정한다.”는 기준에 따라 국어심의회에서 사정한 것만을 외래어라고 규정할 수 있다. 그러나 이러한 법령 절차를 제대로 지키지 못하고 있어 문제는 매우 심각한 상황이다. 현행의 관습적인 방식으로 계속 어문 규범을 관리한다면 외래어를 용인하는 폭이 지나치게 넓어 우리말의 생태는 매우 위험한 상황으로 치달을 수 있다.

본고에서는 한국 어문 규범의 상위법인 〈국어기본법〉과 〈국어기본법 시행령〉을 근간으로 한 현행 〈외래어 표기법〉이 안고 있는 문제점과 어문 규범 관리상의 문제점을 분석하고 이를 극복할 수 있는 정책적 방안을 제안하려고 한다.

인적 물적 교류뿐만 아니라 논문이나 저서의 교류를 통해 폭발적으로 늘어나는 외래어와 외국어 표기 및 전문용어의 통일과 수용 문제와 매우 긴밀한 관계를 맺고 있는 외래어를 어떻게 수용하는가의 문제는 한국어의 생태의 문제와 밀접한 관계를 맺고 있다. 한국어에 대응되는 고유어가 없는 경우 불가피하게 외국어를 차용하여 쓰지 않을 수 없지만 그렇다고 한글로 표음한 모든 외국어를 외래어로 수용할 경우 한국어는 다시 이두와 같이 격조사나 어미만 남게 될 가능성도 배제할 수 없다. 그렇게 때문에 사용자들이 간편하고 쉽게 접근할 수 있는 동시에 규범으로서 통제력을 갖게 하기 위해서는 〈외래어 표기법〉에 대한 전면적인 검토를 통해 규범을 보완하고 다듬어나갈 필요가 있는 것이다.

〈외래어 표기법〉은 기본적으로 외국의 생활 및 지식정보를 이해하는데 보다 쉽게 다가갈 수 있도록 외국어를 한글로 표음하거나 우리말로 순화하는 원리를 규정하는 내용이라고 할 수 있다. 외래어를 관리하는 어문 규범인 〈외래어 표기법〉 제정의 기본 정신을 명확하게 해야 할 것이다.

이처럼 60~70년대를 경계로 하여 외래어 정책 환경이 크게 변화되고 있다. 국제적인 인적, 물적, 학술적 교류의 증가에 따라 ‘생활(일반)외래어’에 대한 정책에서 ‘전문외래어’의 정책으로 국가 정책 기반이 바뀌어야 한다는 관점에서 ‹국어기본법›과 ‹국어기본법 시행령›에서 전문용어의 표준화와 관리체계로 그 기본 시각을 옮긴 것은 매우 적절하다고 판단된다. ‘생활(일반)외래어’의 관리 정책은 위세적인 동기로 사용하는 ‘잉여 외래어’를 최소화하여 국어의 혼종화 현상을 막는 데 초점이 놓였다면, ‘필요 외래어’가 급증하는 시대에 학술 전문용어나 외국 상품, 약어, 외래어 등의 관리를 효율적으로 시행하는 방안으로 외래어 관리 정책의 큰 틀을 바꾸어야 한다. 그러한 측면에서 한국 어문 규범의 상위법인 ‹국어기본법›과 ‹국어기본법 시행령›과 ‹외래어 표기법›을 상호 비교하여 어문 규범에 나타나는 제반 문제의 진단과 함께 새로운 규범 관리 방향에 대해 살펴보고자 한다.

외래어 개념과 관리의 문제

외래어를 어떻게 정의 내릴 수 있는가? 한국 어문 규범인 「한글 맞춤법」에는 제1장 총칙 제3항에 “외래어는 ‘외래어 표기법’에 따라 적은 것”을 말한다고 규정하고 있다. 또 표준어로서의 외래어의 대상은 ‹표준어 규정› 제1장 총칙 제2항에 “외래어는 따로 사정한” 것을 말한다고 규정하고 있다. 곧 한국 어문 규범에 따른 외래어의 개념은 “외래어 표기법에 따라 적은 것을 국어심의회에서 사정한 것”이라고 정의할 수 있다. ‹한글 맞춤법›의 제1장 총칙 제1항에는 “한글 맞춤법은 표준어를 소리대로 적되, 어법에 맞도록 함을 원칙으로 한다.”고 규정하고 있어 외래어 표기법에 따라 적으면서 사정한 것만을 표준어로 인정한다는 논리이다. 외래어를 관리하는 절차에 따른 인위적인 개념이라고 할 수 있다.

한국 어문 규범에 따른 '외래어'의 정의는 이처럼 매우 불완전하다. 외래어는 "'외래어 표기법'에 따라 적은 것"을 의미한다면 구어(口語)로 말하는 외래어는 포함되지 않는다는 모순을 안게 된다. 또한 표준어로서의 외래어는 "외래어는 따로 사정한"다고 규정하고 있으나 합법적인 절차에 따른 사정 절차를 거치지 않는 어휘들을 『표준국어대사전』 편찬자들이 임의로 올림말로 올림으로써 외래어가 아닌 외국어 음차 표기어나 외국어 혼종어가 대량으로 늘어나게 되었다. 한국 어문 규범이 정해 놓은 절차를 제대로 관리하지 않은 점도 문제이지만 "외래어는 따로 사정한"다는 규범을 관리하는 사정 원칙이나 지침이 없는 상황이다. 한마디로 말하자면 정부의 외래어 관리는 거의 방치하고 있는 실정이다. 어디까지 외래어이고 어디까지 외국어 음차 표기인지 결정짓기 어려운 현실이다.

한국 어문 규범에서는 외래어의 형식적 개념을 규정하는 내용은 어디에서도 찾을 수 없다. 다만 표준화된 단어를 규정하는 『표준국어대사전』에서는 "외래-어(外來語)[외ː--/웨ː--] 「명사」 『언어』 외국에서 들어온 말로 국어처럼 쓰이는 단어. 버스, 컴퓨터, 피아노 따위가 있다. ≒들온말·전래어·차용어."로 정의하고 있다. 『표준국어대사전』에는 외래어를 외국에서 들어와 우리말로 굳어진 '단어'로 한정하고 있다. 이와 같은 맥락에서 임홍빈(2008:435)은 "다른 언어에서 들여다 쓰는 단어 또는 어휘적 요소를 가리킨다."라고 하여 '단어'어나 '어휘'적 요소로 한정하고 있다. 외래어는 단어 단위를 차용하기도 하지만 단어의 일부나 심지어는 접사가 우리말과 혼효를 일으키기도 하기 때문에 '단어'뿐만 아니라 어휘적인 요소까지를 인정하고 있다. 외래어는 어휘적 차원에서만의 문제가 아니다. 외래 어법까지를 포괄해야 한다는 논의가 제기되면서 민현식(1999:350)은 "외래어라는 용어를 종래처럼 어휘 차원으로만 쓰지 말고 외래 언의 음소, 어휘, 통사 차원까지 망라한 총체적 개념으로 보아 '외래어=외래 언어'로 넓게 보거나 '외래어의 차용' 대신 '외래 언어의 차용'이라는 표현으로 넓혀야 할 것이다."라는 견해를 밝히고 있다.[2]

외래어의 수용 방식에 따라서는 1) 외국어 음성을 전사하는 경우, 2) 번역하는 경우, 3) 순화하는 경우로 구분해 볼 수 있다. 한국 어문 규범에서는 주로 1) 과 같은 음성 전사형, 곧 표기법만 규정으로 정하고 있다. 한국어로 표현할 수 없는 경우 불가피하게 외국의 낱말이나 문법 요소를 빌려서 사용하는 경우를 차용이라고도 한다. 민현식(1999:351-356)은 언어 단위를 기준으로 한 외래어 차용 방식을 음소, 형태, 어휘, 통사, 문자 차용으로 구분하고 있다.

차용 동기에 따라서는 '필요 외래어'와 '잉여 외래어'로 구분하고 필요 외래어는 '생활(일반)외래어'와 '전문외래어'로 구분하며 잉여 외래어는 주로 위세적인 동기로 사용하는 예이다. 원어 유지 여부에 따라 원형외래어, 변형외래어, 신조(자생)외래어, 약어(acronym)외래어로 구분할 수 있다.[3] 지속성에 따른 유형으로는 '정착외래어'와 '일시외래어'로 구분하고 있다. 정착외래어는 시간이 지나 어원을 알 수 없을 정도로 굳어진 경우 '귀화어'라고 한다. 외래어의 차용 방법에 따라 직접차용과 간접차용으로 구분된다.

외래어 수용 태도의 관점에서 본다면 '표음적 외래어', '표의적 외래어', '순화 외래어'로 구분할 수 있다. 먼저 표음적 외래어는 일단 외국으

2 민현식, 『국어 정서법 연구』, 태학사, 1999.
3 민현식, 『국어 정서법 연구』, 태학사, 1999, 362쪽. 민현식 교수는 원어 유지 여부에 따라 "원형외래어, 변형외래어, 신조(자생)외래어"로 구분했지만 '약어(acronym)외래어'를 추가하였다.

로부터 들어온 외국어를 원어 그대로 표기하거나 이를 한글로 표기한 경우 '외국어 음차표기(외국어 원음에 가깝게 표기한 것)'라고 할 수 있다. 원어 그대로 표기한 경우는 문제가 없지만 한글로 표기한 경우 개인 차이가 생겨나 표기법의 혼란이 야기될 수 있다. 따라서 표기법의 통일을 기하기 위해 〈외래어 표기법〉을 제정한 것이다. 그러나 엄밀한 의미로 말하자면 현행의 〈외래어 표기법〉은 〈외국어 음차 표기법〉이라고 말해야 옳은 것이다. '외국어 음차표기' 곧 외국어 원음에 가깝게 한글로 표기하는 단계를 차용의 일차 단계라고 할 수 있다. 외래어로 사정하기 이전에 이미 외국어 음차표기형이 통용되고 있기 때문에 외래어를 별도로 사정해 본들 아무 소용이 없다. '외국어 음차표기'의 관리를 방치하는 동안 외국어와 또 외국어와 우리말이 혼종을 이루며 신조어를 생성해 가고 있다. 국어의 생태 환경을 고려하여 외래어의 숫자를 인위적으로 조정하려는 목적으로 제정된 〈외래어 표기법〉이 도리어 국어의 생태 환경을 더욱 불안전하게 압박하는 꼴이 되고 있다.

표의적 외래어는 중국이나 일본을 거쳐 외국어를 한자어로 번역한 경우가 일반적이다. 'elevator'를 '승강기－昇降機'(한국, 일본), '電梯'(중국)와 같은 예들이다. 규범상 표의적 외래어에 대한 어떤 규정도 없다. 다만 국어순화운동을 거치면서 일본을 거쳐 들어온 외래어를 우리말로 '순화 외래어'로 바꾼 예들이 있다. '순화 외래어'는 의도적으로 우리말로 다듬은 외래어이다. 국립국어원에서는 인터넷(모두가 함께하는 우리말 다듬기 www.malteo.net)을 통해 시민사회의 공론화를 통해 '순화 외래어'를 보급하고 있다. '클러스터(cluster)/산학협력지구', '패셔니스타(fashionista)/맵시꾼', '웹서핑(web surfing)/누리검색'과 같은 예들이다. 그런데 2007년도에 국립국어원에서 간행한 『외래어 이렇게 다듬어 쓰자』에서 외래어와 외국어를 다듬은 141개 용례 가운데 37개만 『표준국어대사전』에 올림말로 등재되어 있다. 다시 말하자면 우리말로 굳어졌다고 하는 외래어는 불과 37개에 불과하다는 말이다. 잘못 사용되는 외국어를 순화하는 일은 필요하겠지만 이미 굳어진 외래어를 순화한다니 앞뒤가 전혀 맞지 않는다는 말이다. 여기에 실린 외국어도 정통 영어가 아닌 한국 토착 혼종영어가 상당한 부분을 차지하고 있다.[4]

문제는 ‹외래어 표기법›이 외래어만 표기하는 규범이 아니라 외국어까지 한글로 표음하는 규범으로 활용되고 있기 때문에 우리말 속에는 알아볼 수 없는 숱한 외국어가 혼종어로서 우리말을 잠식하고 있다. '외국어 표기'와 '외래어 표기'는 분명히 구분되어야 한다는 점을 다시 한 번 강조해 두는 바이다.

우리말에 한자어가 거의 7~80%를 차지하지만 외래어라는 느낌을 거의 받지 않는다. 중국의 한자 원음을 우리 음운에 맞도록 바꾸어 말하거나 사용해 왔다. 몽골어나 만주 및 여진어가 일부 한자식 표기형을 그대로 받아들인 예들과 일본식 외래어를 받아들였지만 개화시기를 기점으로 인구어의 외래어가 물밀 듯이 밀려들어 오게 되었다.

‹국어기본법›과 ‹외래어 표기법›

‹국어기본법›과 ‹국어기본법 시행령›이 제정된 이전에 제정한 4대 국어 어문 규범도 제정과 개정 시기가 각각 다르고 또 표준어를 규정하여 담은 『표준국어대사전』의 내용과도 일부 차이를 보여주고 있다. 규

4 안정효, 『가짜 영어사전』, 현암사, 2006. 국적 불명의 한국식 영어 조어에 의해 유통되는 영어 음차표기의 심각한 문제점을 제기하고 있다. ‹외래어 표기법›을 현실에 맞게 ‹외국어 표기법›으로 전환하고 그 가운데 우리말에 녹아 우리말의 일부가 된 '외래어'만 엄선하여 표준어의 일부로 삼는 보다 정밀한 한국어 어문 관리 정책이 필요하다.

범과 법령 간에 용어 사용의 일관성이 떨어지며, 내용의 오류도 곳곳에 서 찾아볼 수 있다. 본고에서는 4대 국어 어문 규범 가운데 ‹외래어 표기법›을 중심으로 상위 법령인 ‹국어기본법›과 ‹국어기본법 시행령›과의 관계에 대해 먼저 살펴보고자 한다.

‹국어기본법›은 한국어 사용 전반을 법률적으로 명시한 최고상위 법령으로 2005년 1월 27일 법률 제7368호로 제정되었으며, 2008년 2월 29일 법률 제8852호와 2008년 3월 28일 법률 제9003호로 두 차례에 걸친 개정이 이루어졌다. 이 법령에 근거를 둔 시행령으로 ‹국어기본법 시행령›은 2005년 7월 27일 대통령령 제18973호로 제정되었으며, 2008년 2월 29일에 대통령령 제20676호로 개정되었다.

관련 법률적 용어 문제

‹국어기본법› 제1장 총칙 제3조(정의)에 이 법에서 사용하는 용어를 다음과 같이 정의하고 있다.

> "'어문규범'이라 함은 제13조의 규범에 의한 국어심의회의 심의를 거쳐 제정한 한글 맞춤법, 표준어 규정, 표준어 발음법, 외래어 표기법, 국어의 로마자 표기법 등 국어사용에 필요한 규범을 말한다."

'어문규범'은 국어심의회의 심의를 거친 ‹한글 맞춤법›, ‹표준어 규정›, ‹표준어 발음법›, ‹외래어 표기법›, ‹국어의 로마자 표기법› 등 국어사용에 필요한 규범을 말한다. 현재까지 4대 규범으로 알려진 ‹한글 맞춤법›, ‹표준어 규정›, ‹외래어 표기법›, ‹국어의 로마자 표기법› 외에도 ‹국어사용에 필요한 규범›을 포함한다는 포괄적인 정의라고 할 수 있다. 다만 ‹표준어 발음법›은 별도의 규범이 아니라 '표준어 규정'의 일부인데 이를 별도로 제시한 것은 상위법인 ‹국어기본법›과 ‹국어기본법 시행령›의 내용과 규범의 내용을 싣고 있는 「한국 어문 규정집」과 일치하지 않는다. 향후 ‹국어기본법› 제1장 총칙 제3조의 내용은 "한글 맞춤법, 표준어 규정, 외래어 표기법, 국어의 로마자 표기법 등 국어사용에 필요한 규범을 말한다."라고 수정되어야 할 것이다.

현행 "한글 맞춤법, 표준어 규정, 외래어 표기법, 국어의 로마자 표기법"의 구체적인 규범 내용을 국립국어원에서는 일괄하여 『한국 어문 규정집』으로 명명하고 있다.[5] 어문규범의 구체적인 내용을 규정한 내용이라는 면에서 "한국 어문 규정집"이라고 해도 무방하겠지만 상위 법령의 용어에 따라 "한국 어문 규범집"으로 수정해야 할 것이다.

어문규범과 『표준국어대사전』

앞에서 살펴본 바와 같이 어문규범은 국어심의회의 심의를 거친 "한글 맞춤법, 표준어 규정, 외래어 표기법, 국어의 로마자 표기법 등 국어 사용에 필요한 규범을 말한다."라고 규정하고 있듯이 규범에 대한 전반적인 심의 권한은 국어심의회에 있다.

외래어와 관련하여 지금까지 국립국어원에서 시행해온 어문 관리 정책에는 많은 문제점을 안고 있다. 표준어로서의 외래어를 국어심의회에서 심의한 것은 『표준국어대사전』에 싣게 되어 있다. 일반 국민들은 이 사전이 표준적인 외래어 표기와 그 뜻을 올바르게 사용하는 지침으로 삼게 된다. 그러나 이 사전에서는 외래어와 외국어를 구별하지 않고 뒤죽박죽으로 올림말을 올려놓았다. '외국어 음차표기형, 신조어, 다듬은 말(순화어), 전문용어, 표준어로 규정되지 않은 방언, 개인어' 등은 분명하

5 국립국어원, 『한국 어문 규범집』, 2007-1-70.

게 표준어가 아님에도 사전 편찬자의 임의적인 판단으로 올림말로 선정하여 실어두었다. 이미 이 사전은 외래어와 외국어를 판단하는 잣대로서의 역할을 할 수 없는 상황이다.

범람하는 외래어와 외국어에 대한 인지도 및 수용도를 정밀하게 조사한 다음 미래 지향적인 외래어의 관리 정책을 제시할 필요가 있다. '홈프로젝트, 홈패션, 홈팀, 홈터미널, 홈인, 넥(좁은 해협을 이르는 말), 네퍼(neper), 네페르툼(Nefertum), 네펜테스(nepenthes), 네프론(nephron)'과 같은 낱말이 외래어인가, 외국어인가? 외래어라면 과연 표준어로 인정해야 하는가? 이처럼 표준어로 인정되지 못할 외국어 음차표기 어휘가 대량으로 『표준국어대사전』의 올림말로 등재되어 있기도 하고 그 반대로 '새내기, 모꼬지, 홈페이지, 네티즌, 꽃미남'과 같은 다듬은 말은 사용 빈도가 높지만 어떤 사전에서도 올림말로 등재되지 않았다.

김정섭(2007)은 "십 년에 걸쳐 우리 말살이의 대중으로 삼겠다고 만든 『표준국어대사전』에는 옛 한문 글귀, 일본 한자말, 따위와 보통 사람들의 삶과 거리가 먼 서양말까지 마구잡이로 올림말을 실어 놓았을 뿐만 아니라 자그마치 3,000군데나 틀린 곳이 있다니 국어사전에 기대어 대중말을 쓴다는 말은 터무니없다."라고 주장하고 있다.[6] 국어 규범을 바르게 반영해야 할 사전의 내용에 대한 뼈가 쓰릴 정도의 냉혹한 비판을 하고 있다. 이 모두 법령 규정을 엄격하게 집행하고 관리해야 할 정부기관이 손을 놓고 있는 사이에 벌어진 일들이다.

어문규범과 정부언론외래어공동심의회

국제 교류가 확대되거나 특히 국제 경기나 국제 학술 대회 등의 행사

6 김정섭, 「국어와 표준어와 외래어」『외솔회지』 제8집, 외솔회, 2007.

기간 동안 아주 긴급하게 언론에 보도될 인명이나 지명 등의 외래어 표기법의 통일 문제를 해결하기 위해 ‹국어기본법› 제정 이전인 1991년부터 '정부언론외래어공동심의회'를 구성하여 외래어 표기를 심의해 왔으며, 이를 통해 언론기관 간에 표기의 통일을 위한 조정 역할을 담당해 왔다. ‹국어기본법 시행령›에 따르면 정부언론외래어공동심의회는 법률이 보장하는 심의 기구가 아니다. 그러나 ‹국어기본법 시행령› 제12조 제3항의 ⑤에 따라 문화체육관광부 장관은 학술단체 및 사회단체 등 민간부문에서 심의 요청한 관련 분야의 전문용어 표준안에 대하여 국어심의회의 심의를 거쳐 확정하고 확정안을 고시할 수 있도록 규정하고 있다. 따라서 정부언론외래어공동심의회에서 심의한 것은 반드시 국어심의회의 심의를 거쳐 고시하도록 규정해야 한다. ‹국어기본법› 제정 이전에 시행하던 관행을 그대로 지속해서는 안 된다. 문제는 정부언론외래어공동심의회에 법률적 지위가 ‹국어기본법›과 ‹국어기본법 시행령›에 전혀 반영되어 있지 않다. 다시 말하면 법률적으로 정부언론공동심의회는 임의 단체에 지나지 않는다는 말이다. 물론 현행 정부언론공동심의회의 기능과 역할에 대한 보다 정밀한 논의가 필요하겠지만 법률적인 보장을 받도록 할 필요가 있다.

외래어 표기의 통일을 위해 문교부에서는 편수자료로 외래어 표기 용례, 지명, 인명 자료집을 보급해오다가 국립국어연구연에서 『외래어 표기 용례집』을 간행해 왔다.[7] 언론 보도 자료와 교과서 편찬 등에 외래

7 문교부, 『외래어 표기 용례, 일반 외래어』(편수자료 2-1), 1987.
문교부, 『외래어 표기 용례, 지명, 인명』(편수자료 2-2), 1987.
국어연구소, 『외래어 표기 용례집(일반용어)』, 1988.
국어연구소, 『외래어 표기 용례집(지명·인명)』, 1988.
국어연구소, 『표준국어대사전』, 1999.
국립국어연구원, 『외래어 표기 용례집, 지명』, 2002.
국립국어연구원, 『외래어 표기 용례집, 인명』, 2002.

어의 표기 통일을 위해 많은 기여를 해온 것은 분명하다. 그러나 외래어와 외국어 음차 표기를 구분하지 않는 절차상의 문제 때문에 도리어 엄청난 외국어 음차표기가 유포될 수 있는 빌미를 제공한 것임은 분명하다.

인명과 지명의 표기 문제는 그렇게 만만한 문제는 결코 아니다. 역사적 변화에 따라 국경과 국가가 바뀐 사례가 많기 때문에 동일한 지명이 시대에 따라 많은 변천을 거쳐 왔다. 또한 인명도 국적이 바뀐 경우에 태생 국가와 이민 국가 가운데 어디를 기준으로 할 것인지 판단의 문제가 뒤따라야 한다. 앞으로 인명과 지명 그리고 시사적인 외국어 음차표기에 국한하여 정부언론외래어공동심의회를 중심으로 표기의 통일안을 마련하는 동시에 별도의 세계 인명 및 지명 사전을 편찬하여 보급할 필요가 있다. 규범과 그리고 사전, 자료집 간의 불일치를 최소화하는 세계 인명 지명 사전 편찬 계획을 국가사업으로 추진할 필요성이 있음을 강조해 둔다.

〈국어기본법 시행령〉에 규정한 실태 조사

〈국어기본법 시행령〉 제1장 총칙 제2조에 국어 사용자의 실태 조사를 하도록 명시되어 있다. 제2조(실태조사의 세부 사항 등) ①항에 〈국어기본법〉 제9조의 규정에 의하여 실시하는 실태조사는 "듣기·말하기·읽기 및 쓰기 능력 등 국민의 국어능력에 관한 사항", "경어(敬語)·외래어·외국어·표준어 및 지역어 사용 의식 등 국민의 국어의식에 관한 사항"으로 규정되어 있다. 곧 국어사용 환경에 관한 내용은

국립국어연구원, 『포르투갈, 네덜란드, 러시아어 외래어 표기 용례집』(국립국어원 2005-1-26), 2005.

가. 국민의 듣기·말하기·읽기 및 쓰기 등의 실태
나. 국민의 경어·외래어·외국어·표준어 및 지역어 등의 사용 실태
다. 신문·방송·잡지 및 인터넷 등 대중매체에서의 언어 사용 실태
라. 가요·영화·광고·상호 및 상표 등에서의 언어 사용 실태

으로 규정하고 있다.

이 가운데 외래어와 외국어에 대한 국민들의 사용 실태와 듣기·말하기·읽기 및 쓰기 등 영역별 사용 실태와 신문 방송 영화 등 다양한 매체에서의 사용실태를 조사하도록 명시되어 있다. 2006년 4월에 국립국어원에서 조사한 신문이나 정부 홈페이지에서 사용하고 있는 외래어와 외국어에 대한 인지율 조사 결과 18.5%로 나타났다. 2011년 2월 28일 자 『매일경제신문』의 기사 내용을 살펴보자. 외국어를 국어로 표기할 때 사용자들이 보다 알기 쉽게 하기 위해 ‹외래어 표기법›의 규범에 따라 표기한다고 하지만, 이러한 방식으로 개방적인 규범을 수용하면 결국 격조사나 어미만 남고 주요 단어는 거의 외래어로 가득 차게 될 것이다.

(1) 넥슨모바일이 선보인 "메이플스토리 시그너스 기사단".
넥슨모바일(대표 이승한)은 인기 모바일RPG '메이플스토리 시그너스 기사단'의 안드로이드 버전을 T스토어와 올레마켓을 통해 출시했다고 28일 밝혔다. [매경게임진 김상두 기자, sdkim@mkinternet.com] 기사입력 2011.02.28 14:14:56 | 최종수정 2011.02.28 14:45:28

(1)의 예에서처럼 '넥슨모바일', '메이플스토리', '시그너스', '모바일RPG', '안드로이드', '버전', 'T스토어', '올레마켓'과 같은 어휘를 이해할 수 있는 국민이 어느 정도나 될까?

‹국어기본법 시행령› 제1장 총칙 제2조에 ②항에는 "문화체육관광

부 장관은 제1항의 규범에 의한 실태조사를 한 때에는 그 결과를 공표하여야 하고, 법 제6조의 규범에 의한 국어발전기본계획(이하 "기본계획"이라 한다)을 수립할 때에 실태조사 결과를 반영하여야 한다."라고 규정하고 있다.

외래어와 외국어가 지나치게 범람하고 있어서 한국어의 생태가 매우 불완전한 상황이다. 국가의 어문 정책이 국어의 고유한 언어 기반을 절멸의 위기로 몰아가서는 안 될 일이다.

어문규범 영향 평가

〈국어기본법 시행령〉 제1장 총칙 제4조(어문규범의 영향평가)에서는 〈국어기본법〉 제12조 제2항의 규정에 의한 어문규범에 관한 영향평가를 대통령에 의거하여 실시하도록 규정하고 있다. 따라서 〈국어기본법 시행령〉에서는 어문규범이 국민의 국어 사용에 미치는 영향을 면밀하게 조사하여 어문 규범의 현실성과 합리성을 도출하도록 명시하고 있다. 특히 외래어 및 외국어 사용 실태에 대한 어문규범 영향 평가는 매우 밀도 있게 조사할 필요가 있다. 지역별 연령별 외래어와 외국어에 대한 이해율, 인지율, 사용률 등의 다면적인 조사를 통해 외래어 정책을 새롭게 가다듬어야 할 것이다.

법령에 따라 현행 어문 규범이 안고 있는 한계를 파악하기 위해 충분한 어문 영향 평가가 수행되어야 한다. 그 결과를 토대로 하여 법령과 규범이 안고 있는 문제가 무엇인지 파악하여 신속하게 정책적 대안이 마련되어야 할 것이다.

외국어 및 한자 사용 제한 규정

‹국어기본법 시행령› 제1장 총칙 제11조(공문서의 작성과 한글 사용)에 의하면 공공기관에서 공문서를 작성하는 때에 괄호 안에 한자나 외국 문자를 쓸 수 있는 경우는 1. 뜻을 정확하게 전달하기 위하여 필요한 경우, 2. 어렵거나 낯선 전문어 또는 신조어(新造語)를 사용하는 경우로 한정하고 있다.

그러나 현실적으로 중앙정부부처는 물론이고 지방자치단체에서도 (2)의 예에서처럼 이 법규를 위반하고 외국어는 물론이거니와 영문 로마자를 그대로 사용하고 있다.

(2) 교과부: 프런티어 페스티벌, HRD, R&D, 커넥트 코리아(Connect Korea)
외통부: WTO Public Symposium
국방부: BTL, Foal Eagle(F/E) 훈련
문체관광부: 킬러 콘텐츠(Killer Contents), 스타프로젝트
환경부: e-Echo Korea

이 문제에 대해서는 좀 더 열린 사고의 전환이 필요하다. 아무리 법령을 근거로 하여 비판하여도 정부부처부터 따라오지 않는 실정이다. 한글로만 적는다고 민족과 국가를 사랑하는 일은 아니다. 내용의 전달을 보다 분명하게 하기 위해 한글로 표현하기 힘든 경우도 있다. 특히 논문을 작성하거나 응축된 보고서 작성 등을 위해 한자나 외국어를 괄호 안에 표시하거나 첨자의 방식으로 표기할 수 있는 길을 열어주는 절충적인 방안도 강구해 법령상 권위를 지키도록 해야 할 것이다.

〈외래어 표기법〉과 신조어

자국어 내부에 새로운 단어는 고유어의 결속을 통해 혹은 외래 언어적 요소들과의 결합으로 새로운 단어를 만들어 내게 된다. 자국어의 조어 생산력은 자국 문명과 문화 발전과 매우 긴밀한 관계가 있다. 그러나 최근 우리나라에서 신조어의 생산 방식은 거의 외국어의 음차표기형끼리 결속시키거나 우리말의 일부를 결속시키는 매우 불안전한 방식으로 새로운 말들이 생산되고 있다.

신조어의 조어 양식은 고유어의 결속이나 한자어의 결속, 외국어의 결속, 고유어와 한자어 혹은 외국어의 결속 등의 양식으로 생산되고 있는데 외국어의 어휘소들의 결합으로 이루어지는 경우가 가장 높은 생산력을 보이고 있다.

(3) 거울폰(거울+phone), 공기캔(공기+can), 구글한다(Google+하다), 가제트족(gadget+族), 갤러리촌(gallery+村), 건실맨(健實+man), 건테크(健(康)+tech(nology)), 갭이어(gap year), 걸리시 마케팅(girlish marketing), 골프폰(golf phone)

(3)의 예에서처럼 신조어의 생산 양식은 이보다 훨씬 복잡하지만 외래어 혹은 외국어와 관련된 몇 가지 사례를 보더라도 전통적인 국어의 조어양식에서 완전히 벗어나 있음을 알 수 있다. 고유어나 한자어의 요소와 외래어 혹은 외국어의 요소를 혹은 외래어나 외국어의 요소들 결속시켜 생산하는 신조어는 우리말 기반의 뿌리를 흔들고 있다. 그러나 이러한 신조어 관리에 대한 문제는 속수무책의 상황이다.

국립국어원에서는 1991년부터 우리말 다듬기를 통해 22,000여 개의 다듬은 말을 신조어로 공급하고 있다. 2004년 7월 5일부터 '모두가 함께 우리말 다듬기(www.malteo.net)' 인터넷 사이트를 개설하여 운영하고 있는데 이들 다듬은 말도 일종의 신조어이다. 그러나 이들 신조어 관리에 대한 법령이나 규범에 어떤 근거도 찾아볼 수 없다. ‹한글 맞춤법› 제1장 총칙 제1항에 "한글맞춤법은 표준어를 소리대로 적되, 어법에 맞도록 함을 원칙으로 한다."라는 규정에 의하면 신조어가 '표준어'에 포함될 수 있는 어떤 규범의 근거도 찾아볼 수 없다. 인터넷 통신언어와 함께 신조어는 어문 규범 관리의 사각지대에 놓여 있다고 할 수 있다.

전문용어 관리

최근 급격하게 늘어나는 전문용어는 주로 외국어 원어가 그대로 밀려들고 있기 때문에 이에 대한 관리는 매우 중요하다. ‹국어기본법› 제17조(전문용어의 표준화 등)에는 "국가는 국민이 각 분야의 전문용어를 쉽고 편리하게 사용할 수 있도록 표준화하고 체계화하여 보급하여야 한다."라고 규정하고 있다. 동 규정에 따라 ‹국어기본법 시행령› 제12조(전문용어의 표준화 등)에는 매우 분명한 관리 체계에 대한 내용을 규범하고 있음에도 불구하고 법령 이행을 위한 아무 대책을 수립하지 못하고 있다.

먼저 전문용어의 표준화와 체계화를 위해 중앙행정기관에는 5인 이상 20인 이하의 위원으로 구성되는 "전문용어표준화협의회"를 두도록 명시하고 있으나 동 법령이 발효된 이후 정부의 어느 부처에서도 이 협의회를 구성하지 않고 있다.

여러 학문 분야별 밀려들어 오는 외국어로 된 전문용어(학술용어, 상품명, 약어 등)를 우리말로 번역하거나 원어 그대로 음차표기를 하여 사용함으로써 맞춤법, 띄어쓰기, 표기법 규범에 어긋날뿐더러 통일이 되지 않아 매우 혼란스럽다. 정부의 지식 정보 기술의 발전을 위해서도 전문용어의 효율적인 관리 문제는 매우 시급하게 관심을 기울여야 할 분야임에도 그대로 방치하고 있는 상황이다. ‹국어기본법 시행령› 제12조에서 규범하고 있는 전문용어 관리 체계를 도식화하면 다음 ‹표 5›와 같다.

전문용어표준화협의회	
정부 부처별	전문가 5~10인 구성

⬇

문화체육관광부장관 심의	
국어심의회 심의	해당 부처 통보

⬇

중앙행정기관장	
전문용어 고시	활용

‹표 5› 국어기본법에 따른 전문용어 관리 절차

① **전문용어 표준화협의회 구성** : ‹국어기본법› 제17조의 규정에 따라 각 중앙행정기관에 5인 이상 20인 이하의 위원으로 구성된 전문용어표준화협의회를 두며, 그 협의회는 해당 기관의 국어책임관·관계분야 전문가 및 공무원으로 구성한다. 중앙행정 기관별 전문용어 표준화와 체계화는 ‹국어기본법 시행령› 제12조 제1항의 규범에 따라 부처별로 구성한 전문용어표준화협의회의 심의를 거쳐 문화체육관광부 장관에게 심의를 요청해야 한다.

② **문화체육관광부 장관은 국어심의회의 심의 절차** : 문화체육관광부 장관은 ‹국어기본법 시행령› 제12조 제2항의 규정에 따라 중앙정부 부처별로 심의 요청된 전문용어 표준안을 국어심의회의 심의를 거쳐 확정한 후 이를 해당 중앙행정기관의 장에게 회신한다.

③ **중앙행정 기관의 장은 확정안을 고시** : 중앙행정기관의 장은 ‹국어기본법 시행령› 제12조 제3항의 규범에 의하여 고시된 전문용어를 소관 법령의 제정·개정, 교과용 도서 제작, 공문서 작성 및 국가 주관의 시험 출제 등에 적극 활용하여야 한다.

‹국어기본법 시행령› 제12조 제3항의 ⑤에 따라 문화체육관광부 장관은 학술단체 및 사회단체 등 민간부문에서 심의 요청한 관련 분야의 전문용어 표준안에 대하여 국어심의회의 심의를 거쳐 확정하고 확정안을 고시할 수 있다. 따라서 정부언론외래어공동심의회에서 심의한 것은 반드시 국어심의회의 심의를 거쳐 고시하도록 규정하고 있다.

‹외래어 표기법› 구성과 내용의 문제

‹외래어 표기법›은 전체 4장인데 제1장은 표기의 기본 원칙, 제2장은 표기 일람표, 제3장은 표기 세칙, 제4장은 인명, 지명 표기의 원칙으로 구성되어 있다.

제1장 표기의 기본 원칙

‹외래어 표기법›의 제1장 표기의 기본 원칙은 전체 5항으로 구성되어 있다.

> 제1항 외래어는 국어의 현용 24자모만으로 적는다.
> 제2항 외래어의 1음운은 원칙적으로 1 기호로 적는다.
> 제3항 받침에는 'ㄱ, ㄴ, ㄹ, ㅁ, ㅂ, ㅅ, ㅇ'만을 쓴다.
> 제4항 파열음 표기에는 된소리는 쓰지 않는 것을 원칙으로 한다.
> 제5항 이미 굳어진 외래어는 관용을 존중하되, 그 범위와 용례는 따로 정한다.

제1장의 표기 기본 원칙에 '외래어'의 개념이 명시되지 않았다. 다만 한글맞춤법 제1장 총칙 제3항에 "외래어는 '외래어 표기법'에 따라 적는

다."는 규정과 표준어 규범 제1부 표준어 사정 원칙 제1장 총칙, 제2항에 "외래어는 따로 사정한다."고 규정하고 있다. 곧 외래어는 외래어 표기법에 따라 적은 것 가운데 따로 사정한 것만을 의미한다고 할 수 있다. 그러나 외래어를 전면적으로 따로 사정한 적이 거의 없다. 다만 1991년부터 '정부언론외래어공동심의회'에서 주로 인명이나 지명 등 시사적인 내용을 토론하여 언론사를 중심으로 통일된 표기의 기준을 삼고 있으며, 이를 통해 모인 자료를 국립국어원에서 『외래어표기용례집』으로 몇 차례 간행한 바가 있다.

(4) **가제09**(「독」 Gaze) 「명사」 =거즈(gauze).
거즈(gauze) 「명사」 가볍고 부드러운 무명베. 흔히 붕대로 사용한다. ≒가제09(Gaze).

(5) **옥도-정기**(沃度丁幾) [-또--] 「명사」 『약학』 요오드, 요오드화칼륨 따위를 알코올에 녹인 용액. 어두운 붉은 갈색으로 소독에 쓰이거나 진통, 소염 따위에 쓰이는 외용약이다. '**요오드팅크**'로 순화. ≒옥정04(沃丁).
요오드(「독」 Jod) 「명사」 『화학』 할로겐족 원소의 하나. 광택이 있는 어두운 갈색 결정으로 승화하기 쉬우며, 기체는 자주색을 띠며 독성이 있다. 바닷말에 많이 들어 있으며 의약품이나 화학 공업에 널리 쓴다. 원자 기호는 I. 원자 번호는 53, 원자량은 126.9045. ≒아이오딘·옥도04(沃度)·옥소02(沃素).
아이오딘(iodine) 「명사」 『화학』 =요오드.
옥도04(沃度) [-또] 「명사」 『화학』 =아이오딘.
옥소02(沃素) [-쏘] 「명사」 『화학』 =아이오딘.
요오드팅크 미등제 어휘

(6) **라벨01**(label)「명사」『경제』「1」종이나 천에 상표나 품명 따위를 인쇄하여 상품에 붙여 놓은 조각. 분류 번호, 취급상의 주의 사항, 제품의 크기, 가격 따위를 써넣기도 한다. ≒레이블·레터르「1」.「2」파일의 관리나 처리의 편의를 위하여 파일에 붙이는 특별한 항목 표시 기록.
레이블(label)「명사」『경제』=라벨01(label)「1」.
레테르 미등재 어휘.

앞의 예 (4)~(6)은 국어규범에 따라 만든『표준국어대사전』에 실린 외래어의 몇몇 사례이다. (4) 가제(Gaze)와 거즈(gauze)는 독일식 표기냐 미국식 표기냐에 따라 두 개의 올림말을 표준어로 싣고 있다. 동일한 대상이 이처럼 국가별 표기법에 따라 각각 달리 표기하여 올림말로 삼아 사전에 다 싣는다면 어떻게 될까?

이와 유사한 사례는 제3장 표기 세칙 제11절 루마니아 어의 표기 제1항에 'septembrie(셉템브리에)'로, 제14절 노르웨이 어의 표기 제1항에 'september(셉템베르)'로, 영어인 경우 'september(셉템버)'로 표기한 사례를 들고 있다. 'sep·tem·ber[septémbər]'를 이처럼 나라마다 외래어 표기세칙에 따라 달리 표기한 단어를 모두 외래어로 인정한다면 우리말 사전이 어떤 모습이 될까?

(5)의 '옥도정기'와 '옥도', '옥소'는 일본식 한자 조어형이고 독일식 발음인 '요오드'와 미국식 발음인 '아이오딘'이 모두 표준어로 인정하여 표준국어대사전에 등제되어 있는 실정이다. 더군다나 국립국어원에서 순화어로 만든 '요오드팅크'는 아예 사전에 실리지도 않았다. (3)에서 일본식 외래어인 '레테르'는 '라벨'의 뜻풀이에까지 사용하면서 올림말에는 빠져 있다. 'la·bel'의 영국식 발음인 [léibəl]과 '라벨'이라는 발음 모두를

외래어로 인정하여 사전의 올림말로 인정하고 있다.

이러한 외래어를 언제 누가 표준어 규범 제1부 표준어 사정 원칙 제1장 총칙, 제2항에 "외래어는 따로 사정한다."고 규정하였는지 밝혀야 할 것이다. 과문한 탓인지 모르지만 『표준국어대사전』의 편찬자들이 임의로 이처럼 외래어로 인정하여 마구잡이로 사전에 등재한 결과이다.

제1장 외래어 표기의 기본 원칙에서 ‹한글 맞춤법› 제1장 총칙 제3항에 "외래어는 '외래어 표기법'에 따라 적는다."는 규정은 마련되어 있지만 ‹표준어 규정› 제1부 표준어 사정 원칙 제 1장 총칙, 제2항에 "외래어는 따로 사정한다."는 규정만 있을 뿐 사정의 기준이나 원칙은 없다. 그리고 국어심의회에서 사정하도록 규정하고 있음에도 불구하고 제대로 사정한 사례가 없다.

앞으로 과학 기술의 발달과 더불어 넘쳐나는 전문용어를 관리하기 위해서는 반듯한 외래어 관리정책이 수립되지 않는다면 '게놈(「독」 Genom)이' 미국식으로는 '지놈(genome[dʒíːnoum])'으로 표기되면 '게놈'과 '지놈'이 서로 충돌되지 않을 수 없을 것이다.

‹외래어 표기법›의 제1장 제1항은 "외래어는 국어의 현용 24자모만으로 적는다."라는 규정은 ‹한글 맞춤법› 제2장 자모 제4항에 제시된 24자모로 한정하는 규정이지만 실제로는 [붙임 1]에 나타나는 16자를 더 포함시켜야 한다. 현실적으로 현재 외래어 표기는 붙임 16자를 합쳐 40자로 표기하고 있다. 그런데 현용 24자모만으로 적는다는 규정은 수정되어야 한다. ‹한글 맞춤법› 제2장 제4항 규정의 수정이 불가피하다. [붙임 1]의 자음도 모두 단자음이며 모음 가운데 'ㅐ, ㅔ, ㅚ, ㅟ'는 단모음화된 음소이기 때문에 이를 분리해서 설명할 필요가 전혀 없는 것이다.

‹외래어 표기법›의 제4항의 "파열음 표기에는 된소리를 쓰지 않는 것을 원칙으로 한다"는 규정을 「외래어 표기 규정」에 삽입한 이유는 된소

리 표기를 줄여서 우리말을 발음을 보다 부드럽고 아름답게 표기하려는 취지나 의도는 충분히 수긍이 간다. 그리고 외래어 표기는 반드시 원음 위주에 충실해야 할 이유도 없다. 예를 들어 '中國'을 '쭝꿔어'로 표기하지 않고 '듕귁'으로 표기한 세종대왕의 슬기처럼 우리말 음운체계의 방법으로 표기하는 기본 원칙을 고려할 필요는 있지만 차츰 외래어의 원음주의 표기에 대한 필요성이 대두되고 있다. 최근 외래어에 대한 원음주의 표기를 요구하는 대표적인 사례로 영어의 치간음(θ), 순치음(f, v)의 표기 문자를 훈민정음 문자를 재활용하자는 주장이 제기되고 있다. 그뿐만 아니라 '오렌지'를 미국식 발음으로 [ɔ́ːrindʒ]나 영국식 발음으로 [ár-indʒ]로 왜 표기하지 않느냐는 논의가 제기되기도 하였다.

외국어의 원음에 충실하게 표기하기 위해서는 실로 많은 문자가 필요하다. 그러나 한글표기가 전 세계의 언어를 표기하는 국제음성부호가 아니다. 새로운 음소를 하나 더 만들 경우 모든 출판물들의 출판 시스템의 변화와 국제 문자자판의 코드 통일 등 엄청난 재정적 분담이 뒤따를 뿐만 아니라 엄청난 혼란의 소용돌이로 휩쓸릴 위험이 따른다. 다만 된소리 표기의 문제는 동남아시아 3개국 표기 세칙인 '말레이 인도네시아어의 표기, 타이 어의 표기, 베트남 어의 표기법'에서는 된소리 표기를 인정하고 있다. 그뿐만 아니라 관용화된 일본 외래어 표기에도 된소리 표기를 용인하고 있다. 앞으로 동구어와 러시아어에서 된소리 표기 문제는 재검토되어야 할 것이다.

다음 "제5항의 이미 굳어진 외래어는 관용을 존중하되, 그 범위와 용례는 따로 정한다."라는 규정은 왜 만들었는지 모르겠다. 규정이 있으면 그 규정에 따라 인정 범위와 용례는 따로 정한다고 해놓고는 어디에도 없다. 국가 규범의 신뢰성과 공신력의 문제와 관계되는 일이다.

(7) 깡통(-筒)「명사」「1」양철을 써서 둥근기둥 꼴로 만든 통조림통 따위의 통.「2」아는 것이 없이 머리가 텅 빈 사람을 속되게 이르는 말.【←can+통(筒)】

빠꾸(「일」bakku)「명사」「1」차량 같은 것을 뒤로 물러가게 함. '뒤로', '후진04'으로 순화.「2」물건을 받지 않고 되돌려 보냄. '퇴짜'로 순화.【<back】

리어-카(▼rear car)「명사」자전거 뒤에 달거나 사람이 끄는, 바퀴가 둘 달린 작은 수레. '손수레'로 순화. ≒후미차.

사시미02(「일」sashimi[刺身])「명사」→ 생선회.

사지02「명사」『수공』→ 서지06(serge).

사쿠라(「일」sakura[櫻])「명사」「1」다른 속셈을 가지고 어떤 집단에 속한 사람. 특히 여당과 야합하는 야당 정치인을 이른다. '사기꾼', '야바위꾼'으로 순화.「2」→ 벚꽃「1」.「3」『운동』→ 벚꽃「2」.

와이-셔츠(▼←white shirts)「명사」양복 바로 안에 입는 서양식 윗옷. 칼라와 소매가 달려 있고 목에 넥타이를 매게 되어 있다. ≒와이샤쓰.

바께쓰(「일」byaketsu)「명사」한 손으로 들 수 있도록 손잡이를 단 통. '들통02', '양동이'로 순화.【<bucket】

(7)의 예들은 관용화된 일본식 외래어로『표준국어대사전』에 올림말로 실려 있는 예들이다. ‹외래어 표기법›의 제1장 표기의 기본 원칙에 규정된 된소리를 쓰지 않는다는 원칙에도 위배되었을 뿐만 아니라 "제5항의 이미 굳어진 외래어는 관용을 존중하되, 그 범위와 용례는 따로 정한다."라는 기준에 따라 그 범위와 용례를 선정하여 사전에 등재해야 할 것이다.

제2장 표기 일람표

제2장 표기 일람표는 국제음성부호(IPA)를 비롯하여 18개 국가어의 자모 대조표를 제시하고 있다. 1995년 이후에 동남아시아 및 포르투갈 등 외래어 표기 일람표를 추가하지 않은 채 아직까지 "외래어는 [표-1~13]에 따라 표기한다."라고 하여 규범 자체의 오류를 그대로 방치하고 있다. "외래어는 [표-1~18]에 따라 표기한다."라고 수정되어야 할 것이다.

제2장 표기 일람표는 크기 두 가지 관점에서 접근해야 한다. [표-1] 국제 음성 기호와 한글 대조표는 발음 전사(Pronunciation transcription) 기준이다. 이 국제 음성 기호는 전 세계 모든 언어를 표기할 수 있는 음성 부호 알파벳(phonetic alphabet(symbol))이다. 사실 [표-1] 국제 음성 기호와 한글 대조표는 발음 전사(Pronunciation transcription) 기준만 있으면 국가별 표기 일람표는 아무 소용이 없다. 다만 인명이나 지명 등 해당 국가의 사전에 등재되지 않은 어휘의 경우도 구글을 비롯한 음성지원 시스템이 있기 때문에 전사 표기는 전혀 문제가 되지 않는다.

그런데 [표-2]에서 [표-19]까지 국가별 표기 일람표는 자모 전사(Alphabet transcription) 기준이다. 앞의 발음 전사(Pronunciation transcription) 기준만 있으면 세계 대부분의 국가 외래어를 표기할 수 있다. 발음중심의 표기 기준과 국가별 알파벳 전사 기준은 본질적으로 다른 것이다. 예를 들어 영어에서 /e/는 무려 7~8종의 발음으로 실현되기 때문에 자모 전사 방법에서는 이런 변이 환경을 모두 설명해 줄 필요가 있어 외래어 표기법이 무척 난해해질 수밖에 없다.

제3장 표기 세칙에 제1절, 영어의 표기, 제2절 독일어의 표기, 제3절 프랑스 어의 표기가 제2장 표기 일람표에 없는 이유가 어디에 있는가. 국제 음성 기호(I.P.A)와 한글 대조표만 있으면 가능했기 때문이다. 그러나 이러한 기본 원칙을 깨뜨리고 국가별 표기 세칙을 만들어 나가면

표	표기 일람 표	제정시기
[표-1]	국제 음성 기호와 한글 대조표	문교부 고시 제85-11호(1986. 1. 7)
[표-2]	에스파냐 어 자모와 한글 대조표	문교부 고시 제85-11호(1986. 1. 7)
[표-3]	이탈리아 어 자모와 한글 대조표	문교부 고시 제85-11호(1986. 1. 7)
[표-4]	일본어의 가나와 자모와 한글 대조표	문교부 고시 제85-11호(1986. 1. 7)
[표-5]	중국어의 주음 부호와 자모와 한글 대조표	문교부 고시 제85-11호(1986. 1. 7)
[표-6]	폴란드 어 자모와 한글 대조표	문교부 고시 제1992-31호(1992. 11. 27)
[표-7]	체코 어 자모와 한글 대조표	문교부 고시 제1992-31호(1992. 11. 27)
[표-8]	세르보크로아트 어 자모와 한글 대조표	문교부 고시 제1992-31호(1992. 11. 27)
[표-9]	루마니아 어 자모와 한글 대조표	문교부 고시 제1992-31호(1992. 11. 27)
[표-10]	헝가리 어 자모와 한글 대조표	문교부 고시 제1992-31호(1992. 11. 27)
[표-11]	스웨덴 어 자모와 한글 대조표	문화 체육부 고시 제1995-8호(1995. 3. 16)
[표-12]	노르웨이 어 자모와 한글 대조표	문화 체육부 고시 제1995-8호(1995. 3. 16)
[표-13]	덴마크 어 자모와 한글 대조표	문화 체육부 고시 제1995-8호(1995. 3. 16)
[표-14]	말레이 인도네시아 어 자모와 한글 대조표	문화관광부 고시 제2004-11호(2004. 12. 20.)
[표-15]	타이 어 자모와 한글 대조표	문화관광부 고시 제2004-11호(2004. 12. 20.)
[표-16]	베트남 어 자모와 한글 대조표	문화관광부 고시 제2004-11호(2004. 12. 20.)
[표-17]	포르투갈 어 자모와 한글 대조표	문화관광부 고시 제2005-32호(2005. 12. 28.)
[표-18]	네덜란드 어 자모와 한글 대조표	문화관광부 고시 제2004-11호(2004. 12. 20.)
[표-19]	러시아 어 자모와 한글 대조표	문화관광부 고시 제2004-11호(2004. 12. 20.)

‹표 6› 국가별 외래어 표기 일람표

서 외래어 표기법은 끝없이 늘어날 수밖에 없다. 현재도 그리스 어 표기법 등을 제정하기 위한 준비가 되어 있는 것으로 알고 있다.

실제로 1986년도에 제정한 [표-5] 중국어의 주음부호와 한글 대조표도 한어 병음 자모 대조표로 전환해야 한다. 1992년도에 제정한 [표-8] 세르보크로아트 어 자모와 한글 대조표는 이젠 유명무실해졌다. 보스니아와 세르보와 크로아티아로 국가 분열이 이루어진 상태이다. 물론 아직 이들은 세르보아 어를 기원적으로 사용하고 있기 때문에 큰 문제는 아니지만 국가 규범이 이를 그대로 받아들여야 하는가는 문제가 아닐 수 없다. 복수 공통어를 사용하는 아프리카나 남태평양의 여러 국가나

구소련에서 분리된 국가들에 대한 외래어 표기법을 고려한다면 외래어 표기법이 수백 가지가 넘어설 가능성도 있다는 말이다.

국가별 표기 일람표는 자모 전사로 계속 표기법을 만들어 나갈 경우 이슬람계 국가의 외래어 표기 문제나 고어인 라틴 어의 경우 고전 라틴 어와 스콜라 라틴 어 가운데 무엇을 기준으로 할 것인지 결코 쉬운 일이 아니다. 특히 지명은 시대별 지배 족이나 국가에 따라 다양하게 명명되었기 때문에 이를 고려한다면 외래어 표기법은 사용자에게는 엄청난 부담이 되지 않을 수 없다.

제2장 표기 일람표 용례 분석

〈외래어 표기법〉 제2장 표기 일람표는 5차례에 걸쳐 국가별 외래어 표기 대응표가 정부 고시로 발표되었다. 1986년 1월 7일에 국제 음성 기호와 한글 대조를 비롯한 4개 국가 자모와 한글 대조표가 발표되었다(문교부 고시 제85-11호). 1992년 11월 27일에는 동구의 폴란드를 비롯한 5개 국의 국가 자모와 한글 대조표가 발표되었다(문화부 고시 제1992-31호). 1995년 3월 16일에는 북유럽의 노르웨이를 비롯한 3개 국가 자모와 한글 대조표가 발표되었다(문화체육부 고시 제1995-8호). 2004년 12월 20일에는 동남아 3개 국가 자모와 한글 대조표가 발표되었다(문화체육부 고시 제2004-11호). 2005년 12월 28일에는 포르투갈, 네덜란드, 러시아 3개 국가 자모와 한글 대조표가 발표되었다(문화 체육부 고시 제2005-32호).

이 자모 대조표는 상대 국가의 음소에 한글 음소를 대조한 자모 전사(Alphabet transcription) 방식이다. 외래어를 표기하기 위해서는 상대 국가의 음운변화의 원리까지를 고려한 매우 친절한 표기법이기는 하지만 영어, 독일어, 프랑스 어와 같이 국제 음성 기호와 한글 대조표만 있어도 충분히 발음 전사(Pronunciation transcription)가 가능함에도 불구하고 자모 전사

표	표기 일람 표	용례	표준국어대사전 미등재 어휘 수
[표-1]	국제 음성 기호와 한글 대조표	없음	없음
[표-2]	에스파냐 어 자모와 한글 대조표	45개	1개
[표-3]	이탈리아 어 자모와 한글 대조표	50개	17개
[표-4]	일본어의 가나와 자모와 한글 대조표	없음	없음
[표-5]	중국어의 주음 부호와 자모와 한글 대조표	없음	없음
[표-6]	폴란드 어 자모와 한글 대조표	99개	5개
[표-7]	체코 어 자모와 한글 대조표	90개	2개
[표-8]	세르보크로아트 어 자모와 한글 대조표	72개	0개
[표-9]	루마니아 어 자모와 한글 대조표	53개	11개
[표-10]	헝가리 어 자모와 한글 대조표	80개	0개
[표-11]	스웨덴 어 자모와 한글 대조표	66개	20개
[표-12]	노르웨이 어 자모와 한글 대조표	164개	10개
[표-13]	덴마크 어 자모와 한글 대조표	144개	13개
[표-14]	말레이 인도네시아 어 자모와 한글 대조표	92개	14개
[표-15]	타이 어 자모와 한글 대조표	82개	3개
[표-16]	베트남 어 자모와 한글 대조표	100개	1개
[표-17]	포르투갈 어 자모와 한글 대조표	94개	10개
[표-18]	네덜란드 어 자모와 한글 대조표	107개	16개
[표-19]	러시아 어 자모와 한글 대조표	96개	31개
총계		1,434개	154개

‹표 7› 국가별 외래어 표기 용례 분석

라는 이중의 전사 기준을 만든 것이 문제이다. 물론 원음주의에 따른 국가별 표기를 보안할 필요는 있다. 제3장과 같은 간략한 표기 세칙을 보완한다면 충분히 가능하다.

[도표-2]에서처럼 표기일람표에 예를 든 용례가 한글로 표기된 경우 모두 표준어로 되어야 할 것이다. 그러나 실제로 『표준국어대사전』에 올림말로 실려 있는 용례는 매우 적은 편이다. 총 1,434개 가운데 154개만이 『표준국어대사전』에 올림말로 등재되어 있다. 영어, 독일어, 프랑스 어를 포함하여 일본어와 중국어의 용례는 단 한 개도 실려 있지

않다.

1 전문용어, 인명, 지명

전문용어와 인명 지명의 표기법에 나타나는 문제에 대해 살펴보자.

(8) **야마03**(「에」 llama) 「명사」 『동물』 낙타과의 포유류. 야생의 과나코를 가축화한 종으로 낙타와 비슷하나 훨씬 작아서 어깨의 높이는 1.2미터 정도이고, 몸의 길이는 2~2.4미터이며, 털은 검은색·갈색·흰색이다. 몸과 다리가 길다. 귀는 길고 끝이 뾰족하며 등에 혹이 없다. 타거나 짐을 싣고 털은 직물, 가죽은 구두의 원료로 쓰며 고기는 식용한다. ≒라마02·아메리카낙타.(Lama glama)

캄파넬라02(Campanella, Tommaso) 「명사」 『인명』 이탈리아의 철학자·사상가(1568~1639). 나폴리의 독립운동에 가담하여 27년간 투옥되었다. 감각을 인식의 원천으로 하여 범신론적 자연관을 설명하였다. 저서에 『태양의 나라』, 『진정 철학(眞正哲學)』 따위가 있다.

포즈난(Poznań) 「명사」 『지명』 폴란드 중서부, 바르타 강(Warta江)에 면하여 있는 항구 도시. 교통 요충지로 기계, 자동차 따위의 공업이 발달하였다.

(8)의 예에서 '야마', '캄파넬라', '포즈난'과 같이 전문용어 혹은 인명이나 지명이 주를 이루고 있다. 이처럼 외국 전문용어, 인명이나 지명을 모두 외래어 표기에 따라 한글로 적은 것을 모두 표준어로 인정한다면 한국어의 어휘는 앞으로 어떻게 될 것인가? 이들 어휘에 대한 인지율, 이해율, 사용률의 기준으로 면밀하게 검토하여 표준어로 등재해야 할 어휘와 전문용어와 외국 인명 지명은 분명하게 별도로 관리해야 할 문제이다. 일부 사용률이 비교적 높은 어휘는 우리말로 순화하는 공정을

거치기도 하지만 순화된 외래어를 언중들이 선뜻 받아들이지 않는 문제를 어떻게 해결해야 할 것인지도 논의되어야 할 과제이다.

2 외래어 동음어

아래의 예처럼 외국어를 모두 한글로 표기했을 경우 외래어의 동음어가 엄청나게 늘어날 것이다.

(9) **포트01**(phot) 「의존명사」 『물리』 조명도의 시지에스(CGS) 단위. 1포트는 1㎠당 1루멘의 광속을 받는 면의 조명도로, 1만 럭스(lux)에 해당한다. 기호는 Ph.

포트02(port) 「명사」=포트와인.

포트03(port) 「명사」 『컴퓨터』 중앙 처리 장치와 주변 장치가 통신하는 데 사용하는 컴퓨터의 연결 부분. 이것을 통하여 프린터나 전용 회선, 모니터 따위의 주변 장치와 연결한다.

포트(pod) 폴란드 어 자모와 한글 대조표 용례. (사전에 미등재)

(10) **빅토리아01**(Victoria) 「명사」 『문학』 로마 신화에 나오는 승리의 여신. 그리스 신화의 니케에 해당한다.

빅토리아02(Victoria, Tomás Luis de) 「명사」 『인명』 에스파냐의 작곡가(?1548~1611). 마드리드 근교의 수도원 사제 겸 음악가로, 미사곡·모테토 따위의 교회 음악을 많이 남겼다.

빅토리아03(Victoria) 「명사」 『인명』 영국의 여왕(1819~1901). 하노버 왕조의 마지막 영국 군주로, 영국의 전성기를 이루고, 군림하되 통치하지 않는다는 전통을 확립하였다. 재위 기간은 1837~1901년이다.

빅토리아04(Victoria) 「명사」 『지명』 인도양, 세이셸 제도의 마헤(Mahé) 섬에 있는 항구 도시. 문화와 산업의 중심지로서 병원과 사범 대학을 비롯한 현대적인 시설들을 갖추고 있다. 세이셸의 수도이다.

빅토리아05(Victoria) 「명사」 『지명』 캐나다 밴쿠버 섬의 남쪽에 있는 항구 도시. 목재, 고무, 통조림 따위를 수출한다. 브리티시컬럼비아 주의 주도(州都)이다.

(11) **코크**(Kock) 스웨덴 어 자모와 한글 대조표(사전에 미등재)

코크(Cork) 「명사」 『지명』 아일랜드 남부, 리 강(Lee江) 하구에 있는 항구 도시. 이 나라 제이의 도시이며, 상공업 중심지이다. 아일랜드 독립운동의 중심지였으며, 유럽 대륙과 국내 각 항구를 적출하는 농산물 거래소가 많다.

(9)의 예 '포트'처럼 외국어를 모두 한글로 표기한 경우 엄청난 양의 동의가 생겨날 것이다. 현행 외래어 표기법에 따라 표기된 어휘를 모두 표준어로 인정한다면 한국어의 어휘 생태의 기반은 무너질 수밖에 없게 된다. 특히 포트(pod)는 폴란드 어 자모와 한글 대조표 용례에 실린 어휘이지만 사전에 등재되어 있지 않다. (11)의 예 '코크'의 경우 사전에는 아일랜드 항구 도시 이름만 등재되어 있기 때문에 스웨덴 어 자모와 한글 대조표에 실린 '코크(Kock)'에 대한 내용은 스웨덴 어 사전을 참고하지 않으면 그 내용을 확인할 길이 없다.

3 외래어 동의어

외래어 표기 일람표의 용례들을 면밀하게 검토해 보면 국가 간의 동의어가 엄청나게 쏟아져 나올 수 있다. 아래의 예 (12)~(18)의 예에서처럼 영어의 제로(zero)를 한글로 표음한 것을 외래어로 인정하는 경우 라틴 어에 기반을 둔 모든 인구어의 국가별 동의어형 '제로'가 모두 표준어로 인정될 수 있는 말이다. 셉템버(september)는 실제로 노르웨이 어와 덴마크 어의 표기 용례로 들고 있다. 월(月)을 표시하는 외국어를 모두 한글로 표기한 것을 외래어로 인정한다면 어떻게 될까? 외래어 동의어 처리 문제만 하더라도 외래어 정책의 근간이 흔들릴 수 있다.

(12) **제로02**(zero) 「명사」 「1」 =영14(零) 「1」. 「2」 전혀 없음.
제로(zero) 폴란드 어 자모와 한글 대조표 용례.(사전에 미등재)

(13) **피크**(peak) 「명사」 「1」 어떤 상태가 가장 고조될 때. '절정03', '절정기', '한창01'으로 순화. 「2」 『공업』 어떤 양이 가장 많아지는 순간의 값.
피크(fik) 체코 어 자모와 한글 대조표 용례.(사전에 미등재)

(14) **킬로그람**(kilogram) 루마니아 어 자모와 한글 대조표 용례.(사전에 미등재)
킬로그램(kilogram) 「의존명사」 국제단위계에서 질량의 단위. 사방 10cm인 물의 질량에서 유래하였으나, 현재 국제 도량형국에 보관된 킬로그램원기의 질량으로 정의한다. 1킬로그램은 1그램의 1,000배이다. 기호는 kg. ≒킬로 「1」.

(15) **탁시**(taxi) 루마니아 어 자모와 한글 대조표 용례.(사전에 미등재)
택시(taxi) 「명사」 요금을 받고 손님이 원하는 곳까지 태워다 주는 영업용 승용차.

(16) **섹스**(sex) 스웨덴 어 자모와 한글 대조표 용례.(사전에 미등재)
섹스(sex) 덴마크 어 자모와 한글 대조표 용례.(사전에 미등재)
섹스(sex) 「명사」 「1」 =성07(性) 「2」. 「2」 =성07 「3」.

(17) **셉템베르**(september) 노르웨이 어 자모와 한글 대조표 용례.(사전에 미등재)
셉템베르(september) 덴마크 어 자모와 한글 대조표 용례.(사전에 미등재)

셉템버(september) 영어의 표기(사전에 미등재)

(18) 호프01(「독」 Hof) 「명사」 한 잔씩 잔에 담아 파는 생맥주. 또는 그 생맥주를 파는 맥줏집.

호프(hop) 덴마크 어 자모와 한글 대조표 용례.(사전에 미등재)

4 차용 외래어의 처리 문제

최근 세계의 언어가 마구 뒤섞이고 있다. 특히 국가 간의 외국어가 차용되어 자국의 발음대로 읽히고 있기 때문에 어느 나라를 기준으로 표기하느냐에 따라 현행 표기법에 따른 표기를 한다면 동의 외래어형이 엄청나게 늘어나게 될 것이다. 독일식 외래어 '루터'를 실제로 스웨덴 어 자모와 한글 대조 용례에 '루테르'로 표기하여 실어두고 있다. 러시아의 '도스토옙스키'가 미국에서는 '다스터옙스키'가 된다. '블라디보스토크'와 '마키아벨리'처럼 전 세계 인명과 지명이 차용국마다 철자가 달라지거나 발음이 달라지면 동일한 인명이나 지명이 수십 가지 이상으로 표기될 수 있다는 말이다.

서양 고대사를 연구할 경우 국경이나 국가가 달라진 고대지명을 어떻게 표기할 것인지 문제가 된다.

(19) 루터(Luther, Martin) 「명사」 『인명』 독일의 종교 개혁자·신학 교수(1483~1546). 1517년에 로마 교황청이 면죄부를 마구 파는 데에 분격하여 이에 대한 항의서 95개조를 발표하여 파문을 당하였으나 이에 굴복하지 않고 종교 개혁의 계기를 마련하였다. 1522년 비텐베르크 성에서 성경을 독일어로 완역하여 신교의 한 파를 창설하였다.

루테르(Luther) 스웨덴 어 자모와 한글 대조표 용례.(사전에 미등재)

(20) 도스토옙스키(Dostoevsky, Fyodor Mikhailovich) 「명사」 『인명』 제정 러

시아의 소설가(1821~ 1881). 19세기 러시아 리얼리즘 문학의 대표자로, 잡지 「시대」와 「세기」를 간행하면서 문단에 확고한 터전을 잡았다. 인간 심리의 내면에 깃들인 병적이고 모순된 세계를 밀도 있게 해부하여 현대 소설에 막대한 영향을 끼쳤다. 작품에 『가난한 사람들』, 『죄와 벌』, 『카라마조프의 형제들』 따위가 있다.

다스터옙스키(Dostoevsky)[dὰstəjéfski, dʌ̀s-] 미국

도스토옙스키(Dostoevsky)[dɔ́stɔiéf-] 영국

(21) **블라디보스토크**(Madivostok) 「명사」 『지명』 러시아 시베리아 동남부, 동해 연안에 있는 항구 도시. 시베리아 횡단 철도의 동쪽 종착점이며 러시아 함대의 기지가 있다. 기계·차량·조선·제재·제유 따위의 공업도 발달하였다. ≒해삼위.

블래디바스타크(Madivostok)[vlæ̀divάstαk, -vəstάk] 미국

블래디보스토크(Madivostok)[-vɔ́stɔk] 영국

(22) **마키아벨리**(Machiavelli, Niccoló) 「명사」 『인명』 이탈리아의 정치 사상가·외교가·역사학자(1469~1527). 정치는 도덕으로부터 구별된 고유의 영역임을 주장하는 마키아벨리즘을 제창하여 근대적 정치관을 개척하였다. 저서에 『로마사론』, 『군주론』 따위가 있다.

매키아벨리(Ma·chi·a·vel·li)[mæ̀kiəvéli] 미국

(23) **피사02**(Pisa) 「명사」 『지명』 이탈리아 토스카나 주에 있는 도시. 기원전 2세기부터 발달한 항구 도시로 사탑(斜塔), 성당이 유명하다. 면직물, 기계, 유리 공업이 활발하다.

피저(Pi·sa)[píːzə] 미국

(24) **프란시스쿠**(Francisco)(포르투갈)

위의 예 (19)~(24)에서처럼 '가제'는 영어 'gauze'를 일본식으로 발음한 결과이다. 어원으로 독일말 'Gaze'을 표기 기준으로 할 것이냐 영어식으로 할 것이냐는 별개의 문제이지만 분명 일본식 '가제'를 버젓이 올

림말로 실어 놓고 뜻풀이는 '거즈'로 회전문식으로 처리하고 있다. '간데라'는 밤낚시를 갈 때 석유를 분사식으로 섬유망에 불을 밝히는 조명기구이면서, 한편으로는 조명도의 단위를 뜻하는 어휘이다. 『표준국어대사전』에서는 '간데라'의 어원을 일본어 'kandera'로 '조명기구'가 아닌 조명의 밝기 단위로만 인정하고 '촉', '촉광'으로 순화해야 한다고 한다.

5 국가별 용례의 오류

아래의 예 (25)에서처럼 '탈라'는 인도의 음악 용어인데 스웨덴 어 자모와 한글 대조표의 용례로 되어 있다. 스웨덴 차용어일 가능성도 있지만 적절한 용례라고 볼 수 없다. '레프'도 불가리아 어의 화폐 단위임에도 불구하고 체코 어 자모와 한글 대조표의 용례로 사용되고 있다. 또한 '빌레트'는 러시아 어인데 루마니아 어 자모와 한글 대조표의 용례로 실려 있다. '요아킴'은 이탈리아 사람인데 노르웨이 어 자모와 한글 대조표의 용례로 실려 있다.

(25) **탈라**(「산」 tāla) 「명사」 『음악』 인도 음악에서 쓰는 용어의 하나로, 리듬 주기 또는 리듬의 기본이 되는 박절적(拍節的) 리듬 주기의 종류. 1~8박의 부분적 박절을 다양하게 결합하여 만드는 리듬 주기의 유형을 이른다.

(체코 어)

레프01(「불」 lev) 「의존명사」 불가리아의 화폐 단위.

빌레트(「러」 bilet) 「명사」 『북한어』 '표04(票)'의 북한어.

요아킴(Joachim Floris) 「명사」 『인명』 이탈리아의 신비주의 사상가(?1130~1202). 세계의 역사를 아버지·아들·성령에 대응하는 셋으로 구분하고, 1260년에는 제3기가 시작한다고 하는 천년 왕국 사상을 설파하여 중세에 큰 영향을 주었다.

루마니아 어 자모와 한글 대조표의 용례에서는 '몰도바'로 되어 있으나 『표준국어대사전』에는 '몰디비아'로 등재되어 있어 외래어 표기가 사전과 일치하지 않는다. 스웨덴 어 자모와 한글 대조표의 용례에는 '에릭손'으로 되어 있으나 『표준국어대사전』에는 '에릭슨'으로 등제되어 있다.

> (26) **몰다비아**(Moldavia) 「명사」 『지명』 루마니아 동북부 프루트(Prut) 강과 카르파티아 산맥 사이에 있는 지역의 옛 이름. 14세기 중엽 몰다비아 인에 의하여 후국(侯國)이 건설되었으며 그 후 터키 및 제정 러시아의 지배를 받았다. 현재는 루마니아와 몰도바 공화국이 되었다. ≒몰도바01.
>
> **에릭슨**(Ericsson, John) 「명사」 『인명』 스웨덴 태생의 미국 기술자(1803~1889). 선박용 스크루의 실용화와 장갑선의 건조 등 선박 개량에 공헌하였다.

(26)의 예에서처럼 포르투갈 어 자모와 한글 대조표의 브라질어 용례는 「브」를 표시하도록 단서 조항을 두었으나 이를 누락한 예로 '나탈(Natal)', '올리베이라(Oliveira)', '디아스(Diaz)' 등이 있다.

6 원음과의 차이

외래어 표기법은 원음주의를 지키되 한글 자모로 우리말의 음운 체계를 손상시키지 않도록 표기하는 것이 원칙이다. '오렌지(orange)'를 왜 원음에 가깝도록 표기하지 않는가 하는 문제로 한때 문제가 제기되기도 하였다. 관습화된 외래어의 표기를 원음주의로 되돌리는 일은 용이한 일은 아니다. 그러나 인명이나 지명은 가급적이면 원음에 가깝도록 표기해 주어야 한다.

현지 원음과 차이를 보이는 예들을 중심으로 살펴보자.

(27) **에이콥센**(덴마크) 덴마크 어 자모와 한글 대조표 용례.(사전에 미등재)

야콥센(Jacobsen, Jens Peter) 「명사」 『인명』 덴마크의 소설가(1847~1885). 무신론의 입장에서 자연과 인간을 객관적으로 표현하였다. 작품에 「닐스리네」 따위가 있다.

(28) **케피티에어**(덴마크) 덴마크 어 자모와 한글 대조표 용례.(사전에 미등재)

카페테리아(「에」 cafeteria) 「명사」 손님 자신이 좋아하는 음식을 직접 식탁으로 날라다 먹는 간이식당.

(29) **뭉키**(덴마크) 덴마크 어 자모와 한글 대조표 용례.(사전에 미등재)

뭉크02(Munk, Kaj Harald Leininger) 「명사」 『인명』 덴마크의 극작가·목사(1898~1944). 종교계·사상계에 많은 영향을 미쳤으며, 독일군 침공 때에는 반 나치스 운동의 국민적 영웅을 주인공으로 한 희곡 「닐스 엡베센(Niels Ebbesen)」을 썼다. 나치스에 의하여 암살되었다.

(30) **키에르콕**(덴마크) 덴마크 어 자모와 한글 대조표 용례.(사전에 미등재)

키르케고르(Kierkegaard, Søren Aabye) 「명사」 『인명』 덴마크의 철학자(1813~1855). 실존의 문제를 제기하여 실존 철학과 변증법 신학에 큰 영향을 끼쳤다. 저서에 『이것이냐 저것이냐』, 『죽음에 이르는 병』, 『불안의 개념』 따위가 있다.

(27)~(30)의 예는 나라별 외래어 표기법에 따른 표기와 『표준국어대사전』의 올림말과 표기법의 차이가 난 예들이다. 외래어 표기법이 아무리 정교하다고 하더라도 언어 간의 음운체계의 차이로 원음에 충실하게 표기한다는 것은 거의 불가능한 일이다. 그러나 동일 대상에 대한 외래어 표기는 동일하게 표준화될 필요가 있다.

제3장 표기 세칙

외래어 표기법 제3장 표기 세칙은 현재 21개 국가별로 구분하여 밝혀

절	표기 세칙	용례	표준국어대사전 미등재 어휘 수
제1절	영어의 표기	94개	51개
제2절	독일어 표기	31개	7개
제3절	프랑스 어의 표기	59개	5개
제4절	에스파냐 어의 표기	25개	0개
제5절	이탈리아 어 표기	38개	5개
제6절	일본어의 표기	7개	6개
제7절	중국어의 표기	0개	0개
제8절	폴란드 어의 표기	26개	2개
제9절	체코 어의 표기	16개	1개
제10절	세르보크로아트 어의 표기	10개	0개
제11절	루마니아 어의 표기	15개	0개
제12절	헝가리 어의 표기	10개	0개
제13절	스웨덴 어의 표기	46개	4개
제14절	노르웨이 어의 표기	62개	4개
제15절	덴마크 어의 표기	65개	2개
제16절	말레이 인도네시아 어의 표기	62개	3개
제17절	타이 어의 표기	30개	1개
제18절	베트남 어의 표기	16개	0개
제19절	포르투갈 어의 표기	83개	6개
제20절	네덜란드 어의 표기	61개	12개
제21절	러시아 어의 표기	44개	10개
총계		800개	119개

‹표 8› 국가별 외래어 표기법 세칙

두고 있다. 제1절 영어, 제2절 독일어, 제3절 프랑스 어의 표기는 제2장의 표기일람표에는 제외되어 있다. 종래의 국제음성기호와 한글 대조표에 따라 표기하도록 하였지만 다시 철자 전사에 필요한 세부적인 세칙을 마련한 셈이다. 그러나 이 부분이 바로 문제가 된다. 국제 음성 기호와 한글 대조는 음성부호를 한글 자모로 전환하는 것이기 때문에 음성 전사(Phonetic transcription) 방식이다. 그런데 표기 세칙은 다시 자모 전사법이므로 일관성의 문제가 제기될 수 있는 것이다. 최근에 자주 사용되고 있는 '콘텐츠(contents)'가 자모 전사 방식이라면 음성전사 방식으로는 '컨텐츠'에 가깝다. 『표준국어대사전』에서의 올림말은 '콘텐츠'로 고정해 두었으나 일반 대중들은 '컨텐츠'를 선호하고 있다.

제4절에서 21절까지 17개 국가의 외래어를 표기할 경우 대상국가와 한국어의 음절구조의 차이 때문에 미시적인 표기 세칙은 절실하게 필요하다. 그러나 이러한 표기 세칙이 앞으로 더 늘어날 경우 일반 언중들이 이것을 어떻게 다 인지할 수 있느냐에 대한 문제를 고려하지 않을 수 없다.

〈표 8〉과 같이 제3장 표기 세칙에 예시한 어휘가 총 800개인데 『표준국어대사전』에 실린 올림말은 119개뿐이다. 나머지는 해당 국가의 사전이 없으면 뜻을 알 수 없을 정도이다. 그리고 인명이나 지명을 제외한 일반 어휘는 숫자가 매우 적은 편이면서 또 이들을 외래어로 인정해야 할지 외국어 음차표기라고 해야 할지 판단하기 어렵다.

앞에서 살펴본 바와 같이 외래어는 표준어 사정 원칙에 따라 반드시 따로 사정하도록 규범이 정해져 있다. 그러나 이러한 사정의 절차를 거치지 않은 관계로 '갭(gap)', '북(book)', '켓(cat)', '앱트(apt)', '액트(act)', '케이프(cape)'와 같은 어형을 외래어로 인정할 수 있을까?

::: 인명, 지명 표기의 원칙

예를 들어 '간도'를 『표준국어대사전』에서는 "① '젠다오'를 우리 한자음으로 읽은 이름. ② =북간도."로 뜻풀이를 하고 있다. 간도를 젠다오로 표기하고 읽어야 한다면 '서간도'나 '북간도'는 어떻게 표현해야 하는가? '간도'가 왜 '젠다오'가 되어야 한다는 말인가? 민족 고토인 간도가 '젠다오'라니 이처럼 해괴한 일 또한 어디 있으랴? '여순, 위해, 대련, 도문' 은 '-의 잘못'이라는 식으로 뜻풀이를 하였으며, '간도, 상해'는 '-를 우리 한자음으로 읽은 이름'이라는 뜻풀이를 하고 있다. 전자는 현지 지명을 원음으로 후자는 우리 한자음을 병용하는 것을 허락하고 있는데 그 기준도 모호할 뿐만 아니라 현지의 조선 동포들은 아직 우리 한자음으로 읽고 있는데 왜 ‹외래어 표기법›에서는 우리 한자음을 부정하고 현지 원음을 강요하는지 알 길이 없다. '연해주'는 '옌하이저우'로, '연길(延吉)'은 '옌지'로, '혼춘(琿春)'은 '훈춘'으로, '장백산맥'은 '창바이산맥'으로, '용정촌(龍井村)'은 '룽징춘'으로, '도문(圖們)'은 '투먼'으로, '송화강(松花江)'은 '쑹화강'으로 표기할 수 있다면 "왕청(汪淸), 액목(額穆), 돈화(敦化), 동령(東寧), 령안(寧安)" 등 『표준국어대사전』에 올림말로 실리지 않은 지명이나 인명이 한두 가지가 아니다. 그렇다고 별도로 국사사전에 이러한 지명이나 인명이 소상하게 실려 있는 것도 아니다. 특히 '여순02旅順'은 "'뤼순'의 잘못"이라는 식으로 뜻풀이를 하고 있는 점은 도저히 용납될 일이 아니다. 여순 감옥에서 돌아가신 안중근 의사가 이러한 사실을 안다면 과연 뭐라고 하실까? 특히 우리 민족의 영산인 백두산을 장백산과 동의어로 처리하면서 백두산의 뜻풀이에는 '창바이'라 표기하고 있다.

‹외래어 표기법› 제4장 제3절은 바다, 섬, 강, 산 등의 표기 세칙이다. 제1항은 "'해', '섬', '강', '산' 등이 외래어에 붙을 때에는 띄어 쓰고, 우리말에 붙을 때는 붙여 쓴다."라고 규정하고 있다. '동해, 남해, 황해'는 붙여 쓰고 '카리브 해, 에게 해'는 띄어 쓰도록 규정하고 있다. 이외에도 '족(族), 양(洋), 도(道), 섬, 산(山), 시(市)' 등이 합성하여 만들어낼 수 있는 조어의 기반을 국어 규범이 이를 억제시키고 있는 결과이다. 이러한 어문 정책의 기반은 우리의 모국어의 기반을 절멸 위기로 내몰아내는 꼴이 되게 한다. 이 규정은 ‹한글 맞춤법› 제1장 총칙 제3항 띄어쓰기 규

정과 함께 전면 재조정되어야 한다. 〈한글 맞춤법〉 제1장 총칙 제3항 제4절, 고유 명사 및 전문용어의 띄어쓰기 세부 규정에서 '한국어, 중국어, 일본어, 영어'와 같이 한자어로 복합된 말은 붙여 쓰지만 '키큐 어, 벵골 어, 바스크 어, 유키 어, 와포 어, 엘살바도르에서 사어로 알려졌던 '카코페라라 어'와 같이 원어와 한자어로 복합된 어휘는 띄어 쓰도록 되어 있다.

'불어'는 붙여 쓰고 '프랑스 어'는 띄어 쓴다면 '불어'와 '프랑스어'가 전혀 다른 대상인가? 띄어쓰기를 한다는 것은 각각 다른 단어라는 의미이다. 국어 규범이 한 단위의 단어를 두 단어로 띄어 쓰도록 함으로써 국어의 어휘력을 축소시킬 뿐만 아니라 다양한 지식 기반을 깨뜨리는 역할을 하고 있을 뿐이다. 새롭게 생산되는 조어 양식을 국어 전문가와 같은 안목으로 고유어와 한자의 복합, 고유어와 외국어의 복합, 한자어와 외국어의 복합 양식으로 구분하여 띄어쓰기를 할 수 있는 국민이 얼마나 될까?

이상에서 살펴본 바와 같이 외래어와 외국어 음차표기의 규범 및 정책 관리에 대안을 『표준국어대사전』의 관리 방안과 연계시켜야 할 것이다. 곧 『표준국어대사전』을 기준으로 '표준어'와 '사정한 외래어'를 제외한 '신조어'나 '개인어', '방언', '순화어', '전문용어'를 비롯한 새로 생겨나는 많은 언어 자료를 사전 표제어로 올릴 수 있는 어떤 규범상의 근거를 제시해야 할 것이다. 논리적으로는 새로운 말이 널리 쓰이게 되면 우리말의 일부로 인정되고 또 국어사전에 올라갈 수 있지만 국어사전에 올라가 있다고 해서 반드시 '표준어'로 인정되는 것은 아니다. 『표준국어대사전』 사전은 그 제목이 '표준어'를 대상으로 하기 때문이라면 〈한글 맞춤법〉의 제1장 총칙 제1항 규정에 위배된다.

박용찬(2006)의 "국어사전은 표준어 모음의 성격을 갖는 것이라서 특별한 경우를 제외하고는 국어사전의 표제어는 모두 표준어로 봐야 하기 때문이다."라는 논의의 전제가 아주 왜곡되어 있다. 국어사전은 우리 국어의 모든 자산이 실려 있는 사전이어야 하고 『표준국어대사전』 사전의 표제어는 표준어로 볼 수 있는 것이지 '국어사전'과 『표준국어대사전』 사전을 동일한 관점에서 둔다는 것은 우리 모국어를 표준어로만 제한하는 매우 위험한 발상이라고 하지 않을 수 없다.

이러한 전제에서 신조어를 '국어사전'의 올림말로 올릴 것인가 또는 『표준국어대사전』 사전의 올림말로 올릴 것인가는 전혀 별개의 문제가 아닐 수 없다. 곧 언어 자산으로서 처리하느냐 또는 규범적인 언어 자료로 처리하느냐의 문제는 본질적으로 전혀 다른 문제이다. 지금까지 사전 편찬자의 주관에 따라 임의로 올림말을 선정하던 관행이 『표준국어대사전』 사전에까지 미침으로 인해서 신조어 처리에 대한 정책 혼선이 야기된 것이다. 더군다나 외래어나 순화어와 전문용어를 제외한 신조어는 말 그대로 조잡하고 거친 어휘일 수밖에 없다. 이것은 다단계의 여과장치를 거쳐 정착된 어휘만 국어사전에 올리고 그 가운데 규범성이 보장되는 것만 엄격하게 심의하여 『표준국어대사전』 사전에 올릴 수 있는 것이다.

사전은 어문 규정을 철저하게 반영하여 국민들이 어문 사용의 거울이 되게 해야 한다. 그러나 어문 규정이 너무 어렵거나 일관성을 잃어버려 도리어 국민들의 어문 생활을 방해해서는 안 된다. 국어의 띄어쓰기 규정은 새로운 어휘의 복합이나 합성의 관계를 제어하는 역할을 하고 있다.

그리고 어느 때보다 활발하게 대학의 연구실이나 연구소를 통한 연구 성과들이 넘쳐나고 있으며, 각종 고전 국역 사업의 확대에 따라 새로운 한자 어휘가 대폭 늘어나고 있다. 또 창작자들의 창작물이 대량으로 쏟아져 나오면서 국가 사전에 실리지 않은 어휘가 엄청나게 늘어나고 있다. 특히 전문 분야가 세분화되면서 분야별 전문용어가 정제되지 않은 채로 외래어 표기법에 따른 한글 표기로 넘쳐나고 있다. 특히 최근에는 정보통신(IT)산업 분야와 관련되는 전문용어가 일상생활에서도 무질서하게 사용되고 있다. 이처럼 사전에 정제해서 실어야 할 사전 지식은 늘어남에도 불구하고, 이를 총체적으로 관리할 국가적 임무를 수행할 곳은 정해져 있지 않을 뿐만 아니라 이러한 임무를 수행해야 할 당위성마저도 인식하는 사람이 거의 없다는 것이 큰 문제이다. 그렇다고 이렇게 늘어나는 다양한 사전 지식을 어느 개인이나 대학 연구 기관에서 담당하여 관리하기에는 한계가 있다. 국가사업으로 진행해 온『표준국어대사전』사전이 담당할 수 있는 지식 지원은 이미 포화상태에 도달했다. 각종 중고등학교 교과서에 실린 어휘에 대한 정보도 제대로 제공하지 못할 정도로 정밀한 지적 통제 없이 관리되고 있다. 또 선택의 협소함으로 이루어진 낡은 언어로는 진화하는 언어 지식을 온전히 담아낼 수 없다. 따라서 새로이 생산되는 지식 영역의 대중화를 위해서는 가장 먼저 사전 지식의 기준을 새로 설정하고 또 그 자료의 생산과 관리를 강화해야 한다. 이러한 일은 어느 개인이 주도할 수 없다. 따라서 향후 이 사전은 규범사전으로서 온전한 기능을 할 수 있도록 발전시켜나가야 할 것이다. 국가가 참여하고 다중이 협업하는 방식으로 지식 능력을 고도화하는 일이야말로 비물질적 생산성이 국가 경쟁력을 좌우하는 21세기에 적응할 기반을 마련하는 지름길이다. 기존의『표준국어대사전』사전이 안고 있는 여러 가지 문제들을 집중적으로 제기하고 체계적 불균형을 극복할 수 있는 대안을 제시해야 한다.[8]

8 이상규,「〈국어기본법〉에 근거한 〈외래어표기법〉분석」,『국어국문학』161호, 국어국문학회, 2011.

한글공동체

2. 우리의 말과 글은 문화의 나이테

::: 한글공동체를 사랑해야 하는 이유

이 세상 그 어떤 아름다운 언어예술 작품도, 그 어떤 첨단 과학 지식과 정보도 언어라는 징검다리를 건너지 않으면 무위에 지나지 않는다. 최근에는 영상, 소리, 그림, 몸짓 등 다양한 매체를 통해서 문자언어로 표현하지 못하는 영역에 이르기까지 사람들의 상상적 표현과 지식·정보를 전달할 수 있는 매체의 진화가 이루어지고 있다. 매체의 발전에 따라 지식·정보의 소통이 확장되고 있지만 이들을 갈무리하고 나누는 일에 관심을 갖지 못하면 개인이나 국가나 지식·정보화의 경쟁에서 뒤떨어질 수밖에 없다. 이렇게 넘쳐나는 다양한 지식·정보를 한 개인의 머릿속에 담아둘 수는 없다. 따라서 우리 일상생활에서 꼭 필요한 정보와 지식을 웹이나 앱을 통해 쉽게 검색하고 활용할 수 있는 기반을 마련하는 일은 개인적인 효용성 면에서도 꼭 필요할 뿐만 아니라 국가적인 경쟁력의 든든한 기반이 된다.

한글을 창조한 세종의 위대함은 두말할 나위도 없다. 그 후 한문과 한자의 권위에 억눌린 한글을 모든 계층을 뛰어넘는 소통의 방식으로 전환한 고종과 박정희 대통령의 국가 문자 정책의 획기적인 전환이야말로 한국에 민주화와 지식 경쟁력을 갖춘 선진국으로 진입하는 길을 열어 주었다. 우리말을 한글로 자유자재로 쓸 수 있도록 하는 일과 전 세계적으로 문자가 없는 사람들에게 그들이 소통할 수 있는 표음 수단을 제공하는 일이야말로 최고의 문화 복지 정책이 아닐 수 없다.

세상에는 6천여 종의 참으로 다양한 언어가 존재한다. 세상에 그 다양한 언어를 서로 연결하는 소통의 징검다리를 놓기는 참으로 어렵다. 지식·정보화 소통의 효율성이라는 것을 이유로 이 세상은 하나의 언어, 유일한 세계 언어(World Language)로 소통할 수 있기를 기대하는지 모른다. 그렇게 되면 얼마나 좋을까? 이 지구상에서 자본 지배적인 언어가 다양한 사람들의 평등한 소통 도구가 되기를 희망하지만, 이것은 사람들이 바라는 한낱 꿈에 지나지 않을 것이다. 인간의 의지와 전혀 무관하게 이 세상을 아름답게 만들어 주는 그 다양한 꽃과 풀, 그리고 나무가 단종이 되어 한 가지의 꽃과 나무만 우리의 정원에 피어 있다면 과연 아름다울까?

정확하게 소통 문자로서 한글을 사용하자는 것과 한자 교육의 문제는 서로 대치될 문제는 결코 아니라고 판단한다. 1970년 이후 박정희 대통령께서 한글 전용화를 추진했던 그 후에 국무총리나 정부부처 장관을 지내신 분들이 갑자기 한자 교육 강화를 주장하는 집단 서명을 한 신문 지상의 광고를 보며 왜 이러고 있는지 좀처럼 이해가 되지 않는다. 그리고 한글과 한자 혼용을 위해 2005년에 발효된 ‹국어기본법› 개정을 추진하고 있다는 여야 130여 명의 국회의원들이 과연 무엇을 생각하고 있는지? 개정을 추진하고 있는 ‹국어기본법›은 한 나라 글자를 한글과 한자 두 가지로 한다는 내용이다. 한자 어원에 대한 이해가 필요하듯 영어의 어원에 대한 이해도 마찬가지로 필요하다는 논리라면 한자 병용을 주장하는 이들이 왜 영어 병용은 주장하지 않는가? 이미 ‹국어기본법›

에는 꼭 필요한 한자어나 외국어를 겸용 표기하게 되어 있다. 국가 어문 정책이 다시 1960년대로 뒷걸음질하는 개악의 법률 개정을 하려는 것은 정보화 시대를 역행하는 일임을 분명히 알아야 할 것이다.

국가 문자 정책은 우리말의 생태가 위험한 상황으로 빠지지 않고 온 국민이 그리고 전 세계인들이 쉽게 배우고 익힐 수 있는 기조를 유지하는 방향으로 발전되어야 한다. 정원에 다양한 꽃을 피우기 위해 전 세계의 모든 다양한 언어와 문자를 상호 존중하고 이해하려는 노력이 필요하다. 다문화 가정의 2세대 아이들에게 한국어만을 강요할 일이 아니라 그들의 어머니 나라의 말을 학습할 기회를 부여하여 어머니 나라와 한국을 이어 주는 가교 역할을 할 수 있도록 배려해야 한다. 우리글과 말을 통해 노래와 공연 예술이 확산됨으로써 국제 교역이 확장될 수 있다. 필자는 국립국어원장으로 재직할 때에 '세종학당'의 설립 기본 정신으로 국가별 언어·문화와 역사를 상호 존중하고 이해하는 "문화상호존중"이라는 기본 원칙이 필요함을 누누이 강조해 온 바가 있다. 한글과 한국어의 세계화는 우수한 교원, 교재, 그리고 교육 공간의 확보와 교육 평가, 교원 재교육 등 선행되어야 할 많은 과제를 안고 있다. 전 세계 700만 명의 해외 동포가 퍼져 있으며 세계 곳곳에서 한글과 한국어에 대한 학습 열기가 고조되고 있다. 국경과 민족을 초월한 언어와 문화 노마디즘의 시대를 열어가는 '한글공동체'를 위해 한반도 주변 국가에서부터 상호 국가의 언어와 문화 그리고 역사를 상호 존중하며 이해하려는 문화 확산 전략을 기획하고 추진해야 한다.

어문 정책은 소비자인 국민이 보다 쉽게 쓰고 말할 수 있는 기반을 조성하고 토착 지식과 정보를 온전하게 보전할 수 있는 방향, 곧 한국어의 생태 기반이 탄탄하게 유지될 수 있도록 발전시키는 철학적 성찰이 필요하다. 지난 2009년에 국가적인 프로젝트인 '세종계획' 사업이 완료한 이후 후속적인 한글정보화 사업 계획은 매우 불투명하다. 국가지식 경쟁력을 강화하기 위해서 언어 지식·정보의 관리라는 측면에서 한글 정보화를 위한 제2차 국가적인 프로젝트를 정부 차원에서 조속히 마련해야 한다. 똑똑한 국민, 세계적인 지성 국민으로 이끌기 위해서는 그들에게 충분한 지식·정보를 제공해주는 지식·정보 지원 복지 정책을 수립해야 한다. 전 세계를 향한 열린 대한민국, 모든 사람들의 가슴에는 '한글'이 있다. 역동적인 한국인의 꿈을 한 그릇에 담아낼 수 있는 위대한 '한글'은 앞으로 전 세계로 징검다리가 되어 뻗어 나갈 것이다.

인쇄 문화가 본격적으로 발전한 중세 이후, 의사소통과 지식 축적의 방식은 급격하게 변화하였다. 지난 세기에 방송 통신 기술의 발달은 고도의 전문 지식을 대량으로 확장시킨 동시에 인간의 기본적 권리를 신장시키는 데 크게 기여하였다. 그리고 인터넷 정보 통신과 과학 기술의 발전으로 지식과 정보 생산이 증대되었지만, 사람들은 오히려 엄청나게 늘어난 지식과 정보를 습득하고 파악하는 데 어려움에 처한 상황이다. 확장되기만 하는 지식·정보를 체계적으로 관리하여 이를 창조적으로 다시 활용하는 방안에 대해 눈을 돌려야 할 때이다. 창조 국가는 책상에 앉아 생각만으로 이루어지지 않는다. 창조적 아이디어 또한 책과 지식·정보 속에 그 길이 나 있다. 누가 이 길을 열어낼 수 있을 것인가?

카오스 상태로 흩어져 있는 다양한 고급 지식과 정보를 사람들이 유용하게 활용할 수 있도록 융합하고 재구성하려는 국가적인 기획이 없다면 개인차가 커지는 것은 물론 국가 경쟁력은 더욱 약화될 것이다. 방대한 지식과 정보에 적응할 수 있는 유용한 새로운 지식 환경을 만들어낼 수 있는 지속적인 콘텐츠 구축과 소프트웨어를 개발하는 일은 매우 중요한 국가 과제라고 할 수 있다.

지식 혁명의 시대에 지식·정보를 효율적으로 전달하는 다중적 방식은 도서의 보급과 더불어 사전을 통해 이루어질 수 있다. 특히 종이책에서 디지털 e-book과 전자사전이나 이미지 아카이브(image archive)로 구축된 디지털 자료를 다양하게 검색할 수 있도록 지원한다면 국가적 지식 경쟁력을 강화하는 지름길이 될 것이다.

국가 지식과 정보의 기반을 강화하는 일은 일반 다중(multi-public)의 지식 능력을 고도화할 수 있을 뿐만 아니라 지식과 정보 능력이 고도화된 다중들로부터 지식 생산과 관리를 다시 협업(collaboration)할 수 있는 뛰어난 순환적 지식 환경을 만들 수 있다. 최근 우리나라 지식 경쟁력은 뒤떨어지는 편이지만 지식과 정보 생산력은 현저하게 증가되고 있다. 대학이나 각종 연구소에서는 학술 연구의 성과, 전문 분야별 용어 사전 간행, 고전의 국역 사업의 진전, 지역 문화의 지속적 조사 및 발굴, 유입되는 전문용어의 정리, 외국 학문의 번역 사업, 디지털 콘텐츠의 융합 플랫폼 구축 등이 활발하게 진행되고 있다. 이에 따라 현재의 국어사전 지식의 외연에 방치되어 있는 기초 지식과 정보 관련 낱말들을 대거로 추출·가공하여 체계화된 사전 지식 기반으로 전환할 필요가 있다.

지식과 정보 소통의 기반인 한국어는 사용자 숫자를 기준으로 하여도 세계 10위권에 속하는 주요 언어(major language)이다. 국제연합(187개국)의 세계지식재산권기구(WIPO)는 2007년 스위스 제네바에서 제43차 총회 본회의를 열어 183개 회원국들의 만장일치로 한국어와 포르투갈어를 국제특허협력조약(PCT)의 '국제 공개어'로 공식 채택하였다. 이러한 위상에 걸맞은 한국어 관리 체계를 구축할 전략을 세우는 것은 한국어의 세계화와 국가 선진화로 향하는 핵심 과제이다.

'미래 지향적 선진국'으로서의 한국의 경쟁력을 강화하기 위해서는 새로운 지식 기반 인프라를 구축해야 한다. 지속적으로 생산된 고급 지식·정보를 다중들에게 공급할 수 있는 신지식 기반 SOC를 구축해야 하는 것은 미래 다중 지식 역량을 함양하는 기반이 된다. 박근혜 정부의 정보화 역량 강화의 핵심 과제는 이미 생산된 지식을 융합하고 효율적으로 관리하는 체계 구축에 초점이 놓여야 할 것이다. 정부가 고부가가치를 창출할 수 있는 미래 지향적 지식 기반 인프라를 구축하기 위해서는 한국어 정보화 기반을 굳건하게 하는 일이 무엇보다 중요하다. 역사 발전은 누군가가 행하지 않은 행동, 누군가가 감행하지 않은 선택에 따라 결정된다. 이러한 결정은 다른 나라 사람이 결정할 일이 아니라 바로 우리가 할 수 있는 일이다.

지난 20세기에는 세계적으로 새로운 지식이 엄청난 속도로 탄생하였다. 지식의 문제는 인간의 본질적인 관심거리였으며, 그 지식의 생산과 이를 관리하는 문제는 개인뿐만 아니라 국가에서도 관심을 갖는 주요한 대상이었다. 소위 백과사전파라는 사람들은 지식을 정리하고 그것을 집대성함으로써 새로운 지식을 탄생시키는 원동력이 되었다. 21세기에 들어서자 인간이 해결해야 할 과제들도 엄청나게 증가하였다. 전쟁의 위협, 에너지와 자원 문제, 환경, 식량, 빈곤 문제, 도시 문제, 테러, 폭력 등 다양한 분야에 걸쳐 단순히 윤택한 인간 삶의 문제보다 안전한 인간 삶을 유지시키는 데 필요한 생명과학, 바이오테크놀로지, 나노테크놀로지, 정보기술, 환경 기술, 에너지 기술, 재료와 생산 기술, 인문과학과 사회과학 등 문제 해결의 기초적 지식의 단초를 쥐고 있는 것이 바로 사전 지식이다.

사전 지식은 국력의 바탕이며, 문화 발전의 원동력이다. 나라마다 모든 지식을 체계적으로 정리한 사전을 편찬하여 그 나라 다중의 지식 능력을 강화하는 데 노력을 기울이고 있다. 사전은 편찬자의 철학에 따라 다양하게 만들어진다. 국가적 차원에서의 사전 지식은 대중적인 지식 기반에 영향을 미친다. 지식을 조합하고 융합하면 새로운 창조적인 지식이 탄생할 수 있다. 지식만으로 창조성을 기를 수는 없지만 지식 없는 창조성을 키운다는 것은 불가능하다. 방대한 지식 체계를 조리 있게 정리하여 DB 자료화할 수 있는 방안은 바로 한국어 정보처리 기술력을 높이는 것이다. 지금 전 세계 지식 자원은 대부분 인터넷으로 연결되어 세계 어디서든 지식과 정보를 검색하고 교환할 수 있다. 그러나 지식 자원을 합리적으로 공유할 수 있는 환경은 아직 미비하며, 그 형식도 제각각이다.

기초 지식을 정교하게 정리해서 담은 사전 지식의 중요성을 강조하는 이유도 여기에 있다. 전문가뿐만 아니라 일반 다중들의 지식 기반을 끌어올리는 일도 모두 이 일과 관련이 있다. 정부가 인터넷 알바들의 언어 폭력을 탓하여 이를 규제하려고만 해서는 안 된다. 이들 알바들의 품격을 올리기 위해서는 다중 지식 기반이 선진화시키는 일이 규제 법안을 만드는 일보다 더욱 중요하다.

앞으로 인터넷을 활용한 유비쿼터스 학습 방식을 통해 스스로 지식을 축적하고, 추론을 통해 스스로 새로운 지식을 창출하며, 이를 사람과 기계 간, 기계와 기계 간 적절히 이용할 수 있는 자연언어 처리 기술력으로 고도화해야 한다.

세상에는 다양한 사물로 가득 차 있다. 이들 사물의 존재를 효율적으로 인식시키는 인간 지성의 성찰 방식을 컴퓨터로 활용하는 방식에 대해 많은 연구들이 진행되고 있다. 온톨로지는 그리스어로 '존재론'을 뜻한다. 다양하게 분산되어 있는 사물의 존재를 체계적으로 분석하여 이들의 연결고리를 의미적으로 묶음을 만드는 이론을 온톨로지라고 할 수 있다. 이 온톨로지를 구현하는 방식으로는 낱말망 연구, 웹시맨틱스 등이 있다. 음성과 문자가 자유롭게 호환되는 꿈의 시대를 우리가 열어나가야 할 것이다.

창의적 국가를 만든다는 원론은 매우 환영한다. 그러나 실재 속살은 아무것도 보이지 않는다. 창조적인 국가를 만드는 일은 저절로 되는 것이 아니다. 집단지성을 강화하는 정책적 뒷받침이 없이는 불가능하다. 책이나 논문을 통해 광범위한 지식을 재구성하고 그것을 활용하여 새로운 가치를 갖도록 전환할 수 있는 능력이 바로 창의의 본질이다. 창조국가라는 정부의 정치적 구호만으로 이루어지지 않는다는 사실을 말하고 그것을 실행하는 방안을 제시한 사례를 제안하려는 것이 이 책을 출판하는 이유이다.

::: 중심과 변두리 언어의 차등성

지식과 정보, 문화적 소통과 공유는 기호로 이루어진다. 즉 문화 경계가 확장되는 새로운 디지털 미디어 시대에 인류의 지식과 정보는 기호(symbol)로 전달되는 것이다. 이 기호는 문자언어나 음성 언어, 오디오, 비디오 등 다양한 매체 기호로 구성되어 있는데, 그 가운데 문자언어의 위력이 과대하게 지배해 왔던 방식에서 벗어나 구두 언어의 흔적이나 문자가 없는 종족의 구어 등에 대한 기록화에 대한 관심을 가져야 할 필요성이 대두된다. 문자언어에 묶여 있었던 인문학이 구두 언어를 비롯한 다매체 언어를 끌어안는 쪽으로 진화되어야 한다는 말이다.

매체 기호는 인류가 발견하고 창조한 다양한 지식·정보의 다발이라고 할 수 있다. 활자화 시대에 책으로 전승되던 인류의 창조적 지식이 대량의 디지털 부호로 대체되어, 서로 소통하고 나누고 협력하고 또 검색하여 재활용하게 됨으로써 인류의 지식·정보는 동시다발적으로 새롭게 융합하고 재창조될 수 있다. 문화의 경계를 재편하면서 뒤섞이고 뭉쳐 내는 힘을 가진 기호가 창조적인 미래 지식 자본(invention capitalism)의 축을 형성하고 있다. 기호로 표현되는 모든 아이디어 및 창의성과 같은 지식·정보 자산이 새로운 개념으로서 자본의 축을 형성하는 지식 자본의 시대로 진입하고 있다. 단순한 소통의 방식이 아닌, 부가 가치가 무한한 지식·정보를 대량을 생산하고 새롭게 조합하고 검색을 할 수 있는 언어정보처리의 환경이나 그러한 능력의 차이가 새로운 문화 경계를 만들어내고 있는 것이다. 이러한 관점에서 변두리에 내몰려 있는 지방민들의 구두 언어에 대한 우리들의 인식을 새롭게 되돌아 볼 시점이 아닌가 판단한다.

대한 제국이 일제의 계략에 의해 조락의 문턱에 이르렀을 때, 고종 황제는 조선 왕조를 새로 일으키기 위해 피나는 노력을 기울였지만 한일 합병이라는 식민 지배의 구렁에 휩쓸렸다. 이와 같은 위기의 순간, 갑오개혁과 함께 고종 31(1894)년 11월 21일에 공문서 관련 칙령 1호를 발표한다. 칙령 1호 제14조에는 "法律勅令, 總以國文爲本, 漢文附譯 或混用國漢文"이라고 하였고, 동 칙령 86호(고종 32(1895)년)에는 "法律命令은 다 國文으로써 본을 삼꼬 漢譯을 附ᄒᆞ며 或 國漢文을 混用홈"이라고 밝혔다. 세종 이후 처음으로 한글을 나라 글자임을 천명한 것이다. 이후 학부(學府)에서는 혼란스러운 한글 표기법을 제정하기 위해 일제 침탈 1년 전인 1909년 12월 28일 『국문연구의정안』을 제안하였으나 시대적 상황으로 인해 무산될 수밖에 없었다.

이러한 일은 국가가 담당해야 할 임무이지만, 우리의 경우에는 민간 학술 단체인 조선어학회가 중심이 되어 1933년 〈한글맞춤법통일안〉을 완성하였고, 이것을 토대로 하여 민족 대사전 편찬을 추진하여 오늘날 한글 소통의 시대로 진입하게 되었다. 그러나 고비 고비마다 우리말과 글의 통일에 대한 논란이 잠복되어 있다가 머리를 쳐들게 된다. 이승만 정권 때 우리말 간소화 표기 파동을 거치고 한자를 한국의 국자로 하자는 논의는 지금도 종식되지 않고 있는 실정이다. 다행스럽게도 1968년 10월 9일 박정희 정권은 한글 전용을 선언하는 담화문 발표와 함께 초·중·고등학교의 교과서를 전면 한글 표기로 전환함으로써 한글 발전의 큰 기초를 놓게 되었다.

조선어학회 사건으로 피금되었다가 함흥 감옥에서 옥사한 환산 이윤재(1888~1943)는 우리말과 글을 새롭게 정비한 『우리말 큰사전』 편찬을 위해 서울을 중심으로 한 표준어 기준을 제정하고, 그 기반 위에 전국 각지에 다양한 토착의 말과 글을 수집하여 사전에 등재하기 위해 노력한 분이다. 당시에 여러 대학생들과 함께 한글 보급 운동을 하면서 하계 방학을 이용해 방언을 수집하였다고 하는데, 각 지역에 분포한 다양한 우리말들을 캐기 위해 최현배 선생이 만든 『우리말 캐기 잡책』이라는 방언 조사 질문지를 이용해 자료를 수집하였고 한다. 물론 시대적 상황으로 보아 시간은 절대적으로 부족했고 조사 비용도 넉넉하지 못한 탓에 충분한 조사가 이루어질 수는 없는 실정이었다. 따라서 『우리말 큰사전』의 편찬은 충분한 자료를 확보하지 못한 상태에서 시작되는 것이지만, 환산의 노력으로 인해 『우리말 큰사전』에 많은 방언형들이 등재되었으니 그 공로는 절대 낮게 평가되어서는 안 될 것이다.

우리말의 보전 혹은 우리말 사전 편찬에 대한 이윤재 선생의 관점은 '전등어(어원적 방언)'와 '각립어(음운적 변이 방언)'라는 개념의 설정에서 잘 드러난다. 곧 '부추'라는 표준어 외에 전라도 지방의 '솔', '졸'이라는 방언과 경상도 지방의 '정구지'와 같은 말을 전등어라고 규정하고, 서울·경기 지역의 '부추'가 '분초', '분추'로 분화되거나 전라도나 서부 경남 일부 지역에서 사용하는 '졸'과 '솔'이 '소풀' 등으로 음운 분화를 한 방언형을 각립어라고 규정하였는데, 이윤재 선생은 여기에서 각립어를 제외한 전등어 중 대표성을 띄는 방언형을 골라 표준어로 올리려는 노력을 하였다. 즉 이윤재 선생은 방언형은 비록 지방의 말이라고 할지라도 민족 언어의 일부이며 당연히 지켜야 할 언어 유산으로 인식하고 있었던 것이다.

인류의 공동체 삶의 방식은 수취인 도장이 찍힌 우표처럼 일회성이 아닌 영원한 가치를 가지고 있는 것이다. 내 가족과 이웃 그리고 이 사회와 국가가 더불어 살아가는 공동체 삶에는 늘 따뜻한 온기가 남아 있게 마련이다. 서해 바다에 가면 고대의 어로 방식인 '돌살(독살)'이라는 공동체어로 흔적이 아직 남아 있다. 바닷가에서 살던 우리 선조들로부터 대물림해 온 공동체 삶의 원형 가운데 한 가지인 '돌살'과 그와 유사한 '개매기'라는 고기잡이 형태가 아직까지 전해 내려온다. '돌살'과 '개매기'라는 낱말은 『표준국어대사전』에는 표준어가 아니라는 이유로 올림말로 실리지 못했다. 밀물과 썰물의 간만 차이가 많은 주로 서해 해안 지역에 어민들이 썰물 때 돌로 쌓아서 밀물 때 바닷물과 함께 밀려든 고기들이 밀물 때 미처 빠져나가지 못하고 돌 축성 안에 남아 있으면 마을 사람들이 와서 자기가 먹을 만큼의 고기를 잡아가는 어로 방식이다. 이런 돌살이라는 어로 방식은 아마도 까마득한 옛날 원시 인류의 삶의 방식 가운데 한 가지임에 틀림이 없다. 세월이 흘러도 그 옛날 민속적 형태가 고스란히 전해 오듯, 거기에 딸린 낱말 '돌살'에 묻어 있는 역사성은 까마득한 우리들의 옛 선조들과 만날 수 있게 해준다.

전라도 신의도 원목마을 '바람금리'라는 곳에 갯벌로 이뤄진 큰 만이 있는데 이곳에 길이 400m 정도의 개매기(개막이)를 쳐서 고기잡이하는 전통적 방식이 아직 전해오고 있다. 바닷물이 드나드는 물목 양쪽을 그물로 막아 고기를 잡아내는 개매기는 싱싱한 생선을 스트레스 주지 않고 자연 생태로 잡아낼 수 있다는 장점이 있다. 그리고 마을 사람들이 아무 욕심 없이 골고루 나누어 먹는다. 신의도의 이 개매기는 가장 먼

바다에 있는 것이어서 연안 어족인 숭어, 전어, 광어는 물론 큰 바다 생선인 조기, 도미, 대하, 중하 등도 많이 잡힌다. 신의도의 '바람금리 개매기'는 우리나라 개매기 가운데 가장 규모가 큰 것이다. '개매기'는 나무를 얽어 바자로 만든 원시형 그물로 '갯+막이'로 구성된 합성어인데 앞에서 살펴본 '돌살'보다는 좀 더 발전된 형식의 공동 어로 방식이다. 울산 반구대 암각화에도 그 흔적이 남아 있다.[1] '돌살'이나 '개매기'는 바로 까마득한 옛 선조들의 삶의 모습과 형식을 파악하는 데 얼마나 중요한 낱말인지 모른다. 그런데 서울 지역의 교양인이 사용하는 말이 아니라는 이유로 『표준국어대사전』에 배척당한 말이라고 하니 참으로 이해할 수 없는 노릇이다.

바닷사람들은 '돌살'에서 바닷물이 언제 밀려왔다가 언제 밀려가는지 갯벌과 바다 생태계 체계를 본능적으로 파악하고 있다. 아침저녁 하루에 두 번씩 드나드는 '물때'라는 인지 체계에 따라 고기잡이를 한다. 자연의 이법에 따라 살아가는 이들의 삶 속에서 너무나 중요한 인간 삶의 역사성의 무늬를 찾아볼 수 있다. 신경준의 『도로고(道路攷)』에 한 달 동안의 조석 성쇠일을 밝혀 둔 것과 거의 일치하는 '물때' 읽기의 방언들이 실려 있다. 물때는 보름 단위로 '사리'라고 하는데 사리는 생이(生伊)라고 한다. 또 보름의 반은 7일이고 5일에서 7일까지를 '꺾기'라고 한다. 물살이 셌다가 물발이 줄어들어 '조금발'이 꺾인다는 의미이다. 8일은 '조공'이라고 하는데 '조금'에서 변한 말로서 물이 공처럼 둥글게 오그라든다는 의미이다. 서산 지역 물때의 이름은 "그믐/여섯매－초하루/일곱매－초이틀/아홉물－초사흘/열물－나흘/열물－5일/열한물－6일/대게끼－7일/아침조금－8일/한조금－9일/무시－10일/한메－11일/두메－12일/서

1 이상규, 「반구대 암각화에서 딩각의 메아리」, 『사람과 문화』 제7호, (사)아카데미아 후미나, 2012.

메–13일/너메(느메)–14일/다섯메–15일/아침 썰물"과 같은 계열을 이루고 있다.

이 물때를 계산하는 명칭은 '물'과 '메'의 복합어로 '물'은 '무렵'이라는 뜻을, '메'는 '가까이'라는 의미를 가지고 있다. 6일(대게끼)에서 8일(한조금)까지 하나의 전환을 이루고 '대게끼'는 '꺾임'으로 물살이 세다가 약간 잔잔해질 무렵을 말한다. 어촌 사람들은 이와 같이 물때의 흐름을 잘 파악해야 살아갈 수 있었다.

자연 생태계나 인간의 생존과 직접적인 관련성이 있는 방언들을 표준어가 아니라는 이유로 사전에 올리지 않으면 낱말 생태계가 구성하고 있는 인간의 체험적 지식도 무너져 버리게 된다. 폭발적으로 늘어나는 인간 지식·정보를 어느 개인이 관리할 수 없다. 국가가 이처럼 소중한 인간의 언어로 결을 맺고 있는 지식·정보를 활용할 수 있도록 관리하고 지원하는 데 눈을 떠야 한다. 국가의 경쟁력이나 국민의 선진화는 지적인 다중을 일깨우는 데에서 시작해야 할 것이다.[2]

그러나 위와 같은 환산 이윤재 선생의 관점과는 달리, 언제부터인가 서울말이 아니면 표준어가 아니라는 인식이 생겨났고, 둥지 밖으로 밀려난 방언은 "촌스러운 우리말," 심지어는 "잘못된 말, 틀린 말"이라는 낙인이 굳게 찍히게 되었다.[3] 전국적인 사용 분포를 가진 '멍게'와 같은 소수의 방언을 생색내듯이 표준어로 인정하는 좀스러운 인식에서 벗어나지 못하고 있다. 사람들이 사용하는 언어는 세상에 대한 그들의 인식 체계인 동시에 삶의 지식과 지혜가 오롯이 담긴 그릇이라고 할 수 있다. 전라도 바닷가 사람들은 '말미잘'을 '붉은미주알'이라고 하고 '거북손'이

2 홍기옥, 「경남 남해군 어촌 지역 생활낱말 연구-행위자 및 환경 관련 낱말을 중심으로」, 『한민족어문학』 제58호, 2011; 홍기옥, 「남해안 어촌지역 어휘물 명칭 연구-해남, 남해, 욕지도 지역의 명칭을 중심으로」, 『방언학』 16호, 한국방언학회, 2012.
3 이상규, 『방언의 미학』, 살림, 2008; 이상규, 『둥지 밖의 언어』, 생각의나무, 2009.

라고 하는 갑각류를 마치 설사를 오래하여 항문이 빠진 모습이라고 하여 '보찰'이라고 부르며 '성게'를 '밤송이조개'라고 한다. 거제도 사람들은 '자리돔'을 '배달구'라 하고 경남 해안 사람들은 '망둥어'는 '졸래기', '밴댕이'를 '띠포리'라고 한다. 흑산도 바닷가에서 고기를 잡는 사람들의 말을 어떻게 서울 사람들이 알 수 있을까? 서울말이 아니니까 이들은 전부 틀린 말이 될 수밖에 없는데, 서울 사람들이 이해하지 못하면 다 내다 버려야 한다니 이런 어처구니없는 국가의 언어 지배의 틀이 어디 있겠는가? 팔라우 군도에 거주하는 어부들은 컴퓨터 용어는 하나도 모르지만 물고기의 이름이나 생태적 지식은 전문 학자들의 지식수준을 능가한다. 변두리의 말은 그 지역 사람들의 생존과 긴밀하게 연관되어 있을 뿐만 아니라 살아서 생동하는 그들의 지식의 일부분이다.

지난 시절에는 이러한 문제에 대해 거의 눈 돌릴 겨를이 없었지만, 이제 언어정보화의 기술력은 이런 다원적인 언어 지식·정보를 유용하게 운용할 수 있는 상황에 도달해 있다. 최근 국민 행복의 시대를 만든다는 정부의 비전에 과연 무엇이 담길 것인지 궁금하다. 변두리 지방민들은 그들의 언어적 자존심을 국가가 인정할 때 재정이나 복지 지원보다 더 큰 기쁨과 자존심을 느낄 수 있을 것이리라. 진정 국민을 위한다면 국민들의 언어생활을 통제적 방식에서 개방적으로, 그 다양성을 포용하는 쪽으로 이끌어가야 할 것이며 그들의 언어 속에 담긴 지식·정보를 활용할 수 있는 환경으로 만들어야 할 것이다. 표준어와 방언과의 관계뿐만 아니라 맞춤법이나 외래어 표기법 등도 또한 마찬가지이다.

영남 방언에서는 공간적 온도 낱말인 '덥다-춥다'의 낱말 계열과 촉감에 의한 온도 낱말인 '뜨시다-차다'의 계열적 대립이 뚜렷하다. '더운밥', '더운물'이 표준어로 되어 있는데, 그렇다면 이들의 대립어는 '추운밥'과 '추운물'이 되어야 한다. 표준어이면 모든 말이 다 옳은 것이 아니라는 말이다. 오히려 영남 지역의 '뜨신밥', '뜨신물'의 대립어가 '찬밥', '찬물' 이듯이 낱말 계열의 체계성을 고려하면 방언이 표준어보다 더 올바른 체계임을 알 수 있다. 그럼에도 불구하고 영남의 방언 '뜨신밥', '뜨신물' 은 붉은 줄이 쳐지는 잘못이라는 판정이 난다.

경남 의령이라고 하면 의병장 곽재우 장군과 삼성 이병철 회장을 떠올릴 수 있다. 일제 강점기에 부산과 대구에서 백산상회를 새워 독립 군자금을 후원하고 국채보상운동의 불을 댕긴 안휘재 선생과 초대 교육부 장관을 지냈던 안호상 선생, 의령의 갑부이면서 인재 교육에 헌신하였던 이우식 선생, 조선어학회 33인이었던 고루 이극로 선생 또한 이 지역 출신이다. 영남 지역에 있는 독립운동의 진원지이기도 한데 지금도 의령 장터를 찾아가면 일제 강점기의 흔적이 곳곳에 묻어 있다. 일본 스시(すし)집과 망개떡 원조집이 서로 어깨를 맞대고 서 있다. 망개떡은 청미래덩굴의 잎으로 떡을 싸서 익힌 것인데 '망개'는 '청미래덩굴'의 방언이다. 낱말 계열로 본다면 '청미래떡'이라고 하든지 아니면 '청미래덩굴'을 '망개덩굴'로 해야 옳을 텐데 여하튼 '망개떡'이 표준어로 실려 있다. '망개떡'은 당시 조선어학회의 주요 인사였던 이극로 선생의 음덕으로 일약 스타가 된 사례일 것이다. 이처럼 언어의 계열관계를 보더라도 언어의 권력화가 눈에 보이지 않게 작용한 것이 아닐까?

서울에 경상도 출신 치과 의사가 환자에게 "야문 것 너무 먹지 마라"라고 했더니 환자가 눈이 휘둥그레지면서 "그러면 익지 않은 날것만 먹으라고요?"라는 고했다는 이야기가 있다. 『훈민정음』 해례에서도 '기·'와 '긷'가 아동의 말이나 변두리 말에 있음을 증언했듯이 경상도 사람들은 '야물다(단단하다)'와 '여물다(익다)'를 구별한다.

물건은 바닥에 '떨어뜨리다'에 대응되는 영남 방언은 '널 다'이다. '널쫗다'는 중세어에서 'ᄂᆞ리(降-)+디(落)-+우(사동접사)-'의 합성어임에도 불구하고, 방언이라는 이유로 '떨어뜨리다'와 경쟁 한번 하지 못한 채 촌스러운 사투리라는 낙인만 찍히고 만다. 이처럼 방언에서도 쓸 만한 말이 많이 있다. 낱말의 체계성이라든지 낱말의 역사성을 고려할 때 표준어에 버금가는 우수성을 가진 것들을 지속적으로 방관해 두는 일이 옳은 일인가?

방언은 기록 자료에 남아 있지 않은 생생한 변두리의 말씨도 남아 있어 우리말의 역사를 연구하는 데 매우 중요한 사료라고 할 수 있다. 그뿐만 아니라 변두리 사람들의 오랜 생활 속에 축적해 온 가치 있는 지식을 간직하고 있는 경우도 매우 많이 있다. 앞에서 말한 '부추'의 전라도 사투리인 '솔'은 고대 백제 지역으로 유입해 온 예족(濊族)의 언어 흔적이다. 함경도 북부 지역에서 만주 벌판에 퍼져 있던 건주 여진인들의 말 속에 [sor]은 채소를 뜻하는데, 바로 이 여진 외래어가 부추를 '솔'이라고 했던 그 흔적이다. 말의 원류를 찾아가는 과정 속에서 민족의 이동을 추정하는 매우 주요한 단서를 발견할 수 있는 사례이다.

역시 충청도와 강원도 경계에 있는 산간 지역에서는 겨울 방안에 '코쿨, 코쿤'이라는 벽난로가 있었다. 이 '코쿨'은 벽면에 콧구멍 모양으로 만든 불화로를 만들고 연통을 바깥으로 내어 난방과 동시에 등화가 가능한 장치이다. 여기에 솔괭이나 혹은 겨릅이라는 삼을 벗겨 낸 삼대에 등겨 가루를 발라 말린 것을 올려 불을 지피면 조명의 역할과 동시에 보온의 역할을 하는 것이다. 아마도 이 '코쿨'은 까마득한 선사 시대의 예족들이 사용한 조명 방식이 아직 강원도와 충청도를 잇는 산간벽지에서 그 자취를 남기고 있는 것으로 보인다.

우리나라에 퍼져 있는 암각화는 거의 태백 준령 동쪽으로 치우쳐져 있는데 이러한 사실은 동서의 고대 주민들의 이동 경로와 밀접한 관계가 있다. 70년대 방언 조사를 하다가 백중을 전후한 농경 축제의 하나는 사물놀이가 아닌 오물놀이였다는 사실을 알게 되었다. 지난날에는 벼농사를 할 때 논매기가 매우 중요하고 고된 농사일 가운데 하나였다. 세벌 논매기가 끝날 무렵에는 호미를 물에 씻어 건다고 하여 '호미씻이'라는 농경 행사를 했었다. 지주는 일꾼들에게 잔치를 벌여 주는데, 이때 자연스레 풍물놀이를 하게 된다. 그런데 영남 지역에서는 북, 장구, 꽹과리, 징이라는 사물과 함께 '딩각'이라는 오동나무로 만든 긴 나팔까지 포함시켜 오물놀이가 유포되어 있었던 것이다. 흥미로운 사실은 반구대 암각화에 18명이 사람 모양의 그림이 있는데 그 가운데 한 사람이 바로 이 딩각이라는 악기를 불고 있었다는 것이다. 이는 현재와 선사 시대를 이어주는 매우 중요한 정보가 아닐 수 없다. 농경 놀이를 할 때 농악대에 포수와 이 딩각을 부는 사람이 그 선두잡이 역할을 한다. 반구대 암각화에 나타나는 선두잡이에 대해서는 주술사나 집단 지도자 등 다양한 해석이 가능하지만 이 딩각의 전통은 바로 함경도 지역의 박주라라는 악기와 서로 연결된다. 어쩌면 가마득한 옛날 경주 신라 왕경으로 몰려든 이주민들이 남긴 흔적이 아닐까? 18명의 사람 그림 가운데 활 쏘는 사람으로 알려진 한두 사람은 활 쏘는 사람이 아닌 말몰이 채를 휘두르는 몽고 타타르의 이주민들이었을지도 모른다.

수년 전 오현 큰스님과 함께 세계 문화유산으로 지정된 경주 양동마을을 찾았다. 무첨당, 향단 등 5대 종가댁의 한옥은 멋을 한껏 부리며 멀리 양동 주귀미 들판을 내려다보고 있다. 종가댁 정문 앞에는 조그마한 초가집이 한 채씩 서 있다. 부엌도 마루도 달리지 않은 달랑 방 한 칸짜리 초가집이다. 이 초가집의 이름을 물어 보니 아는 사람이 아무도 없었다. 바로 이 집은 옛날 사대부 양반님들의 말을 모는 하인들이 잠시 머무는, 말하자면 자가용 운전기사가 대기하는 집이며 그 이름은 '마름집' 혹은 '가름집'이라고 한다. 이 이름은 멀리 함경도 지역까지 퍼져 있는데 백석의 시에 나오는 '마가리'가 바로 이것과 같은 유이다. '말음(舍音)'은 이두어로 옛날 지주들의 농경 경작을 대리하는 하인으로, 때에 따라서는 상전의 말고삐를 잡는 역할을 한 탓에 이런 말이 생긴 것은 아닐까? 양반 고택만 중요한 것이 아니다. 그 초라한 '마름집'이 지난 시절 서민들의 삶의 역사를 대변하는 매우 중요한 유산이 될 수 있는 것이다. 지배와 피지배의 관계는 이와 같은 무관심으로 인한 역사 해설의 왜곡까지 불러올 수도 있는데, 이를 바로잡아 주는 '산 증거'가 그들 언어의 흔적 속에서 건져질 수 있다.

언어의 유산이 제의(祭儀) 절차에 남아 있는 예가 많이 있다. 제삿날 주요한 제수 음식 가운데 경북 안동 사람들은 문어를 매우 소중하게 생각한다. 동해의 문어 80%가 안동장으로 팔려나간다는 말이 있듯이 안동에서는 다리가 굵고 싱싱한 문어를 제사에 반드시 올려야 한다고 생각하고 있다. 최근 '안동 간고등어'가 세계 시장으로 팔려나가고 있다. 70년대 후반 안동 지역에 방언 조사를 갔더니 노인 분께서 "옛날 여기 안동 양반네들은 새벽에 펄펄 뛰는 청어고기를 먹었다"라는 이야기를 하였다. 그 시대를 생각하면 좀처럼 납득할 수 없는 이야기가 되겠지만, 안동은 해안 지역인 영덕으로 이어지는 38번 국도를 타고 혼인권이 형성된 지역이며 물류 교역의 주요 통로였다는 점을 생각해 보아야 한다. 새벽에 잡은 생선을 10리마다 보상들이 배달해 오면 이른 새벽녘이면 양반네들은 펄펄 뛰는 생선을 능히 먹을 수 있었던 것이다. 바로 이때 팔다 남은 고등어 생선에 소금을 치던 간잽이들의 오랜 경험적 전통이 바로 오늘의 명품 '안동 간고등어'를 탄생시킨 것이다.

같은 경상도라도 대구, 경주, 영천, 포항 지역에는 제수 음식으로 '돔배기' 없이는 제사를 지내지 못한다. 경산 진량고분에서도 이 상어의 등뼈가 발굴되었듯이 이미 선사시대부터 제수로 사용되었음을 알 수 있다. 돔배기는 상어고기를 토막토막 잘라 사리꼬챙이로 꿰어 불이나 물에 익힌 음식이다. 그런데 이 '돔배기'를 『표준국어대사전』에서는 "돔발상어(돔발상엇과의 바닷물고기)의 방언(경북)"으로 처리하고 있다. 이 지역의 문화를 제대로 모르는 상황에서 생겨난 오류가 아닐까?

겨울에 찬 바람에 얼린 청어나 꽁치를 과메기라고 하는데 이것을 모르는 사람은 없을 것이다. 경북 포항 바닷가에서 싱싱한 청어나 꽁치를 겨울바람에 얼려서 내장의 육즙이 살 속으로 펴져 가도록 한 아주 맛있고 영양가가 높은 고급 식품이다. 이 과메기가 전국구가 된 것도 그리 오래되지 않았다. 그런데 다산 정약용 선생이 포항 장기현에 유배를 와서 주민들이 주는 과메기를 먹어 보고는 비유어(肥儒魚, 선비를 살찌우는 고기)라는 이름을 지어 시로 남겼다. 관목어(貫目魚, 눈에 사리 꼬챙이를 꿰어 얼린 고기)라는 이름에서 근사한 비유어라는 영예로운 이름을 얻는 탓인지 이명박 정부가 들어서면서 청와대 파티에 올라 일약 스타가 되었다. 그러나 서울의 것이 아니니까 자연 내버려야 할 사투리에 머물러 있다. 이래서 말은 제주로 사람은 서울로 가야 된다는 말이 생겨났지 않을까?

수년 전 상주 공성면에 방언 조사를 하다가 결혼 음식으로 콩나물을 삶아서 콩가루에 무친 음식이 있다는 사실과 그 이름이 '콩지름힛집'임을 알았다. 흔히 과년한 처녀에게 "국수 언제 줄래?"라는 질문을 하는데 이는 "언제 시집을 갈 것이냐?"라는 완곡 의문법이다. 이 '국수'와 '콩지름힛집'은 서로 유사성이 있다. 잘 자라고 또 머릿수가 많다. 곧 고대 농경문화에서 다산의 풍요를 기원하는 주술적인 염원이 담겨 있는 민속음식이다.

다시 일제시대로 되돌아가 보자. 나라가 존망의 위기에 처했을 때 정치가 언어에 관여하게 된다. 표준이라는 하나의 힘을 향에 질주하지 않으면 모두를 잃어버린다는 위기의식이 하나로 모아 주었다. 그 구심력으로 향하는 쾌속의 힘이 느슨해진 오늘날, 그때 버려두었던 원심의 변두리에 처해 있던 다양한 우리의 언어문화가 얼마나 크게 훼손되었는지를 곰곰이 생각해 보아야 한다. 높고 낮음, 중심과 변두리를 타자화한 근대 의식에 대한 반론적 성찰이 곳곳에서 이루어지고 있다. 문화의 다원성을 유지하는 하나의 방안이 바로 언어의 갈무리에 있다. 창의력, 창조적 힘을 강조하기 위해서 우리는 먼저 지난 삶의 방식에서 어떤 것을 바꾸어야 하는지를 먼저 생각해야 한다. 정부·언론외래어심의공동위원회에서는 매달 수백여 외국말을 표준어로 잣아 올리면서 변두리의 민족고유어는 그대로 방치하고 있다.

최근 자본의 '양극화(disparity)'라는 말을 자주 사용한다. 특히 빈부 격차에 대한 논점으로 '부의 양극화(disparity of wealth)'에 대한 논의는 부자는 대를 이어 부자가 되고 가난한 자는 대를 이어 가난하게 되는 불평등의 고리가 자본주의의 모순인 것으로 지목하고 있다. 이러한 자본주의의 허점을 비판하는 목소리가 열린 매체 공간을 통해 집단의 울림으로 공명을 일으키고 있다. 한 나무에 매달린 사과나무에서도 꼭 같은 크기의 맛있는 사과를 맺지 못한다. 한 부모 밑에서 태어난 아이들의 두뇌나 생긴 모습도 제각각일 뿐만 아니라 아이들의 성장 과정도 각각이다. 부의 구조가 고착화되고 사회 구성의 성층화로 인해 개인의 재능을 꽃피우지 못한 채 차등과 양극화가 심화되고 있다는 점은 분명한 사실이다. 빈부의 격차가 극단적으로 양극화되는 현상과 이러한 구조가 대물림을 하는 사회는 불안정해질 수밖에 없다. 바로 이러한 사회적 문제의 바탕에는 개인의 지식과 정보의 양극화라는 눈에 보이지 않는 요인이 숨어 있음을 잘 알아야 한다. 이젠 우리들의 인식을 조금씩 바꾸어야 한다. 예컨대 음성을 문자로 문자를 음성으로 호환하며 나라 간의 문자와 음성도 자동 전환이 가능한 언어정보 기술력을 강화하는 일처럼 다양한 문자언어정보를 생산하고 관리할 수 있도록 언어 지식·정보화 처리가 가능한 소프트웨어 개발에 힘을 쏟는 일이 창조적 미래의 문을 열어낼 것이다.

온 국민을 행복하게 하는 일이 무엇인가 정책 책임자들은 진정으로 고뇌해야 할 것이다. 지방민들이 가지고 있는 고급 언어 지식·정보를 구축하려는 의지와 노력이 우리 문화를 더욱 살찌게 하고 차등과 차별로 구획된 격자를 통합이라는 미래의 길로 이끄는 힘이라는 점을 성찰할 필요가 있다.[4]

4 이상규, 「우리말의 다원성에 대한 성찰」, 『말과 글』 제135호, 한국어문기자협회, 2013.

한글공동체

한글공동체 3. 창조적 문화 기반, 한국어종합기반사전

⁝⁝⁝ 문화를 잉태하는 언어

한 국가의 사전 사업은 국가와 민간의 협동으로 이루어내는 고도의 지적 산물이다. 신뢰성이 있는 세계적 사전 편찬 기획은 대부분 대학이나 민간 출판업계가 추진하고 국가가 지원하는 형식으로 이루어진다. 대영제국의 옥스퍼드 사전이 그 명성에 걸맞은 유명사전 가운데 하나이다. 사전편찬은 그 나라의 지적 수준을 가늠하는 매우 중요한 잣대가 되는 동시에 사용자들의 자존심을 자극한다는 면에서 매우 신중하고도 사려 깊은 사전 편찬자의 철학과 기술력이 뒷받침되어야 한다.

우리나라에서 종합국어대사전의 기획은 1930년대 조선어학회라는 민간학술단체에서 처음으로 기획하여 이룩한 것이다. 『큰사전』의 탄생은 조선어학회 33인으로 대표되는 지식인들에 의해 일제에 저항하는 민족공동체를 만들고 나라를 되찾는다는 매우 분명한 명분인 맞춤법에 따른 표기 통일과 표준화라는 목표를 가지고 시작되었다. 그 중간 과정에는 엄청난 어려움을 거쳤다. 핵심적 인사들은 조선어학회 33인 사건으로 구금되고 환산 이윤재 선생과 한징 선생은 옥사를 하였다. 또 일제 고등법원 재판부에 제출했던 출판 초고 원고를 일부 분실하여 경성역

구내 화물 보관소에서 극적으로 찾아내는 등의 우여곡절을 거쳤다. 심지어 편찬 비용이 모자라서 운크라(UNKRA)로부터 원조를 받아 완간하게 된다.

그 후 국어사전 사업이 국가 주도로 전환되면서 『표준국어대사전』이 탄생되었다. 이 사전이 나온 이후 많은 문제점이 노정되었을 뿐만 아니라 민간 사전 전문 출판들은 거의 도산하게 될 정도로 우리나라의 민간 사전 사업의 전망은 매우 불완전한 상황에 빠지게 되었다. 『표준국어대사전』의 정확성이나 신뢰성 문제뿐만 아니라 지속적으로 늘어나는 낱말들을 수용하지 못하는 한계점에 봉착되어 있는 것이 더욱더 큰 문제이다. 가까운 일본의 경우 국가에서는 『표준국어대사전』 분량의 열 배가 넘는 33권 분량의 종합기반사전을 갖추고 있으며, 시소러스를 기반으로 한 전산화 검색 시스템이 완비되어 있다. 그 가운데 공용어사전, 중사전과 소사전을 비롯한 각종 전문용어(의학, 전산, 법률, 행정 등)사전을 비롯하여 심지어는 귀신사전, 포커사전, 술사전에 이르기까지 매우 다양한 사전을 만드는 원천으로 활용되고 있다.

우리의 말과 글은 영원히 고정되어 있는 것이 아니라 끊임없이 변화하는 생성과 소멸의 과정을 함께하고 있다. 마치 탁류가 쉼 없이 흘러가면서 정화되어 맑고 푸르게 되듯이, 진흙탕물 같이 뒤섞인 신조어나 외래어, 온갖 전문용어나 상품 명칭이나 일회성의 낱말까지 모여 탁류로 고이게 된다. 이 탁류를 여과시키고 정수시킨 다음 사람들에게 식수로 공급하듯이 규범에 맞도록 다듬고 품격 있는 말을 골라 국가의 규범사전인 『표준국어대사전』에 실어야 할 것이다. 그러다가 세월이 지나면 사용되지 않는 말은 고어사전으로 옮겨야할 것이다. 저수지에 물을 여과하여 식수로 공급하고 그 허드렛물은 모아 다시 정류처리 과정을 거치듯이 한 국가의 언어 관리도 이러한 순환적 관리 체계를 갖추어야 함에도 불구하고 그러한 순환적 관리 체계가 제대로 갖추어져 있지 않다. 예를 들면 『표준국어대사전』 편찬 이후 이를 보수하고 개선하기 위한 예산은 전무한 형편이었으며, 그것을 지속적으로 관리할 수 있는 인력도 고정되어 있지 않다.

최근 우리나라에서는 지식 생산에는 엄청난 투자를 하고 있다. 고전의 한문 원전 번역 사업, 외국 저서나 논문의 번역으로 우리나라 사전에 실리지 않은 낱말들이 넘쳐나고 있을 뿐만 아니라 지역의 방언, 생활용어, 그리고 쏟아져 들어오는 차용 전문용어, 외래어와 외국어 음차 표기, 국제회의나 국제적 행사 때 초청되는 많은 인명, 지명, 상품 명칭과 신조어들은 둥지를 틀 만한 공간이 전혀 없다. 예를 들면 『훈민정음』 해례본의 '해례본'이라는 낱말조차도 『표준국어대사전』에도 등재되어 있지 않다. 최근 동아시아의 역사에 대한 관심이 높아지면서 『요사』, 『금사』, 『원사』, 『청사』에 나타나는 관직 명칭이나 한자로 표음된 인명이나 지명은 전공자들조차도 한글 표기가 통일되어 있지 않은 상황이다. 심지어 『조선왕조실록』에 실려 있는 여진 사람들과의 교류 관계에 나타나는 그들의 인명, 지명, 관직 명칭이 얼마나 혼란스러운지 모른다.[1]

맑은 식수를 마시기 위해서는 비록 탁한 물이더라도 이를 모아 정수 과정을 거쳐야 하듯 우리의 일상에서 사용하는 말과 글 또한 이치가 같다. "한국어종합기반사전"이란 "다른 사전의 원천(source)으로 활용될 수 있도록 풍부한 올림말과 풀이가 갖추어져 있으며, 구조적으로 변형이 가능한 형태를 가진 사전"을 말한다. 다시 말하자면 『표준국어대사전』에 담아내지 못한 우리말 자산 전반을 모은 기반사전(base dictionary)을 의미한다. 정화되지 않은 원수를 모으는 탱크로 비유할 수 있다.

1 김주원, 『조선왕조실록의 여진족 족명과 인명』, 서울대학교출판부, 2007.

현재 『겨레말큰사전』 사업도 교착상태에 빠져 있다. 2007년 4월 한시법으로 제정된 ‹겨레말큰사전 남북 공동편찬사업회법›에 근거한 이 사업의 향후 전망도 매우 불투명하다. 통일부와 문화체육관광부가 협력하여 이미 국축된 이들 소스 자료를 통합하여 종합한국어기반사전으로 전환하는 것도 신중하게 검토해 보아야 할 것이다.

문화 창조란 다양한 지식과 정보가 충분히 공급될 수 있을 때 진정으로 의미 있는 꽃을 피울 수 있다. 미래 지향적 선진국으로서의 경쟁력을 강화하기 위해서는 새로운 지식 기반을 구축할 수 있는 시스템을 갖추어야 한다. 지속적으로 생산된 고급 지식과 정보를 다중들에게 공급할 수 있는 신지식 기반 SOC를 구축하는 것은 미래 다중 지식 역량을 함양하는 기반이 된다. 정부의 정보화 역량 강화의 핵심 과제는 이미 생산된 지식과 정보를 융합하고 효율적으로 관리하는 체계 구축에 초점이 놓여야 할 것이다. 그러나 그러한 움직임의 낌새는 전혀 보이지 않는다. 새로 만든 미래창조과학부가 창조적 과학 기술의 역량을 강화하는 것도 중요하지만, 인문학적 융합을 이끌어내기 위한 기반으로서 『한국어종합기반사전』 사업 추진을 고려해 보면 좋을 것이다.

사전 편찬 기술의 눈부신 발전과 함께 종이사전에서 인터넷 사전으로 소통의 방식이 변화되었으며, 언어자료정보처리 기술력도 눈부시게 발전되었다. 되돌아보면 당시 수작업으로 진행했던 국가 주도형 사전 곳곳에 문제점이 발견되고 있다. 문제의 심각성은 이러한 사전 자체의 체계적 불완전함보다도 그동안 새롭게 생산된 많은 전문용어들과 고전의 국역 작업의 성과로부터 건져낸 숱한 용어들과 지역어 조사사업이나 생활어휘 조사사업을 통해 새롭게 발견된 낱말 자산이 엄청나게 늘어나 있지만 이들을 제대로 갈무리하지 못함으로써 오는 문제가 더욱 큰 문제가 아닐 수 없다.

옥스퍼드 영어사전은 대영제국의 국가지원을 받아 옥스퍼드대학교에서 편찬한 세계적인 명품 사전이다. 그동안 여러 차례 보완과 증보를 거듭하면서 현재는 인터넷으로 제공하고 있는 가장 신뢰받는 사전으로 평가를 받고 있다. 옥스퍼드 영어사전은 인간 지혜의 결정물인 책 속에 들어 있는 명언이나 명문장을 예문으로 수록하고 있으며, 그 집필을 영어영문학자만이 아닌 영국 시민들이 직접 가담하여 이루어낸 지적인 결정물이다. 사전 사업은 국가가 담당할 때 그만큼 위험 부담이 있을 뿐만 아니라 폐쇄적이고 방어적일 수 있기 때문에 전 국민에게 개방하여 국민 참여를 유도함으로써 전 국민의 자긍심을 이끌어낼 수 있을 뿐만 아니라 민간으로부터 사전 편찬 기술력을 신장시킬 수 있는 좋은 기회가 된다.

『표준국어대사전』이 태생적으로 가지고 있는 한계가 규범이라는 제한과 표준어라는 가로막이가 있어서 규범에 벗어나거나 비표준어인 경우 이 사전에 담을 수 없는 데에 있다. 따라서 국립국어원에서는 『표준국어대사전』의 보완 및 정비 작업을 추진하여 웹기반 사전으로 공개하는 데 멈추어 있을 것이 아니라 지속적으로 사전 내용을 세계적인 수준으로 발전시키기 위한 재정 투자와 함께 노력을 해야 한다.

이제 사전 사업이 단순한 사진 지식을 관리하는 차원이 아니라 폭발적으로 늘어나는 국가 지식·정보 체계의 생산과 관리라는 관점에서 그 발전 전망을 새롭게 해야 한다. 사전 지식은 국력의 바탕이며, 문화 발전의 원동력인 창조적인 상상력을 일깨우는 둥지이다. 나라마다 모든 지식을 체계적으로 정리한 사전을 편찬하여 그 나라의 다중들의 지식 능력을 강화하는 데 노력을 기울이고 있다. 사전은 편찬자의 철학에 따라 다양하게 만들어질 수 있다. 국가적 차원에서의 사전 지식은 국가 대중적인 지식 기반에 직접적인 영향을 미친다. 새롭게 생산되는 지식을 조합하고 융합할 때 새로운 창조적인 지식이 탄생할 수 있다. 물론 지식만으로 창조성을 기를 수는 없지만 지식 없는 창조성은 불가능한 것이다. 따라서 사전을 만드는 일은 국가 지식 산업의 기초 공정이라고 할 수 있다.

방대한 지식 체계를 가장 조리 있게 정리하여 자료화할 수 있는 방안은 바로 한국어 정보처리 기술력에 달려 있다. 지금 전 세계 지식자원은 대부분 인터넷으로 연결되어 세계 어디서든 지식을 열람하고 교환할 수 있다. 그러나 지식 자원을 합리적으로 공유할 수 있는 환경은 아직 미비하며, 그 형식도 제각각이다. 최근까지 우리나라의 지식 생산은 엘리트 중심의 폐쇄적인 방식으로 진행되어 왔다. 특히 국가 사전 사업이 『표준국어대사전』이라는 폐쇄적 규범 언어 중심 관리 대상으로 한정되어 왔기 때문에 이 사전의 외연에 거의 방치되듯 관리 대상에서 벗어나 있던 많은 사전 지식을 집결한 한국어종합기반사전 지식으로 수렴해내지 못했다. 한 나라의 사전 사업은 지속적인 성장을 위해 필수 불가결한 과제이다.

전통적인 지식 관리방식이 주로 책으로 이루어졌다면 그 책을 분류하여 보관한 최고의 지식 인프라가 도서관이었다. 그러나 최근 지식이 폭발적으로 늘어나자 도서관은 여러 가지 결점을 노출하고 있다. 도서관의 장서를 늘린다고 결코 다중의 지식의 폭이 넓어지고 깊이가 생겨나는 것이 아니다. 어쩌면 전문가와 비전문가의 괴리를 더욱 벌려놓게 된다. 책에만 의존하는 국가 지식 관리 방식은 이미 한계에 봉착되어 있다. 이 책과 저 책, 이 장과 저 상 간의 지식의 횡단이 불가능하다. 그저 지식의 시체를 보관하는 장소일 뿐이다. 지식의 조합과 융합이 새로운 지식을 낳는 창조적인 원동력이 되는 시대에 도서관에 무료하게 꽂혀 있는 장서의 역할만으로는 다중들의 지식을 확장하는 일은 불가능한 상황이다. 지식과 지식 사이에 새로운 관계를 맺는 사다리가 필요하다. 현재 국가 지식 생산과 관리라는 측면에서 주변 환경 변화에 대해 살펴볼 필요가 있다.

사전은 한 국가의 지식을 모아서 체계적으로 분류하고 기술한 말과 글의 정갈한 둥지이다. 특히 온라인 소통의 시대, 빠르게 발달하는 정보기술에 따라 외국으로부터 유입되는 각종 신지식이 급격하게 증가하는 추세를 보이고 있어 거의 대부분의 나라들이 이 새로운 사전 지식의 언어를 어떻게 처리할까 고민이 많다. 나라 안으로는 각 지역의 문화와 전통적 특성이 강조되는 시대적 흐름에 따라 지역어에 대한 인식이 확대되자 지역어나 생활 직업어를 사전 지식의 범주 안으로 끌어들여야 한다는 주장이 늘어나고 있다. 그리고 어느 때보다 활발하게 대학의 연구실이나 연구소를 통한 연구 성과들이 넘쳐나고 있으며, 각종 고전 국역 사업의 확대에 따라 새로운 한자 낱말이 대폭 늘어나고 있다. 또 창작자들의 창작물이 대량으로 쏟아져 나오면서 국가 사전에 실리지 않은 낱말이 엄청나게 늘어나고 있다. 특히 전문 분야가 세분화되면서 분야별 전문용어가 정제되지 않은 채로 ‹외래어 표기법›에 따른 한글 표기로 넘쳐나고 있다. 특히 최근에는 정보통신(IT)산업 분야와 관련되는 전문용어가 일상생활에서도 무질서하게 사용되고 있다. 이처럼 사전에 정제해서 실어야 할 지식은 끊임없이 늘어남에도 불구하고, 이를 총체적으로 관리할 국가적 임무를 수행할 곳은 정해져 있지 않을 뿐만 아니라 이러한 임무를 수행해야 할 당위성마저도 인식하는 관료들이 거의 없다는 것이 큰 문제이다. 그렇다고 이렇게 늘어나는 다양한 사전 지식을 어느 개인이나 대학 연구 기관에서 담당하여 관리하기에는 한계가 있다. 각종 중고등학교 교과서에 실린 낱말에 대한 정보도 제대로 제공하지 못할 정도로 정밀한 지적 통제 없이 관리되고 있다. 또 선택의 협소함으로 이루어진 낡은 언어로는 진화하는 언어 지식을 온전히 담아낼 수 없다. 따라서 새로이 생산되는 지식 영역의 대중화를 위해서는 가장 먼저 사전 지식의 기준을 새로 설정하고 또 그 자료의 생산과 관리를 강화해야 한다. 이러한 일은 어느 개인이 주도할 수 없다. 따라서 향후 『표준국어대사전』은 규범사전으로써 온전한 기능을 할 수 있도록 지속적으로 발전시켜 나가야 할 것이며 다른 한편으로는 사전 외연에 방치되어 있는 새로운 낱말들을 수용한 저수지를 마련해야 한다. 그 방식은 국가가 참여하고 다중이 협업하는 방식으로 진행되어야 한다. 문화가 국가 경쟁력을 좌우하는 21세기에 적응할 기반을 마련하는 지름길이다.

::: 왜 한국어종합기반사전이 필요한가?

쉽게 말하자면 정제된 식수를 공급하기 이전에 흙탕물 같은 원수를 모으는 말의 둥지를 만들자는 것이다. 그 흙탕물은 비록 오염되어 있을지 모르지만 고도의 지식의 원천이며 문화의 정수가 섞여 있다. 곧 식수로 공급하기 이전 상태의 메타언어의 창고라고 할 수 있다. 온라인 국민형인터넷사전 사업이나 겨레말큰사전 사업을 두루 통괄하여 제대로 된 한국어종합기반사전을 만들 필요가 있다.

메타언어로 기술되는 각종 지식과 정보를 구조화하고 언어정보처리기술로 통합하기 위해서는 사전 기술 언어에 대한 새로운 발상이 필요하다. '표준어'라고 하는 배우 제한된 대상 언어로서는 불가능하다. 언어 통일성을 유지하기 위한 전략으로 '표준어'라는 범주는 유용하지만 국가 지식 체계를 통합 관리하기 위해서는 '표준어'의 둥지 밖에 방치되어 있는 한국 전통 문화 용어, 전문용어, 신어, 한자어, 민속 생활 낱말, 지역어, 인문 사회 과학의 서적 속에 있는 신개념의 전문 학술 용어 등을 대량으로 수집하여 그 가운데 사용도가 높은 낱말들은 추출하여 『표준국어대사전』에 포함시켜 표준어 대상의 외연을 넓혀나가야 한다. 단절이 아닌 또 일회성이 아닌 지속적으로 사전 민·관·학이 협동하여 국가 지식·정보의 관리를 위한 체계 구축이 필요하다. 김중순 교수는 「문화 창조의 동력 한국어」(우리말 사랑 큰잔치 발표문, 2008)에서 "낱말 수는 인간의 경쟁력을 가늠한다. 사용할 수 있는 낱말 수를 많이 가진 사람은 전장에서 총탄을 많이 가진 군인처럼 유리하다. 인간의 모든 활동, 군사적, 외교적, 정치적, 경제적, 사회적, 문화적 활동은 말로써 이뤄진다. 말은 생존경쟁의 가장 중요한 무기이다. 그 무기가 풍부한 사람은 경쟁에서 이긴다. 그것이 인류문명에 적극적으로 창조적 기여를 할 수 있는 길이다."라고 강조했다. 한국어의 낱말을 확대하는 일은 매우 중요한 과제이다. 규범이 한국어의 낱말을 늘리는 것을 억제하는 역기능으로 작용해서는 안 된다.

왜 한국어종합기반사전이 필요한가? 예를 들어 보자. 의복과 관련된 방언은 지역적으로 매우 다양하다. 안동 지역에서는 '창살고쟁이'라는 여성들의 속옷이 있다. 한여름 조금이라도 더 시원하도록 허릿단에 창살처럼 천을 파내어 만든 고의이다. 북조선에서는 '어깨마루', '어북', '긴고름', '짧은고름', '소매전동', '소매끝', '옆선', '치마기슭단', '아래깃', '아래깃끝', '깃줄앞', '깃마루뒤갓', '조끼' 등 의복과 관련된 다양한 방언 낱말이 있다. '버선'의 경우도 '목, 뒤꿈치, 바닥, 버선코, 수눅' 등의 부분 명칭이 지역에 따라 다양하게 분화되어 있다. 옛날부터 안동 지방의 안동포는 유명했다. 그러나 베 짜는 일은 오늘날에는 일반 사람들의 기억에서조차 희미해져 다만 추억의 흔적으로 남아 있을 따름이다. 그런데 이러한 낱말들은 분명 표준어가 아니다. 지역 전통문화와 가장 밀접한 관계가 있으며, 그들의 체험적 지식 체계의 일부이다. 그러나 이러한 낱말들은 갈 길을 잃어버린 지 오래되었다. 이른 봄 들판에 목화씨를 뿌리고, 삼밭에 대마 씨를 뿌려 이들을 거두어 한 올 한 올 실로 만들고 또 이것으로 베틀에서 베를 짜고 또 고운 쪽빛이나 감색 물을 들여 옷을 짓는 모든 과정이 우리 선조들이 살아왔던 삶의 방식과 흔적이다. '눌룰대', '도투마리', '비개미·비게미', '비테', '비틀연치'와 같은 이런 지역 방언은 언어학적으로 그렇게 유용한 것이 아니기 때문에 중요하지 않은 것인가? 사람들이 살아온 삶의 방식이 세월 따라 변화하면서 그들이 사용하던 각종 일상 용구들도 변화하게 되는 것은 당연지사다. 그러면서 이전에 사용하던 용구들의 이름도 우리 기억 속에서 희미해져 가고 있다. 그러다 보니 요즘은 '엄마 아빠 어렸을 적엔…….' 따위의 인형전과 같은, 추억을 파는 전시회나 민속박물관에 박제되어 녹슬고 먼지 묻은 전시물의 이름표 속에서 만날 수 있을 따름이다. 바로 이러한 낱말들을 모두 수집하여 사전 지식으로 재활용하자는 말이다. 국가 지식·정보의 경쟁력을 강화하기 위해서는 한국어 어문 정책을 구현하는 규범 사전인 『표준국어대사전』 이외에 한글 쓰거나 한국 사람의 언어로 표현되는 모든 지식·정보를 총괄하는 한국어종합기반사전을 설계하기 위한 전략적 방안이 마련되어야 한다.

무엇보다도 먼저 엘리트층에서 생산한 고급 지식을 다중에게 실용화할 수 있도록 재구성하는 일이 우선 가장 용이한 접근 방식이다. 다중의 폭넓은 지식 기반 강화를 위해서는 도서출판을 통해 생산되는 모든 디지털 지식을 흡수하는 방식이 되겠다. 쏟아져 나오는 도서들, 박제화한 도서들을 가지런한 서가에 꽂아 놓는 도서관을 경쟁적으로 짓고 심지어 작은 도서관 만들기 운동으로 만든 도서관마다 장식물처럼 도서를 관리한들 무슨 소용이 있을까? 각종 자료를 디지털화한다고 숱한 예산을 투입하지만 디지털 자료를 가공하여 책갈피 속에 들어 있는 고급 정보를 활용할 수 있도록 하지 않는다면 아무 소용이 없다. 책 속에 들어 있는 순도 높은 지식·정보들의 내용을 확인하고 활용할 수 있는 제대로 된 사전(웹기반 사전 포함) 한 권 없는 현실이다. 생산되는 도서 속에 틀어 앉은 사전 지식·정보를 마냥 내버려 둘 일인가? 새로운 지식의 튼튼한 사다리를 만들어야 한다. 각종 도서에 실린 새로운 지식을 가장 기초적인 사전 작업으로 전환하기 위해서는 도서의 텍스트를 대량 말뭉치로 구축하고 올림말 검색 시스템을 활용하여 사전에 실리지 않은 올림말을 대량으로 추출하여 국가 지식 기반으로 활용하도록 제공해야 한다. 또한 한국어종합기반사전뿐만 아니라 한국문화사전, 외국인명지명사전, 전문용어사전, 반의어사전, 유의어사전, 상하위어사전 및 각종 주제별 사전을 다양하게 개발하여 다시 이를 통합하는 방식으로 종합대사전이 만들어질 수 있도록 국가나 출판사 그리고 대학 연구기관에서 지속적인 투자와 함께 이를 통합 관리하는 체계를 구축해야 한다.

사전 관리의 협력 방안

그렇다면 앞에서 살펴본 바와 같이 넘쳐나는 각종 사전에 실린 정보를 통합 관리할 현실적 대안이 무엇일까? 우리나라의 현실에서 고급의 사전 지식의 산출 통로는 역시 대학과 각종 연구소와 정부 기관이라고 할 수 있다. 한국의 주요 사전 지식 생산의 출구인 이들 결과물은 주로 논문이나 책자 형식으로 보급되고 있기 때문에 주요 출판사들과의 다중 협력을 위한 체계를 구축하는 일이 매우 시급한 과제이다. 물론 원저자와 출판사 간의 저작권 문제의 해결이 주요한 관건이지만, 이들 간의 포괄적인 다중협업의 방식으로 사진 지식의 소스를 국가 기관에서 비영리 적 목적으로 통합 관리할 필요가 있다.

현재 국가 사전지식의 관리 기관인 국립국어원은 출판사들로부터 각종 저작물 소스를 공급받아 이를 코퍼스로 구축한 다음 사전 미등재 어휘나 용례를 자료베이스로 구축한다. 이를 정보처리 기술력을 활용하여 사전 지식을 종합관리를 하는 동시에 국내외 사용자들에게 웹상에서 지원할 수 있는 기반을 구축하는 방식이다. 이와 동시에 사전 지식 기반을 다시 민간 출판사에 피드백을 시켜 각종 다양한 사전을 편찬하여 사용자들에게 공급하도록 해야 한다. 이처럼 국가와 민간 간의 협업을 구성한 후 각종 제기될 수 있는 지적 저작권 문제는 출판사와 개인 창작자와 국가가 공동으로 합의하는 방식으로 국가 사전 지식의 생산과 관리 체계를 갖춘다면 국가 간의 지식 경쟁력을 고도화할 수 있게 될 것이다.

이러한 제안을 하는 이유는 그동안 국가가 생산하고 관리하는 사전이 정체되어 있을 뿐만 아니라 역동적인 지식 생산을 통합 관리하는 역량이 현저하게 떨어져 있고 자체 내용의 정밀도나 정확성에서도 여러 가지 문제점을 노출하였기 때문이다.

지식과 정보 자원의 효율적 관리를 위해서는 무엇보다도 선행해야 할 일은 언어정보처리 기술 기반을 구축하고 또한 그 기술력을 지속적으로 발전시키는 것이다. 지난 시대 지식 생산들은 소수 정예의 엘리트 계층이 담당하였지만 이젠 다중이 직접 가담하는 지식 기반 구축의 협업 방식을 발전시킴으로써 중간 관리비를 최소화하면서도 국가 지식 경쟁력을 증대시키는 것으로 전환해야 한다. 온라인상의 신뢰성 문제가 남아 있지만 비판적 관점에서 머물지 말고 다중의 지식 기반을 강화함으로써 다중 스스로 미래를 선택하고 미래를 만들어내는 장인이 될 수 있도록 국가 지식 생산과 관리의 방식을 전환해야 할 시점이다.

국가는 사전 지식·정보의 자료 관리만 담당하고 출판사나 대학연구소가 사전을 출판하는 협업의 관계를 유지하며 상호 지식·정보를 공유하는 윈-윈전략이 필요하다.

::: 창조적 문화 기반 강화와 사전

국민 편의와 한국어를 배우고자 하는 많은 외국인을 생각하면, 한국어사전의 외연을 넓히고 규범의 기계화를 통해 실용 한국어의 시대를 열어야 한다. 정보화, 세계화의 물결이 우리의 일상으로 스며들고 있으며 다문화 사회라는 말이 더는 낯설지 않다. 한국어는 더는 우리만의 언어가 아니다. 우리는 모어의 전통에 깊숙이 뿌리를 내리면서도 변화하는 언어 환경에 능동적으로 대응하는 새로운 한글공동체의 미래상을 정립할 때임을 절감한다. 우리말과 글의 규범이 올바르게 반영된 사전 편찬이야말로 우리 스스로가 우리 말글의 주인 역할을 할 수 있게 해 줄 것이다. 지난 여러 세기 동안 쌓아온 인류의 지적인 노력이 무익한 결과가 아닌 유익한 것으로 결집하기 위해 다중들의 관심과 전문 실무자의 지속적인 노력과 경제적인 후원이 더욱 두터워지는 국가의 성숙함이 뒤따라야 한다는 점을 강조하고 싶다.

한 나라의 지식과 문화 생산 역량은 사전의 낱말 총수와 그 활용 빈도로 측정된다. 소중한 우리 민족의 언어 유산을 포기하여 사전 지식의 가난함을 자초하는 일은 잘못된 언어 정책에서 기인하는 바가 많다. 자국 언어의 미시적인 자료 정보를 체계적으로 함께 수록한 방대한 사전을 나라마다 다투어 구축하고 있다. 영어사전에서 라틴 어의 유산을, 터키어사전에서 아랍 어의 유산을 보호하는 것과 같은 이유로 우리가 만들어야 하는 한국어기반사전은 다양한 낱말을 수집하여 발음, 문법, 의미, 어원 등 각종 미시 정보를 상세하게 수록해야 한다. 또 이를 지원할 수 있는 언어정보처리 기술 능력을 발전시키는 일은 국가의 지적 발전을 위한 일과 밀접한 관계가 있다.

국가나 기업의 경영 방식을 조롱이라도 하듯 최근 평범한 네티즌들이 자발적으로 관리자의 통제 없이 세계 200여 개 국어로 지원되는 위키백과사전을 만들어 내는 기적이 현재 연출되고 있다. 지금이야말로 엄청난 변화의 시대이다. 동시 다발적으로 연결되고 끌리고 쏠리고 들끓는, 조직 없이 연결된 다중들이 위력적인 집단행동과 조직화의 능력을 발휘하고 있다. 국가나 기업을 비롯한 국가 지식의 생산과 관리를 위한 조직화의 새로운 방향을 모색하지 않으면 어떤 폭풍우를 만날지 아무도 예측하지 못하는 시대로 진입해 있다.

다중의 지식 기반이 열악한 상황에서 국가 선진화는 도저히 불가능하기 때문에 다중들의 폭넓은 지식 기반 강화를 위해서는 도서출판을 통해 생산되는 모든 지식을 총체화하는 사전 지식 관리 기반을 마련하는 일이 매우 시급한 과제이다.

지식은 텍스트 상황으로 여기저기 흩어져 있다. 출판이나 인터넷을 통한 각종 리소스가 마치 실타래처럼 엉켜 있기 때문에 이를 효율적으로 검색하고 또 지식 자원으로 활용하기 위해서는 정확한 지식·정보를 의미 표시로 전환한 온톨로지 형태로 프레임워크를 구축함으로써 국가 지식을 효율적으로 관리할 수 있다. 또한 정보지식으로 전환이 용이한 동시에 이를 국가 발전 지적 자원으로 전환이 가능하다. 서점과 도서관을 비교해 보자. 서점에서는 각종 도서를 주제 분류별로 전시해서 판매 중심의 정보만 관리하고 있지만 도서관은 각종 도서의 분류시스템을 구축함으로써 시대를 앞서 가는 지식 체계를 구축하고 있는 셈이다. 마치

도서관에 전시된 책의 분류학적 관계를 체계화하는 모형처럼 국가 사전 지식을 워드프로세서로 작업한 소스 텍스트를 지식 모형으로 체계화하는 정보처리 전략이 필요하다.

대학의 연구실이나 국가나 기업의 각종 연구원 단위에서 생산된 지식이 책이나 논문의 형식으로 대중 사회에 파급되는 형태였다. 문화 생산 역시 마찬가지였다. 자연히 문화의 생산자와 소비자 간에는 견고하고도 폐쇄적인 벽이 있어 그 골은 깊었고, 그로 인해서 그들의 관계는 더욱 소원해질 수밖에 없었다. 이젠 세상의 소통 방식이 바뀌고 있다. 인터넷을 활용한 지식의 소통과 표현 방식에서 엄청난 변화의 시대를 맞고 있다. 따라서 지난 시대의 지식 생산 방식에서 탈피하여 새로운 변화에 적응할 수 있는 모형 개발을 서둘러야 할 시점이다.

폭증하는 새로운 지식을 유익한 용도로 변환시킬 수 있는 국가 지식 생산 방식과 조직을 지금이라도 국가가 앞장서서 재구성하지 않으면 국가 간의 지식 경쟁력은 더욱 뒤떨어질 수밖에 없게 된다. 먼저, 국가가 가지고 있는 지식을 국민에게 공개, 공유하는 개방적인 방식인 위키노믹스의 방식을 부분적으로 응용해야 한다. 웹 사전인 위키피디아에 접속해 보면 협업으로 만들어진 백과사전의 성과가 얼마나 큰 위력을 발휘하고 있는지 알 수 있다. '저비용 협업 인프라' 또는 '대규모 협업의 무기'라고까지 말하는 다중 지식을 효율적으로 활용할 수 있는 지혜를 국가 경영에도 도입할 단계이다.

엘리트층은 국가 지식을 보다 발전시키고 또 그것을 정교하게 관리하는 역할을 맡고 대중 생산자들이 만든 지적 성과를 지식과 정보로 통합하는 협업 방식은 저비용 협업의 국가지식 생산 시대로 진입 가능하게 할 것이다. 포털 사이트에서 구축된 대규모 과학적 문화적 콘텐츠를 창의적으로 공유하고 가공할 수 있도록 관심을 가져야 21세기 국경 없는 경쟁의 시대를 살아갈 수 있을 것이다. 그것은 인터넷 정보 생산자들의 신뢰성, 정교성, 가치 타당성, 과학성의 문제가 통제적 방식이 아니라 자율적 방식으로 해결된다는 조건을 전제한 것이다.[2]

2 이상규, 「국제화 시대의 한글의 현재와 미래」, 한국어문학회, 616돌 세종날 기념 전국 국어학 학술 대회, 2013. 5. 25.

한글공동체

4. 남북 한글공동체

⁝⁝⁝ 2003년 11월 6일 남북 공동학술회의

한글공동체 구성원의 1/3가량이 이념과 체계가 전혀 다른 북쪽에 산다. 얼핏 보면 말과 글이 소통되니 하나의 민족 공동체라고 할 수 있을지 모르지만 내면을 들여다보면 너무나 다르다. 생각하는 것, 삶의 방식, 개인 삶의 가치조차 너무나 다르다.

2003년 무렵 남기심 전 국립국어원장은 남북 간의 어문정책의 조율이 매우 중요한 현실적 과제라고 판단하고 북쪽의 사회과학원과 학술교류를 통한 중장기 협력을 위한 물꼬를 열었다. 1989년 남북 언어차이 조사를 위한 학술회의가 한 차례 개최된 이후 잠시 중단되었다가 2000년 새천년을 맞아 개최된 남북 정상회담의 성과로 2003년 12월 중국 베이징 시내에 있는 중원빈관에서 열린 학술회의는 남북 어문학자들의 공식적인 학술교류 행사였다.

2003년 12월 초 좀처럼 내리지 않는다는 눈이 북경에 펑펑 내리면서 시가지는 차츰 어둠 속으로 가라앉았다. 남북 민족 언어의 태반인 방언 자료 조사와 관리 및 자료의 정보화 구축을 주제로 한 학술행사에 필자는 방언 자료의 처리 곧 디지털 자료 관리와 컴퓨터를 활용한 자동 언어

지도 제작 시스템과 관련된 내용을 발표하였다. 북쪽 사람들과의 공식적으로 대면하는 첫 자리였기 때문인지 긴장감이 감돌았다. 지금은 고인이 된 조선족 동포이자 연변대학교 교수인 전학석 교수가 있어서 긴장감은 다소 누그러졌다. 사회과학원의 문영호 소장, 권종성, 방인봉 실장 등 북쪽 인사들과 만난 짧은 시간이었지만 긴 인연의 여운을 이어갈 수 있으리라는 느낌이 들었다. 그러나 아쉽게도 2005년 이후 남북 공동 학술행사는 이어지지 못하고 지금까지 소강상태에 빠졌다. 아마도 북쪽 내부의 사정 때문이었을 것으로 추측만 해 볼 뿐이다.

필자는 2003년 동경대학교 대학원에 연구교수로 1년간 떠났다. 언어지도 제작 프로그램인 일본에 Seal-시스템 연구를 위해 일본학술재단(Japan Foundation)의 지원을 받아 동경대학교에 체류하고 있던 어느 날, 당시 국립국어원 어문규범 부장으로 있던 권재일(서울대) 교수로부터 메일 한 통이 날아왔다. 중단되었던 남북 학술회의가 2003년 말에 개최될 예정이며, 남북 언어 동질성 회복을 위한 「민족 고유어의 통일적 발전과 방언 조사 연구」라는 주제로 논문 발표를 준비해 달라는 내용이었다. 이미 그 무렵 일본에서 추진하고 있던 언어지도 제작 시스템 개발 연구가 마무리되었기 때문에 필자가 개발한 자동 언어지도 제작 시스템(Korean Map Maker)으로 남북의 방언 지도를 그려 볼 기회가 온 것이다. 방언의 형태를 상징부호로 대체하는 전산을 기반으로 한 언어지도 제작 시스템은 이미 완성된 상태였다.[1]

2003년 11월 5일 일본 동경을 출발하여 인천공항에 들러 오전 10시 30분 출발 KE851 비행기 편으로 강신항, 홍윤표, 소강춘, 이기갑 교수와 국립국어원의 전수태, 이승재, 양명희 선생 등 일행과 북경 공항에 도착

1 이상규, 「パ-ソナル·ユンピ゜コ-ヌ- 活用した韓國方言資料の地圖作製」, 『방일학술연구자논문집』, 일한문화교류재단, 2004.

하였다. 먼저 도착해 있던 남기심 원장과 함께 북경 시내에 있는 명원찬청(明苑餐廳)에서 여장을 풀고 곧바로 6시부터 학술회의가 시작되었다. 북경대 이선한 교수의 사회로 회의가 시작되자 창밖에는 강한 한풍과 함께 흰 눈이 펄펄 내리기 시작하였다. 우연이라고 생각하기엔 참으로 이상했다. 남북 학술회의 참석 때가 되면 때맞춰 첫눈이 내리니 서먹하던 북쪽 인사들과 더 친근하게 다가설 수 있는 화젯거리가 될 수 있었다. 아마도 남북 언어학자들의 공동학술 행사에 하늘이 첫눈을 축하 선물로 보내 준 것이라고……. 눈 구경 하기가 여간 어렵지 않은 북경 시가지에 내린 흰 눈발을 밟으며, 저녁 만찬장으로 자리를 옮겼다. 지명연구와 북쪽 사회과학원의 『조선어대사전』 편찬 실무 책임자였던 방인봉 실장과 경북 영덕이 선친의 고향인 권종성 실장과 마치 고향 선후배가 만난 듯 따뜻한 손을 마주 잡았다.

연변대학교 전학석 교수와는 논문과 편지를 주고받던 사이인데 곽충구 교수(곽 교수는 당시 동북 삼성 지역 육종성 지역 출신 조선족의 방언 조사차 연변대학에 머물고 있다가 합류하였다.)와 함께 북경에서 다시 만나니 여간 반가운 게 아니었다. 공식 만찬 행사가 끝나자 박창원 교수가 이끈 2차의 여흥은 흥겹게 그 꼬리를 길게 드리웠다. 그 자리에 함께했던 전학석 교수와 마지막 이별의 자리가 될 줄이야?

2006년 세종학당 설립을 위한 교류 협정 문제로 연변대학교에 들르던 날이 전 교수의 1주기 날이었다. 연변대 김병민(金柄珉) 총장 일행과 함께 연길 시 외곽에 있는 고인의 분향소를 찾아 부인과 아들에게 조문을 올렸다. 간경화로 투병을 하다가 결국 운명하였다고 한다. 참 아까운 동료 방언학자 한 사람을 잃은 것이다.

11월 6일 조호길 북경대 교수의 사회로 이선한(북경대), 문영호(사회과학원 언어학연구소장), 남기심(국립국어원장)의 인사말과 기조연설에 이어 학술 발표가 이어졌다. 문영호 사회과학원 언어학연구소장의 기조연설의 한 대목이 내 기억 속에 자리를 잡고 있다.

"이번 학술회의는 반드시 남과 북의 언어적 차이를 줄이고 민족어의 통일적 발전을 이룩해 나가는 데서 학술 이론적으로나 실질적으로 도움이 되고…… 역사적인 6·15민족 선언의 기치 아래 온 민족이 다 함께 민족 통일을 실현하는 통일 시대의 흐름에 맞게 우리들의 지혜와 역량을 모으자"라는 내용이었다.

민족주의가 통일의 기반이기 때문에 민족 고유어를 지켜내는 일이야말로 매우 중요하다는 말이었다. 틀린 말이 아니다. 그러나 지금은 민족주의가 자칫 폐쇄주의로 치달으면 주변 국가들로부터의 고립을 자초할 수 있다는 좀 더 원대한 인식이 필요하지 않을까 곰곰이 생각해 보았다. 2006년 1월 필자가 국립국어원장으로 취임한 후 남북겨레말큰사전 사업으로 전환된 학술회의는 여러 가지 어려운 난관에 부딪혔지만 남북교과서 통일 문제라든지 전문용어 통일 문제 등 남북 간의 지속적인 학술 교류의 필요성을 제기한 필자의 의견에 대해 문 소장은 유연하게 수용하였다. 사실 남쪽에서는 남북 언어의 이질화는 이념의 차이에서 기인하는 것이라 판단하고 이 문제에 대한 진지한 논의를 할 상황이 아니었으나 북에서는 언어정책 면에서 이 문제를 대단히 중시하고 있다는 느낌이 들었다.

제1분과의 주제는 '민족 방언의 공동 연구'였다. 곽충구(서강대), 방인봉(사회과학원), 이상규(경북대), 이기갑(목포대) 교수의 발표가 있었고 제2분과 주제는 '민족고유이의 통일적 방안'으로 강신항(성균관대), 리호경(사회과학원), 박창원(이화여대) 교수의 발표가 있었다.

저녁만찬이 끝나고 나와 함께 방을 사용하던 홍윤표(연세대) 교수와 방으로 되돌아왔다. 한국에서 온 소설가 정도상 씨와 북경 시내 모처에서 만날 약속이 있는데 함께 가지 않겠느냐고 물었다. 필자는 일본에서 왔기 때문에 여행의 피로와 발표 준비로 인한 긴장감 때문에 쉬고 싶어 혼자 일찍 잠자리에 들었다. 11시 무렵, 홍 교수는 필자와는 초면인 소설가 정도상 씨와 함께 호텔방으로 찾아와서 남북통합 민족어대사전 편찬 사업을 추진하자는 이야기를 꽤 진지하게 제안했다. 필자는 너무 갑작스러운 제안에 당혹스러웠다. 우리 학계에서 그래도 열린 생각을 가진 홍 교수는 이 문제에 대해 매우 진지한 관심을 표명하였으나 자다가 일어난 필자는 두 사람의 이야기를 듣기만 하였다. 이날의 이 만남이 남북학술교류 사업이 전격적으로 남북겨레말큰사전 사업으로 전환되는 물길을 열게 되었다.

11월 7일 제3분과 회의의 주제는 '한국어 정보화와 부호 표준화'였는데 권재일(서울대), 권종성(사회과학원), 홍윤표(연세대) 교수와 방정호(사회과학원) 선생의 발표로 이어졌다. 언어 전산화 사업은 지식·정보화 사업의 핵심 과제인데 예상 밖으로 북쪽의 언어정보화의 기술력과 연구 수준이 결코 만만치 않다는 사실을 알 수 있었다. 책을 통해 전수되는 지식·정보를 디지털 정보로 전환하는 기초 작업이 코퍼스(Corpus, 대량말뭉치) 구축 사업이다. 이러한 언어정보처리에 대한 인식이나 기술력이 꽤 높은 수준임을 그들의 논문 발표를 통해 알 수 있었다. 오후에는 리승길(사회과학원), 이승재(국립국어원) 선생의 발표와 남북 교류 활성화를 위한 협의로 이어졌다. 남쪽의 권재일(당시 국립국어원 어문규범부장) 교수와 북쪽 곽선욱(사회과학원) 간에 긴장감이 팽팽한 기밀회의가 이어졌다. 어제 저녁 홍 교수와 함께 왔던 정도상 씨가 이미 북쪽과 접촉하여 이 학술회의를 남북겨레말큰사전 사업 추진을 위한 학술회의로 그 물꼬를 돌려놓은 상황이기 때문이었다. 남쪽의 남기심 원장은 남북 학술행사를 순수한 학술 교류 사업으로 이어가려는 의지 때문이었는지는 몰라도 후일 구성된 남북겨레말큰사전편찬 사업에는 일절 관여하지 않게 된다. 그러나 이 학술행사는 중단되고 결국 남북겨레말큰사전편찬 사업의 첫 디딤돌이 되었다.

11월 8일 학술회의에 참석했던 이들은 함께 이화원을 들러 호숫가를 돌면서 이야기를 나누었다. 북쪽 보위부 지도원을 따돌리고 권종성 선생의 고향 이야기며, 재일동포 시절 대학생활의 이야기들을 나누었다. 북쪽 보위부 지도원들은 반드시 밀착하여 서로 나누는 이야기를 일일이 수첩에 기록하기 때문에 그들과 약간 떨어지는 순간 신변의 이야기를 나눌 수 있었다. 권종성 선생은 십수 년 전 일본 교토에서 개최된 고려학회에 참석하여 처음 만났던 분이다. 그의 고향이 경북 영덕이기 때문에 마치 친동생 같은 느낌으로 고향 이야기를 나눌 수 있었다. 그는 재일 동포로 교토대학을 졸업한 후 제1차 북송선을 탄 인사였기 때문에 당성이 매우 높은 자였지만 그런 느낌은 전혀 느낄 수 없는 매우 탁월한 문자 공학 전공자이다. 오랜 일본 생활 탓인지 그의 옷차림새나 행동 말씨 하나하나 매우 세련된 모습이었다.

이번 학술대회를 결산하고 내년 사업 과제로 남북공동으로 방언조사를 추진하자는데 남북 간의 의견을 모아 공동선언문을 채택하게 되었다. 이 성과를 이끌어내는데 권재일 교수의 숨은 노력이 아주 컸다. 마지막 만찬은 북경시 '해당화' 식당에서 베풀어졌다. 학계 원로이신 강신항 교수를 비롯한 남북 일행들은 매우 흥겨운 시간을 함께하였다. 내 기억으로는 그때 만난 사람들의 면면은 지금도 풍화되지 않는 내 추억의 한 장면으로 남아 있다. 식당 앞 꽃 파는 아이들에게 장미꽃 한 다발을 사서 북쪽 사람들에게 한 송이씩 선물로 주었다. 학술 대회가 끝난 그 다음 날 필자는 다시 일본 동경으로 향하는 비행기에 몸을 실었다.

∷ 남북 지역어 조사 사업

1년 동안 동경대학교에서 연구 생활을 마치고 한국으로 귀국하였다. 남기심 원장은 2003년 남북학술회의 결과를 토대로 하여 남북지역어조사사업 추진을 위해 남쪽 지역어조사사업 추진위원회를 구성하고 『지역조사질문지』 작성을 해달라고 했다. 필자는 지역어조사 추진위원회 위원장을 맡고, 이기갑, 강영봉, 김정대, 김봉국, 박경래, 소강춘, 한영목 교수는 위원으로, 최명옥, 홍윤표 교수는 자문위원으로 구성되었다.

남과 북이 함께 동일한 질문지를 가지고 한반도 전체의 방언 조사를 실시할 수 있다니 꿈과 같은 일이 아닐 수 없었다. 그리고 남북의 지역 방언을 함께 수집하여 우리말의 자산을 풍족하게 갈무리하는 일을 할 수 있다는 그 자체로도 기쁜 일이 아닐 수 없었다. 낱말, 음운, 문법뿐만 아니라 문장과 담화 차원의 조사가 이루어질 수 있도록 충실한 질문지를 만드는 동시에 조사된 음성 자료의 디지털화와 자료 관리를 위한 각종 소프트웨어 개발 등 해야 할 일은 너무나 많았다. 조사위원들은 함께 모여 새벽 4시까지 지칠 줄 모르고 질문지 작성에 매달렸다. 2004년에서 2005년까지 무려 2년이라는 기간 동안 남북이 각기 예비 조사를 통해 드러난 문제점을 반영하여 질문지를 수정 보완하여 2006년 12월 5권으로 분권된 『지역어 조사 질문지』(태학사)가 완성되었다. 그러나 그 질문지를 가지고 남북 공동 조사 사업은 한두 차례 이어지다가 중단 상태에 빠지게 되었지만 남한 단독으로 2012년까지 그 사업을 이어갔다.

2004년 12월 22일 중국 심양 쿨룬바이호텔에서 남북 지역어 조사 사업 추진을 위한 제3차 학술회의가 개최되었다. 바깥 체감 온도는 영하 38도의 혹한이었다. 남기심 원장과 국립국어원의 문영호 소장이 참석하지 못한 관계로 남쪽의 김하수(당시 국립국어원 부장) 교수와 북쪽의 곽선욱(사회과학원 처장)이 대표 자격으로 전정환(고려민족문화연구소장)이 중국 측 대표로 학술회의가 개최되었다. 새로운 북쪽 얼굴들을 만났다. 최병수, 홍석희, 방정호(사회과학원) 연구원들은 젊고 학문적 성과도 대단히 착실한 이들이었다. 권재일(서울대), 김정대(경남대), 이승재(국립국어원)를 포함한 필자와의 첫날 발표를 마치고 심양 외곽에 있는 '모란관'에서 저녁 만찬과 함께 북측에 이미 전달한 『지역어 조사 질문지』에 대한 문제점 보완을 위한 회의가 이어졌다. 만찬 후 뒤풀이 자리에서 갑자기 북쪽 인사들이 자리를 박차고 고함을 치며 우르르 자리를 떴다. 순간 내일 일정이 무산되겠구나 하는 생각이 스쳐 지나갔다. 이념과 체제의 무서운 장벽을 조금 허물고 친형제처럼 다감했던 모습에서 너무나 먼 타인처럼 돌변한 것을 보니 깊은 회의가 들지 않을 수 없었다. 한 핏줄이 등을 돌리면 차라리 남들보다 더 못하다는 말처럼. 김하수 부장의 교섭으로 일단 그 문제는 진화는 되었지만 왠지 썰렁한 분위기가 감돌았다. 그 결과 예상한 것처럼 그 다음 날 일정은 전면 무산되었다. 여러 차례 북쪽 사람들과 만나며 그들의 행동 방식을 어느 정도 예측할 능력이 생겼다고나 할까? 다만 실무 접촉을 통해 예비 조사 자료의 검토와 질문지 수정 문제를 협의하고 12월 24일 크리스마스 이브 저녁 학술행사는 종료되었다. 그 전날 밤 이미 북쪽 인사들은 호텔을 빠져나가 제3곳으로 이동하였기 때문에 작별 인사도 나누지 못했다.

남북지역어 조사 사업을 겨레말큰사전 사업으로 방향을 돌리려는 북쪽의 내부 사정이 그러한 결과를 낳게 했던 것으로 추정할 수밖에 없었다. 이러한 추정이 가능한 근거는 2004년 4월 4일 중국 용정에서 남쪽의 사단법인통일맞이와 북쪽 민족화해협의회가 『남북공동겨레말큰사전』 사업 추진을 위한 의향서를 이미 교환한 상황이었기 때문에 북쪽 사회과학원에서는 동시에 이 두 가지 일을 감당할 수 없었기 때문이었다. 심양회의를 기점으로 국립국어원과 사회과학원 사이에 진행되던 남북 언어학자 학술회의가 파국으로 치닫게 된 배경을 이해할 수 있을 것이다. 남북 공동으로 지역어 조사사업을 추진하면서 겨레말큰사전 사업을 동시에 진행하기를 희망하고 있었던 필자는 다시 겨레말큰사전 편찬위원으로 참여하게 되었다.

2004년 12월 13일 겨레말큰사전 편찬위원회는 홍윤표(남측편찬 공동 위원장), 정도상(통일맞이 사무처장)이 중심이 되고 이태영(전북대), 조남호(국립국어원), 필자 등이 실무 교섭을 위해 금강산 현대 호텔에서 북쪽 사회과학원 문영호 소장 일행을 다시 만나게 되었다. 그 전날인 12일 새벽녘 광화문에서 출발한 버스에는 겨레말큰사전 편찬위원 일행을 비롯하여, 나중에 안 일이지만 만해재단에서 북에 있는 홍기문 선생의 아들이자 소설가인 홍석중 씨가 쓴 「황진이」이라는 작품에 대한 만해문학상 전달을 하러 가는 일행 가운데 문선명 목사의 부인과 백낙청 교수 그리고 한길사 김언호 사장 등 일행과 동행하였다. 강원도 홍천 부근에서 잠에서 깨어나 북엇국 한 그릇을 먹고 다시 잠이 들었다. 깨어난 곳은 통일전망대 입구였다. 금강산으로 가는 출입 절차를 기다리느라 많은 시간이 흘렀다. 바람은 매우 차가웠다. 멀리 동해 바다는 물보라를 일으키며 세로로 일어서려는 듯 거세게 출렁이고 있었다. 미리 편찬위들이 서울에서 모여 대책 회의를 했지만 예상되는 문제가 한두 가지가 아니었다. 현재 남과 북은 표준어와 문화어라는 서로 다른 어문정책의 길을 지금까지 걷고 있지 않은가? 두음법칙의 문제나 띄어쓰기의 통일 등 산적한 문제들을 과연 통합할 묘안이 나올 수 있을지 걱정이 앞섰다. 이 문제보다 더욱 걱정되는 일은 겨레말큰사전 사업의 국민적 합의를 과연 이끌어 낼 수 있을까? 그리고 사전 편찬의 기술적인 문제 또한 쉽지 않은 해결해야 할 과제 가운데 하나였다.

민통선을 통과하자 곧바로 도로 양가에는 녹색 철책이 가로막고 드문드문 성냥갑 같은 나지막한 공동 아파트의 모습이 눈길에 들어왔다. 그리고 모자전이 얼굴 크기보다 더 높고 큰 위압적인 군모를 쓴 정규군들이 AK 소총을 메고 거의 부동자세로 서 있었다. 북쪽으로 올라갈수록 눈이 더 많이 온 것 같다. 흰 눈이 능선의 경계를 지워 버린 흰 벌판에 곳곳에 외롭게 서 있는 군인들의 모습이 점점이 뒤로 멀어져 갔다. 중간 검색소에서는 완력이 있어 보이는 정규군이 손바닥을 앞쪽으로 보이도록 거수경례를 하며 "동무들 북조선 방문을 환영함메다."라고 외친 뒤 두리번거리며 한 사람씩 눈길을 맞추었다.

2004년 12월 12일 금강산에는 온 천지가 눈에 뒤덮여 하얗게 빛나고 있었다. 해금강 바닷가 파도는 부옇게 포말을 이루며 쉴 새 없이 잿빛 바다를 뒤흔들고 있었다. 멀리 금강산, 아니, 겨울 개골산의 윤곽은 하늘과 실루엣 같은 환영의 조화를 이루고 있었다.

다음 날 아침 금강산 중턱에 있는 회의 장소인 초대소로 향했다. 북쪽 문영호 소장을 비롯한 북쪽 편찬위원들과 함께 만나 팍팍한 회의 일정을 소화하는 동안 옆방에서는 함께 왔던 이들은 만해문학상 전달식을 거행하고 있었다.

일정을 쪼개어 낮에는 잠시 금강산 유점사가 있는 곳까지 북쪽 인사들과 함께 둘러 보았다. 사람이라고는 아무도 보이지 않은 쇠락한 절에는 복장이 이상한 스님 한 분이 우리를 맞이해 주었다.

남북겨레말큰사전 편찬 사업

남북 언어학자들이 꾸려온 학술 모임인 남북 지역어 조사 사업이 발전될 단계에 들어섰지만 남의 통일맞이와 북의 민족화해협의회와 협의를 통해 남북겨레말큰사전사업으로 그 흐름이 갑자기 바뀌었다. 남북겨레말큰사전의 본격적인 사업 추진을 위해 남에는 남북겨레말큰사전 편찬위원회를 구성하고 북에는 사회과학원 언어학 연구소가 담당하게 된 것이다.

2004년 12월 13일 겨레말큰사전 편찬위원회는 홍윤표(남측편찬 공동 위원장), 정도상(통일맞이 사무처장)이 중심이 되고 이태영(전북대), 조남호(국립국어원), 필자 등이 실무 교섭을 위해 금강산 현대 호텔에서 북쪽 사회과학원 문영호 소장 일행을 다시 만나게 되었다.

남북 공동 편찬상임위원장에는 고은(시인)이 남쪽 편찬위원회 공동위원장으로 홍윤표(연세대), 김재용(편찬위원, 원광대), 오봉옥(위원, 서울디지털대), 이상규(위원, 경북대). 이태영(위원, 전북대), 이희자(위원, 경인교대), 조남호(위원, 국립국어원), 조재수(위원, 사전편찬 전문인), 홍종선(편찬위원, 고려대), 정도상(집행위원장)으로 위원회가 구성되었다.

북에는 문영호(공동위원장, 사회과학원 소장), 윤춘현(위원, 사회과학원 지도위원 국장), 정순기(위원, 조선어학회 부위원장), 고인배(위원, 사회과학원 지도위원 처장), 최병수(위원, 조선어학회 서기장), 방린봉(위원, 사회과학원 실장), 권종성(위원, 사회과학원 실장), 리명복(위원, 사회과학원 지도위원), 곽상무(민족화해협의회 과장)로 구성되었다.

남북 각각 10명으로 구성되었는데 남쪽에는 관련 분야의 대학교수들이 중심이 되었다면 북에는 『조선말대사전』 편찬위원이자 사회과학원 소속 인사들로 구성되었다. 구성원들의 면면을 살펴보면 남과 북 모두 사전 편찬의 이론적 실무적 경험이 탄탄한 인물이라는 점에서 민간 차원에서 충분히 남북 공동 사전을 편찬할 수 있으리라 판단되었다.

필자는 사회단체 간에 합의된 사전 편찬의향서에서 밝힌 "민족어 유산을 총 집대성한다."라는 기본 취지에서 비정치적 학술 사업이라는 데 충분한 동감을 하였다. 지역어 조사와 함께 문학인들 중심으로 문학 작품에 들어 있는 사전 미등재 낱말을 대량으로 발굴하는 동시에 대량 말뭉치를 구축하며, 조사한 자료를 관리할 검색 프로그램 개발과 사전 편찬 소프트웨어를 개발하는 등 기본 방향이 정해졌다. 남북 위원들 대부분 이론적으로나 실무적 경험이 풍부한 인사들이기 때문에 향후 전망에 대한 기대를 하고 있었지만 정치적 요인에 의한 진폭이 예상되는 교류사업이었기 때문에 항상 우려를 하지 않을 수 없었다. 규범이 다르고 서울을 중심으로 제정된 표준어와 평양을 중심으로 제정된 문화어를 하나로 융합해 낸다는 일은 사실상 무척 어려운 일이 아닐 수 없다. 그러나 언젠가는 통일 이후의 민족어 통합을 생각한다면 이러한 노력들이 한 단계씩 발전된 미래를 향해 나아갈 수 있는 징검다리 역할을 해줄 것으로 기대하였다.

실무 편찬위원의 구성을 전제로 하여 남북 간 어문규정의 통일 방안에 대한 3대 방안이 제시되었다. 먼저 통합 규범의 범위를 맞춤법, ‹외래어 표기법›, ‹로마자 표기법›, 공통어(남북 공동 표준어) 규정에 대한 거시적인 통합 방안과 더불어 사전 편찬에 필수적인 자모 배열 순서, 두음법칙, 사잇소리 표기 문제 등 핵심 현안을 학술적으로 검토하기 위해 「남북어문규범사정위원회」(가칭) 구성에 대한 원론적이 합의가 이루어졌다.

::: 평양 양각도 국제호텔에서

필자가 2006년 1월 29일 국립국어원장에 취임한 후에는 겨레말큰사전편찬 위원직을 그만두고 동 위원회 이사직을 맡게 되어 실무 문제에는 거의 손을 놓았다. 그동안 남한에서는 겨레말큰사전편찬을 위해 한시적 입법이 이루어지고 재정적 지원과 법적인 관리는 통일부 소관으로 결정되었다.

그 후 남북공동 겨레말큰사전편찬회의가 여러 차례 남과 북을 오가며 그리고 제3국인 중국에서도 개최되었다. 참관인 자격으로 제7차 공동위원회가 개최되는 2008년 평양회의에 참석하였다. 평양 순안 공항에서 수속을 마치고 평양 시내로 들어가는 동안 12월의 해는 무척 짧았다. 온 천지가 캄캄한 암흑이었다. 마치 어둠침침한 아득한 과거로 역주행하여 마치 깊은 고요의 수렁으로 빨려 들어가는 듯한 느낌이 내 가슴을 죄었다. 두 번째 평양 방문이지만 역시 멀고도 낯선 땅이었다.

내 어린 시절 걷던 시골 길, 그 가난하고 초라한 보리밥 짓는 냄새, 간혹 멀리 컹컹 짖어대는 개의 울음소리의 아련한 추억. 청청한 연민의 정이 서려 있는 듯한 겨울 달빛이 더욱 푸르게 물결치던, 되돌아가고 싶지는 않지만 그리워지는 추억을 회상하며 평양 시내까지 이르는 4~50분, 북의 사회과학원 문영호 소장과 수인사만 나눈 뒤 줄곧 창밖을 내다보았다. 아무것도 보이지 않고 가끔 전기 불빛이 한두 개 아른거리는 허전한 공간을 질주하면서 온갖 상상을 다하고 있었다. 드문드문 길가에 서 있는 백양나무의 앙상한 가지가 지평선보다 더 높이 솟아 있었다. 시각의 교란이 사물의 본질과 얼마나 먼 거리에 있는지? 노동일을 마치고 온 북녘의 동포들, 그 가족들이 모여 도란도란 이야기를 나누며 저녁을 먹고 있을 테지. 혼자 온갖 상상을 하며, “해는 져서 어두운데 찾아오는 사람 없어”라는 동요 노랫말이 생각났다. 이런저런 생각을 하다가 이미 대동강 섬으로 이루어진 곳에 있는 양각도 국제호텔에 도착하였다.

일정과 의안조정을 위해 남북 당사자들이 분주하게 예비회의를 하는 동안 필자는 그러한 부담이 없었기에 호텔방에 마련된 메모지에 글을 쓰기 시작하였다. 회한의 글, 지금 다시 읽어 보면서 남에서는 종북 세력이니 친북 세력이니 하면서 갈등이 고조되는 이 시점에 이 글을 전문 그대로 쓰려고 하니 뭔가 께름칙한 생각도 들지만 진실의 힘은 고통과 핍박의 여과기를 거치지 않으면 일어서지 못할 것이라는 판단으로 그 당시에 쓴 일기 일부만 옮긴다.

2008년 12월 13일, 평양

저물어가는 2008년 12월, 겨울 남북공동겨레말큰사전편찬회의에 참석하기 위해 새벽 일찍 심양으로 향하는 비행기에 올랐다. 심양공항에 도착하여 찬바람을 맞으며, 평양으로 가는 비행기를 기다리느라 또 서너 시간을 기다렸다. 고려항공 비행기를 타고 순안공항에 도착한 것은 저녁 6시 무렵이다. 초등학교 시절 시골 공기 맛처럼 차디찬 겨울 날씨지만 불어오는 찬바람은 아득한 옛 시골의 그리움이 묻어 있었다. 사회과학원 소장이자 북쪽 겨레말큰사전편찬회 공동 의장인 문영호 소장의 영접을 받으며 평양 시내로 향하는 리무진 버스에 올랐다.

국립국어원장으로 재임하면서 여러 가지 정책 추진을 마무리할 시기였기 때문에 이번 여행은 조금 무리한 계획이었으나 김종민 문화체육관광부 장관을 비롯한 주요 정책 책임자들의 호의로 이번 여행이 이루어졌다. 사실 출발하기 전부터 그렇게 큰 기대를 걸고 이곳에 온 것은 아니었다. 차창 밖으로 펼쳐지는 밤경치, 갓 지난 보름달과 유난히 보석처럼 빛나는 별빛, 그리고 낙엽 진 앙상한 백양목 나뭇가지들이 어둠 짙은 들녘을 소란스럽게 흔들고 있었다. 어둠의 켜를 경계 짓는 산등성이와 하늘의 지평선, 애잔한 옛 어린 시절의 추억이 그 경계선을 이끌며 달리고 있었다. 2~3층짜리 성냥갑 같은 북쪽 주민들의 공동주택이

드문드문 텅 빈 허전한 자리를 지키고 서 있어 쓸쓸함은 더욱 뼛속 깊이 느껴졌다.

저녁 만찬 자리에서 환영사를 하는 문영호 공동위원장의 목소리는 매우 단호하였다. 약속한 남측의 물류지원이 원활하지 않으면 남북공동겨레말큰사전편찬 사업의 중단도 가능하다는 언급이었다. 당시 남측에서는 남북 교류의 가시적 성과를 위한 사업 추진의 조급성 때문에 여러 가지 물적 지원에 대한 헤픈 약속을 하고는 제대로 이행하지 않았기 때문에 그러한 발언을 한다는 것을 알고 있었던 필자로서는 올 것이 왔구나라는 생각을 하지 않을 수 없었다. 남쪽의 공동대표 고은 시인과 남쪽대표 홍윤표 교수의 답사와 함께 필자는 담담하게 사전 사업을 잘 진행한 이후 지속적으로 남북 초중등학교의 교과서에 실린 학술용어의 통일과 교과서 편찬의 전문성에 대한 예비적 논의가 필요하다는 인사말을 하였다. 어문통일 위원이었던 권재일 교수는 공동 작업 방식의 변화를 시도하자는 제안도 하였다.

두서너 시간이면 올 수 있는 평양을 하루가 걸려 달려왔다. 말은 통하지만 의사 결정 과정과 그 방식이 우리와는 너무나 다른 북쪽 사람들과 대면할 땐 아직 너무나 멀리 있구나라는 생각이 든다. 민족과 겨레, 그리고 동포라는 이름으로 어쩌면 아무런 조건이 없이 금방 하나가 될 듯한 연출 뒤에는 반드시 묵직한 조건의 꼬리표가 따라오게 마련이다. 물론 남쪽의 불찰이 없지 않다. 성급한 결정에 대한 책임이 따르지 않았기 때문이다. 아마 북쪽 사람들은 남쪽에 대한 신뢰가 무너진 것을 모두 정치적 소산이라고 생각할 것이다.

아직 끝나지 않은 지난 세기의 남북 간 냉전의 질서는 꽁꽁 얼어붙은 대동강의 물줄기와 같이 느껴졌다. 21층 호텔객실에서 내려다본 평양의 밤은 고적하고 쓸쓸할 뿐이다. 밤하늘의 별빛만 더욱 차갑게 반짝거리고 있으며 멀리 주체탑 부근, 유난히 밝은 불빛이 주변의 짙은 어둠을 눌러 고요함을 더해 주는 듯하다.

최근 어문규범에 대해 많은 생각을 해왔다. 남북 간의 차이, 새로 쏟아져 들어오는 전문용어, 외국어 음차 표기를 어떻게 수용해야 할 것인지? 다수의 국어학자들은 언어이론의 수용과 적용에 급급해하지만 작금의 한국어의 현실에 대해 진지한 고민은 하고 있는지? 한자와 한글의 혼용 글쓰기와 세로 글쓰기에서 가로 글쓰기로 바뀌었다. 줄글로 세로 글쓰기 방식에서 낱말 단위로 띄어 쓰는 가로쓰기로 바뀌면서 가독율이 높아졌다. 띄어쓰기는 우리말의 낱말을 새롭게 규정하는 학문 연구에 많은 영향을 끼치게 된다. 전통적으로 복합어나 합성어의 낱말 개념이 고정되지 않으면 하나의 낱말로 굳어져 버린 낱말이 두 개 혹은 세 개로 분리되어 결국 사전에 실리지 않게 된다. '소금꽃', '소금밭'이 『표준국어대사전』에는 '소금'과 '꽃'과 '소금'과 '땅'의 두 낱말로 분리시켜 두고 있다. '한국어, 일본어, 불어, 독일어'는 하나의 낱말이지만 '프랑스 어, 도이칠란트 어, 바스크 어'는 두 개의 낱말 조각으로 규정하여 띄어쓰기를 하도록 되어 있다. '동해, 남해, 북해, 황해'는 하나의 낱말로 붙여 쓰지만 '에게 해, 카스피 해'는 두 낱말로 처리하여 띄어 쓰도록 되어 있다. 조어 형식이 한자어끼리냐 외국어와 한자어 간의 결합이냐에 따른 띄어쓰기의 규범이 이렇게 결정해 놓았기 때문이다. '고가사다리'는 불자동차에 장착된 접었다 폈어 고층에 난 화재를 진압하는 기구이다. 그러나 이 낱말은 사전에 실려 있지 않다. 그런데 '고가'와 '사다리'를 띄어 쓰면 그 가운데 호흡 단락이 분절되어 구어와 문어의 호흡 단락이 달라질 수밖에 없다. 우리말의 생태 환경을 유지하려면 두 낱말로 분리시켰던 이러한 낱말을 모두 하나로 인정해야 할 것이다. 이처럼 띄어쓰기 문제는 눈에 보이지 않게 문어와 구어를 분리시키는 촉매 역할을 하고 있다. 오랜 세월 동안 문어와 구어의 불일치를 극복하려고 노력한 이가 바로 세종대왕이며, 문어와 구어를 일치시키려고 노력한 이는 고종이다. 그리고 글쓰기를 한글 중심으로 돌려놓은 이는 박정희 대통령이다.

한글을 사용하는 사람 중심의 어문정책이 아니라 한국어 문법 이론가 중심의 어문정책이 과도하게 지배된 이유가 아닐까? 최근 쏟아져 나오는 출판물을 보면 출판사 나름대로의 띄어쓰기 규정의 틀을 만들어서 사용하기 때문에 책마다 다르며, 정부의 공식 공문서 역시 띄어쓰기는 오류투성이다.

특히 국민들에게 파급 효과가 큰 언론 매체조차도 띄어쓰기가 제대로 지켜지지 않는다. 문화방송국 초대 우리말위원회 위원장 시절에 이긍희 대표이사를 만나 자막글자 띄어쓰기를 기계화하자는 제안을 하자 선뜻 내 제안을 받아들이고 띄어쓰기 검색기 개발이 많은 예산을 배정해 주었다.

변화를 선택하는 일은 쉽지 않다. 변화가 반드시 개신이나 발전을 의미하지는 않기 때문에 국가의 정책적 선택 속도는 느릴 수밖에 없다. 디지털 신호에 대한 검색시스템을 개발한다면 우리들의 이러한 우려와 국민들의 어문 규범의 압박으로 인한 고통을 조금씩 줄여갈 수 있을 것이다.

평양을 오면서 가져온 서너 권의 책들 가운데 이시카와 쇼지와 히라이 가즈오미가 엮은 『끝나지 않은 20세기』에 "역사는 선택이 아니라 만드는 이의 몫으로 그려지는 인간 세상의 풍경화"라는 말이 가슴 깊이 새겨진다. 단 한 번도 세계 경영을 해보지도 또 꿈꾸어보지도, 아니 그 의지조차 가져본 적이 없는 우리 민족도 이젠 세계 경영의 한가운데 서서 남과 북의 갈등도 슬기롭게 헤쳐나갈 방안을 모색해야 할 것이다.

6자회담에 의한 동아시아 평화 보장의 분위기를 만드는 일도 중요하지만 주변 국가 간의 일대일 평화보장을 이어가는 일 또한 매우 중요한 과제가 아닌가? 2003년 일본 동경대학교에서 1년간 공부하던 때 고이즈미 일본 수상이 조·일평화회담을 이끌어내기 위해 평양으로 달려갔다. 그러나 그 결과는 실패였다. 일제 36년 동안 북한 지역의 지배에 대한 보상 문제가 갑자기 불거져 나왔기 때문이다. 남한에는 차관 형식과 일부 보상형식으로 무상 한일청구권 자금을 지원했던 사실을 알고 있었던 북한 당국자들은 강력하게 조·일청구권 자금을 요구했기 때문이다. 그 회담의 결렬을 희석시키기 위해 일본인 납치범 문제를 제기하여 연일 방송을 통해 북조선을 비판하였다. 일본 내부적 결속과 함께 극우 세력의 결속을 자극시키기에 충분한 호재였다.

이러한 일이 어찌 남의 일인가? 당시 노무현 정부에서는 태연자적하게 이 문제에 대해 어떠한 언급도 하지 않고 남북 교류를 성급히 이끌어내는 일에만 몰두하였다. 당시 조·일 평화회담 성사는 동아시아의 지속적 평화를 보장받을 수 있는 매우 중요한 사안이라고 판단하고 정부적 차원에서 조·일 평화회담 성사를 위해 조·일 청구권자금 지원을 비핵화 문제와 연계시켜 일본이 당연히 지불해야 할 의무가 있다고 생각하고 있었고 지금도 마찬가지 생각이다.

기울어 가는 조선은 대한제국이라는 이름으로 탈바꿈하고 갑오개혁을 추진하였다. 정치적 면에서는 내각제의 창설과 중앙집권적 권력의 분산을 위한 통치기구의 개혁이 중심이라면 경제적 측면에서는 조세 제도의 혁신, 국가 제도적 측면에서는 과거 제도의 폐지와 신분 제도의 변화 등을 꼽을 수 있다. 그러나 이러한 개혁적 조치는 얼마 가지 못하고 일제의 간교로 500년의 왕조는 몰락하였다. 그러나 이 기간 동안 문화 정책 가운데 글쓰기 방식 변화의 선언과 청나라 연호 제도의 폐지와 함께 개국 연호 사용 등의 정책은 근대적 국가로 이행하는 데 결정적인 역할을 하였다.

1968년 국가 공용어로 '한글'을 채택하고 한글전용화 정책을 시행하는 쪽으로 선회한 결정은 바로 오늘날 IT 강국 한국으로 성장하는 밑거름이 된 셈이다. 소중화 사대주의를 신봉하던 많은 위정척사파들의 반대를 무릅쓴 어문정책의 전환은 마치 최만리 등의 반대 상소를 꺾어내면서 한글을 창제한 세종의 위업에 버금가는 결정이었다고 할 수 있다. 한문자와 한국어의 구어의 불일치로 인한 소통 장애에 놓여 있었던 조선조의 왕조는 멸망으로 조락할 수밖에 없었다.

지금 한국은 다시 외국어 음차 표기, 숱한 전문용어가 넘쳐나 비록 한글로 음차 표기를 했더라도 그 내용은 알아볼 수 없는 한글과 구어의 불일치 시대로 치달아가고 있다. 지난 20세기 열강들이 꿈꾸어 왔던 식민지배는 곧 언어의 지배요, 그들 자국 언어의 지배는 그들의 혼을 지배하는 문화 침탈의 방식이었음을 깨달아야 한다. 언어와 문화를 우월의 관계가 아닌 상호 존중과 이해의 관계로 해석할 수 있을 때 국내 어문정책뿐만 아니라 한글의 세계화에 따른 합리적인 정책 방향이 눈에 들어올 수 있을 것이다.

음성과 문자를 디지털화하고 이를 메타언어로서 검색하고 상호 소통할 수 있는 정보화의 역량을 강화한다면 기계번역이 가능하고 또 걸어다니면서 글쓰기가 가능할 것이다. 굳이 자판기를 두드리지 않고 음성언어가 곧바로 디지털 문자언어로 전환하고 또 그 역의 방식이 가능한 시대가 아닌가? 이것이 바로 창조적 상상력이다. IT 기술과 언어의 결속은 무한한 부가가치가 있는 미래 지식·정보화 사업의 핵심임을 깨달아야 할 것이다.

아마 이번 평양 방문은 국립국어원장으로서 마지막 출장이다. 돌이켜 생각해 보면 지난 3년 나랏일을 위해 열심히 뛰어왔다. 한글을 세계로,

언어문화 상호 존중의 프로그램의 하나로 '세종학당' 설립 추진, 『표준국어대사전』의 개편과 보완, 한국어사랑큰잔치, 제18차 세계언어학자대회 유치 등 한글 소비자인 국민들의 편의를 늘 먼저 생각하고 한글의 생태적 존속을 위한 철학적 사유를 전제하였다. 비록 몸과 마음은 피곤했지만 세상의 변화에 한 톨의 밀알이 될 수 있을 것이라는 기대감이 나에게 용기를 잃지 않도록 지켜 주었다.

3년 만에 다시 들른 평양, 큰 변화는 없었다. 조금 늘어난 자동차, 길을 걷는 인민들의 옷차림 등 겉으로 드러난 변화보다 왕조 제국의 위엄 아래에 눌려 있는 인민들의 자의식 변화가 언제 꿈틀거릴지?

::: 북쪽 초중고 교과서의 실태

북한의 모든 교과서는 나라가 만든 교과서이다. 곧 나라에서 편찬하는 단일 종이며 학령 제도는 중고교를 통합한 고등중학교 4학년은 남한으로 치면 고등학교 1학년이다. 몇 차례 북을 방문하면서 북의 어문정책을 총괄하는 문영호 사회과학원 언어연구소장과 더불어 남북의 초중등학교의 교과서의 용어 통일과 교과서의 발전적 방향에 대한 논의를 여러 차례 나누었다.

자라나는 아이들에게 교과서가 미치는 영향력은 매우 크다. 교과서는 사람의 인식 체계를 결정하는 데 절대적인 영향을 미치는 동시에 언어 차이를 만들어내는 결정적인 역할을 하기 때문이다. 진정으로 한글공동체의 미래를 생각한다면 남북 교과서의 학술 전문용어 통일과 교과서 형식을 일치시키는 일은 남북통일을 대비한 제일의 중요한 과제임을 북한 당국자들도 잘 이해하고 있었다.

예컨대 도량형의 차이로 개성공단에서 만든 제품의 설명서가 달라져야 하고 각종 합작 회사 운영에 많은 어려움이 있다. 여기서 북한의 교과서가 어떻게 만들어지고 조직화 되어 있는지를 극명하게 들여다볼 수 있는 주체 90(2001)년 교육도서출판사에서 간행한 북의 고등중학교 4학년 지리교과서의 서문 한 대목을 읽어 보자.

머리말

위대한 령도자 김정일 원수님께서는 다음과 같이 말씀하시었다.

‹다른 나라 경제에 대하여서도 잘 알아야 합니다. 다른 나라 경제를 잘 알아야 우리나라 사회주의의 우월성과 우리 당 경제정책의 정당성을 더 잘 알 수 있으며 다른 나라들과의 경제관계도 발전시켜 나갈 수 있습니다.›

위대한 수령 김일성 대원수님께서 세워 주시고 위대한 령도자 김정일 원수님께서 빛내여 나가시는 우리나라 사회주의제도의 우월성과 우리 당 경제정책의 정당성을 똑똑히 알며 다른 나라들과의 경제관계를 발전시켜 나가자면 다른 나라 경제에 대하여서도 잘 알아야 한다.

오늘 세계 혁명적인민들은 이 땅우에 가장 우월한 사회주의 강국을 일대 세우신 어버이수령님과 경애하는 장군님을 끝없이 존경하고 흠모하고 있으며 높이 칭송하고 있다. 그리고 우리 나라를 따라 배우기 위하여 외국의 수 많은 벗들이 끊임없이 찾아 오고 있다.

그리하여 우리 당과 공화정부의 대외적권위와 위신은 날을 따라 높아지고 있으며 우리 혁명의 지지자, 동정자대렬이 날로 늘어 나고 있다. 우리 나라는 세계의 200여개 나라들가운데서 140여개의 나라들과 대사급 외교 관계를 맺고 있다.

> 주체 58(1969)년 말리에서 〈김일성동지로작연구소조〉가 결성된후 오늘까지 100여개의 나라에 1,000여개의 주체사상연구조직들이 결성되여 주체사상연구 및 보급사업을 활발히 벌리고 있다. 그리고 세계 80여개 나라에 320여개의 〈조선통일지지위원회〉들이 조직되여 우리 인민의 자주적통일을 위한 국제적 련대성운동을 더욱 힘차게 벌리고 있다.
>
> 이러한 현실은 우리들로 하여금 우리 나라의것을 더 잘 알뿐아니라 세계 여러 지역과 나라들에 대한 폭 넓은지식을 가질 것을 요구하고 있다.
>
> 세계지리과목에서 세계 여러 지역과 나라들의 자연과 경제, 생활풍속에 대한종합적인 지식을 배우게 된다.
>
> 우리들은 세계지리학습을 통하여 어버이수령님을 천만세 영원히 높이 우러러 모시고 경애하는 장군님의 령도 따라 강성대국건설을 위한 히만투쟁을 벌리고 있는 주제의 사회주의조국에서 살며 혁명하는 높은 민족적긍지와 자부심을 가슴깊이 간직하고 혁명과 건설에 실지 써먹을수 있는 산 지식을 소유하기 위하여 배우고 또 배워야 한다.

글의 형식적인 면에서 우선 띄어쓰기라든지 표기법과 낱말의 차이가 있다는 사실을 알 수 있을 것이다. 내용적인 면에서는 남쪽에서는 도저히 이해할 수 없는 당과 수령에 대한 찬사의 글과 주체사상이라는 철저한 교도적 이념이 지배하고 있음을 알 수 있다.

교과서는 매우 정제된 지식을 등급별로 잘 배치하여 주어진 시간 안에 살아 있는 지식을 습득할 수 있도록 구성한 것이어야 한다. 물론 국가별로 국가의 지도이념이 어느 정도는 반영될 수는 있을지 몰라도 발전된 교과서 구성의 원리와는 많은 거리가 있음을 알 수 있다. 이 교과서의 90쪽 북아메리카 북부지방 미국의 항목에는 다음과 같은 전제의 글이 실려 있다.

경애하는 수령 김일성대원수님께서는 다음과 같이 교시하시였다.

‹미제국주의는 현대의 가장 흉악하고 파렴치한 침략자, 략탈자이며 세계의 모든 진보적인민들의 첫째가는 공동의 원쑤입니다.›

지리교과서에 실린 내용이다. 아무리 적대적 관계에 있는 나라이지만 초중등학교에서 이러한 내용으로 교육이 될 수 있다는 사실이 매우 놀랍다. 세계적인 질서의 흐름과 교과서의 과학적 구성 방법을 외면하고 국민들의 경험과 그들의 기억을 은폐하려는 이념이 철저하게 지배한 교과서의 모습이다.

구체적으로 지리 교과서 내부의 용어 문제는 한두 가지 차이가 아니다. 예를 들면 “스웨덴－스웨리에, 아이슬란드－이슬란드. 덴마크－단마르크” 등 외래어 표기법의 차이로 국가명, 수도 명칭 등 상당한 차이를 보여주고 있다. 이와 같은 남북 간의 언어 이질화가 장기화된다면 남북통일을 전망하는 데 가장 큰 걸림돌이 될 것이다. 남북 언어의 이질화를 유발하는 몇 가지 요인을 중심으로 살펴보자.

첫째, 표준어와 문화어의 언어 기반의 차이가 가장 큰 문제이다. 예를 들면 ‘소금꽃’이라는 낱말이 『표준국어대사전』에서는 북한어로 등재되어 있다.[2] ‘소금꽃’이라는 낱말이 서울 지역의 교양인이 사용하지 않는 염전(鹽田)의 염부(鹽夫)가 사용하는 것이기 때문이다. 그러나 북의 문화어에서는 생활 현장어이기 때문에 『조선어대사전』에는 올림말로 실려 있다. 이처럼 남북 간의 단어 단위의 기준이 다르기 때문에 남북 간의 낱말의 차이가 날이 갈수록 누적될 수 있다.

둘째, 고유어와 외래어에 대한 남북 간의 인식 차이 때문에 조어 형식

2 “소금꽃 명 『북』 땀을 많이 흘렸을 때에, 옷이 젖은 다음 말라서 하얗게 생기는 얼룩을 비유적으로 이르는 말.”

(페달/디디개, 노크/손기척)에서 엄청난 차이가 발견된다. 이러한 측면을 극복하기 위해 한때 남쪽에서도 '코너킥'을 '모서리차기', '포볼'을 '볼넷'으로 대대적인 국어순화 운동을 전개한 적도 있었다.

셋째, 낱말 기본형에 대한 인식 차이를 들 수 있다. '연기(煙氣)'의 고유어형의 기본형을 남에서는 '내'로 북에서는 '내굴'로 잡고 있어 차이를 보여준다. '내그랑내, 내금'과 같은 방언형의 기원형을 밝히기 위해서는 '내굴'을 올림말의 기본형으로 잡을 수도 있다.

넷째, 한국어 규범의 차이를 들 수 있다. '띄어쓰기', '두음법칙', '사잇소리', '자모의 순서' 등의 남북 간의 규범차이에 의한 남북 이질화가 가속되고 있으나 이 문제는 언어정보처리 기술로 단시일 내에 해결할 수 있다. 최근 『겨레말큰사전』사업을 추진하는 과정에서 이러한 문젯거리에 대해서는 남북 간의 통일 방안에 대한 협의가 상당한 진척으로 보이고 있다.

다섯째, 남북 이념의 차이로 기인하는 낱말이나 뜻풀이의 차이는 남북언어 통일 추진에 가장 큰 걸림돌 가운데 하나이다. 『겨레말큰사전』사업도 이 문제를 어떻게 극복하는가가 사전 편찬의 주요한 관건이 될 것이다.

여섯째, 최근 산업발전에 따른 학술·전문용어가 급격하게 늘어나는데 특히 이들 학술·전문용어 또한 남북 언어 이질화에 가장 큰 요인이 되고 있다. 특히 초중고등학교의 교과서에 실린 학술용어의 이질화는 심각한 수준이다. 이외에도 남북 언어 이질화의 요인은 여러 가지가 있을 수 있지만 학술·전문용어의 통일을 위한 노력을 늦추면 늦출수록 남북통일 언어 추진이나 남북 산업 표준화 등을 위한 비용이 증가할 것으로 보인다. 이러한 상황을 예견한 통일문제연구협의회에서는 발 빠르게 남북학술·전문용어의 통일을 위한 예비사업으로 『남북학술·전문용어

비교사전』을 간행한 바 있다. 특히 2006년 북의 '고려전자출판사'와의 협의체결, 2007년 북의 사회과학원과의 접촉 등을 통해 2008년부터 다년 사업으로 추진하기 위한 예비 연구 성과를 이미 발표한 바가 있다.

최근 아시아권에서 초중등학교의 역사 교과서의 왜곡 문제가 국가 간의 외교적 문제로 비화되고 있다. 일본에서의 제국주의 침탈 역사의 정당화 문제뿐만 아니라 고대사 부분에서의 왜곡 문제는 중일, 한일 간의 첨예한 외교적 대립의 불씨를 안고 있다. 또 중국에서도 서북, 서남, 동북공정에 따른 소수민족들의 고대사를 중국 고대사의 용광로에 넣어 한 뭉텅이로 녹여 가고 있다.

먼저 남과 북의 교육용 교과서의 제작방식은 판이하게 차이를 보여주고 있다. 남쪽에서는 소위 국정교과서라는 국가 주도의 교과서는 거의 사라지고 대부분 대학 및 현장 교사들이 중심이 된 검인정 교과서를 다양하게 만들고 있다. 그러나 아직 북쪽에서는 철저한 국가 중심의 이데올로기에 기반을 두고 교과서가 만들어지고 있다. 남북 간에 교과서의 내용과 질에 대한 문제를 검토할 만한 여력도 없이 기본적으로 교과 내용의 충실성이나 창의적 교육의 목표를 달성할 수 있는 교과서 구성의 방법에 대한 비교 연구는 아직 시기상조라고 할 수 있다.

먼저 한국역사에 대한 교과서의 제목부터 '국사'와 '조선력사'로 차이를 보인다. '국사'는 세계 모든 나라의 자국의 역사를 '국사' 곧 국가의 역사라고 할 수 있다. 미국 역사에서는 원주민의 역사를 제외하는 것과 상반되게 중국의 국사에서는 청조 이전의 북방사나 서북지역의 위굴지역의 역사를 자국의 역사로 편속시키고 있다. 북의 '조선역사'도 조선의 뿌리를 이루는 북방사의 고구려사나 발해사를 포함한 삼한사를 국가사로 편입하고 있다. 이러한 측면에서 남쪽의 역사도 '한국사'라는 명칭으로 바꿀 필요가 있다. 구체적으로 초중등 한국사의 기술 문제는 시각의 차이가 엄청나다.

남북 교과서에 나타나는 학술용어 통일을 위해 관련 학자나 교사들의 남북 교류는 매우 필요하다고 생각된다. 여기서 한 걸음 더 나아가 이념화와 정치화의 도구로 물든 교과서의 점진적 질적 향상을 위해 상호 협력할 수 있는 기반을 만들 준비를 해야 할 것이다. 가능하다면 남북이 수용 가능한 수학, 생물, 물리 등 남북 공동교재 개발을 통해 체제의 벽을 허물고 이념의 벽을 뛰어넘는 학술의 장을 만들어야 할 것이다. 얼마 전 김일성종합대학교의 김영황 교수가 쓴 『조선어방언학』이라는 책에 필자를 포함한 남쪽 학자들의 저술을 인용하고 있는 것을 확인하였다. 지난날이면 감히 상상도 하지 못할 일이었으나 학문 교류의 창은 완전히 차단된 것만은 아니라는 희망이 있다.

남북 학술·전문용어

남북 언어의 이질화를 막고 언어통일을 대비한 노력은 많으면 많을수록 좋은 것이라고 말할 수 있다. 그러나 남북 언어 통일을 추진하는 주체들이 중구난방이 되어서는 오히려 우리가 바라는 순수성을 훼손할 가능성 또한 피할 길이 없다. 현재까지 노정된 남북학술·전문용어 사업과 관련한 문제를 들어 보면 다음과 같다.

첫째, 남북학술·전문용어 통일을 준비하는 주체가 난립해 있다. 먼저 '겨레말큰사전편찬위원회'에서는 2005년 1월 『겨레말큰사전』 공동편찬요강 합의서에 의하면 사전올림말에 "좁은 범위에서만 쓰이는 전문용어는 올리지 않는다.", "현대 과학기술 발전의 요구에 따라 쓰이는 학술용어와 국제 공통적으로 쓰이는 외래어들은 선별하여 올린다."라고 합의함으로써 전면적으로 남북학술·전문용어 통일 사업은 유보된 상황이다.

둘째, 한국과학기술단체총연합회에서는 『남북과학기술용어집』을 간행하고 북의 국가과학원 또는 조선과학자총연맹과의 협력 사업으로 추진하고 있으며, 정보통신기술협회(TTA)에서는 남북 정보산업 국가규격 표준화를 목적으로 남북 용어 비교를 시도하여 그 일부를 홈페이지에서 제공하고 있다. 그러나 남북학술·전문용어의 올림말과 뜻풀이 통일 방안 및 표기법 통일 방안에 대한 진전은 없었다.

셋째, 국립국어원과 한국어단체연합에서 2007년 중국의 최윤갑 교수, 북의 심병호(한국어사정위원회) 등 7명과 남쪽의 최기호 등 7명 공동으로 '남북 체육용어 통일을 위한 국제학술회의'를 개최하여 그 성과를 보고한 바가 있으며[3] 국립국어원과 중국 연변대학교 한국학학원 공동 주체로 국제학술회의(『민족어 발전의 현실 태와 전망』)에서 남북학술·전문용어 통일을 전망하는 학술회의가 개최되었으나 그 성과가 구체화된 단계가 아니라는 점이다.

그뿐만 아니라 최근 한국학술진흥재단을 통해 남북 역사관련 전문용어 통일을 위한 학술연구가 북의 민화협을 통해 추진되고 있으나 이 역시 연구를 위한 연구에 멈출 가능성이 매우 크다.

그 외에 한국 표준협회의 ISO 기술용어 비교나 남북 규격(KS/KPS)상의 용어 비교 작업이라든지 2002년 한국통신문화재단의 『ISO2382 기준 한-영-조-중-일 정보기술 표준용어 사전』 성과와 오늘 발표된 통일문제연구협의회의 성과들이 있다.

이렇게 남북학술·전문용어의 통일 사업이 뚜렷한 방향을 갖지 못하고 추진되는 이유가 있다.

3 국립국어원·한국어단체연합, 「남북체육 용어 통일을 위한 국제학술회의 결과보고서」, 2007.

첫째, 남과 북의 현실적 여건을 전혀 고려하고 있지 않다는 점이다. 먼저 남의 사정을 되돌아보자. 전문용어를 관리하는 주체가 정부 각 부처와 학술단체총연합회를 비롯하여 한국어공학센터, 기술표준원, 한국과학기술원의 전문용어언어공학연구센터(KORTERM),[4] 겨레말큰사전 남북공동편찬위원회, 국립국어원(국어심의위원회) 등이 있다. 북에서도 국어사정위원회, 사회과학원 언어학연구소, 조선과학기술총연맹 등이 있다.

둘째, 남북학술·전문용어의 통일 사업이 산발적으로 진행될 뿐만 아니라[5] 그 내용에서도 올림말과 뜻풀이를 단순 대응시키는 정도이며 양적인 면에서도 전면적인 접근이 아닌 부분적 접근을 하고 있어 오히려 혼란만 가중시키는 느낌이다.

셋째, 법률적 근거를 바탕으로 하지 않을 경우 그 사업성과의 시행이 어려울 뿐만 아니라 남북통일이라는 명목만 활용하면 국비 남용의 결과를 초래한다.

이러한 상황을 고려하여 남에서는 2005년 ‹국어기본법›을 발표하였다. 제17조에 “국가는 국민이 각 분야에 전문용어를 쉽고 편리하게 사용할 수 있도록 표준화하고 체계화하여 보급하여야 한다.”라고 명시하고 있으며 이를 시행하기 위해 ‹국어기본법 시행령› 제12조에는 국립국어원에서는 5~20인의 정부부처 및 학단 관계자로 구성되는 ‘전문용어표준화협의회’를 두고 전문용어를 심의하도록 규정하고 있다. 문화체육관광부는 심의 요청된 전문용어 표준안을 국어심의회에 상정하여 그 결과를 정부 각 부처에 회신하고 정부 각 부처는 확정안을 고시한 후 사용토록 하고 고시된 전문용어를 소관 법령에 따라 재정과 개정 및 교과서용 도

4 21세기 세종계획의 일환으로 국립국어원과 공동으로 전문용어 관리 체계 구축과 분야별 전문용어 구축 사업을 10년간 추진해 왔다.

5 손기웅, 「남북학술·전문용어비교사전 예비사업의 의의」, 『남북학술·전문용어비교사전』, 통일문제 연구협의회, 2007

서 제작, 공무서 작성 및 국가 주관 시험 문제에 출제하여 적극 활용토록 하고 있다. 또한 민간 부문에서도 국립국어원 '전문용어표준화협의회'에 심의 요청한 관련 부문 전문용어 표준안은 다시 국어심의회를 거쳐 확정 고시하도록 입법화되었다.

북의 상황도 남의 상황과 큰 차이가 없다. 전문용어를 비롯한 규범 관리의 주체는 북의 조선어사정위원회의 소관 업무이며 사전에 실린 학술·전문용어 관리는 사회과학원 언어연구소 소관 업무이다. 남과 북의 내부 사정이 이토록 복잡한 관계로 남북 간의 학술·전문용어의 통일 사업은 결코 용이한 일이 아니며 협의를 하더라도 그 실효성이 매우 희박하다는 점을 명백히 알아야 한다.

남북 언어 통일을 효율적으로 추진하기 위해서는 추진 주체가 책임 있는 기관이 있어야 한다. 다시 말하자면 법률적 기관이 주도하고 정부 부처나 학술단체협의회 등이 공조하는 방식이 아니면 그 실효성이 떨어질 수밖에 없다. 단순히 남북 학술친선이나 먼 미래를 내다보는 형식일 경우 그 비용 부담이 너무나 클 수밖에 없다는 것이다. 사업의 경쟁이나 남북 교류의 생색내기 식으로 접근할 문제가 아니다. 그리고 상대인 북의 사업 주체도 매우 신중하게 접근해야 한다. 『남북학술·전문용어의 비교사전』은 어문규범과 관련된 일부 오류(띄어쓰기, 두음법칙)나 형태론적 조어형의 동의어 판단에 대한 문제점 등이 발견된다. 따라서 남북학술·전문용어의 관리에 대한 문제는 법령적 문제만이 아니라 학계의 현실적 문제의 통합을 어떻게 하느냐도 매우 주요한 선결과제이다.

남북학술·전문용어의 통일을 위해서 그 내용 면에서는 국어어문규정에 근거한 표준안을 기준으로 하여 추진해야 한다. 단순한 올림말이나 뜻풀이의 대조적 방식으로 접근할 경우 아무것도 얻을 수 없다. 우선 남쪽의 전문용어만이라도 통일을 위한 노력이 선행되어야 한다.

필자는 남북 언어 문제를 지금 이대로 그냥 방치할 문제가 아니라고 생각하고 있다. 단순한 교과서의 용어 통일이 아닌 발전된 교과서 구성 방식에 이르기까지 남북 간의 학술적 교류와 연찬이 절실하게 필요하다. 이성적 판단의 난관이 있다고 하더라도 지속적으로 설득하고 이해시킬 수 있는 노력을 포기해서는 안 될 것이다.

참고문헌

강신항, 『오늘날의 한국어생활』, 박이정, 2007.
고마고메 다케시 지음, 오성철·이명실·권경희 옮김, 『식민제국 일본의 문화통합』, 역사비평사, 2008.
곤 A. 워커·사라 채플린 지음, 임산 옮김, 『비주얼 컬처』, 루비박스, 2007.
국립국어연구소, 『公共媒體の外來語』, 일본 국립국어연구소, 2008.
국립국어원 조사보고서, 『절멸위기 생태계 언어조사』(국립국어원 2008-01-53), 2008.
국립국어원, 『세종학당』(운영메뉴얼), 2008.
________, 『외래어 이렇게 다듬어 쓰자』, 태학사, 2007.
________, 『외래어 표기 용례집』, 국립국어연구원, 1988.
________, 『전문용어 연구』, 태학사, 2006.
국립국어원, 모두가 함께하는 우리말 다듬기(www.malteo.net)
권기헌, 『미래예측학』, 법문사, 2008.
권미경, 『다문화주의와 평생교육』, 한국학술정보[주], 2009.
권종성, 『조선어정보론』, 사회과학출판사[평양], 2005.
김게르만, 『한인 이주의 역사』, 박영사, 2005.
김구진, 「여말선초 두만강 유역의 여진분포」, 『백산학보』 제15호, 1973.
_____, 「초기 모린 올량합 연구」, 『백산학보』 제17호, 1974.
김기봉, 「다문화 사회 한국인 정체성과 한국사 다시 쓰기」, 유네스코 아시아·태평양 국제이해교육원 엮음, 『다문화 사회와 국제이해교육』, 동녘, 2009.
김동소, 「용비어천가의 여진 낱말 연구」, 『한국어교육연구』 9, 1977.
김미경, 『대한민국 대표 브랜드 한글』, 자우출판사, 2006.
_____, 『한국어의 힘』, 소명출판사, 2011.

김민수, 『필로디자인』, 그린비, 2007.
김병욱 옮김·루이-장 칼베, 『언어와 식민주의』, 유로서적, 2004.
발레리 케네디 지음, 김상률 옮김, 『오리엔탈리즘과 에드워드 사이드』, 갈무리, 2011.
이형상 지음, 김언종 옮김, 『자학』, 푸른역사, 2008.
김영욱, 『한글』, 루데스, 2007.
김완진, 『언어와 문자』, 신구문화사, 1996.
김우창 외, 『국가의 품격』, 한길사, 2010.
김인희, 『1,300년 디아스포라, 고구려 유민』, 푸른역사, 2011.
김정섭, 「한국어와 표준어와 외래어」, 『외솔회지』 제8집, 외솔회, 2007.
김주원, 「알타이언어 현지 조사의 의의와 방법」, 국립국어원 언어정책 토론회, 2006.
김중섭, 『한국어 교육의 이해』, 한국문화사, 2006.
김진해, 「신어와 언어 '밖'」, 『새국어생활』, 제16권 제4호, 2006.
김찬호, 「우리의 언어세계 가다듬기, 삶의 경외감 회복하기」, 『국가의 품격』, 한길사, 2010.
김한배, 『우리말을 좀 먹는 우리말 속의 일본어』, 동언미디어, 2006.
김형수, 「변두리가 중심을 구할 것이다」, 『한국어의 규범성과 다양성』, 태학사, 2008.
니 길러스 에번스 지음, 김기혁·호은성 옮김, 『아무도 모르는 사이에 죽다』, 글항아리, 2012.
다니엘 네틀·수잔 로메인 지음, 김정화 옮김, 『사라져 가는 목소리(Vanishing voices)』, EJB, 2003.
데이비드 아널드 지음, 서미석 옮김, 『인간과 환경의 문명사』, 한길사, 2006.
데이비드 크리스털 지음, 권루시안 옮김, 『언어의 죽음(Language Death)』, 이론과 실천, 2005.
데이비드 크리스털 지음, 이주희·박선우 옮김, 『문자 메시지는 언어의 재앙일까? 진화일까?』, 알마, 2011.
데이빗 삭스 지음, 이건수 옮김, 『알파벳』, 신아사, 2007.
로버트 레인 그린 지음, 김한영 옮김, 『모든 언어를 꽃 피게 하라』, 모멘토, 2013.
롤랑 바르트, 김수환·한은경 옮김, 『기호의 제국』, 산책자, 2008.
루이 장 칼베 지음, 김병욱 옮김, 『언어와 식민주의』, 유로서적, 2004.
리거 브러스나한 지음, 신예니·나금실 옮김, 『우리말과 영어의 제스처』, 예영커뮤니케이션, 2009.
마르크 페로 지음, 고선일 옮김, 『식민주의 흑서』, 소나무, 2008.

문교부, 『외래어 표기 용례, 일반 외래어』(편수자료 2-1), 1987.
_____, 『외래어 표기 용례, 지명, 인명』(편수자료 2-2), 1987.
문화체육관광부, 『한글고문서를 통해 본 조선 사람들의 삶』, 2011.
미우라 노부타카·가스야 게이스케 엮음, 이연숙·고영진 옮김, 『언어 제국주의란 무엇인가』, 돌베개, 2005.
민현식, 『한국어 정서법 연구』, 태학사, 1999.
박병천, 『한글 판본체 연구』, 일지사, 1998.
박지향, 『슬픈 아일랜드』, 새물결, 2002.
_____, 『제국주의 -신화와 현실』, 서울대학교출판부, 2000.
박홍순, 「이주민의 정체성과 포스트콜로니얼 대안」, 『다문화 사회와 국제이해교육』, 동녘, 2010.
배은한, 「중국어 한글표기법 개선안 재고」, 『제79회 중국어문학연구회 정기 학술발표대회 논문집』, 2008.
V. I. 베르비쯔끼 지음, 『알타이의 민족들』, 국립민속박물관, 2006.
서경석 지음, 김혜신 옮김, 『디아스포라 기행,-추방당한 자의 시선』, 돌베개, 2006.
_____ 지음, 이록 옮김, 『소년의 눈물』, 돌베개, 2004.
_____ 지음, 임성모·이규수 옮김, 『난민과 국민 사이』, 돌베개, 2006.
서울대학교 미국학연구소, 『세계화의 역사와 패권경쟁』, 서울대학교출판부, 2004.
성백인·김주원·고동호·권재일, 『중국의 다구르어와 어웡키어의 문법·낱말연구』, 아카넷, 2010.
손기웅, 「남북학술·전문용어비교사전 예비사업의 의의」, 『남북학술·전문용어비교사전』, 통일문제 연구협의회, 2007
손수호, 『문화의 풍경』, 열화당, 2010.
손진기 지음, 임동석 옮김, 『동북민족원류』, 동문선, 1992.
수아드 아미리 외 지음·오수연 엮음, 『팔레스타인의 눈물』, 도서출판 아시아, 2006.
아시아·아프리카 문학페스티벌 조직위원회, 「2007 아시아 아프리카 문학패스티벌」, 2007.
안영민, 『시멘틱? Text meaning, Ontology, Data meaning? 현 검색 시장에서 이 용어들의 의미는?』, 3th Search Thechonology Summit, 2010.
안정효, 『가짜 영어사전』, 현암사, 2006.
안토니 파그덴 지음, 한은경 옮김, 『민족과 제국』, 을유문화사, 2003.
앤드류 달비 지음, 오영나 옮김, 『언어의 종말』, 작가정신, 2008.

앨프리드 W. 크로스비 지음, 안효상·정범진이 옮김, 『생태 제국주의』, 지식의 풍경, 2002.
야마무로 신이치 지음, ·임성모 옮김, 『여럿이며 하나인 아시아』, 창비, 2003.
양계초 지음, 안명철·송엽휘 역주, 『역주 월남망국사』, 태학사, 2007.
에드워드 사이드 지음, 박홍규 옮김 『오리엔탈리즘』, 교보문고, 2007.
엘리스 지음, 안소연옮김, 『멸종의 역사(no turning back)』, 아고라, 2006.
리처드 엘리스 지음, 안소연 옮김, 『멸종의 역사(no turning back)』, 아고라, 2006.
오경석 외, 『한국에서의 다문화주의』, 한울, 2007.
오다니 나카오 지음, 민혜웅 옮김, 『대월지』, 아이필드, 2008.
옥철영, 「낱말망과 한국어사전의 체계적 구성」, 『한국어 낱말망 구축과 사전 편찬 학술회의』, 국립국어원, 2007.
왕 후이 지음, 이욱연 외 옮김, 『새로운 아시아를 상상한다』, 창비, 2003
우메다 히로유키, 「일본에서의 '한글' 연구」, 『세계 속의 한글』, 박이정, 2008.
원정, 『더불어 사는 세상 배우기』, 아시아태평양국제이해교육원, 2001.
유네스코 한국위원회, 「지구의언어, 문화, 생물 다양성 이해하기(Sharing a World of Difference the Earth' linguistic, cultural and the Earth' linguistic, cultural and biological)」, 유네스코 한국위원회, 2006.
윤병석, 『간도 역사의 연구』, 국학자료원, 2003.
윤수연, 『문화 간 의사소통의 이해』, 한국문화사, 2008.
이광규, 『신민족주의의 세기』, 서울대학교출판부, 2006.
이민홍, 『언어민족주의와 언어사대주의의 갈등』, 성균관대학교출판부, 2002.
이상규, 「‹국어기본법›에 근거한 ‹외래어 표기법› 분석」, 『국어국문학』 161호, 국어국문학회, 2011.
_____, 「디지털 시대의 한글의 미래」, 『우리말연구』 25호, 우리말연구학회, 2009.
_____, 「방언지도 제작기를 활용한 방언 지도 제작」, 『방언학』 2, 한국방언학회, 2005.
_____, 「생태적 관점에서의 한국어 정책의 현안과 과제」, 『한국어사전학회』 제13호, 2009.
_____, 「언어의 다양성과 공통성」, 제18차 세계언어학자대회 추진위원회, 2007.
_____, 「언어횡단으로서 한국어 교육」, 한국어교육학회 2007년 겨울 학술대회 주제 발표 논문, 2007.
_____, 「여성결혼이주 여성 한국어 교육의 과제」, 『어문론총』, 한국문학언어학회,

2007.
_____, 「인문 지식·정보의 미래」, 『미래가 보인다』, 국제미래학회, 박영사, 2013.
_____, 「절멸위기의 언어」분과 발표, 제18차 세계언어학자대회, 2008.
_____, 「한·중·일의 외래어 수용 정책」, 일본 북해도대학교 동아시아 언어·문화의 비교 국제학술 심포지움 발표 논문, 2009. 2. 13~17.
_____, 「한국어 세계화 어디까지 왔나 -다문화 시대의 한국어 세계화와 한글의 세계화」, 『문학사상』, 10월호, 2007.
_____, 「한국어학습사전과 낱말 교육의 늪」, 동남아시아 교사협의회, 발제강의[말레이시아], 2010.
_____, 「훈민정음 영인 이본의 권점 분석」, 『어문학』 100호, 2008.
_____, 『국제사회 이해교육과 커뮤니게이션』, 대구광역시 교육청, 2011.
_____, 『둥지 밖의 언어』, 생각의 나무, 2008.
_____, 『방언의 미학』, 살림, 2006.
_____, 『위반의 주술, 시와 방언』, 경북대학교출판부, 2005.
_____, 『한국어 교육 현황과 전망』, 한국어교육학회 겨울 학술대회, 2007.
_____, 「방언 자료의 처리와 언어지도」, 『방언학』 창간호. 한국방언학회. 2004.
_____·조태린 외, 『한국어의 규범성과 다양성』, 태학사, 2008.
_____, 「손글씨가 만들어 가는 한글세상」, 윤디자인연구실, 온한글, 2009.
_____외, 「한국 국어 정책의 미래」, 『쉬운 언어 정책과 자국어 보호정책의 만남』, 피어나, 2014.
이시 히로유키·야시다 요시노리·유아사 다케오 지음, 이한준 옮김, 『환경은 세계사를 어떻게 바꾸었는가』, 경당, 2003.
이옥순, 『우리 안의 오리엔탈리즘』, 푸른역사, 2005.
이윤옥, 『오염된 국어사전－표준국어대사전을 비판한다』, 인물과 사상사, 2013.
이윤재, 「사정한 조선어 표준말 모음의 내용」, 『한글』 제4권 제11호, 1936.
이진호·이이다 사오리 역주, 『언어의 구조』, 제이앤씨, 2009.
이해영, 『한국어 학습자의 중간언어 연구』(한국어교육연구총서 1), 커뮤니케이션북스, 2005.
이홍규, 『한국인의 기원』, 우리역사연구재단, 2010.
일본 국립국어연구소 외래어위원회 편, 『分かりやすく傳える外來語言い換え手引き』, 2006.
임홍빈, 「외래어의 개념과 범위의 문제」, 『새한국어생활』 제18권 제4호, 2008.

장원순, 「다문화 사회의 이해」, 『다문화가정 학생 멘토링 매뉴얼』(초등교원 양성대학 다문화가정 학생 멘토링 매뉴얼 연구 개발팀), 레인보우북스, 2009.
잭 골드스미스 지음, 송연석 옮김, 『인터넷 권력 전쟁』, NEWRUN, 2006.
전숙자·박은아·최윤정, 『다문화 사회의 새로운 이해』, 그린, 2009.
정긍식, 「조선어학회 사건 애심종결판결문 분석」, 『애산학보』 32, 2006.
정두용·신은숙·정득진, 『세계시민교육을 위한 국제이해교육』, 정민사, 2000.
정병규, 「훈민정음과 한글 타이포그래피의 원리」, 세종대왕 탄신 611돌 기념 심포지엄 발표문, 2008.
정재환, 『한글의 시대를 열다』, 경인문화사, 2013.
정하성, 『다문화 청소년개론』, 이담, 2010.
정호성, 「한국어 교육의 현황과 전망」, 일본국립한국어연구소, 2006.
제레드 다이아몬드 지음, 강주헌 옮김, 『문명의 붕괴』, 김영사, 2005.
_______________ 지음, 김진중 옮김, 『총, 균, 쇠』, 문학사상사, 2010.
제임스 포사이스 지음, 정재겸 옮김, 『시베리아 원주민의 역사』, 솔, 2009.
조규태, 「용비어천가 주해 속에 한글로 표기된 외국어 낱말에 대하여」, 『어문학』 제90호,
조너선 색스 지음, 임재서 옮김, 『차이의 존중』, 말글빛냄, 2007.
조동일, 「어문생활사로 나아가는 열린 시야」, 2003년 11월 4일 강연 원고, 2003.
조영달 외, 『다문화가정의 자녀 교육 실태 조사』, 교육인적자원부 정책연구과제 2006-이슈-3.
조정아 외, 『새터민의 문화갈등과 문화적 통합방안』, 한국여성개발원, 2007.
조지 레이코프·M. 존슨 지음, 임지룡 외 옮김, 『몸의 철학』, 박이정, 2003.
조항록, 『한국어 교육 정책론』, 한국문화사, 2010.
존 벨라미 포스터 지음, 추선영 옮김, 『생태계의 파괴자, 자본주의』, 책갈피, 2007.
질리언 비어 지음, 남경태 옮김, 『다윈의 플롯』, 유머니스트, 2008.
찰스 다윈 지음, 권혜련 외 옮김, 『비글호항해기』, 샘터, 2006.
천승미, 『Loanwords in Korea』, 한국학술정보주, 2008.
천꽝싱 지음, 백시운 외 옮김, 『제국의 눈』, 창비, 2003.
최경봉, 『우리말의 탄생』, 책과 함게, 2005.
_____, 『한글민주주의』, 책과 함께, 2012.
_____·시정곤·박영준, 『한글에 대하여 알아야 할 모든 것』, 책과 함께, 2010.
최기선, 「전문용어의 표준화」, 『새한국어생활』 제17권 제1호, 2007.

최병수, 『조선어 글자공학』, 사회과학원출판사, 2005.
최현덕, 「세계화, 이주, 문화 다양성」, 『다문화 사회와 국제이해교육』(유네스코 아시아·태평양 국제이해교육원 엮음), 동녘, 2009.
캐롤린 머천트 지음, 전규찬 옮김, 『자연의 죽음』, 미토, 2002.
프란츠 M. 부케티츠 지음, 두행숙 옮김, 『멸종, 종과 민족 그리고 언어 사라진 것들』, 들녘, 2005.
프란츠 M. 지음, 두행숙 옮김, 『멸종, 종과 민족 그리고 언어』, 들녘, 2005.
피드우드 지음, 김진석 옮김, 『다양성 -오해와 편견의 역사』, 해바라기, 2005.
하성수, 『교부학 인명·지명 용례집』, 분도출판사, 2008.
하시모토 만타로 지음, 하영삼 옮김, 『언어지리유형론』, 제일출판사, 1990.
한국 사전학회, 「외국인을 위한 한국어 사전의 현황과 전망」, 제15차 전국학술대회 자료집, 2009.
한국가족학회, 『한국사회와 글로칼(glocal) 가족정책』, 창립 30주년 기념 학술대회, 2007.
한국교육과정평가원, 「다문화교육을 위한 사회과 교수·학습 프로그램 및 활용 안내」, 2008.
한국교육네트워크 총서기팀장, 『핀란드 교육혁명』, 살림터, 2010.
한국사회학회, 「이주자와 국민 대상 다문화 사회 시민교육제도의 정책제안」, 법무부, 2008.
한국어 국외보급사업 협의회, '2006년 한국어 국외보급사업 추진 계획', 한국어 국외보급사업협의회 제3차 회의 자료, 2006. 1. 26.
국어연구소, 『외래어 표기 용례집(일반용어)』, 1988.
___________, 『외래어 표기 용례집(지명·인명)』, 1988.
___________, 『표준국어대사전』, 1999.
한국외국어교육학회, 『한국 외국어교육의 현황과 바람직한 발전방향』, 한국어교육학회 2007년 겨울 학술대회, 2007.
한상복, 『배려』, 위즈덤하우스, 2006.
한스 위르겐 헤링어 지음, 최명원 옮김, 『언어, 문화 그리고 커뮤니케이션』, 유로, 2009.
한인섭, 「이인 변호사의 항일 변론 투쟁과 수난」, 애산 이인 선생 추모 강연회, 한글학회·대구광역시 공동주최, 2013. 5. 3.
______, 『식민지 법정에서 독립을 변론하다』, 경인문화사, 2012.

한재준, 「곱고 바른 한글꼴 개발의 필요성 연구」, 국립국어원 연구과제 2007-01-56. 2007.
함규진, 『108가지 결정, 한국인의 운명을 바꾼 역사적 선택』, 페이퍼로드, 2008.
행정자치부 「외국인주민 1년 동안 35% 증가」, 2007년 8월 2일 보도자료, 2007.
허경무, 『한글 서체의 원형과 미학』, 묵가, 2008.
홍성호, 『진짜 경쟁력은 한국어 실력이다』, 예담, 2008.
홍윤표, 「어문생활사」, 『세계 속의 한글』, 박이정, 2008.
홍인표, 『중국의 언어정책』, 한국학술정보, 2008.
홍종선, 「한글과 한글 문화」, 『세계 속의 한글』, 박이정, 2008.
황대권, 『오라이 빠꾸』, 2008.

金子亨, 『先主民族言語のために』, 草風館, 1999.
三浦信孝, 『多言語主義とは何か』, 藤原書店, 1997.
石塚晴通, 「漢字字体規範データベース漢字字体規範データベース」, 홋카이도대학 편찬위원회.

A. W. Crosby, *Ecological Imperialism: The Biological Expansion of Europe*, 900-1900. Cambridge, Cambridge University Press. 1994.
Aaker, D. A. & Joachim Sthaler, *E. Brand leadership*, New York: Free press, 2000.
__________, *Managing brand equity: capitalizing on the value of a brand name*, New York: Free press, 1991.
Anholt, S., *Brand New Justice: The upside of global branding*, Oxford: Butterworth -Heinemann, 2003.
Banks, J. & Banks, C., *Multicultural Education: Issues and Perspectives* (6th ed), Wiley, 2007.
Banks, J. A. & Banks, C.A. (Ed.), *Handbook of Research on Multicultural Education*, Jossey-Bass, 2004.
__________, *An Introduction to Multicultural Education* (3rd ed), Allyn and Bacon, 2002.
Bloom, A., *The Closing of the American Mind*. New York: Simon & Schuster, 1987.
D Klaus(in press), 「The Use of Indigenous Languages in Early Basic Education

in Papua New Guinea; A Model for Elsewhere?」 Language and Education.

Elie Cohen, 「Globalization and Cultural Diversity Conflict and Pluralism」, World Culture Report 2000, UNESCO Publishing, 2000.

E. Williams, 「Investigation Bilingual Literacy: Evidence from Malawi and Zambia」, Education Research London, Department for International Development, No. 24. 1998.

「2010 Country Brand Index: Executive summary」(PDF file). FutureBrand, 2010.

H. Simon, *The Sciences of the Artificial*, S.161f.

Hirsch, E. D. Jr., *Cultural literacy: What every American needs to know*. Boston: Houghton Mifflin, 1987.

J. Cummins, 「Language, Power, and Pedagogy: Bilingual Children in the Crossfire, Clevedon, UK, Multilingual Matters, and T. Skutnabb-Kangas, Linguistic Genocide in Education- or Worldwide Diversith and Human Righs?」, New Jersey, Lawrence Erlbaum Associates, 2000.

Keller, K. L., *Conceptualizing, measuring and managing customer-based equity*, Journal of Marketing 57(1), 1993.

__________, *Strategic brand management: building, measuring and managing brand equity*, Upper Saddle River, NJ: Pearson Prentice Hall, 2008.

keller, *Interkulturelle Kommunikation*, 1994.

Kotler, Ph. & Armstrong, G. 2006. Principles of marketing(11th edition). Upper Saddle River, NJ: Pearson Prentice Hall.

Lee Sang Gyu(이상규), 「Hangeul, The Greatest Letters」, 『Koreana』 Vol. 21 No. 3. 2007.

__________, 『Gyeoremalkeunsajeon: An Alternative to Inter-Korean Communication』, 『ASIA』 Vol, 2, No 3.

Louis Jean Calvet 저, 김윤경·김영서 옮김, 『언어전쟁』, 한국문화사, 2001.

Lyons, J. *Introduction to theoretical Linguistics*, Cambridge Univ. Press, 1968.

National Association for Multicultural Education, http://www.nameorg.org/ resolutions/ definition.html, 2007. 7.

National Council for Accreditation of Teacher Education, *Professional Standards for the Accreditation of Schools, Colleges, and Departments of Education*

(Revised Edition). Washington, DC: Author, 2006.

Nieto, S., *Affirming diversity: the sociopolitical context of multicultural education* (4th ed.). Boston: Allyn and Bacon, 2004.

Pae, Y. S., *English loanwords in Korean*, Univ. of Texas at Austin Dr. dissertation.

Pang, V. O., *Multicultural Education: A Caring-centered, Reflective Approach*, 2nd ed. New York: McGraw Hil, 2005.

__________, Gay, G & Stanley W.B., *Expanding conceptions of community and civic competence for a multicultural society*, Theory and Research in Social Education. Vol. 23, No. 4., 1995.

Pyles, T. 「The origins and development of the English language」, Hacourt Brace Jovanovich, Inc. 1971.

Schlesinger, A. M., Jr., *The Disuniting of American: Reflections on a Multicultural Society*, New York: Norton & Co., 1998.

Skutnabb-Kangas, *Field notes, information from Satu Moshnikoff*, Ulla Aikio-Puoskari. 2000.

Sleeter, C. E. & Grant, C. A., *Making choices for multicultural education: five approaches to race, class, and gender* (4th ed.). Wiley & Sons, 2003.

Umrgaku, M. 『일본어의 외래어 연구』, 대만, 청년통신사출판부. 1963.

United Nations, *Replacement Migration: Is It a Solution to declining and Ageing Populations?* New York, NY: Author, 2001.

Werner Sasse, *Chinesisch Zeichen erfunden in Korea*, Asiaatische Studien 34(2), 1980.

▮저자 이상규

1953년 경북 영천 출생으로 경북대학교 문리과대학 및 동 대학 대학원을 졸업하였다. 한국정신문화연구원 방언조사연구원 및 울산대학교 조교수를 거쳐 현재 경북대학교 인문대학 교수. 도쿄대학교 대학원 객원 연구교수, 중국해양대학교 고문교수, 제7대 국립국어원장, 교육부 인문학육성위원, 통일부 남북겨레말큰사전편찬위원 및 동 이사를 역임했으며 일석학술장려상(1986), 대통령표창(2004), 외솔학술상(2011), 봉운학술상(2012), 2014 대한민국 한류대상(한글부문)을 수상하였다.

저서로는 『한국어방언학』, 『경북방언사전』(학술원우수도서), 『훈민정음통사』(주해)(한국연구재단 2014 우수도서), 『방언의 미학』, 『언어지도의 미래』(문화체육관광부 우수도서), 『한글고문서연구』(학술원우수도서) 등과 논문 「『훈민정음』 영인 이본의 권점 분석」, 『어문학』 제100호, 한국어문학회, 2009; 「디지털 시대에 한글의 미래」, 『우리말연구』 제25집, 우리말연구학회, 2009; 「잔본 상주본 『훈민정음』」, 『한글』 제298집, 한글학회, 2012 등이 있다.

E-mail: sglee@knu.ac.kr

한글공동체

초판 2쇄 발행 2015년 07월 02일

지은이 이상규
발행처 박문사
발행인 윤석현
등 록 제2009-11호

주소 서울시 도봉구 우이천로 353 성주빌딩 3F
전화 (02) 992－3253 (대)
전송 (02) 991－1285
전자우편 bakmunsa@daum.net
홈페이지 http://www.jncbms.co.kr

편 집 주은혜·최현아
책임편집 김선은

ISBN 978－89－98468－37－8 93700 값 25,000원